대만불교의
5가지
성공코드

불광출판사

대만불교의
5가지 성공 코드

/머리말/

대만불교에 길을 묻다

"사람들에게 신심을, 사람들에게 환희를, 사람들에게 편리를, 사람들에게 희망을 준다." 이것은 대만불교를 떠받치고 있는 4대산문 중에 하나인 포광산사의 활동신조입니다. 그리고 '위불교(爲佛教) 위중생(爲衆生)' 이 여섯 글자는 세계 최대 구호단체인 츠지공덕회를 이끌고 있는 정옌(證嚴) 스님의 삶을 바꿔 놓은 구절입니다. '불교를 위하고[爲佛教] 중생을 위하여[爲衆生] 심력(心力)을 다하라'는 이 말씀은 정옌 스님의 계사(戒師) 인순(印順) 스님이 내린 법문입니다.

    이상에서 보듯 대만불교의 실천이념을 한 마디로 표현하면 '인간불교(人間佛教)'로 압축할 수 있습니다. 불교를 위한 불교, 은둔과 속리(俗離)의 불교가 아니라 중생 속으로 들어가 중생의 아픔을 어루만지고 그들의 눈물을 닦아주는 것이 근대 이후 대만불교가 지향해 왔던 실천이념이었습니다. 괄목상대(刮目相對)라고 해야 할 대만불교의 놀라운 성장의 이면에는 이와 같은 인간불교의 정신이 깔려 있습니다. 자신의 깨달음만을 위한 삶이 아니라 중생의 삶 속으로 뛰어들어 헌신적으로 봉사하는 보살행이 있었기에 대만불교는 짧은 기간 내에 아시아의 대표적인 불교국가로 성장할 수 있었습니다.

최근 들어 한국불교계에서는 대만불교를 탐방하는 순례가 유행처럼 번지고 있습니다. 오랜 역사가 있는 것도 아니고, 세계적인 유적지가 있는 곳도 아닌데 대만불교를 향한 발길이 끊이지 않는 것은 한국불교계가 귀감으로 삼아야 될 만큼 눈부신 발전을 거듭하고 있기 때문일 것입니다. 하지만 대만불교의 외형적 모습을 살펴보는 순례도 중요하지만 무엇이 오늘의 대만불교를 있게 한 정신적 원동력이었는지를 파악하는 것도 중요한 일입니다.

제2차 세계대전 이후 대만불교의 상황은 우리나라와 별반 다를 바 없었습니다. 50여 년 동안 일본의 식민지를 경험했던 것도 그렇고, 식자층은 기독교를 믿고 불교는 기복적 성격을 벗어나지 못했던 상황도 유사합니다. 그런 대만불교가 지금은 대만에서 가장 영향력이 큰 제일 종교로 부상하였으며, 전세계 2백여 곳에 지부를 둔 대표적인 불교국가로 성장하였습니다. 대만불교가 이렇게 발전할 수 있었던 것은 인간불교라는 실천이념과 대승불교 정신에 근거한 사회적 참여와 헌신적 봉사활동이 있어 가능했습니다. 따라서 대만불교를 보고 무엇인가 배우고자 한다면 그 이면에 담겨 있는 이념과 제도 등 다방면에 걸쳐 체계적인 연구가 필수적입니다.

매년 수많은 불교단체와 불교계의 지도자들이 대만을 방문하고 있지만 말 그대로 순례에 그칠 뿐 대만불교에 대해 체계적으로 이해할 수 있는 연구서나 변변한 참고자료조차 없는 실정이었습니다. 물론 백문(百聞)이 불여일견(不如一見)이라고 하였으니 직접 현장을 둘러보는 것도 중요하겠지요. 그러나 대만불교가 왜 짧은 시간에 세계불교계에 두각을 나타내며 일취월장(日就月將)하였는지에 대한 연구와 분석이 뒤따르지 않는다면 순례는 단순한 일회성 관광에 그치고 말 것입니다.

불광연구원은 이 같은 문제의식에서 대만불교에 대한 체계적이고 심층적인 연구 프로젝트를 착수하게 되었습니다. 불광연구원에서는 불교학을 전공한 전문 학자들로 연구팀을 구성하여 대만 현지를 답사하며 자료를 수집하고 대만불교 관계자들을 두루 만났습니다. 이를 토대로 제1차 '대만불교의 이념과 운영시스템', 제2차 '대만불교의 인적 구성과 리더십'이라는 주제로 제2차에 걸쳐 학술연찬회를 개최하였습니다. 여기서 11편의 연구논문이 발표되고 3편의 해외 논문이 소개되어 불교계의 관심을 불러 모았습니다. 출범 1년을 조금 넘긴 저희 불광연구원으로서는 결코 만만한 과제가 아니었습니다. 그러나 현대사회에서 한국불교가 나아가야 할 바를 고민하는 분들에게 저희가 진행하는 연구가 중요한 지침이 될 것이기에 기꺼이 연구를 진행하였습니다.

이 책이 나오기까지 많은 분들의 노고가 있었습니다. 우선 저희 연구진을 흔쾌히 맞아주고 귀한 시간을 할애하여 정보를 제공하고, 대담에 응해주신 대만 포광산사와 산하 지원, 츠지공덕회와 산하 기관들, 그리고 파구산사와 다화옌사 등 대만불교계의 여러 관계자들께 깊은 감사의 말씀을 올립니다. 여러분께서 베풀어주신 친절과 배려는 향후 두 나라 불교계의 교류를 활성화하고 불교발전을 촉진하는 밑거름이 되리라 믿습니다.

프로젝트에 참여하여 대만 현지를 답사하고 논문을 쓰고 연찬회에 참석해 주신 동국대 김호성 교수님, 중앙승가대 김응철 교수님, 한림대 양정연 박사님, 충북대 서대원 교수님, 동국대 박인석 교수님, 국립대만대 이상미 교수님께 깊이 감사드립니다. 나아가 대만불교에 관한 해외 연구논문을 엄선해 주신 서울대 조은수 교수님, 이 논문들을 번역해주신 서울대 이상엽 선생님께도 감사의 말씀을 드립니다.

나아가 대만 현지 안내를 맡아 대만불교의 살아 있는 신행현장으로 연구진을 안내해 주신 이인옥 선생님, 연구를 기획하고 진행한 서재영 책임연구원, 연구 결과를 책으로 출판해주신 불광출판사의 여러 관계자들께도 감사의 마음을 전합니다.

인간불교를 모토로 하는 적극적인 신행풍토, 시대의 환경과 눈높이에 맞춘 다양한 복지활동, 세계적 규모를 자랑하는 구호단체 등 대만불교의 왕성한 활동에 대한 체계적인 분석과 연구는 이후 한국불교의 진로를 모색하는 데 요긴한 자료가 될 것으로 기대됩니다. 아무쪼록 이 책이 대만불교에 관심을 가진 분들에게 꼭 필요한 자료가 되기를 기대해 마지않습니다. 현지답사와 겸해서 이 책을 읽고 토론하는 과정이 병행된다면 한국불교의 진로를 모색하는 데 소중한 밑거름이 되리라 믿습니다.

2012년 7월

불광사 회주 · 불광연구원 이사장 지홍(至弘)

차례

4 머리말 대만불교에 길을 묻다

1. 대만불교의 역사와 신흥 4대종문

15 김응철
대만불교의 역사와 신흥 4대종문

17 대만의 역사와 문화적 특징
24 대만불교의 개괄적 특성
30 대만불교의 주요 지도자와 4대종문의 스승들

39 마르쿠스 빈겐하이머
중국불교, 날개를 달다

40 대만불교의 역사적 배경
48 90년대 대만의 불교단체
58 불교 교리와 불교학의 발전 현황
65 맺음말

2. 대만불교의 발전과정과 특징

71   서대원
        대만불교의 현황 고찰과 중국불교에 대한 전망

73   근대 중국불교에 대한 회고
79   대만불교의 현황
93   중국불교로의 회귀

97   양정연
        대만불교의 성장과정과 특징

98   대만불교의 변천
110   포광산 교단의 창건과 이념
119   포광산 교단의 활동 및 현황
128   포광산 교단의 특징

3. 대만불교의 실천이념과 제도

133   김호성
        대만불교의 실천이념에 대한 고찰

133   대만불교의 이념적 뿌리
137   타이쉬(太虛)의 인생불교(人生佛敎)
143   대만 삼대산(三大山)의 인간불교
169   계기계리의 다양한 변주

175	양정연
	대만 사찰의 교육체계와 인재육성 제도

176	대만불교 불학원
189	포광산사 교육 내용
195	대만 불교교육의 특징

199	서대원
	대만불자의 계율정신과 윤리의식

200	지계(持戒)와 소식(素食)
209	대만불교의 지계와 소식
217	지계와 소식의 사회적 필요성

4. 대만불교의 사찰운영과 신도조직

225	김응철
	대만 사찰의 재정 운영체계 및 불사 추진양태

227	대만불교의 변천과정과 사찰분포
231	대만 사찰의 재정운영 원리와 체계
254	한국불교와의 유사점과 차이점

257	박인석
	대만불교의 신도 조직 체계와 재가자의 위상과 역할

258	포광산사의 신도조직 체계와 운영방법
264	츠지공덕회(慈濟功德會)의 회원조직 체계와 운영방법
269	자원봉사자의 배출과 활용
272	신도조직화와 도심포교

5. 대만불교의 사회활동과 포교

277 박인석
대만불교의 사회 활동

279 츠지공덕회의 사회활동
287 파구산의 사회교육활동
291 포광산사의 자선활동
294 보살도의 사회적 실천

299 이상미
대만불교의 전법과 포교 활동

300 대만불교 간략사
306 대만불교의 미래와 법맥의 전승
312 대만불교의 포교 활동
328 자선과 봉사의 포교 활동

6. 대만불교의 여성 활동

335 엘리스 앤 드비도
대만 비구니 스님들의 무궁무진한 세계

338 대만 비구니 스님들의 '무궁무진한 세계'
340 질문의 연속
343 왜 비구니가 되는가?
346 페미니즘의 문제

353	첸위 줄리아 황, 로버트 P. 웰러
	공덕과 어머니의 보살핌
357	츠지공덕회에 대한 간략한 소개
370	여성의 종교적 선택
378	츠지공덕회, 중국의 자선 사업 전통, 그리고 국가
382	여성과 자선: 서양과의 비교

7. 대만불교의 성공요인과 한국불교의 성찰

395	김호성
	대만불교 지도자의 리더쉽에 대한 고찰
395	'대만불교의 르네상스', 그 원동력은?
399	리더십 이론의 관점에서 본 평가
405	불교사상의 관점에서 본 평가
414	관음적 리더십의 전범

421	김응철
	대만불교의 성공요인과 한국불교의 성찰
425	대만불교의 현재 위상
431	대만불교의 성공요인
442	한국불교의 성찰과 시사점

* 대만불교사 연표

제1장

대만불교의
역사와
신흥 4대종문

/ 김*응철 /

대만불교의
역사와
신흥 4대종문

　대만은 중국 본토에 부속된 크지 않은 도서국이지만 동아시아 세계 질서의 변화 속에서 여러 가지 우여곡절을 겪으면서 변천하였다. 토착 소수민족들과 명나라 말기부터 유입된 한족, 그리고 국공내전 이후 대륙에서 건너온 도래인 등 다양한 구성원들이 혼재하면서 역사의 질곡과 함께 살아가고 있다.
　현재 대만의 공식적인 건국기념일은 1912년 1월 1일이다. 따라서 현대 대만의 역사는 이때부터 시작된다고 볼 수 있다. 그러나 신석기 시대부터 사람들이 거주하였기 때문에 과거의 역사에도 관심을 기

* 중앙승가대학교 포교사회학과 교수

울일 필요가 있다. 특히 대만은 1300년대에 본토 푸젠성의 부속도서로 행정구역이 편성되었다. 이때부터 중국 본토에서 본격적으로 불교가 유입되었다.

대만의 면적은 36,1911km^2로서 한반도 면적의 약 1/6 정도에 불과하다. 여기에 인구는 약 2,300만 명(2009년)으로 세계 제3위의 인구밀집지역에 해당한다. 종족은 대만인 84%, 본토 중국인 14%, 원주민 2% 등으로 구성되어 있다. 언어는 중국어를 공용어로 사용하고 있으며, 일부에서는 대만어와 객가어도 함께 사용되고 있다. 종교적인 면에서 불교, 유교, 도교가 혼합된 전통종교 신자들이 약 93% 정도로 매우 높고 서양 종교인 개신교와 가톨릭 신자는 약 4.5%에 불과한 것으로 나타나 있다.

현재 대만은 중국 본토와 타이완해협을 사이에 두고 대립과 긴장관계 속에서 살고 있다. 서로 마주하고 있는 중국의 푸젠성과는 해안선으로 약 150km 떨어져 있다. 1885년 하나의 성으로 독립하였고, 청일전쟁 이후 일본의 식민지로 약 50년을 살았다. 그리고 1945년 독립한 이후 국공 내전에서 패한 장제스(蔣介石)의 국민당 정권이 이전함으로써 중화민국 정부의 중심지가 되었다.

이후 현재에 이르기까지 중국 본토의 공산당 정권과 대만의 정권들이 지속적으로 대립하면서 정치 군사적 갈등상태가 유지되고 있다. 그러나 최근 들어 양안 간에 민간 교류가 활발해지고 있으며 정부차원의 대화도 지속됨으로써 긴장상태는 많이 완화되고 있다.

대만은 불교 교세가 현저하게 강세를 보이고 있는 국가로서 불교의 사회적 역할이 매우 크고 긍정적인 평가를 받고 있다. 따라서 대만 불교의 발전과정을 연구하는 것은 세계 각국의 불교 발전과 연관시켜 볼 때 중요한 의미가 있다. 특히 전통종교인 도교와 유교가 매우 강세인 대만에서 불교의 역할이 확대된 요인을 분석한다면 향후 다른 국가의 불교 발전방향 수립에 여러 가지 시사점을 찾을 수 있다.

I. 대만의 역사와 문화적 특징

1) 17세기 이전의 대만

대만에 사람이 거주하기 시작한 시기는 약 7,000년 전으로 거슬러 올라간다. 신석기 시대부터 이미 대만에는 사람이 거주한 것으로 알려져 있다. 이때부터 14세기 무렵까지 대만은 오스트로네시아족 원주민들이 거주하면서 마을을 이루고 고산족의 문화와 전통을 형성하고 있었다.

대만이 중국의 행정구역에 포함된 시기는 1360년 원나라가 평후제도(澎湖諸島)에 순검사(巡檢司)라는 행정기관을 설치한 때로 알려져 있다. 이때 대만의 서쪽에 위치한 평후 지역의 여러 섬이 최초로 중국의 행정구역인 푸젠성의 천주(泉州)에 소속되었다.

1590년에 이르러 유럽인으로는 처음으로 포르투갈 선원들이 대만을 탐방하고 그 결과를 유럽에 소개하였다. 포르투갈 선원들이 초록으로 덮인 대만 섬을 보고 '일라 포모사(Ilha Formosa, 아름다운 섬)'라고 명명하였다. 이 때문에 서양에서는 대만을 주로 '포모사'라고 부르곤 하였다.

16세기까지만 해도 대만에는 원주민이 주류를 이루어 생활하였을 뿐 한족은 거의 이주하지 않은 것으로 알려져 있다. 대만에 왕국이 형성된 것은 16세기 중엽인 1540년대에 대만의 평포족(平埔族) 중 파포라족(巴布拉族), 바브자족(貓霧捒族), 파제흐족(巴則海族), 호아냐족(洪雅族) 등이

주축이 되어 부족연맹체의 왕국을 건설하면서부터다. 이를 대두왕국(大肚王國)이라고 하는데 통치자인 대두번왕(大肚番王)은 모든 부락을 대표하는 인물로 선출된 왕이다. 이 시기의 대두왕국은 과족군집왕국(跨族群準王國)으로 부르기도 한다. 이 부족연맹체 국가는 청나라 옹정제까지 이어가다 1732년에 소멸되었다.

17세기 명나라 말부터 유럽의 상인들이 대만을 찾아오면서 상업적 목적으로 대만으로 이주하는 한족들도 조금씩 증가하였다. 1624년 평후제도를 지배하던 명나라 군대는 네덜란드의 동인도 회사와 대만 섬 서남부 지역인 타이난(臺南)시 일대에 상업지구를 건립하는 데 합의하였다. 1625년 네덜란드인들은 러란저성(熱蘭遮城, 질란디아성, 현재의 타이난시 안핑구 지역)에 통치기구를 설립하고, 쌀과 설탕 등의 경작을 위해 중국 푸젠성 일대의 주민들을 모집하여 이주시켰다. 이로 인하여 중국 대륙의 한족이 본격적으로 대만에 이주하여 정착하게 되었다.

1626년에는 에스파냐인들이 대만 섬에 들어와 1642년까지 대만 섬 북부의 지룽(鷄籠)과 서랴오다오(社寮島) 일대를 차지하고, 산살바도르 성을 세웠다. 에스파냐는 이후에 점령지를 하쯔난(蛤仔難, 현재의 이란현) 후웨이 지역까지 확장하고 산토도밍고 성을 세웠다. 대만에 들어온 네덜란드와 에스파냐는 서로 경쟁하다가 1642년 네덜란드인들이 승리하였다. 그리고 네덜란드는 본격적으로 대만을 식민지화하였으며, 동인도회사의 국제무역 거점으로 활용하였다. 그러나 네덜란드의 대만 통치는 38년 동안 이어지다가 1662년 정성공(鄭成功)에 의해 중단되었다.

2) 정성공의 대만 통치와 정씨 왕국

1644년 명나라가 만주족이 세운 청나라에 멸망하면서 정성공(鄭成功)의 집안은 대만에 자리를 잡게 되었다. 원래 정성공의 아버지 정지룡(鄭芝龍)은 대만 해협을 왕래하면서 국제무역을 하던 상인이었다. 정지룡은 1628년 중국 정부로부터 네덜란드인들과 해적들에게서 해안지역을 보호해 달라는 제안을 받았고, 그 일을 하면서 엄청난 부와 권력을 획득했다. 그는 명나라가 멸망하자 청에 투항하여 작위와 높은 관직을 수여 받았다. 정지룡은 일본과의 무역업도 하였으며 그 과정에서 일본의 다가와 시치자에몬(田川 七左衛門)의 딸과 혼인하여 아들을 낳았는데 그가 바로 정성공이었다.

청나라가 건국되자 명나라에 충성하던 사람들 중에는 반청복명(反淸復明)을 내세우며 저항하는 유신들이 있었다. 정성공도 명나라의 재건을 꿈꾸는 반청유신 중의 한 사람이었다. 청나라 군대와 9개월의 전쟁을 벌였으나 결국 패퇴하여 1661년 대만으로 건너가게 되었다. 1646년 정지룡은 청나라에 투항하였으나 아들 정성공은 투항하지 않고 끝까지 버티면서 대만을 점령하였다. 이로 인하여 정지룡과 다른 두 아들은 1662년 능지처참형으로 처형되었다.

멸망한 명 황실에 충성을 다하면서 대만을 점령한 정성공은 정씨 왕국을 건설하였으나 아버지의 죽음을 알고 병에 걸려 1662년 사망하였다. 정성공에게 두 아들이 있었는데 정경이 정씨 왕국의 왕위에 등극하였다. 그러나 대만의 정씨 왕국은 매우 짧은 기간인 21년 동안(1662~1683) 유지되었다. 청은 지속적으로 대만 정벌을 시도하였으나 실패하였지만, 결국 정성공의 부하였던 시랑의 반역으로 대만의 정씨 왕국은 멸망하였다.

3) 청 치하의 대만 (1683~1895)

정씨 왕국 소멸 이후 대만은 청의 치하로 복속되었다. 이후 푸젠성(福建省)의 관할 아래 소속되면서, 한족의 본격적인 이주가 시작되었다. 현재 대만 국민의 약 85%는 이 시기에 이주한 한족계 본성인으로 알려져 있다. 주로 푸젠성 남부와 광둥성 동부 출신들이 이주하였다. 이로 인하여 대만인들이 많이 사용하는 방언도 이주자들과 연관된 민난어 또는 객가어로 형성되었다.

청이 다스리기 시작한 초기에 대만에는 본토 여성들의 이주가 금지되었다. 그 결과 여성이 부족해지면서 대륙에서 이주한 한족과 대만 원주민인 평포족(平埔族) 간의 통혼이 활발해졌다. 청은 의도적으로 원주민들의 한화정책(漢化政策)의 일환으로 통혼을 권장하기도 하였다.

대만이 서양인들에게 다시 개항하게 된 것은 제2차 아편전쟁의 패배 때문이었다. 아편전쟁은 일반적으로 중영전쟁으로 불리는데 제1차 중영전쟁(1839~1842)과 제2차 중영전쟁(1856~1860)이 있었다. 중국과 영국의 전쟁의 원인이 아편 문제였기 때문에 아편전쟁이라고 부르기도 한다. 두 번의 전쟁에서 패한 중국은 톈진 조약의 체결과정에서 대만의 안핑항(安平港)과 지룽항(基隆港)의 개항을 허용하였다. 이후 대만은 농업과 무역업이 발달하면서 경제적으로 발전할 수 있었다.

서구 열강들은 대만의 지정학적 위치 때문에 서로 점령하기 위하여 경쟁하였다. 이 과정에서 1874년 일본에 의해 무단사(牡丹社) 사건이 발발하였다. 이 사건은 청과 일본 양국에 조공을 바치던 류큐국(琉球國) 표류민들을 대만 토착민들이 살해한 일로 인하여 발생하였다. 이 사건으로 일본이 공식적으로 대만에 출병하였고, 이에 굴복한 중국이 류큐국을 일본의 속국으로 인정하고, 동시에 대만 내에 일본군 점령지에 설치한 시설물에 대가를 지불하기로 약속하였다. 결국 무단사 사건은 일본측이 대만을 침략하는 명분을 제공하였다.

몇 년 후에 발생한 청불전쟁(1884~1885)은 아이러니하게도 대만의 위상을 격상시키는 데 기여하였다. 청불전쟁의 시작은 1874년 사이공조약에서부터 비롯되었다. 이 조약에서 프랑스는 베트남의 6성을 식민지로 할양받고 베트남을 보호국으로 만들었는데 청나라가 이를 승인하지 않고 이 조약의 무효화를 선언하였다. 이에 프랑스 함대가 대만 북부를 공격하면서 시작되었다.

프랑스 함대는 1884년 대만의 지룽(基隆)이나 푸저우(福州) 및 민장(閩江) 연안을 공격하였고, 1885년 초에는 닝보(寧波)를 봉쇄하고 펑후군도(澎湖群島)를 점령하였다. 해전에서 패배를 거듭한 청은 프랑스와 강화조약을 체결하면서 베트남에 대한 프랑스 보호권을 인정하였다.

위기를 느낀 청나라는 1885년 류명전(劉銘傳)을 대만에 파견하고 종래 푸젠성에 속하고 있던 대만을 22번째 성(省)으로 승격시켰다. 류명전은 대만의 행정구역을 3개 부(府), 1개 주(州) 및 3개 청(廳)으로 재편하고, 지방행정 조직을 체계화하는 동시에 교통, 우편, 통신망을 정비하는 등 대만의 근대화를 도모하였다. 류명전은 대만의 초대 지방장관이 되어 여러 가지 정책을 추진하였다. 그러나 1895년 시모노세키 조약에 따라 대만은 일본의 식민지가 되었다.

4) 일본 식민지시대(1895~1945)

청일전쟁은 동학농민운동을 평정하기 위해 조선에 파병한 청나라와 일본군이 대립하면서 시작되었다. 결국 두 나라는 전쟁을 일으켜서 그

전선이 만주까지 확대되고 청나라의 패색이 짙어졌다. 이에 미국이 중재하여 1895년 3월 30일에 휴전협정에 조인하면서 시모노세키 조약을 맺게 되었다. 청의 이홍장과 일본의 이토 히로부미는 다음과 같은 네 가지 사항을 핵심 내용으로 하는 시모노세키 조약으로 체결하였다.

① 청은 조선이 완전한 자주독립국임을 인정한다.
② 청은 랴오둥반도(遼東半島)와 대만 및 펑후섬(澎湖島) 등을 일본에 할양한다.
③ 청은 일본에 배상금 2억 냥을 지불한다.
④ 청의 사스(沙市)·충칭(重慶)·쑤저우(蘇州)·항저우(杭州)의 개항과 일본 선박의 양쯔강(揚子江) 및 그 부속 하천의 자유통항 용인, 그리고 일본인의 거주·영업·무역의 자유를 승인한다.

이 조약으로 대만은 50년 동안 일본의 식민지가 되었다. 그러나 대만주재 청나라 관리들과 대만의 토착세력들은 일본에 대한 대만 할양에 반대하며 대만의 독립을 선언하였다. 대만은 일본에 무력으로 진압당하면서 1895년부터 식민지배 시대로 접어들었다. 일본은 대만총독부를 설치하고 동화정책을 수립하였다. 그리고 일본인과 동등한 법을 적용하고, 문화 식민지 구축을 위한 일본화 정책을 전개하였다. 1936년부터 강화된 일본의 대만인 동화정책은 황민화정책(皇民化政策)이라고도 하는데 그 주된 내용은 다음과 같다.

첫째, 대만 내에서 중국어 신문을 금지하고 일본어 사용을 강요하였다.

둘째, 창씨개명을 요구하고, 육군과 해군에 대한 지원병 제도를 도입하였다.

셋째, 대만을 일본의 오끼나와현의 일부로 만들기 위해서 철도, 도로 등 사회 기반시설을 설치하였다.

넷째, 교육제도를 정비하여 일본식 소학교를 도입하였다.

다섯째, 일본불교 전파를 위하여 대만에 일본식 사찰을 대거 건립하였다.

5) 국민당 독재와 민주화 과정(1945년~현재)

대만인들의 간헐적인 항일 투쟁이 있었으나 1945년에 이르러서 대만 도서지역과 평후제도가 중화민국으로 반환되었다. 해방된 대만에는 중국 국민당 정부가 관료를 파견하여 통치하였다. 그러나 부패한 관료들 때문에 대만인들의 분노가 폭발하면서 1947년 2·28사건이 발생하였다. 중국 본토에서 증원군이 도착하여 유혈진압을 시작하면서 약 3만여 명의 대만인들이 사망 또는 실종되었다.

1949년 국민당 정부는 국공 내전에서 중국 공산당에게 패해 대만으로 이전함으로써 중화민국 정부가 수립되었다. 이후 국민당 일당 독재가 유지되었으나 1996년 국민들이 직접선거로 총통을 선출하는 민주화의 길로 나아갔다. 2000년 총통선거로 평화적인 정권교체가 이루어져 이후 여야가 고루 집권하는 시대로 들어섰다.

2. 대만불교의 개괄적 특성

1) 불교의 전파과정

대만에 공식적으로 불교가 전파된 것은 17세기 중반의 일이다. 정성공 일가는 대만을 거점으로 명청 교체기에 반청복명(反淸復明)의 기치를 내걸고 청에 대항하였다. 이 시기에 푸젠성의 주민들이 다수 대만에 이주하면서 불교도 함께 전파되었다.

대만에 건립된 최초의 사찰은 17세기 초에 창건된 죽계사(竹溪寺)로 알려져 있다. 그러나 일부에서는 1662년경에 창건된 용호암(龍湖庵)과 미타사(彌陀寺) 등이 더 먼저 건립되었다는 주장을 하는 경우도 있다. 그렇지만 그 이전에 이미 대만의 일부 주민들 사이에 불교가 적극적으로 신봉되었을 것으로 추정할 수 있다.

대만불교 전파 초기에 지어진 사찰들은 주로 관청이나 정부 관원에 의하여 건립되었다. 청대에 만들어진 대표적인 사찰로는 황벽사(黃檗寺)가 있는데 강희 27년(1688)에 건립되었으며, 해회사(海會寺)는 강희 29년(1690)에 건립되었다. 그렇지만 강희 58년(1719)에 지어진 마조묘(媽祖廟)는 마조와 관음을 함께 모셨으며 승려가 거주하기도 하였다. 이것은 불교와 도교가 함께 신봉되었음을 보여 준다.

대만의 불교는 대륙에서 건너온 스님들에 의하여 이끌어졌다. 그러나 그 수가 많지 않기 때문에 재가불자들이 스스로 불교를 믿고 사찰을 건립하는 경우들이 생겨났다. 또한 불교만 믿는 것이 아니라 도교와 유교, 전통신앙이 함께 수용됨으로써 복잡한 형태가 되었다. 그 대표적인 형태의 불교단체가 재교(齋敎)라고 할 수 있다. 건륭 18년(1748) 재교 단체는 청 조정에 의하여 사교(邪敎) 단체로 규정되어 탄압을 받았다.

이 시기에 대만에는 이와 관련된 단체와 재당이 많이 지어졌다. 재교는 불교를 신봉하지만 출가주의를 부정하였기 때문에 전통불교로부터도 외도(外道)로 간주되었다.

이러한 재가불교의 전통은 일본의 식민지가 되면서 일본불교와 융합하는 현상을 보였다. 그것은 대만에 전래된 일본불교와 기존의 재교 사이에 공통점이 많았기 때문이다. 일본불교 단체 중에서 진종 본원사파, 진종 대곡파, 일련종, 정토종, 조동종, 진언종 고야산파 등이 대만에 적극적으로 진출하였다. 이 종파들은 대만의 재가불교 운동단체들을 끌어들였으며, 대만불교도 중에서는 적극적으로 가입한 경우도 있었다. 일본의 대만총독부에서는 1915년 전면적인 종교 조사를 실시하였다. 이때 대만의 일부 승려와 재교도가 조동종과 임제종에 가입하여 보호를 받기도 하였다.

1922년 대만총독부는 대만불교와 일본불교를 연계하여 불교를 발전시킨다는 명목으로 난잉불교회(南瀛佛敎會)를 설립하였다. 그러나 일본은 1938년부터 사묘정리운동을 실시하면서 법회와 가사, 독경 의식을 일본식으로 바꾸도록 요구하였다. 그리고 1943년부터는 가장(街庄) 단위에 하나의 사원만을 허용함으로써 대만불교의 저항을 불러 일으켰다.

1945년 대만 독립 이후 불교계는 대만성불교회를 조직하였고, 1947년에 중국 본토에서 결성된 중국불교총회의 지부로 편입되었다. 그리고 1949년 국민당 정부가 대만으로 천도하면서 중국불교회는 대만에서 재건되었다. 이때 중국 대륙에서 고승대덕 스님들이 대만으로 이주하면서 중국의 전통불교가 대거 유입되었다.

1950년대부터 대만에는 토착불교 세력과 본토에서 건너온 스님들 사이에 긴장관계가 형성되었다. 본토에서 이주한 스님들은 일본 식민지 치하에서 건립된 사찰들을 차지하면서 전통불교를 복원하기 위하여 노력하였다. 또한 일본불교의 잔재를 청산하고 승풍을 새롭게 진작시키기 위하여 모든 스님을 대상으로 재수계식을 거행하였다. 1953년 바이성(白聖) 스님의 주도로 '칠조규정(七條規定)'을 제정하고 다셴다(大仙寺)에서 정기적으로 수계식을 거행하였다.

'칠조규정(七條規定)'의 주요 내용은 출가주의 불교 정신 회복, 출가자의 의제 규정, 승보로서 승가의 위의 확립, 거사계를 받은 자들의 활동 금지, 음주·흡연·육식의 절대 금지 등 계율 실천 등을 포함하고 있다. 이러한 불교 내부의 자정운동이 오늘날 대만불교 발전의 원동력이 되었다. 또한 대만 스님들의 사회적 지도력이 확립되는 계기를 만들었다.

대만불교의 비약적인 발전은 1960년대 이후에 일어났다. 대륙 전통의 불교가 유입되면서 승풍이 진작되고 위의가 강화되었으며, 계행의 실천에 대한 긍정적 평가로 인하여 승가에 대한 사회적 위상이 높아졌다. 그러나 불교계의 사회적 실천은 크게 나아지지 않았다. 이때 전통불교와는 다소 다른 새로운 불교 운동이 대만에서 발생하였다. 그것이 이른바 신흥 사대종문의 등장이다.

비구니 정옌 상인이 창립한 츠지정사(1966), 대만불교의 국제화를 주도한 싱윈 스님이 창건한 포광산사(1967)가 대만불교의 변화를 주도하였다. 이들 양대 사찰은 도교세가 강한 남부 가오슝 반도와 중부의 화롄에서 발판을 굳혔다. 그리고 교세를 확장하여 대만 북부로 진출하기 시작할 때쯤 참선 수행을 종지로 하는 웨이줴 선사의 중타이찬사가 창건(1987)되었다. 그리고 10여 년 후에 세계불교 교육단지를 구축한 성옌 법사의 파구산사가 창건(1997)됨으로써 신흥 사대종문이 구축되었다.
　　이후 대만불교는 전세계로 확산되었으며, 중국 대륙의 불교 발전에도 중요한 초석을 놓았다. 대륙의 수많은 불자들이 포광산사를 비롯한 사대종문의 사찰을 방문하고 있다. 또한 이 사찰들도 대륙으로 진출하여 각종 구호활동과 지원활동에 적극 나서고 있다. 이로써 대만불교는 전통불교를 표방하는 사찰들과 사회적 역할 및 조직으로 돌풍을 일으키고 있는 신흥불교 단체들 사이의 경쟁과 화합을 통해서 발전을 모색하고 있다.

2) 대만불교의 특징

대만불교는 대만의 정치적·사회적 변화와 연계되어 여러 가지 고유한 특징을 지니고 있다. 그것은 대만의 지정학적 위치 때문에 나타난 현상으로 볼 수 있다. 대만불교는 중국불교의 전통이 가장 크게 영향을 미치고 있으며, 더불어 일본 식민통치 50년 동안의 역사도 중요한 변수가 되었다. 또한 대만의 원주민과 소수민족의 문화도 대만불교에 스며들어 있다. 이러한 여러 가지 변수들이 영향을 미친 대만불교의 특징은 다음과 같이 요약해 볼 수 있다.
　　첫째, 대만불교는 도교와 토착종교 등과 결합되는 현상이 나타났다. 이러한 현상은 사찰 내에 도교와 토착종교적 상징물이 함께 모셔지는 특징을 보여준다. 이러한 특징을 모두 갖춘 대표적인 사찰이 룽산사(龍山寺)이다. 이 절에는 불상을 비롯하여 도교의 관운장과 여러 제신 그리고 민간신앙의 상징물이 함께 있어서 중국 전통종교가 모두 모여 있음을 보여준다. 대만의 불자들 중에는 순수 불교를 신봉하는 사람들도 많지만, 다수는 전통종교에 습합되어 있는 여러 종교를 필요에 따라 함께 믿는 성향이 있다. 그러나 모든 사찰에서 이러한 현상을 볼 수 있는 것은 아니다. 전통불교의 정체성을 지켜나가는 사찰들도 다수 있다.

둘째, 대만불교에는 전통불교와 신흥불교가 공존하고 있다. 전통불교는 대륙에서 건너온 대승불교 전통을 의미하며 17세기부터 전파된 불교의 모습이다. 반면에 신흥불교는 1960년대 중반 이후에 새롭게 창건된 사찰들이다. 츠지공덕회, 포광산사, 중타이찬사, 파구산사 등이 대표적인 신흥 사대종문에 속한다. 전통사찰 중에서도 1895년 이전에 창건된 사찰과 일제 강점기에 창건된 사찰, 그리고 1946년 이후에 창건된 사찰들 사이에 다소 다른 특징들을 보여주고 있다. 1895년 이전에 창건된 오랜 전통을 가진 사찰들은 도교와 민간신앙과의 습합 정도가 높은 반면에 일본 식민지 치하에서 창건된 사찰들은 일본불교의 영향을 많이 받았다. 반면 1946년 이후에 창건된 사찰들은 대륙불교의 전통을 크게 받았다.

셋째, 대만불교는 계율을 중시하는 청정불교 교단을 지향하고 있다. 1945년 이전의 대만불교는 50년 동안 일본불교의 영향 때문에 지계(持戒) 정신이 크게 해이해져 있었다. 이 당시에는 출재가의 구분이 모호하였으며, 식육대처의 혼란상이 만연하였다. 그러나 1945년 독립이후 대만불교는 청정비구 중심의 계율 정신을 회복하였다. 지계 정신은 승단뿐만 아니라 재가불자에게도 계승되었다. 대만의 불자들은 지계 정신을 계승하여 채식을 중심으로 하는 소식(素食)을 실천하는 사람들이 많이 있다. 대만 전통의 사찰음식인 소식은 전통불교 사찰의 중요한 음식문화이다. 또한 소식은 불교도의 수행 방식의 하나로 수용되고 있다.

넷째, 대만불교는 교육, 조직, 복지, 문화, 수행 등의 분야에 많은 관심을 기울이고 있다. 포광산사와 츠지공덕회, 파구산사 등은 철저한 신도교육으로 신심을 고양하고 조직화를 통해서 신도들의 결속을 이끌어 내고 있다. 이것이 현대사회에서 대만불교 발전의 원동력이다. 중타이찬사의 경우는 매년 초 7일간 집중수행을 행하는 선칠(禪七) 수행 프로그램으로 출재가의 수행풍토를 고양시키고 있다. 이것은 대만불교가 신앙중심의 전통에서 벗어나고 있음을 보여준다. 포광산사의 경우 주요 도시에 문화원을 건립하고 신도교육과 문화 프로그램을 운영하고 있다. 특히 주요 지역에 미술관과 박물관 등을 건립하고 상설 전시를 실시한다. 츠지공덕회는 국제구호와 각종 자선사업, 의료 및 교육에 집중 투자함으로써 종교의 사회적 역할을 강화하였다. 이러한 움직임은 전통불교에서는 찾아보기 어려운 혁신적인 활동으로 평가할 수 있다.

다섯째, 대만불교는 교육사업에 큰 관심을 기울이고 있다. 포광산사의 경우 대만 포광대학과 난화대학, 미국의 시라이(西來)대학과 호주의 난텐(南天)대학 등 4개 대학을 운영하고 있다. 츠지정사는 종합의대인 츠지대학교를 비롯하여 5개의 중학교와 소학교 및 기술학원 등을 운영한다. 파구산사는 파구산대학을 비롯하여 연구소와 연수학원 등을 운영 중이다. 대만불교 주요 사찰의 교육활동은 사회교육과 불교교육을 동시에 추구한다. 즉 사회교육을 위한 일반교육기관의 설립과 더불어 그 속에서 불교교육을 함께 시행하고 있는 것이다. 이러한 교육활동은 사회발전에 대한 기여뿐만 아니라 교단과 해당 종파의 발전에도 기여하는 바 크다.

여섯째, 대만불교는 국제화를 위해서 세계 각국으로 진출하고 있다. 포광산사는 약 200여 개의 국제 분원을 운영하고 있으며, 스님들을 세계 각국으로 파견하고 있다. 츠지정사에서는 세계 각국에 자선단체를 조직하고 있으며 츠지회원들의 역량을 구호활동과 후원에 집중하고 있다. 파구산사도 10여 개 해외 분원을 운영 중이다. 이러한 모습은 대만불교가 국내에 안주하고 있지 않을 뿐만 아니라 세계 대승불교권을 이끌어가는 엔진 역할을 하고 있음을 보여준다. 대만불교는 티베트불교 다음으로 활발하게 세계 각국으로 진출하고 있으며, 각종 불교 서적을 여러 언어로 번역하여 보급하는 활동도 지속적으로 추진하고 있다.

3. 대만불교의 주요 지도자와 4대종문의 스승들

1) 대만불교 주요 지도자들

1900년대 이후 대만불교계에는 많은 고승대덕 스님들을 배출하였다. 그들 중 다수는 중국대륙에서 건너온 스님들도 있고, 대만에서 출가하여 활동한 스님들도 있다.

  대만불교에 가장 큰 영향을 끼친 대륙의 스님은 타이쉬(太虛, 1890~1947)였다. 그는 1922년 난징에 우창불학원을 설립하고 인재양성에 매진하였다. 타이쉬는 중국 거사불교의 핵심인물이라고 할 수 있는 양원후이(楊文會, 1837~1943)의 출가 제자였다. 양원후이 문하에서 수학한 많은 불교학자와 출가자들이 있었는데 그중에서 타이쉬의 활동이 매우 두드러진다. 그는 중국불교의 발전을 위해서 '교리(敎理), 교제(敎制), 교산(敎産)의 3대 불교 혁명'을 제시하였으며, 그 혁명의 시작은 교육이라는 점을 강조하였다. 타이쉬가 전개한 여러 가지 노력의 결실 중에 하나가 바로 대만불교를 부흥시키는 데 원동력이 되었던 인순과 둥추, 츠항 등과 같은 걸출한 인재를 배출한 것이다.

타이쉬의 인생불교(人生佛敎)의 이념은 인순(印順, 1906~2005)에 의하여 인간불교(人間佛敎)로 재조명되었다. 인순은 '부처님이 인간 세상에 태어나시고, 깨달음을 얻으셨다'라는 점을 근거로 불법(佛法)의 실천을 강조하는 인간불교를 제창하였다. 그는 중국불교의 핵심인『대승기신론』의 가치를 높이 평가하면서 여기에 내포하고 있는 진심(眞心), 또는 자성청정심(自性淸淨心)을 중심으로 한 진상유심론(眞常唯心論)을 설파하였다. 인순은 대만불교의 교학연구와 학술 풍토를 쇄신한 스님으로『중국선종사』를 저술하고 승가교육에도 크게 기여하였다. 그가 설립한 푸옌불학원(福嚴佛學院)은 비구승을 교육시키는 주요 승가교육기관으로 평가받고 있다.

둥추(東初, 1907~1977) 역시 타이쉬가 설립한 우창불학원 출신으로 인간불교의 이념을 구체화시키기 위해 노력하였다. 그는 불교의 목적을 '인류가 '정지정각(正知正覺)의 지식'을 구비하고 진리를 도덕적 생활과 계합시키는 것'이라고 강조하였다. 둥추는 '대승불교가 문화적 종교, 지혜적 종교로 발전하기 위해서는 불학사전의 편찬과 불교미술을 포함하는 각종 자료들을 정리 편찬해야 한다'라고 주장하였다. 이를 위해서 불교 관련 사상 및 학술, 문학 연구회의 설립, 불교도서관과 문물관 건립, 그리고 불교 국제화를 위한 노력이 필요하다고 역설하였다.

대만불교 발전에 큰 족적을 남긴 스님 중에서 대륙에서 츠항 법사(慈航, 1895~1954)를 빼놓을 수는 없는 일이다. 츠항은 입적 후 등신불로 조성하여 봉안될 정도로 큰 영향력을 미쳤다. 그는 17세에 출가하여 1912년에 구족계를 받았으며, 중국 대륙의 여러 사찰에서 수행하였다. 타이쉬의 제자가 되어 불학원에서 교학을 연구하였으며, 36세에 홍콩으로 건너가 양광중국불학회(仰光中國佛學會)를 창립한 바 있다. 46세 때

타이쉬 대사의 '중국불교국제방문단'에 참가하여 미얀마, 인도, 스리랑카 등을 편력하였고, 47세에 말레이시아에 머물다가 싱저우(星州)로 돌아와 7년간 싱저우보리학원, 빈청보리학원, 싱저우불학회, 쉐저우불학회, 이바오불학회, 빈청불학회 등을 창설했으며, 월간《불교인간》과 불교사회단체 등도 설립했다. 그리고 54세 때 대만 중리 위안광사로 초빙된 후 대만불학원 원장에 취임했다. 그리고 55세부터 1955년 60세에 입적할 때까지 징슈위안(靜修院)에 주석하였다. 츠항 스님은 불자들에게 반드시 지켜야 할 열 가지 가르침을 제시하였는데 이를 츠항십훈(慈航十訓)이라고 한다. 그 내용을 요약하면 다음과 같다.

첫째, 반드시 밝은 스승을 친히 가까이 하라[要親近明師].
둘째, 반드시 착한 도반을 의지하여 따라라[要依附良伴].
셋째, 반드시 삼장을 정밀히 연구하라[要精研三藏].
넷째, 반드시 금한 계율을 엄격히 지켜라[要嚴持禁戒].
다섯째, 반드시 성인의 명호를 항상 염하라[要常念聖號].
여섯째, 반드시 예배를 부지런히 행하라[要勤行禮拜].
일곱째, 반드시 중생의 고통을 생각하라[要念衆生苦].
여덟째, 반드시 보리심을 일으켜라[要發菩提心].
아홉째, 반드시 중생의 이익을 위해 재물을 사용하라[要濟物利生].
열째, 반드시 성불하겠다는 원을 세워라[要志願成佛].

2) 신흥 4대종문의 스승들

(1) 싱윈 대사

싱윈 대사

대만 포광산사를 창건한 싱윈 대사(星雲, 1922~)는 중국 장쑤성 출신으로 12세에 치샤산 다줴사에서 즈카이 상인(志開 上人)을 은사로 출가하였다. 1949년 대만으로 건너와 《인생잡지》, 《금일불교》, 《각세(覺世)》 등과 같은 정기간행물을 창간하고, 1952년 이란(宜蘭) 레이인사(雷音寺)에서 조직화된 포교를 시작하였다. 1967년 가오슝현에 포광산사를 창건하고 "교육으로 인재를 배양하고, 문화로써 불법을 펼치며, 자선으로 사회복지를 이루고, 수행으로 마음을 정화하는 4대 종지"를 세웠다. 서울 포광산사를 비롯하여 세계 각지에 200여 개에 달하는 사원을 건립하고, 국제포광회를 창립하는 등 대만불교의 국제화에도 기여하였다. 현재 포광산사에는 2,000여 명의 스님들이 활동하고 있다. 포광산사에서는 포광대사전 편찬하였으며, 포광대장경을 전산화하여 보급하고 있을 뿐만 아니라 TV, 라디오, 인터넷 등 각종 언론 매체를 활용한 포교에도 매진하고 있다. 싱윈 대사는 인간불교를 표방하면서 국경과 민족을 초월한 지구촌 사상을 제창함으로써 동체대비의 공생과 포용의 불교원리를 제시하고 있다.

(2) 정옌 상인

정옌(證嚴, 1937~) 스님은 대만을 대표할 수 있는 비구니로서 츠지종(慈濟宗)의 개산조이다. 츠지종은 화롄의 츠지정사(慈濟精舍)가 모체가 되고, 국제구호단체인 츠지공덕회(慈濟功德會), 그리고 재단법인 츠지공덕기금회(慈濟功德基金會) 등의 단체들이 모여서 만들

정옌 스님

어진 대만의 신흥불교교단이라고 평가할 수 있다. 정옌 스님은 인순의 제자로서 인간불교의 이념을 계승하고 전수 받았다. 그러나 실천방법에 있어서는 전혀 새로운 방법으로 접근함으로써 기존의 전통불교에서 찾을 수 없는 독창성을 가지고 발전하였다.

츠지공덕회는 1966년 4월 14일 대만 푸밍사에서 불교극난츠지공덕회로 출범하였다. 초기부터 출재가가 모두 동참하는 자원봉사 및 후원단체로 활동을 시작하였다. 처음 시작한 사업은 85세 이상의 가난하고 병든 노인들을 후원하는 일이었다. 출범 초기에 동참한 회원은 정옌법사를 위시하여 출가제자 5명, 가정주부 30명이 전부였다.

정옌 스님은 1969년 5월 화롄에 징쓰정사(靜思精舍)가 건립하였다. 츠지공덕회가 출범한 지 3년 후의 일이며, 이때부터 법회를 통한 본격적인 신도교육이 시작되었다. 1972년에는 화롄 시에 최초로 츠지부설 빈민시의의진소를 개설하고 처음으로 무료 순회진료를 비롯한 의료사업을 시작하였다. 그 후 지속적인 자원봉사 및 후원활동을 인정받아 1980년에 재단법인 불교츠지자선사업기금회의 설립등기를 마치고 불

교 재단법인으로 운영 형태를 전환하였다. 1985년에는 츠지 미국분회가 설립인가를 받고 활동을 시작하였는데, 이것이 최초의 외국분원이다. 1986년에는 불교츠지종합의원이 낙성되어 종합적인 무료 의료서비스를 시작하게 되었다.

    1989년에는 츠지간호전문학교를 개교하여 간호인력을 배출할 수 있는 교육시설을 갖추었다. 1990년에는 남자 츠지위원(慈濟委員)이 중심이 된 츠청두이(慈誠隊)가 전국조직으로 확장되어 활동할 수 있는 틀을 갖추었다. 1992년 츠지대전청년연의회, 츠지전업교사연의회 등 청년조직과 교사조직을 발족시켰다. 그리고 1993년에는 골수기증을 위한 단체를 설립하고 본격적인 활동을 시작하였다. 1994년어는 츠지의학원을 개교하여 의사 및 의료인력을 배출할 수 있게 되었다.

    2000년에는 츠지대학을 개교하여 의료 인력 및 인문사회 분야의 전문가를 양성할 수 있게 되었다. 츠지공덕회의 주요 사업은 자선, 의료, 교육, 문화, 국제구호, 골수기증, 환경보전, 지역사회 사업 등 크게 8개 영역으로 전개되고 있다. 이 중에서 특히 강조되는 사업은 의료 사회사업으로 병원 건립, 의료 전문인력 육성 등이 체계적으로 갖추어져 있다. 교육사업 분야에서는 유치원부터 대학에 이르기까지 다양한 교육시설을 건립 운영하고 있으며, 환경보전 운동과 지역사회 사업에도 중점을 두고 있다.

    츠지종의 성공요인은 정옌 스님의 청정한 지도력, 츠지위원의 헌신과 조직화된 신도의 결집, 국제구호를 통한 후원자 및 자원봉사자 확보, 그리고 투명한 재정관리 등이다. 이것이 대만 사회의 신뢰를 얻었고, 국제적으로 많은 성과를 거두는 원동력이 되었다.

(3) 웨이줴 선사

웨이줴(惟覺, 1928~) 스님은 30대 초반까지 타이베이현(臺北縣) 완리향(萬里鄉) 제즈산(芥子山)에 있는 초라한 초가집에 홀로 은거하면서 수행하였다. 그리고 대만 스팡다줴찬사(十方大覺禪寺)에서 정토 수행에 매진하는 과정에서 유심정토 사상을 체증하였고, 선정일여의 도리를 깨우쳤다. 좀 더 깊은 수행체험을 위하여 대만의 여러 사찰을 주유하면서 폐관정진을 이어갔다. 링취안사(靈泉寺)를 창건한 이후 1987년 4명의 제자가 출가함으로써 대중이 형성되었고, 재가 거사들도 모여들었다. 이때부터 불사와 수행을 병행하여 7일 동안 집중 수행을 하는 선칠(禪七) 수행법으로 1992년, 49일간 연속된 7번의 수행을 회향하였다.

선칠 기간 중에 웨이줴 스님은 주로 수식관(數息觀)과 화두 참구, 그리고 중도실상관(中道實相觀) 등 3가지 수행법으로 참선을 지도하였다. 링취안사 도량이 수용 한계를 넘어서자, 웨이줴 스님은 난터우현(南投縣) 중타이산에 세계 최대 규모의 중타이찬사를 건립하였다. 선칠 수행은 7일간의 참선 공부를 통해 스스로의 마음을 관찰, 아집을 제거하고 식(識)을 지혜로 변환시킴으로써, 사람마다 가진 청정한 불심을 현전(現前)하게 하는 것이다.

웨이줴 스님

선칠 수행에는 '마음 집중[定心], 마음 맑히기[淨心], 마음 밝히기[明心]의 수행으로, 심성의 변화를 통한 교육이념을 관철'하는 교육선칠, 내 마음에 간직한 보배 구슬

[寶珠]을 찾아 진정한 부귀를 얻는 기업(企業) 선칠, 선과 악의 분별을 없애고 자신의 진면목을 찾는 사법(司法) 선칠, 영원불변의 무너지지 않는 보옥(寶屋)을 짓는 건축 선칠, 타인의 인생에서 만난 생로병사를 통해 자기 마음속에 떠오른 생주이멸(生住異滅)을 관찰하는 의료 선칠, 그리고 평일에 부지런히 복덕을 쌓고, 금일에 선정과 지혜를 닦아 진정한 열매를 맺는 복전(福田) 선칠 등의 단계가 있다.

(4) 성옌 법사

성옌 스님(聖嚴, 1930~2009)은 17세에 출가하였으나 국공내전 중 국민당 정부군에 입대하여 10년간 장교로 근무하였다. 그리고 중화민국 정부가 수립되면서 대만으로 건너와 재출가를 함과 동시에 무문관 수행에 매진하였다. 그러던 중 40대 중반 늦은 나이에 일본의 릿쇼대학으로 유학을 떠나 6년여 동안 석·박사 학위를 취득

성옌 법사

하였다. 성옌 스님은 1975년 대만으로 돌아왔는데 이때 정부가 발기한 궈젠회(國建會)의 불교계 대표로 위촉되었다. 파구산사가 발전하게 된 배경에는 성옌 법사의 고학력 및 불교학에 대한 열정, 정치권의 지지, 그리고 그가 제시한 '심령환경보호', '인간 세상의 정토화' 등의 이념의 시의성 등이 자리하고 있다.

성옌 스님은 3년여의 준비 끝에 1996년 타이베이시 교외의 베이터우(北投)에 파구산사를 창건하고 기업과 손잡아 교단을 일으켰다. 파구대학의 전신은 1965년 설립된 중화학술원 불학연구소이다. 성옌 스

님은 이때부터 중국문화학원 불학연구소 교수 겸 중화학술원 불학연구소 소장직에 취임하였다. 1985년에는 성옌 법사 스스로 중화불학연구소를 창립하고 초대 소장직을 겸하면서 외국 교수들을 영입하여 교학활동의 활성화를 도모하였다. 2007년부터 파구불교학원이 연구생을 모집하면서 인재양성 업무를 담당하였다.

중국불교, 날개를 달다
대만의 중국불교 재확립과 재정의

마르쿠스 빈겐하이머* 이상엽** 번역

이 글의 목적은 대만 내 중국불교의 발전과 현황을 개괄하는 것에 있다. 우선 첫 번째 장에서는 대만불교의 역사적 배경에 대해 검토하고자 한다. 두 번째 장에서는 90년대 대만의 종교적 상황에 대해 보다 자세히 살펴 볼 것이다. 특히 대만불교의 사대종파[四大山: 포광산, 파구산, 츠지기금회, 중타이산]의 특징과 영향력에 대해 알아볼 것이며, 대만 승가의 구조적 특징들도 살펴볼 것이다. 세 번째 장에서는 대만의 불교와 불교학의

---

* Marcus Bingenheimer, "Chinese Buddhism Unbound - Rebuilding and Redefining Chinese Buddhism on Taiwan," Kalpakam Sankarnarayan, ed., Buddhism in Global Perspective(Mumbai: Somaiya Publications, 2003), pp. 122~146.
** 서울대학교 철학과 석사

몇 가지의 중요한 면면들을 다루어보려고 한다. 교학적 차원에서 개혁승 타이쉬(太虛)로부터 그의 제자 인순(印順)으로 이어지는 발전이 있었는데, 이는 대만 내 불교학의 성장과 다양한 방식으로 관련이 있다. 또한 중화전자불전협회(中華電子佛典協會: CBETA)의 프로젝트는 현재 대만 불교계에서 활발히 이루어지고 있는 다양한 편찬 활동을 잘 대표하고 있다. 이러한 예를 통하여 우리는 지난 세기 여러 가지 어려움을 맞이했던 중국불교가 어떻게 대만에서 재확립되고 재정의되고 있는지 이해할 수 있다.

I. 대만불교의 역사적 배경

대만의 불교학자들은 지난 20년간 대만불교사에 대한 연구를 상당히 진전시켰다.[1] 다음과 같은 세 시대로 나누어 살펴볼 수 있다.

1. 1895년 이전 대만불교
2. 일제 식민지 치하의 대만불교
3. 1945년 이후의 대만불교

일본의 식민통치가 시작되기 전까지 대만불교는 중국 남부지방의 불교와 큰 차이가 없었다. 일본의 통치가 시작되면서 상황은 복잡해지기 시작했다. 불교단체들은 일본불교 종파와 연합이 강요되는 와중에

---

[1]. 江燦騰과 같은 학자의 연구가 대표적이다(참고문헌 참조). 서구 학계의 경우 Jones(1999)와 Günzel(1998)의 연구가 가장 참고할 만하다.

서 중국불교의 정체성을 탐구하고 지켜나갔다. 1949년 이후 장제스의 대만 후퇴를 뒤따라 대륙에서 건너온 승려들은 이 섬의 중국불교를 수복하고 개혁하였다. 1987년 계엄령이 해제된 이후 대만 사회가 맞이하게 된 다양화 시대에 불교는 급격히 발전하였다.

1) 일제 식민통치 이전의 대만불교

불교 승려가 처음 도래한 후부터 1895년 일본의 식민통치가 시작될 때까지의 기간 동안 대만은 만주족이 세운 청(淸) 제국의 일부였다. 17세기 네덜란드가 이 '포모사(Formosa)' 섬을 식민지로 편입하려고 시도하면서부터 대만은 아시아의 지정학적 무대에 등장하게 되었다. 17세기 중반 명(明)이 멸망하자 명의 잔존 세력이 대만으로 건너가 네덜란드인들을 쫓아냈지만, 곧이어 이들도 청의 만주족 군대에 의해 축출되었다. 이후 1683년부터 1895년 사이 대부분의 기간 동안 대만은 세계사의 주변 지역, 청 제국의 먼 변방으로 남아 있었다. 대만이 도(道)에서 성(省)으로 승격된 것은 1887년에 이르러서였다.[2]

이 시기 대만불교가 처한 상황은 남중국의 여타 낙후지역의 상황과 큰 차이가 없었다. 비록 불교 승려가 최초로 도래한 것이 1675년이었다고 전해지지만, 대만에서 가장 보편적인 형태의 불교인 '재교(齋敎)'는 정식 비구승이나 비구니승의 승가로부터 독립된 종교였다. 여러 종파로 나누어져 있는 재교는 명대의 나청(羅淸)이란 거사가 창시한 나교(羅敎)에 기원을 두고 있는 민간신앙적 성격의 불교이다. 각각 불교,

---

[2] 역주: 성으로 승격된 것은 1885년이다.

도교, 신(新) 유가 사상과 민간신앙이 독특한 방식으로 결합한 재교의 여러 종파들의 복잡한 역사는 아직 충분히 연구되지 않았다.[3] 이들 다양한 재교 종파의 공통적인 특징은 오신채의 금지와 더불어 채식을 고수한다는 점에 있는 것으로 보인다. 재교의 숭배 대상에는 보살과 도교의 신들이 포함된다. 숭배의 장소는 의도적으로 '절'이나 '사원(寺廟)'이 아닌 '재당(齋堂)'으로 불렸는데, 이는 정통적인 불교와의 차별성을 강조하려는 것이다. 청대 말기 대만에는 100개가 조금 넘는 재당이 있었던 것으로 추정된다.[4]

2) 일본 식민통치하의 대만불교

청일전쟁(1894~1895)의 중국 패배 후 대만은 시모노세키(下関) 조약에 의해 일본에 양도되어 일본 최초의 식민지(류큐를 포함하면 두 번째)가 되었다. 일본은 대만을 미래 일본제국의 일부로 편입시키기 위해 전방위에 걸친 경제적, 사회적 조치를 시행하였다. 이 시기 교육제도가 거의 완벽하게 일본화 되었던 까닭으로 대만 문화의 몇몇 요소에서는 아직도 일본의 영향이 남아 있다.

정통적인 불교 및 재교나 도교 종파들의 조직화 방식은 일본의 통치로 인해 근본적으로 변화하게 되었다. 처음 20년 동안 식민지배자들은 종교에 관여하지 않았지만, 그 명성에 걸맞게 상황을 체계적이며 면밀하게 검토하였다. 이때 이루어진 연구는 오늘날에도 19세기 대만의 종교 상황을 연구하는 데 귀중하고 신뢰할 만한 자료이다. 1915년 재당

---

[3] 대만의 재교 종파 셋에 대한 소개는 Jones(1994), 14~30과 Lan(1994) vol.9, 5753~5756을 참고하라.
[4] Lan(1994) vol.9, 5755.

과 연계된 반란(이른바 시라이암 사건)이 실패한 후 일본의 종교정책은 변하여서, 강력한 조치를 동원하여 종교단체들을 통제하였다. 재교 종파들이나 정통 불교 종파들 모두 일본의 불교 종파와 직접 연합을 맺거나 일본불교 종파들이 주도하는[5] 여러 가지 '애국 단체'[6]에 가입해야 했다.

일본불교는 일본 식민지배자들을 뒤따라 바로 대만에 들어왔다. 한족이나 원주민에 의한 반란이 빈번했던 식민지 초기에 일본 승려들은 군대에 상주하며 군승으로 근무하였다. 뒤이어 이들은 대만으로 이주한 일본 민간인의 종교적 요구에 부응하였고, 이윽고 중국인과 대만 원주민에까지 대상을 확대하여 선교하였다. 결국 대부분의 일본불교 종파가 대만에 진출하였고, 1941년의 조사에 의하면 식민통치가 시작된 이래 65개의 일본 사원이 건립되었다고 한다.[7] 특히 일본 조동종과 임제종이 가장 많은 수의 전법승을 파견하였지만, 그다지 성공을 거두지는 못했다. 일본불교로 개종한 중국인의 수는 극소수에 지나지 않았다. 50년간 포교를 하였지만 일본불교 교단에 등록된 대만인 신도는 28,000명 가량에 불과하였다.

처음 10년 동안 식민지 정부는 종교에 대해 비교적 관용적인 태도를 취했지만, 이러한 관용주의는 1930년대에 이르러 전 일본사회가 민족주의의 광기에 사로잡힘에 따라 변하기 시작하였다. 30년대 중반 이른바 '황민화 운동' 정책이 수립되었다. 이는 대만에게 중국의 언어, 문화, 전통을 폐지하려는 전면적 기도를 의미했다. 학교에서 중국어 사용

---

5. 이러한 단체들은 여럿 있었다(Jones(1999), 66~80). 이중 가장 중요한 것은 난잉불교회(南瀛佛教會)로서, 일본의 전방위적인 대불교 정책을 대표한다. 이 단체는 본질적으로 식민 정부의 부속 기관에 지나지 않았지만, 이 단체의 회보는 대만불교에 대해 비교적 개방적인 토론의 장을 제공하였다.
6. 가령 대만불교청년회는 일본 조동종 대만 별원의 주지였던 오이시 켄드가 주도하였다.
7. Jones(1999), 36.

이 금지되었고 일본어가 유일한 언어가 되었다. 1938~1940년 사이의 '사묘정리(寺廟整理)' 운동의 시작과 더불어 일본은 본격적인 종교 탄압을 시작하였다. '정리'란 사실상 사원 건물을 무너뜨리고 성상을 불태우는 것을 의미했다. 다만 '순수한' 정통 불교 사원들은 대부분 이러한 탄압을 피해갈 수 있었는데(일본불교 종파와의 연합이 어느 정도 보호를 제공하였다), 도교 사원이나 재당은 '순수'하지 못했기 때문에 많은 수가 파괴되었다.

수많은 탄압에도 불구하고 50년간의 일본 식민지배 시대가 불교에 몇몇 긍정적인 영향을 끼치기도 하였다. 대만불교는 공식적으로는 일본불교와 협조하는 한편 중국 본토와의 연계도 지속하는 줄타기를 하면서 정체성을 확립하는 과정을 겪었다. 이 기간 동안 몇몇 승려들은 전통적인 중국불교를 대만에서 성공적으로 발전시켰다.[8] 이들의 노력에 의해서 대만불교에 처음으로 계맥(戒脈)이 뚜렷이 구축되었고 일본 식민지배 기간 동안 전례 없이 많은 비구가 중국식 수계 의식에 따라 구족계를 받았다.[9]

3) 1945년부터 1989년 사이의 대만불교

카이로 선언(1943. 12)에 따라, 연합국의 승전 후 대만은 중국이 통치하게 되었다. 1945년 10월 충칭(重慶)의 국민당 정부는 천이(陳儀)를 대만의 행정장관으로 파견하였는데, 대만인의 어떠한 승인도 얻지 않은 그는 곧잘 이들의 소망에 반하는 통치를 하였다. 1947년 2월에 있었던 반

---

[8] 이 중 산후이(善慧, 1881~1945), 번위안(本圓, 1883~1946), 쥐에리(覺力, 1881~1993), 융딩(永定, 1877~1939) 등 네 명이 특히 유명하였다.
[9] 1919년 789명, 1950년에는 2,000명 이상의 비구가 있었다고 한다(Günzel(1998), 20).

란은 무자비하게 진압되었고, 이후부터 80년대 후반 민주주의로 평화롭게 이행하기 전까지 대만에서 정부는 실질적으로 곧 국민당 정권을 의미하였다.

장제스의 국민당이 중국 본토에서 국공내전(1946~1949)에 패배하자 가장 안전한 후퇴지로 대만을 선택하였다. 1949~1950년 사이 대만으로 대피한 1천 5백만 명의 본토인들(대부분이 장제스의 군대와 관료들이다) 중에는 승려도 일부 있었다. 몇몇은 군대에 징집되어 건너왔고 몇몇은 홍콩을 경유하거나 다른 방법으로 대만에 건너왔다. 비록 이들은 100명도 채 안 되었지만 대만불교의 방향을 결정하게 된다. 대만 출신 승려들과 이들의 차이점은 그들이 받은 높은 수준의 교육에 있었다. 이들의 거의 절반 가량이 장쑤(江蘇) 북부 출신이었는데 당시 이곳은 거대한 총림(叢林)들과 승려 교육기관들을 중심으로 불교가 가장 온전히 수행되고 있는 곳으로 유명하였다. 이때 대만에 건너온 승려들 중에는 유명한 절에서 주지를 지낸 존경 받는 장로들도 있었다.

1947년 다양한 불교 조직들을 통합하기 위하여 난징에서 중화민국불교회(中華民國佛敎會; 이하 중국불교회)가 출범하였는데, 이는 80년대 말까지 대만불교의 중심적 기구로서 기능하게 된다. 이 기구는 사실상 대만불교의 공식 대변자 역할을 독점하였다. 무엇보다도 해외에 나가려는 모든 승려는 여행허가증을 얻기 위해 중국불교회를 거쳐야 했다.

본토 출신 승려들은 크게 두 집단으로 구분될 수 있다. 본토에서 타이쉬 스님(太虛, 1889~1957)의 우창불학원에서 공부한, 소수의 개혁파 승려들이 한편이고,[10] 다른 한편은 중국불교에 별다른 개혁이 필요하지

---

[10] 이 중 가장 유명하고 영향력 있던 승려가 인순(印順) 스님이었다. 인순 스님과 타이쉬 스님에 대해서는 이 논문의 마지막 장을 참고하라.

않다고 보았던(비록 대만의 민간불교는 개혁되어야 한다고 보았지만) 대다수의 보수적인 승려들이 있었다. 당시 국민당의 지지를 얻고 있었던 보수파 승려들은 결국 1955년의 대회에서 중국불교회를 장악하였다.[11] 오늘날 비록 중국불교회의 영향력은 거의 사라졌지만 여전히 이 단체는 보수파가 주류를 이루고 있다.

국민당 정권은 어떠한 형태의 정치적 반대도 억압하였지만, 사회의 기타 영역에서는 방임주의를 취했으며, 종교 활동에는 대체로 간섭하지 않았다. 이로 인해서 50년 동안 모든 종교, 특히 불교와 기독교가 사회에 단단히 뿌리내릴 수 있게 되었다. 또한 대만이 경제적으로 성공하면서 막대한 액수의 종교적 기부로 인해서 대만의 불교 승가는 매우 부유해졌다. 신뢰할만한 통계치는 없지만, 만약 건축물의 급격한 증가로 미루어 추측할 수 있다면 불교단체들의 자금 사정은 여유로웠던 것으로 보인다. 60년대부터 20세기의 다른 불교계에서는 그 예를 찾아볼 수 없을 정도로 많은 사원이 세워지고, 중수되고, 확장되었다.[12] 승가의 재산이 늘어나자 이를 기반으로 불교는 자선 사업과 포교 활동에 활발하게 나설 수 있었다.

1990년까지 40년 동안 대만사회에서 불교 승가의 이미지와 평판은 점점 높아져 갔다. 갈수록 많은 승려가 고등교육을 받았으며 이로 인하여 공동체 지도자로서의 승려의 지위는 더욱 강화되었고, 나아가 기독교 선교사들과 대등한 위치에 오르게 되었다.[13]

---

11. Yang(1991), 35에 인용된 다오안 스님의 일기를 참고하라.
12. 사원의 수에 대한 신뢰할 만한 통계는 아직 없다. 그러나 Lan((1991), 23)은 1960년 850곳이었던 사원이 1990년에는 4,020곳으로 증가하였다고 한다. Wang((1995), 322)은 1977년에 1,264곳, 1993년에는 2,060곳이 있었다고 한다.
13. 모든 기독교 선교사들이 국부천대(國府遷臺) 직후부터 선교를 시작하였고 오늘날까지 매우 활발

중국불교회가 인기 있었던 적도 없었고 대만 불교도들의 생활에도 미미한 역할뿐이었지만, 불교 승가에서 일본의 영향을 제거하는 데는 크게 성공하였다. 가장 중요한 쟁점은 대처와 채식이었다. 일본의 승려들(1876년 이후 결혼이 허용되었다)에게 이것은 선택의 문제였지만 중국의 승려들은 엄격하게 고수하고 있었다.[14]

또한 중국불교회의 도움을 받아서, 자신들의 사원과 승려 교육기관을 설립하기 위한 것이었지만, 본토 출신의 승려들과 대만인 제자들이 여러 해에 걸쳐 대만의 불교를 보다 정통적이며 통일된 형태로 재편하고 개혁하였다. 이는 주로 수계 체계를 재확립하고 승가 구성원을 위한 불교 교육기관을 설립하는 두 가지를 통해 이루어졌다.[15]

오랜 경력과 높은 명성에 힘입은 본토 출신 승려들은 각종 법회와 출판, 대중매체를 능숙하게 활용하여 그들이 뿌리를 둔 중국불교의 정통성을 강화하였다. 50년대와 60년대에 새로 제기된 쟁점은 사찰 내의 불상과 보살상 옆에 비불교적인 신상을 모셔 놓고 숭배하는 일에 대한 것이었다.[16] 이에 따라 중국의 민간 불교에서 두척 일반적인 이러한 관습이 대만에서는 거의 사라지게 되었다. 도교 사원에서 관세음보살상을 발견하는 것은 가능하지만, 황제(黃帝)와 같은 도교의 신상을 모신 불교 사원은 매우 극소수이다.

하게 활동하고 있다. 20세기 불교의 발전에 기독교 '타자(他者)'들의 역할은 줄곧 과소평가되어 왔다. 사회참여적 불교의 유행을 보통 타이쉬나 인순과 같은 불교 사상가들의 영향으로 간주하지만, 일정 부분 기독교 선교 방식을 수용한 것도 관련 있다.
14. 대만과 한국의 상황에는 명백히 유사점이 있다. 한국 승가도 일본의 패전 후 이전의 계율 문화를 복구하였다(비록 대만보다 더 어려웠지만).
15. 첫 번째 방식에 대해서는 Günzel(1998)의 Ch.3을 참고하라. 두 번째 방식에 대해서는 Yang(1991, 5)을 참고하라.
16. Yang(1991, 5)에 인용된 둥추 스님의 언급.

2. 90년대 대만의 불교단체

1987년 계엄령이 해제되기까지 대만에서 사회 변화란 주로 경제적인 것이었다. 민주주의로의 이행 후 사회의 모든 부문이 본격적으로 변화하였다. 종교 단체들은 다양성이 매우 커졌다. 불교의 경우, 종래에는 적어도 표면적으로는 중국불교회에 의해 통일성이 유지되어 왔으나, 각자의 불교관에 따라 활동하는 독자적인 조직들이 그 다양성을 드러내었다. 오늘날의 대만불교는 몇몇 독특한 성격들로 특징지어진다. 그 중 대만 승가의 독특한 구조, 거대하고 독자적인 불교 조직, 그리고 불교 전통의 다양화가 가장 두드러진다.

1) 승가의 구조

중국불교의 역사상 어떠한 조직이나 단체도 불교 전체를 포괄하는 역할을 맡지 못했다. 다양한 불교 공동체와 전통을 대변하는 하나의 조직은 존재하지 않았던 것이다. 그들 사이의 통일성은 승가 내 세대 간에 이루어지는 다양한 형태의 유대에서 성립되었는데, 이는 그 기능과 용어에 있어서 중국의 전통적 가족 관계와 흡사하였다. 중국에서 출가한 비구나 비구니는 자신의 가족을 떠나 유사 가족구조에 편입된다. 제자에게 계승되는 '자손묘(子孫廟, hereditary temple)'들은 (예외가 있지만) 승가를 구성하는 기본 단위였다.[17] 이러한 자손묘에서 '체도(剃度)'가 이루어

---

17. Welch의 번역에 따라 'hereditary temple'이라고 번역하였다. Günzel(1998, 38~45)을 참조하라. 'hereditary'라고 불리는 이유는 사원의 재산이 엄격히 한정된 집단에 의해 상속되고 관리되기 때문이다. 이는 승가 자체에 귀속된 거대한 총림(叢林) 사원과 차이가 있다. 총림의 주지는 원칙상 선출로 임명되는 시스템이고, 총림에서는 승려들 간의 사적인 관계가 형성되는 것을 막기 위해 체도(剃

지는데, 이는 스승이 제자가 공식적으로 승가에 들어왔음을 나타내는 체발 의식을 말한다. 이를 통해 수행자는 '사부(師父)'와 '사형(師兄)'으로 이루어진 '사원 가족'에 편입된다. 자신을 체도해 준 스승의 지도를 받아들임으로써 승려는 일생 동안 상호 책임을 수반하는 친밀한 관계를 구축한다. 비구가 되기 위한 다음 단계는 구족계를 받는 것인데, 구족계 의식은 이념적으로 하나의 사원이 아니라 사방승가 전체와 관련을 맺게 되는 공적인 성격의 중대한 행사이다. 계사(戒師)와 제자들은 이를 통해 국지적 차원을 넘어선 새로운 관계로 진입한다. 승가 내 세대 간의 유대가 이루어지는 또 다른 방식은 법의 전수이다. 이는 스승의 지위를 계승하도록 인가하는 것이다. 법을 전수받아야 특정한 법맥에 편입될 수 있는 선종에서 이러한 방식이 특히 중요시된다. 체도, 수계식, 인가 등 세 가지 형태의 유대가 아직도 계속되고 있지만, 승가의 구성원들은 과거보다 더 좋은 교육을 받고 재정적으로 독립할 수 있게 되었기 때문에 이러한 전통적인 형태에서 이탈할 자유를 얻게 되었다. 이는 그 어느 때보다도 오늘날 대만의 비구와 비구니들이 자신의 삶에 대한 통제권을 누리고 있음을 뜻한다.

대만 승가의 또 다른 구조적 특징은 절대적인 의미에서나 상대적인 의미에서나 거대한 규모의 비구니 대중이다. 대만 비구니의 전체적인 규모는 수계 기록에 의해서 파악해 볼 수 있다.[18] 첸(Chern, 1999)의 표에 제시된 수치들을 더하여 차이를 비교해 보면 비교적 신뢰할 만한 결과를 얻을 수 있다. 1953과 1999년 사이 17,000명 가량의 비구와 비구

度) 의식을 통해 제자를 받아들이는 일이 자손묘와 달리 금지되어 있었다.
18. 아직 아무도 이러한 작업을 한 것 같지 않다. 대만 내정부(內政府)의 연례 통계연감에는 이에 대한 어떤 정보도 없다. 때때로 30,000명에 달한다는 이야기가 들려오지만 수계 기록에 기초하여 추산된 '최대 17,000명(1999년 기준)'만 현재 알 수 있는 확실한 수치인 것 같다.

니가 대만에서 수계를 받았다.[19] 입수 가능한 모든 통계가 지난 15년간 승려의 수가 두 배로 증가했음을 뒷받침한다.[20] 비구니는 3:1의 비율로 비구의 수를 압도하고 있다. 이와 같은 수적 우세와 더불어 많은 젊은 비구니들이 대학을 졸업하였다는 사실은 비구니들의 자의식과 권한의 성장을 의미한다.[21] 비구니 승가 중 일부는 전통적 계율, 특히 비구의 두 배가 되는 계율의 수와 팔경법에 대한 재고를 요청하기 시작했다. 또한 비구니에게만 개방된 불교 교육기관이 증가하고 있는데 대표적으로 샹광니중불학원(香光尼衆佛學院)이 있다.

2) 사대산(四大山)

몇 세기 동안 중국 승가에 통일성과 체계를 제공해온, 앞서 본 것과 같은 다양한 형태의 유대 관계가 오늘날 대만불교에서도 기능하고 있다. 하지만 대만에는 체도 의식에 크게 기반을 둔, 아마도 새로이 시작된 형태의 공동체도 존재한다. 이들은 특정한 법사를 중심으로 형성되어 다양한 활동을 매개로 세속 사회에 활발히 참여하고 있는 거대 불교 조직이다. 이들이 겪는 문제는 대개 거대 기업의 그것과 비슷하며, 이들의 손을 거쳐 가는 거대한 규모의 기부금은 종종 불교적 의제를 포기하게끔 위협한다. 이들 중 가장 규모가 큰 단체가 '사대산(四大山)'이라고

---

19. 보다 정확하게 승려의 수를 파악하기 위해서는 다음과 같은 요소를 고려해야 한다. 1999년 이전 입적한 승려들, 환속한 승려들, 대만 외에서 수계를 한 승려들. 50년대 초반 중국불교회가 수계 체계를 장악하기 이전 대만에는 2,000명 정도의 비구와 비구니가 있었던 것으로 추산된다(재교의 여성 수행자는 제외). 대만의 인구는 대략 2천 2백만 명이다.
20. 이 주제에 대한 영어로 된 연구가 몇몇 있다. 가장 최근의 것으로는 Chern(2000)와 Li(2000)가 있다.
21. 1986년까지 약 9,000명의 비구니와 비구가 수계를 받았고, 1999년 17,000명이 수계를 받았다.

불리는데, 다음과 같다.

1. 가오슝(高雄) 인근에 기반을 둔 포광산(佛光山)
2. 푸리(埔里)에 기반을 둔 중타이산(中臺山)
3. 화렌(花蓮)에 기반을 둔 츠지기금회(慈濟基金會)
4. 타이베이의 파구산(法鼓山)

사회적 관심과 주목의 대상이 되고 있는 이 단체들은 대만 내 가장 영향력 있는 불교 운동을 주도하고 있기 때문에 짧게나마 살펴볼 가치가 있다. 불교에 관심이 많은 대만 방문객들은 이들 중 한 곳 이상과 접촉하게 된다. 대부분의 대만 사람들이 이 단체들의 이름과 설립한 스님의 법명을 알고 있다(비록 종종 정옌 스님과 성옌 스님의 법명을 헷갈려하지만).

(1) 포광산

포광산은 1967년 싱윈 스님(星雲, 1927~)이 창설하였는데, 빠른 속도로 대만 남부에서 가장 큰 불교단체가 되었다. 싱윈 스님은 대만불교계에서 텔레비전과 라디오를 통한 포교를 시도한 최초의 인물 중 한 분이다. 30년이 넘는 텔레비전 출연 덕분에 싱윈 스님은 대만에 매우 잘 알려져 있다. 하지만 스님은 정치에 관여하여 비판을 받기도 하였다. 싱윈 스님은 1996년 대선 때 오로지 불교를 기반으로 하여 출마했다가 큰 표차로 패배한 천뤼안(陳履安) 후보를 열성적으로 지지했다. 또한 싱윈 스님은 특히 리덩후이 정권을 거치며 국민당과도 오랫동안 굳건한 관계를 유지하였다.[22]

---

[22] 물론 현재(2001년 12월) 리덩후이는 국민당을 떠나 자신의 정당을 설립하였다.

포광산의 본산은 상당히 인상적이다. 이곳을 방문한 사람들은 공원처럼 조성된 사찰 안에서 거대한 법당들과 불상들, 호스텔, 병원, 박물관, 정토 테마파크, 불교 기념품 판매점들과 마주치게 된다. 몇 년 전 본산의 경내가 일반 사람들의 관광지로 변하게 되자, 일반 사람들의 입장을 금지하였다. 그러나 여전히 대만 전 지역에서 수많은 불교 단체들이 큰 버스를 타고 이곳을 방문한다. 약 5만 개의 유골단지를 보관하고 있는 이곳의 납골당은 포광산의 주요 수입원 중 하나이다.[23] 다른 사대 종파와 마찬가지로 포광산도 범대만적인 조직이 되었다. 1997년에는 1,100명의 비구니와 134명의 비구가 싱윈 스님을 계사로 삼고 조직 활동에 헌신하고 있었고,[24] 1996년 대만 내에 51개의 사원 또는 센터를 운영하고 있었다.[25] 츠지기금회처럼 포광산도 국제 무대로 진출하고 있다. '국제포광회(國際佛光會: Buddha's Light International Association)'란 이름 아래 오늘날 포광산은 세계적으로 100곳이 넘는 센터를 운영하고 있는데 이는 작은 섬나라에서 시작된 종교 단체임을 고려할 때 매우 놀라운 수치이다.[26] 포광산은 또한 아프리카에 지부를 설치한 최초의 중국불교 단체였다. 불법을 펼치기 위한 포광산의 국제화는 무척 의욕적으로 이루어지고 있으며, 자신만의 불교적 사명을 강하게 추진하고 있다.[27]

---

23. 이는 포광산에 한정된 것은 아니라 동아시아의 불교 사원에서 꽤 보편적인 관습이다.
24. Chern(2000), 118.
25. Günzel(1998), 119의 주를 참고하라.
26. 국제포광회의 웹사이트(http://blia.org)에 따른 것이다. 1996년 63개의 센터에서 증가한 것이다. Günzel(1998), 119의 주를 참고하라. 국제포광회의 본부는 샌프란시스코의 시라이사(西來寺)에 있다.
27. 최근 포광산의 국제화 시도에 대한 논문(Chandler, 2000)이 출간되었다.

(2) 중타이산

중타이산 또한 수많은 재가불자의 관심을 받고 있는데 이들 중 많은 이가 중타이산의 승가의 일원이 될 것을 권유받고 있다. 중타이산에 대한 통계는 유난히 얻기 어려운데, 매우 유동적이지만 1,000명 가까운 비구와 비구니가 있는 것으로 알려져 있다. 따라서 중타이산은 포광산과 거의 비슷한 규모인 것이다. 중타이산의 창시자는 쓰촨 성 출신의 웨이줴 스님(惟覺, 1928~)이다. 비록 중타이산이 비교적 덜 외향적이고 아직 세계화를 시도하고 있지 않지만, 웨이줴 스님도 싱윈 스님처럼 정치에 깊이 관여하고 있다.[28] 많은 측면에서 중타이산은 4대 종파 중 전통적인 '자손묘' 시스템을 가장 잘 따르고 있다. 승가의 구성원에만 개방되어 있는 중타이불교학원(中臺佛教學院)의 교사들은 모두 웨이줴 스님에게 체도를 받은 제자들이다.

대만 중부의 푸리(埔里) 인근에 위치한 중타이산의 본산은 대만 내에서 가장 인상적이고 호화로운 사원 중 하나이다. 하지만 중타이산의 승가는 다른 3대 종파만큼 사회참여적이지는 않다. 그럼에도 불구하고 1996년 중타이산은 40개의 지부와 사원을 운영하게 되었고, 대만 내 108개의 지부 창설을 목표로 하고 있다.

(3) 츠지기금회

정옌 스님(證嚴, 1937~)은 인순(印順) 스님으로부터 수계를 받은 몇 안 되는 제자 중 한 분으로, 1966년 츠지기금회를 창설하였다. 여성이자 대만 출신인 정옌 스님은 불교단체 지도자들 중 단연 돋보인다. 다

---

[28] 현재(2002년) 중타이산의 웹페이지는 영어 서비스를 제공하고 있지 않으며, 비록 디자인은 뛰어나지만 그다지 정보가 많지는 않다.

른 3대 종파의 지도자들은 모두 중국 본토 출신이다.

츠지기금회는 특히 의료 분야의 자선 사업에 깊이 참여하는 불교 자선 단체로 정의할 수 있다. 이 때문에 츠지기금회는 연구 대상이 여러 차례 되었다.[29] 지난 20년간 츠지기금회는 대만 내에서 가장 큰 종교 단체로 성장하였다.[30] 이 단체는 본질적으로 출가자의 단체가 아니라 출가자에 의해 지도되는 재가자의 단체라는 점에서 다른 3대 종파와 차별된다. 상당수의 비구니들이 참여하고 있지만, 대부분의 권한은 재가신자들에게 주어져 있다. 재가신자들은 자신의 사회 기여를 확신하고 있는 무척 의욕적인 전문가들이다. 지난 몇 년 동안 병원, 의과대학, 간호학교가 이전까지 의료 시설의 부족을 겪고 있었던 화렌(대만 동부)의 츠지기금회 본산 주변에 세워졌다. 이러한 사업을 가능하게 한 기부 모금 운동의 성공은 실로 경이롭다. 한 번은 정옌 스님이 어떤 일본인의 미화 2억 달러 기부를 거절한 적이 있는데, 그것은 대만사람들이 스스로 돕기를 원했기 때문이다. 포광산과 마찬가지로 츠지기금회에는 많은 국제 지부가 있는데 종교 활동보다도 구호 활동과 개발 원조에 초점을 두고 있다.[31] 츠지기금회는 또한 '큰 사랑[大愛]'이라는 텔레비전 방송국을 운영하고 있다.

(4) 파구산

파구산의 창립하여 이끈 분은 성옌 스님(聖嚴, 1930~2009)이다. 정옌 스님과 마찬가지로 사람들에게 널리 알려지고 존경받고 있다. 성옌 스

---

29. 영어 연구로는 Huang(2001)과 Ting(1997)이 있다.
30. 1994년 당시 츠지기금회의 회원이 3천 5백만 명이었다(Jones(1999), 208).
31. 더 많은 정보를 얻고 싶다면 http://www.izuchi.org(2001년 12월)를 참고하라.

님은 통역 장교로 근무하고 있던 장제스 군대와 함께 대만으로 건너 왔다. 1959년 승려의 삶으로 복귀한 후 그는 둥추 스님(東初, 1908~1977) 밑에서 공부하였다. 1962년부터 1966까지 그는 홀로 수행하였다. 1969년 성옌 스님은 일본의 릿쇼(立正)대학에서 불교를 공부하였다. 그는 1975년 명대 후기 불교에 대한 연구로 박사학위를 취득하였는데, 이는 중국인 승려 중에는 처음 있었던 일이었고, 스님의 경력에 많은 도움이 되었다. 의욕적으로 저술 활동을 펼친 스님은 90권이 넘는 책을 출판하였는데 이 중 15권이 영어로 번역되었다.

파구산은 상대적으로 늦은 1989년에 창설되었다. 1997년 65명의 비구니와 12명의 비구 스님들이 소속되어 있었다.[32] 파구산의 주안점은 모든 형태의 불교를 학문적으로 연구하는 것과 전통적인 중국 선 수행에 있다. 재가자들이 단기 혹은 장기간 선 수행을 할 수 있는 수행 프로그램이 개설, 운영되고 있다.

파구산의 가장 큰 기여는 아마 불교학의 교육 분야다. 이러한 노력의 중심에 1985년 창설된 중화불학연구소(中華佛學硏究所)가 있는데, 이제 대만에서 확실히 자리를 잡은 조직이 되었다. 외국인 학자들에게 강의와 연구 기회를 제공하며 국제적 학술 교류를 활발히 하고 있다. 몇 가지의 국내 및 국제 불교학 학술대회를 조직하였고 지난 15년 동안 400명이 넘는 대학원생이 이곳에서 불교학 고등교육을 받았다. 비록 대부분의 교수진이 시간제로 일하고 있지만, 모두 저명한 불교학자이다.

파구산은 현재 타이베이에 위치한 본산과 중화불학연구소를 타이베이 북쪽 40분 거리에 있는 진산(金山)으로 옮기고 이곳에 인문대학을

---

[32] Chern(2000), 119.

설립하는 과정에 있다.³³ 얼마 전부터 파구산을 국제적으로 확장시키려는 노력이 시작되었는데, 아직까지는 소수의 지부만 개설하였다.

　　전통적인 거대한 불교사원과 근대적 회사의 혼합을 보는 것 같은 대만불교 '사대산'의 조직적 구조에 여러 가지 의문이 든다. 새로운 환경에 대한 불교의 다양한 적응을 보여주는 이 사대산은 싱윈, 웨이줴, 정옌, 성옌 등 설립자들이 현재도 활동하고 있기 때문에 앞으로의 발전에 대해 말하기는 아직 이른 감이 있다. 어느 정도 안정성은 유지될 것으로 보이지만, 의사 결정 과정에서 설립자 스님들의 중요성을 볼 때 이 스님들이 입적한 뒤(현재 이들은 60대, 70대에 있다) 상황이 어떻게 변할지에 대해 낙관하기는 어렵다.

　　일반사회의 젠더, 정치, 경제, 교육과 같은 문제에 대한 이 단체들의 불교교리적 입장은 중국불교의 미래에 매우 큰 영향을 끼치게 될 것이다.

3) 대만 내 다른 형태의 불교

지난 십 년간 대만의 불교신자들은 특히 티베트불교와 같은 다른 형태의 불교 수행도 받아들이기 시작했다. 오늘날 대만사회는 폭넓은 종교적 관용과 영적 수행에 대한 호기심과 개방적인 실험정신이 함께 갖추어져 있다. 50년대에 '세계 진출'이 강요되었던 티베트불교가 친절한 환영을 받게 된 것은 놀라운 일이 아니다. 티베트불교는 완전히 이질적인 종교로서 등장한 것이 아니었다. 한때 중국불교에서는 밀교의 전통이 있었고, 청 왕조의 지원을 받은 티베트-몽골 라마 불교는 티베트불

---

33. 이 계획의 대강이 중국어 웹사이트에 소개되어 있다(http://www.ddm.org.tw).

교에 어느 정도의 친근함을 부여하기에 충분히 유사했다. 대만에서 티베트불교의 성공은 이미 연구자들의 주목을 끌고 있다.[34]

지금까지 타이베이에만 30개가 넘는 티베트불교 센터가 있다. 이들 중 일부에는 상주하는 스님들이 있고, 다른 단체들은 법회를 위해 정기적으로 대만을 찾아오는 스님들의 방문에 맞춰 회합을 갖는다. 달라이라마도 2001년에 두 번째로 대만을 방문하였다. 어떤 자료에 의하면 대만은 인도, 네팔, 부탄 등지의 티베트불교 사원들의 중요한 수입원이 되었다고 한다. 정확한 계산은 불가능하지만 기부금이 매년 미화 몇 백만 달러에 달하는 것으로 보인다. 이러한 상황이 서로 상이한 두 불교전통 간의 신자와 자원에 대한 경쟁을 의미한다는 것을 고려하면 중국불교 승가의 반응은 대체로 관용적이다. 가끔 교리적인 분야에서 부정적인 비평이나 공격이 나오기도 하지만 외부인의 입장에서 볼 때 티베트불교도들이 대만에서 갈수록 활발하게 활동하고 있다는 사실은 확실하다. 하지만 기독교 세계에서 상당히 권장되는(사실상 이들이 만들어 낸) 이른바 종교-간 혹은 종파-간의 대화는 거의 전무하다. 중국불교 단체들 간에서도 거의 대화가 이루어지지 않고 있고, 종파가 다를 경우에는 더욱 심하다. 성옌 스님 정도가 예외인데 스님은 달라이라마의 첫 방문 때 무척 쾌활한 분위기의 공개적인 대담회를 열었다. 또한 중화불학연구소는 교환 프로그램을 운영하고 있어서, 매년 티베트불교의 라마들이 연구를 위해 연구소를 방문한다. 중화불학연구소는 또한 불교교육을 주제로 양안 간 학술 대회도 조직하였는데, 정치적 상황에도 불구하고 대성공을 거두었다.

---

34. 2001년 가을 타이베이의 중앙연구소(Academia Sinica)에서 티베트불교 심포지움이 처음으로 열렸다. 대만 내 티베트불교에 대해서는 Lan(1994)을 보라.

3대 불교 전통 중에서 가장 '부끄러움을 타는' 상좌부 불교는 대만에서 그다지 두각을 나타내고 있지 않다. 태국이나 버마불교의 사원들이 타이베이에 있지만 주로 본국에서 온 사람들을 위한 것이다. 1998년 고엔카 위빠사나 센터가 대만 중부의 타이중(臺中)에 설립되어, 활발하게 운영되면서 연중 명상 과정을 열고 있다.

   대만 내 일본 불교는 일본 식민지치하의 포교 활동 때문에 신뢰를 잃어, 이제는 소수라는 말도 부족할 정도로 미미해졌다. 다만 불교학 분야에서 양국 간의 활발한 학술 교류가 이루어지고 있다.

3. 불교 교리와 불교학의 발전 현황

1) 인순 스님의 영향

인순 스님(印順, 1906~2005)은 이견의 여지없이 20세기 후반 중국불교의 교리적 발전에 있어 가장 중대한 영향을 끼친 학승이다. 인순 스님은 전례 없이 큰 규모의 중국불교도에게 다가갔으며, 불교학의 학문적 세계와 불교신자들의 종교적 세계 사이의 간극을 좁히는 가교의 역할을 하였다.

   인순 스님의 학술서와 교양서들은 스승인 타이쉬 스님(太虛, 1889~1947)이 시작하였지만 미완의 상태에 머물렀던, 보다 학문적으로 수용 가능한 불교 교리와 역사에 대한 이해를 구축하려는 작업을 계승하고 있다. 인순 스님은 뤼청(呂澂)이나 탕융퉁(湯用彤)과 같은 학자들과 더불어 학문적 불교 연구를 위한 기초를 쌓았고, 스님의 글을 접하게 된 다수의 현대 중국학자들에게 큰 영감을 주었다. 인순 스님은 승가의 구성원 중에서 처음으로 학술적인 불교 연구를 시작한 분으로 평가될 수 있다. 1973년 일본 교토의 다이쇼대학이 명예박사학위를 수여하면서 스님의 연구는 세계적으로 인정받게 되었다. 스님은 1942년『인도의 불교(印度之佛教)』를 출간한 후 1989년 동일한 주제로 마지막 주요 저작을 출판할 때까지 수많은 저술을 남겼다. 스님의 저술은 대단, 중국 그리고 화교들에게 널리 읽히고 있다. 중국의 불자들은 아직도 스님의 저술에, 비록 최신의 연구 결과물이 아니지만 여전히 권위를 부여하고 있다.

인순 스님은 또한 전통적인 불교 담론에 일반적인 종교적 서술을 배제하고 불교를 보다 합리적으로 설명하기 위해서 많은 대중서도 집필하였다. 또한 인순 스님이 스승 타이쉬 스님으로부터 계승하여 발전시킨 '인간불교(人間佛教)'의 개념은 오늘날 대만불교를 주도하는 원칙 중 하나가 되었다.

이쯤에서 인순 스님과 타이쉬 스님의 불교에 대한 이해가 크게 구분되는 점을 살펴보자. 바로 이 지점에 20세기 중국불교 사상이 겪은 가장 본질적인 변화가 있다. 이를 이해하는 데 중요한 것은 인순 스님과 타이쉬 스님의 교판 체계이다.[35] 두 스님 모두 저술 활동을 하면서 자신의 교판 체계에 조금씩 수정을 가하면서 다양한 불교 전통을 여러 방식으로 범주화하였다. 여기서는 이들 스님의 교판 체계 중 일부만 살펴보겠다.

타이쉬 스님의 대승불교 학파에 대한 주된 입장은 여래장 사상을

---

[35] 교판은 중국으로 불교가 소개된 이래 중국불교의 중요한 특징으로 존재하였다. 중국인은 교판을 통해 중국에 무차별적으로 소개된 다양한 불교학파들을 조직적으로 정리하였다. 동시에 특정한 교판 체계의 고안자는 자기 종파의 정통성을 강화하기 위해 교판 체계를 사용하였다.

가장 높은 수준의 가르침으로 여겨야 한다는 것이다. 스님은 이 '완벽한 깨달음'에 대한 교리는 유식이나 중관파의 이론을 모두 포괄하며 또한 초월하는 것이었다. 비록 타이쉬 스님을 개혁주의자로 보는 것이 일반적이지만, 스님은 이 점에서 송대 이래 주류 중국불교와 궤를 같이하며, 비판불교(批判佛教) 학자들의 주요 비판 대상이 되는 '법계주의자(法界主義者, dharmadhātuvādin)' 진영에 속한다.[36]

타이쉬 스님의 중국 대승불교에 대한 교판은 다음과 같다.[37]

1. 법계원각종(法界圓覺宗) : 여래장사상
2. 법상유식종(法相唯識宗) : 유식사상
3. 법성공혜종(法性空慧宗) : 중관사상

인순 스님의 접근은 타이쉬 스님과 여러 면에서 차이를 보인다. 이 문제에 대해서 인순 스님은 스승인 타이쉬 스님에 대한 비판까지는 아닐지라도 상황을 완전히 뒤바꾸어 놓는다. 그의 해석은 중관사상이 곧 '정의(正義)'로서 대승불교의 가장 순수한 형태로 이해되어야 한다는 것이다. 인순 스님의 교판에서 여래장 계열의 사상은 가장 무의미하며 진리에서 동떨어진 것으로 해석된다.

1. 성공유명(性空唯名) : 중관사상
2. 허망유식(虛妄唯識) : 유식사상

---

36. 기체주의(Dhātuvāda)란 말은 일본의 袴谷憲昭와 松本史朗가 시작한 비판불교 논쟁에서 만들어진 신조어이다. 이 논쟁의 현황에 대한 상세한 논의에 대해서는 Hubbard & Swason(1997)을 참고하라.
37. Zhu(1996) 참조.

3. 진상유심(眞常唯心) : 여래장사상

인순 스님은 대승불교 교판에 대해서와 마찬가지로, 한역『아함경』에 등장하는 초기불교의 역할에 대한 평가에서도 주류 중국불교의 교리적 이해에 동의하지 않았다. 스님의 『아함경』에 대한 높은 평가는 대만의 불교신자들 사이에서 초기경전들이 널리 수용되는 계기가 되었다. 인순 스님은 비록 통달한 외국어는 하나도 없었지만 계속해서 인도불교에 대한 연구를 이어나갔다. 스님의 학술적 저술들은 한 권을 제외하고는 모두 대승불교 이전이나 인도의 초기 대승불교에 대한 것이다. 인순 스님은 인도불교가, 특히 초기 중관사상이 중국불교의 사상보다 우월하다고 생각하였다. 이것은 기존 전통과의 단절을 의미한다.

2) 학술적 발전

여기서는 90년대 대만 불교학의 급속한 성장과 중화전자불전협회(中華電子佛典協會: Chinese Buddhist Electronic Text Association: 이하 CBETA)에 의한 한역 대장경 전산화와 무료 배포에 대해 살펴보자.

(1) 대만의 불교학계[38]

란지푸(藍吉富) 교수는 중국불교 연구에 유용한 자료를 모으면서,[39] 대만 불교학자의 수를 추적하는 연구도 하였다. 그에 따르면 1993년 대만에 불교학자는 60명이 있었다. 이 중에서 12명은 해외에서(7명은 일

---
[38]. 이 장에서 언급되는 수치들은 Lan(2001)을 인용한 것이다.
[39]. 특히 중화불교백과전서(中華佛教百科全書)가 주목할 만하다.

본, 5명은 미국), 다른 12명은 대만에서 박사학위를 받았다. 대다수의 불교학자가 한문을 제외하면 경전 연구에 필요한 고전어를 알지 못하고 있었는데, 그 이유는 대만에서 산스크리트어, 팔리어, 티베트어 교육이 없었기 때문이었다.[40] 비록 큰 인기를 끈 것은 아니었지만 80년대 내내 불교학은 성장세에 있었는데, 이는 대학에서 불교 전문 연구자로서 취업할 기회가 증가한 것과 무관하지 않다.

90년대에 이러한 분위기는 변하였다. 승가에 대한 대중의 이미지가 좋아지면서 불교학 연구에 대한 관심도 증가하였다. 현재에는 약 300명이 넘는 학자가 불교학 분야에서 활동하고 있고, 이들 중 많은 수가 남전불교(팔리어)나 북전불교(티베트어)를 전공하고 있다. 대학과 불교단체 사이에 집중적인 교류와 협력이 이루어지고 있고 많은 교수들이 두 기관에서 강의를 병행하고 있다. 민간과 불교단체가 서로 협력하여 많은 프로젝트를 진행하고 학회를 조직하였는데, 이는 20년 전에는 찾아보기 어려운 것이었다. 한 예를 들자면 국립대만대학과 파구산사의 공동 프로젝트로 시작된 '불교학 디지털도서관 박물관(佛學數位圖書館暨博物館)'은 불교학에 대한 정보가 오고가는 인터넷 공간의 요지가 되었다.[41]

(2) 한역 대장경의 전산화

1998년 2월 한 그룹의 연구자들이 국립대만대학 불교학연구센터(佛學研究中心)의 후원 아래 타이베이에서 만나 헝칭(恒清) 스님과 후이민(惠敏) 스님의 지도 아래 CBETA를 창설하였다. 협회의 일차적인 목표는 한역 대장경을 전산화하고 이를 무료로 배포하는 것이었다. 이를 위

---

[40] 대만 최초의 산스크리트어 강의는 80년대 후반에 개설되었다.
[41] http://ccbs.ntu.edu.tw

해 CBETA는 대정신수대장경을 출판하는 일본 출판사로부터 전자출판을 위한 판권을 얻어냈다.[42] 프로젝트의 범위는 무척 광대했지만 3년 만에 성공적으로 완성되었다. 오늘날 대장신수대장경의 1~5권과 85권이 다양한 포맷으로 제공되는 CD가 CBETA에 의해 배포되고 있다. 이는 한역 대장경의 모든 문헌을 포괄하는 것이다.

한문 문헌의 전산화는 표음문자를 사용하는 다른 언어권 문헌의 전산화보다 상대적으로 어려운 것이다. 우선 현재 컴퓨터의 어떠한 글자체로도 표현할 수 없는 이른바 '결자(缺字)'들을 어떻게 다루어야 하는지가 문제였다. 아무리 드문 이체자라도 인쇄된 것과 동일하게 표현된 디지털 버전을 사용자들에게 제공하기 위해 여러 가지 방법을 고안하였다. 이러한 '결자'들은 모지쿄(文字鏡) 프로젝트와의 협력을 통해 표현되었다.[43] CBETA는 TEI(Text Encoding Initiative)에 의해 개발된 표준인 XML(확장성 표기 언어)과 호환되는 마크업(markup)을 사용하여 전산화하였는데, 이는 적절한 선택이었다. 이렇게 전산화된 한역 대장경은 매우 탄력적이어서, 원문을 다른 대장경이나, 다른 판본의 같은 대장경이나, 번역 또는 심지어 논문으로 연결시키는 일까지 가능해졌다.

불교경전 전산화를 향한 도전은 현재 우리가 경험하고 있는 통신혁명이라는 전체적인 맥락 속에서 이해되어야 한다. 비록 널리 논의되고 있지는 않지만, 디지털 문헌의 등장과 함께 '문헌'이 무엇인가에 대한 우리의 이해가 점점 변화함에 따라 불교학과 인문학 전반이 본질적인 영향을 받게 될 것은 명백한 사실이다. 한동안 우리는 CD를 어떠한

---

[42] 이 협상 과정의 성공에는 고(故) 에지마(江島) 도쿄대학 교수가 큰 기여를 했다.
[43] 모지쿄 협회는 CJK(中·日·韓) 문자의 전산화 작업을 오랜 기간 수행해왔고, 이 분야에서 통용되는 일련번호 체계를 확립하였다. 하지만 이 프로젝트는 유니코드의 도래와 독점 붕괴로 빛을 잃게 되었다.

서적을 원본으로 삼아 전산화한 복사본으로 이해할 것이다. 하지만 얼마 안 있어 오히려 서적이 어떠한 디지털 '문헌'의 원본을 인쇄한 것이 될 테고, 이러한 디지털 문헌은 과거 우리가 접해왔던 어떠한 정본(正本)보다도 개방적이고 복잡하고 (바라건대) 보다 접근이 쉬운 형태로 제공될 것이다. 그러나 이것은 기술적인 문제에 그치는 것이 아니라 사회적, 정치적인 차원에서 결정될 사안이다. 가령 현재 저작권의 해석에서 중심이 되는 것은 공공의 이익도 작가의 이익도 아니라, 미디어 기업들의 순전히 경제적인 이익이다. 만약 이러한 경향이 지속된다면 정보에 대한 보다 높은 수준의 자유와 공개성이 실현될 가능성은 사라지게 된다. 그럼에도 불구하고 디지털 문헌 시대의 도래가 가져올 변화를 신중하게나마 낙관적으로 기다려볼 이유가 몇 가지 있다. 무엇보다도, 독자에게 모종의 권한이 부여될 것을 기대할 수 있다. 디지털 문헌은 한 번 생산되면 저장, 활용, 개발에 필요한 것은 컴퓨터 외에는 없기 때문에 인쇄된 책을 훨씬 뛰어넘는 다양한 활용 가능성이 있다. 우리의 연구에 필요한 자금이 주로 공중(公衆)에 의해 조달되는 만큼, 연구의 결과물에 가능한 한 많은 사람이 접근할 수 있도록 노력하는 것은 우리의 학문적 의무 중 하나이다. 값비싼 학술지와 책을 통한 출판 방식으로는 세계 인구의 다수가 우리 연구의 결과물에 접근할 수 없게 될 것은 분명한 사실이다. 디지털 출판은, 올바르게 사용된다면, 국제 사회가 병들어 가는 것에 경제적 불평등(이 역시 어느 정도는 정보의 불평등에 의해 초래된 것이다)만큼이나 책임이 있는 정보의 불평등을 해소하는 데 기여할 수 있을 것이다. [44]

---

[44]. 노벨상 수상자인 George Akerlof, Michael Spence, Joseph Stieglitz는 '비대칭 정보(asymmetric information)'라는 용어를 만들어 냈다. 이들의 작업은 경제적, 정보적 빈곤이 분석의 주된 재료가

4. 맺음말

지금까지 살펴본 바에 따르면, 우리는 대만이 불교는 물론 불교학의 중심지로 부상하게 되었음을 알 수 있었다. 오늘날의 대만은 중국불교에 있어 중국불교만의 독자적인 근대화를 모색하는 일이 허용된 공간이다. 몇 세기에 걸친 정부에 의한 통제와 유교적 헤게모니로부터 해방되어, 중국불교는 번영하고 발전하기에 적합한 환경을 대만에서 다시 찾게 되었다.

되는 개발 경제학에 큰 영향을 미쳤다.

[참고문헌]

Chandler, Christopher Stuart: Establishing a pureland on Earth: The Foguang Buddhist perspective on modernization and globalization (China, Taiwan). PhD-dissertation Harvard University, 2000. 397 pages.

Chen Meihua (= Chern, Meei-Hwa) 陳美華: 'Linglei dianfan: dangdai Taiwan biqiuni de shehui shijian 另類典範: 當代台灣比丘尼的社會實踐 [The other paradigm: The social practice of Taiwanese Buddhist nuns.]' Zongjiao zhuantong yu shehui shijian zhongxing yantaohui 宗教傳統與社會實踐中型研討會. Taipei: Institute for Ethnical Studies Academia Sinica 中央研究院民族研究所, 1999.

Chern, Meei-Hwa: Encountering Modernity: Buddhist Nuns in Postwar Taiwan. Unpublished PhD-thesis. Temple University NY, 2000.

Günzel, Marcus: Die Taiwan-Erfahrung des chinesischen Sangha. Göttingen: Seminar für Indologie und Buddhismuskunde, 1998.

Hsing, Lawrence Fu-Ch'üan: Taiwanese Buddhism and Buddhist Temples. Taipei: Pacific Cultural Foundation, 1983.

Huang, Chien-yu Julia: Recapturing charisma: Emotion and rationalization in a globalizing Buddhist movement from Taiwan. PhD dissertation, Boston University, 2001. 342 pages. The dissertation examines the 'Ciji' (Tzu-chi Gongde Hui) (Compassionate-Relief Merit Society), a Taiwanese transnational Buddhist humanitarian foundation with a charismatic female leader.

Hubbard, Jamie; Swanson, Paul L. (Eds.): Pruning the Bodhi Tree – The Storm over Critical Buddhism. Honolulu: University of Hawaii Press, 1997.

Jiang Canteng 江燦騰: Xiandai zhongguo fojiao sixiang lunji 現代中國佛教思想論集 [Aufsatzsammlung zum Denken des Chinesischen Buddhismus der Gegenwart]. 2 Bde. Taipei: Xinwenfeng 新文豐, 1990.

Jiang Canteng 江燦騰: Xiandai zhongguo fojiaoshi xinlun 現代中國佛教史新論 [Neue Betrachtungen zur Geschichte des Buddhismus im heutigen China]. Gaoxiong: Ren jingxin Foundation 人淨心文教基金會, 1994.

Jiang Canteng 江燦騰: 20 shiji taiwan fojiao de zhuanxing yu fazhan 20 世紀台灣佛教的轉型與發展 [Wandel und Entwicklung des taiwanesischen Buddhismus im 20. Jahrhundert]. Gaoxiong: Ren jingxin Foundation 人淨心文教基金會, 1995.

Jiang Canteng 江燦騰: Riju shiqi Taiwan xin fojiao yundong de duncuo yu zhuanxing 日據時期台灣佛教文化發展史 [Entwicklungsgeschichte der buddhistischen Kultur Taiwans unter der japanischen Kolonialherrschaft]. Taipei: Nantian 南天, 2001 (a).

Jones, Charles Brewer: Buddhism in Taiwan – Religion and the State 1660-1990. Honolulu: Hawaii University Press, 1999.

Kan Zhengzong 闞正宗: Taiwan fojiao yi bai nian 台灣佛教一百年 [Hundert Jahre Taiwanischer Buddhismus]. Taipei: Dongda 東大, 1999.

Kuo Liying: "Aspects du bouddhisme contemporain à Taïwan." Études thématiques 6 Renouveaux Religieux en Asie (École Française d'Extrême-Orient, 1997). 83-105.

Lan Jifu 藍吉富: Ershi shiji de zhongri fojiao 二十世紀的中日佛教 [Chinesischer und Japanischer Buddhismus im 20. Jahrhundert]. Taipei: Xinwenfeng 新文豐, 1991.

Lan Jifu 藍吉富: Liangan foxue jiaoyu yu foxue yanjiu huigu yu qianzhan 兩岸佛學教育與佛學研究回顧與前瞻 [Buddhist education and Buddist studies in Taiwan and China. Retrospect and prospects]. Unpublished conference paper distributed at the cross-straits conference on Buddhist education Liangan foxue jiaoyu yanjiu xiankuang yu fazhan yantaohui 兩岸佛學教育研究現況與發展研討會, 10 - 11. 11. 2001, in Taipei.

Lan Jifu 藍吉富 (Ed.): Zhonghua fojiao baike quanshu 中華佛教百科全書 [Encyclopedia of Chinese Buddhism]. 10 vols. Taipei: Zhonghua fojiao baike wenxian jijinhui 中華佛教百科文獻基金會, 1994.

Li, Yu-chen: Crafting women's religious experience in a patrilineal society: Taiwanese Buddhist nuns in action (1945~1999) (China). PhD dissertation, Cornell University, 2000. 425 pages. This dissertation explores the cultural and religious implications underlying the enthusiasm of Taiwanese women to Buddhist bhiksuni (the fully ordained Buddhist nun) in post-war Taiwan.

Luo Guoming 羅國銘: Taiwan dangdai zaijia fojiao zhong deweiman zhuandao xiehui 台灣當代在家佛教中的維鬘傳道協會 [Die Organisationen zur Verbreitung der Lehren der Sutren Vimalakirti und Srimala im Laienbuddhismus des heutigen Taiwan]. Unveröffentlichte MA-Arbeit.

Ting, Jen-chieh: Helping Behavior in Social Contexts: A Case Study of of Tzu-Chi Association in Taiwan. University of Wisconsin dissertation, 1997 (UMI #9722734).

Wang Shunmin 王順民: 'Dangdai taiwan fojiao bianqian zhi kaocha 當代台灣佛教變遷之考察 (The Change of Buddhism in Contemporary Taiwan).' Chung-Hwa Buddhist Journal 中華佛學學報, Nr. 8 (1995).

Welch, Holmes: The Practice of Chinese Buddhism, 1900-1950. Cambridge: Harvard University Press, 1967.

Yang Huinan 楊惠南: Dangdai fojiao sixiang zhanwang 當代佛教思想展望 [Überblick über Denkansätze im heutigen Buddhismus]. Taipei: Dongda 東大, 1991.

Zhu Wenguang 朱文光: Fojiao lishi quanshi de xiandai zongji 佛教歷史詮釋的現代蹤跡—以印順判教思想為對比考察之線索 [The modern traces of hermeneutics of Buddhist history – Using the Panjiao thinking of Master Yinshun for comparative studies]. Unpublished MA-thesis, Zhengzhi university (Taipei), 1996.

제2장

대만불교의 발전과정과 특징

/ 서* 대 원 /

대만불교의
현황 고찰과
중국불교에 대한 전망

어떤 사물에 대한 느낌은 사람에 따라 다를 수 있다. 그것은 보는 자[能觀者]의 예상과 보여지는 것[所觀者]의 거리에 따라 평범하게 느낄 수도 있고 기이하게 느낄 수도 있을 것이다. 즉 보는 자의 예상과 보여지는 것의 거리가 가까울수록 평범하게 느낄 것이고 그 거리가 멀수록 의외로 느낄 것이다. 그렇다면 '평범함'과 '기이함'은 주객 중 일방의 문제라기보다는 서로 간의 문제이고 인식과 대상의 심리적 거리에 대한 문제이다. 이것도 서로 의존해 존재한다는 연기법의 일부일 것이다.

  필자가 비록 짧은 시간이나마 대만불교를 돌아보고 느낀 점은 크

---

* 충북대학교 기초교육원 교수

게 두 가지이다. 즉 평범함과 기이함 즉 의외감이었다. 아니 어떻게 평범하면서 의외일 수 있을까? 이 글에서 이 문제에 대해 서술하고 분석하고 전망하고자 한다.

우선 매우 간략하게 여기에서 말하는 평범함과 의외감에 대해 살펴보자. 먼저 평범함이란 매우 소략하고 거칠게 말한다면 대만불교(학)의 현황은 일반적인 한국 불교도가 예상할 수 있는 범위를 크게 벗어나지 않는다. 그 포교의 활발함, 규모의 거대함 및 우리보다 훨씬 깊게 그리고 적극적으로 이루어진 속세적인 면모[1] 등등의 적지 않은 차이가 있지만 그리고 이것이 어떤 사람들에게 어느 정도 의외감을 줄 수도 있지만 우리가 생각하는 커다란 불교의 틀을 크게 벗어나는 것도 아니다. 그러나 여기에서 그 외형을 벗어나 불교의 내용[2]으로 들어가 보면 우리 불교와 크게 다르지 않다. 즉 거칠게 보면 우리 한국의 불교도의 입장에서 평범함의 범위에 들어갈 것이다.

그렇다면 의외감이란 무엇인가? 만약 어떤 사람이 큰 수술을 받았거나 매우 큰 돈을 들여 성형수술을 하였다는 것을 아는 사람이 길에서 우연히 옛날 그대로인 혹은 거의 옛 모습인 그 사람을 만난다면 어떤 느낌이 들까? 아마 상당한 의외감 혹은 기묘한 느낌을 받을 것이다.

아시아는 근래 100여 년 동안 거대한 폭풍우와 격랑 속에서 힘겨운 숨을 몰아쉬며 동분서주하였다. 이 과정에서 이른바 수많은 개혁 혹은 혁명이 이루어졌다. 그 사이 사회의 기본 토대는 동요되었고 문화형태도 거대한 변화를 맞이하게 되었다. 불교도 이 폭풍우와 격랑에서 예외가 아니었다. 이와 같은 폭풍우와 격랑의 끝에서 겨우 약간의 안존

---

1. 이것은 대만불교가 표방하는 인간불교와 매우 밀접한 관련이 있다.
2. 불교의 교학과 수행

(安存)의 숨을 쉬고 있는 것이 우리의 현황이며 중국불교도 그러하고 그 연장선상에 대만불교도 존재해야 하는 것이 아마도 정당한 모습일 것이다. 특히 근대 중국의 불교운동을 조금이라도 살펴본다면 중국불교는 이미 전통의 중국불교에서 탈피하였거나 아니면 새로운 불교의 모습으로 출현해야 될 것이다.

물론 이런 면모가 없지는 않지만 큰 틀에서 보면 전통불교의 큰 틀이 그대로 유지되고 있는 '평범함'이 대만불교의 현황이었고 이것은 정말 의외이고 동시에 기묘함이었다. 이것을 어떻게 해석해야 할까? 과거 습의 연장으로만 보아야 할까? 아니면 이것이 새로운 선택일까? 이 점은 대만불교와 중국불교의 현재를 이해하고 미래를 예측함에 매우 중요한 요소가 될 것이다. 아직도 구태를 못 벗어난 것인지 아니며 구태를 선택하여 향해 가는 것인지의 문제이다.

I. 근대 중국불교에 대한 회고

현재를 알고 싶으면 과거를 보라는 말이 있다. 왜냐하면 과거를 인(因)으로 현재라는 과(果)가 있기 때문이다. 단지 무시이래로 인과의 고리는 이어져 있으므로 현재를 보다 온전하게 이해하기 위해서는 과거를 무한소급해야 하나 그것은 현실적으로 불가능하다. 전통시대를 극히 간략하게 살피고 청말민국 시기의 불교를 간략하게 살펴보자.

불교가 언제 중국에 전래되었는지는 여러 주장이 있지만 대개 한말에 전래되었을 것으로 보며 남북조를 거치며 불경이 번역되고 발전이 되다가 수당시기에 이르러 중국불교는 성숙하게 된다. 그 결과 여러 종파가 발생하였는데 천태종, 화엄종, 선종 등이 대표적인 종파이다. 그 후 선종이 중국불교를 대표하게 되었으며 이런 특색은 송, 원, 명, 청을 이어가고 있다. 커다란 관점에서 보자면 송대의 불교에 약간의 창신(創新)이 있는 반면 원, 명, 청은 답습 혹은 쇠퇴의 길을 간다고 말해진다.

기본적으로 청대의 불교도 선종 특히 임제종이 주류라고 말할 수 있다. 여기에서 다시 두 분의 위대한 역승을 기억해 보자. 구마라집(鳩摩羅什)과 현장(玄奘)이다. 이 두 분은 비록 위대한 역승으로 여러 경전을 번역하였지만 각기 중점과 사상이 달랐다. 구마라집은 중관을 중심으로 하였고 현장은 법상유식을 주로 하였다. 그래서 중국에 삼론종과 법상종이 발생하게 되지만 그 생명력은 그리 오래가지 못하였다. 모두 중국불교의 종파에 의해 흡수되거나 쇠미해지게 되었다.

송대 이후의 중국불교는 이미 위에서 말한 대로 선종 중심의 불교이다. 극도로 거칠게 말하자면 선종이 불교이고, 그것이 바로 중국불교라고 할 수 있을 것이다.

이러한 상황은 청말민국 시기에 이르러 커다란 도전을 받게 되고 거대한 변화의 조류에 휩쓸리게 된다. 우선 근세 중국의 불교에서 영향력이 있는 인물을 살펴보자.

량치차오는 『청대학술개론』에서 다음과 같이 말하였다. "청나라 말기 이른바 신학문을 하는 사람들 가운데 거의 어느 누구도 불교와 관련을 가지고 있지 않은 사람은 없다. 그리고 (불교에 대해) 참된 믿음을 가지고 있는 사람들은 대부분 양원후이(楊文會)에 귀의하였다." 근대 불학을 부흥시킨 양런산(楊仁山)은 경전을 간행하고 의학(義學)을 중흥시키고 학교를 창설 운영하는 활동을 하였다. 그래서 타이쉬(太虛), 장타이옌(章

太炎), 량치차오(章太炎), 탄쓰퉁(譚嗣同), 가오허녠(高鶴年), 메이광시(梅光羲), 시에우량(謝無量), 어우양젠(歐陽漸) 등의 사람들이 양런산의 학교에서 불법을 배우게 되어 당시의 정계와 학계 그리고 교육계에서 일류 인재가 되었다. 양런산의 활동으로 중국근현대불교가 부흥하며 대량의 거학들이 출현하게 되었다. 타이쉬(太虛), 쉬윈(虛雲), 홍이(弘一), 디셴(諦閑), 인광(印光), 넝하이(能海) 등은 대표적인 출가 고승들이고, 어우양젠(歐陽漸), 한칭징(韓淸淨), 장웨이눙(江味農), 가오허녠(高鶴年), 장웨이차오(蔣維喬), 딩푸바오(丁福保), 메이광시(梅光羲), 양두(楊度) 등은 대표적인 재가거사들이고, 장타이옌(章太炎), 웨이위안(魏源), 캉유웨이(康有爲), 량치차오(章太炎), 탄쓰퉁(譚嗣同), 탕융퉁(湯用彤), 후스(胡適), 천위안(陳垣) 등은 대표적인 학자들이다.³

이 인용문은 근현대 불교의 대략적인 현황을 설명하고 있으며⁴ 위에서 열거된 인물들은 모두 중국의 근현대 사상계, 정치계, 교육계, 문화계에서 상당한 영향력을 가지고 있으며 대부분 많은 저술을 가지고 있어 지금도 읽히고 연구되고 있다. 위에서 열거한 인물이 너무 많아 모두 살펴볼 수는 없다. 이 중 다시 대표적인 몇 인물에 대해서만 살펴보자.

우선 중국 근현대 불교를 열었다고 하는 양런산(楊仁山) 계열에서 보통 적통을 계승하고 있다고 여겨지며 지금에 이르기까지 불교학에서 막대한 영향력을 행사하고 있는 어우양젠(歐陽漸), 뤼청(呂澂) 등을 살펴보자.

이 계열의 입장은 매우 분명하다. 즉 유식학의 부흥이다. 좀더 구체

---
3. 『中國近現代佛學大師著述系列』, 黃山書社, 「前言」중에서
4. 물론 미시적으로 보면 모든 흐름이 망라되어 있지는 않고 누락도 적지 않다

적으로 살펴보면, 호법계 유식학인 현장 유식학을 부처님의 본지라고 생각한다. 약간 거칠게 말한다면 당대 발생하였던 현장 규기 계열의 법상유식학을 계승하고 있다고 보면 된다. 그런 입장에서 불교를 보기 때문에 법상유식학이 아닌 불학은 부처님의 본의에 벗어난 것이며 특히 천태, 화엄, 선으로 이어지는 중국불교는 엄밀한 의미의 불교도 아닐 뿐 아니라 진실된 불교를 이해하는 데 오히려 방해를 하는 역할을 하고 있다. 중국불교의 선종을 마선(魔禪)이라 칭하고 있으며 그 근저에는 정체불명의 작품인 『대승기신론』이 있다고 여긴다.5 즉 중국불교에 대해 부정적이다. 그리고 은연중 중국불교가 부정되어져야 올바른 불교가 세상에 알려질 수 있다고 여기고 있다. 중국불교에 대해 혁명적인 변화 혹은 중국불교에 대한 파괴를 통한 인도불교(즉 법상유식학)로의 회귀라는 정서를 강하게 가지고 있다.

그렇다면 출가자로서 양런산(楊仁山) 거사로부터 수학(受學)을 하였던 타이쉬 계열은 어떠한가? 타이쉬 계열은 타이쉬(太虛), 인순(印順), 파쭌(法遵) 등이 있다. 필자가 보기에 이 세 분의 사상은 런산(仁山)의 학통을 자임하는 즈나네이학원(支那內學院)6만큼 상호 일관되지 않는다. 그리고 중국불교에 대해서도 즈나네이학원처럼 철저하게 부정적으로 보지 않는다. 이것은 아마도 이들이 모두 중국불교로 출가를 한 신분이기 때문임과 무관하지는 않을 것이다. 그러나 이들이 보는 중국불교는 철저한 개혁의 대상으로 보고 있으며 은연중 중국불교에 비불교적 요소가 있다든지 아니면 불교의 원의에 위배된다는 의식을 가지고 있으며 승

---

5. 즈나네이학원의 『대승기신론』관은 좀 복잡하지만 어우양젠, 뤼청 등을 중심으로 보면 대략 위와 같다. 이와 관해서는 적지 않는 논문들이 있다. 『唯識心性與如來藏』(周貴華, 宗教文化出版社, 北京, 2006) 제3장과 제4장을 참고하라.
6. 즉 어우양젠(歐陽漸), 뤼청(呂澂) 등

가의 개혁에 매우 적극적인 의지를 가지고 있다. 이 중 중국 혁명 이후 홍콩과 대만에서 활동한 인순에 대해 잠시 살펴보자.

　　인순은 뤼청(呂澂)만큼이나 불교의 전반에 대해 해박한 지식을 가지고 있는 인물이다. 인순은 중관학이야말로 불타의 본회(本懷)라고 생각한다. 그리고 그것이 가장 잘 표현된 것은 『중론』이라고 말한다. 그래서 그는 『중론』과 반야학이 - 즉 성공학(性空學) - 대승 초기에 만들어진 것이 아니라 아함(阿含) 특히 잡아함(雜阿含)에 온존되어 있던 불타비의(佛陀秘意)가 표현되어졌다는 것을 논증하려 한다. 인순 학술의 특징이기도 하다. 이것은 어떤 의미로 보면 라집학(羅什學)이며 삼론종(三論宗)이기도 하다. 그런데 인순의 입장은 즈나네이학원의 태도와는 다르다. 즈나네이학원 계열에서는 본인들이 쯔언종(慈恩宗)[7]의 진정한 계승자임을 성언(聲言)한다. 그런데 인순은 본인은 삼론종이 아니라고 말하고 있다. 이것은 여러 각도에서 해석할 수 있을 것이다. 첫째, 중국 삼론종에 대한 불만 혹은 차별성이다. 이 점은 매우 분명하다.[8] 인순의 『중론』에 대한 과판도 전통적인 삼론종의 과판과 다르며, 여러 해설 방식도 일치하지 않는다. 둘째, 아마도 본인의 사승과도 관련이 있을 것이다. 인순도 본래는 선종으로 출가한 승려이기 때문이다. 인순도 즈나네이학원과 마찬가지로 중국불교의 성종(性宗)적인 분위기는 비불교적이라고 보고 있으며 이것은 불타의 본회에 위배된다고 생각한다. 뿐만 아니라 인순은 승려의 제도와 승복 등의 개혁에 대해 매우 적극적이다. 즉 인순은 일종의 독자적인 삼론학자이다.[9]

　　필자가 보기에 중국 근현대 불교를 움직이는 세 가지 불전을 꼽으

---

7. 현장의 법상종을 말한다.
8. 인순 스님은 중국 삼론종이 삼론의 사상을 올바로 계승하고 있지 않다고 여기는 듯하다.
9. 인순은 스스로가 삼론종 사람이 아니라고 말하고 있다.

제2장 대만불교의 발전과정과 특징

라면 다음과 같은 세 가지가 될 것이다.『유가사지론』,『중론』,『대승기신론』이다. 이 중『유가사지론』은 근현대 불교에서 돌연 중시를 받게 된 전적으로서 근현대 불교 지식인들의 성전이 되었다. 그리고『중론』도 또한 일부 계열에서 다시금 중시를 받게 되었다. 문제는『대승기신론』이다.『대승기신론』은 일반적으로 부정의 대상으로 언급되었으며 인도의 원불교를 타락시킨 주범으로 지목되었으며 그것은 바로 중국불교 즉 천태, 화엄, 선으로 대표되는 중국 전통불교이며, 특히 선을 지칭한다.

　위에서 열거한 인물의 사상이 모두 일치하지도 않고 중국불교에 대한 관점도 일치하지는 않지만 강도의 차이가 있을 뿐 중국 전통불교에 대해 혹은 극단적인 부정을 하고 혹은 비판적이었다.

　중국의 근대 불교는 일종의 구국지학(救國之學)의 면모를 가지고 있으며 또한 나름의 부처님의 본뜻으로 회귀하려 하고 있다. 그렇다면 구국구인(救國救人)을 하기 위한 방법은 무엇이며 부처님의 본뜻으로 회귀하기 위해 떠나야 하는 곳은 어디인가?

　구국구인을 하기 위해서는 부처님의 본래 지혜를 가져야 하며, 부처님의 본래 지혜를 얻기 위해서는 부처님의 본뜻으로 회귀하여야 하며, 부처님의 본뜻으로 회귀하기 위해서는 중국불교를 떠나야만 한다고 생각하였다.

　왜 쇠퇴하던 불교가 중국의 근대 시기에 돌연 다시 지식인들의 주목을 받고 연구되었는가? 이것은 좀더 연구되어야 할 주제이다. 필자가 앞에서 서술한 것보다도 보다 복잡한 사유가 있을 것이다. 그러나 그들이 선택한 길은 구국구인(救國救人)에 앞서 '혁중국불교(革中國佛敎)'를 하려고 하였다. 이것이 당시 불교 석학들이 내린 진단이었으며 결론이었다.

2. 대만불교의 현황

대만은 본래 불교가 강세이던 지역이 아니다. 지역의 여러 토속 신앙과 도교가 강세를 띠고 있던 지역이며 장제스 정권이 집정한 이후 지원한 것도 기독교였다. 불교의 입장에서 보면 매우 열악한 환경이었다고 할 수 있다. 여기에서 우리는 두 가지를 보아야 할 것이다. 첫째, 오늘날 대만불교의 융성은 매우 험난한 역정을 이겨낸 결과라는 점이다. 바로 이 점 때문에 우리는 대만불교를 주목하고 있는 것이다. 둘째, 이 부분은 간과되는 듯한데, 대만불교는 기본적으로 중국불교 즉 청말민국 불교의 연장선상에 있다는 점이다. 왜냐하면 대만불교의 중요인물들은 대부분 대륙(현재의 중국)에서 건너온 인물들이기 때문이다. 이런 점을 고려하며 대만불교의 현황을 보면 매우 당혹스럽고 의외라는 느낌을 얻게 될 것이다.

여기에서는 홍콩과 대만의 거사불교, 대만의 4대 증단 그리고 아울러 대륙의 상황도 잠깐 살펴보겠다.

1) 강타이거사불교(港臺居士佛敎)

'강타이(港臺)'는 홍콩과 대만을 지칭한다. 이 둘은 중국의 공산화 이후 대략 하나의 문화권을 형성하였기 때문에 자주 '강타이(港臺)'라 약칭된다. 여기에서는 주로 재가거사를 살펴볼 것이나, 학계의 상황도 이 연장선상에서 다룰 것이다.

현재 '강타이(港臺)'의 거사불교를 살펴보면, 두 가지 점이 두드러진다. 첫째, 청말민국의 불교의학(佛敎義學)을 적극적으로 수용하고 있으며 그 연장선상에 있다는 느낌을 준다. 둘째, 티베트밀교의 영향을 느낄 수 있다. 물론 모든 '강타이거사(港臺居士)'가 그런 것은 아니지만 매우 여러 곳에서 이런 현상이 보인다.

우선 홍콩(香港)에서 출판된『불가경론도독총서(佛家經論導讀叢書)』에 대해 잠시 살펴보자. 이 책의 편찬에 상당수의 강타이계(港臺系) 영향력 있는 거사들이 참여하고 있다. 이 책은 홍콩에서 출판된 이후 중국대륙에서 다시『전통문화전적도독(傳統文化典籍導讀)』이란 이름으로 중국서점에서 2007년에 간체본으로 출간되었다.

여기에서 선택된 불전(佛典)은 다음과 같다.

『잡아함경』,『이부종륜론』,『대승성업론』,『해심밀경』,『아미타경』, 『유식삼십송』,『유식이십론』,『소품반야경론』,『금강경』,『반야심경』, 『중론』,『능가경』,『법화경』,『십지경』,『대반열반경』,『유마경』,『보리도차제론』,『밀속부총건립광석』,『사법보만경』,『인명입정리론』

우선 입선된 불전만 보아도 선종 중심이 아니라는 것을 쉽게 알 수 있다. 그 내용을 들어가 보면 다음 세 가지 특징은 매우 명료하다.

첫째, 티베트밀교의 영향이다. 이 부분은 그리 강렬하게 느껴지지는 않지만 과거 중국의 불전 해석 전통과 비교해 보면 매우 두드러진 특징이다. 그 이유를 그「총서(總序)」에서 확인해 보자.

불가의 경론을 읽을 적에 어려운 부분은 명상(名相)에 있는 것이 아니라 그 의미를 제대로 알지 못하는 데 있다. … 인도 후기에서 이들을 사종부(四宗部)로 분류를 하였고 수행의 차례를 구승(九乘)으로 나누었다. 이것은 이미 티베트의 닝마파의 전통이 되었다. … 븐 총서의 편집도 사실상 이 전통에 의거하여 … [10]

둘째, 근대 불교의 의학(義學) 업적을 적극적으로 수용하고 있다. 특히 뤼청(呂澂) 계열의 업적을 적극적으로 수용하고 있다. 반야부 경전에서조차 유식학적인 접근이 보이며 현장과 규기에 대한 경앙(敬仰)도 도처에서 볼 수 있다. 그리고 『중론』 등의 도독에서는 인순의 업적도 상당 부분 수용하고 있다. 첫 번째 말한 티베트불교의 영향은 전통시대의 설명과 비교하면 두드러진 특징이라 할 수 있지만 전반적으로 보면 이 두 번째가 더욱 선명하다.

그 외에 다음과 같은 점은 주목해야 한다.

이 총서에서는 불분명하지만 이들은 수행의 측면에서 티베트밀교를 수용하고 있는 듯하다. 총책임을 담당하고 있는 왕팅즈(王亭之, 필명)는 밀교수행을 하였던 인물이다. 즉 상당히 종교 수행에도 관심을 가지고 있다. 그리고 선종에 대해서는 과거 민국 시기의 의학이 가졌던 만큼의 부정적인 인식이 보이지 않는다. 은연 중 현장 규기계 유식학과 티베트불교에 정통성 혹은 우월성을 말하고는 있지만 과거와 같이 선종에 대해 강렬하게 부정하는 의식은 보이지 않거나 매우 약화되었다. 기본적으로 중국불교에 대해서도 그냥 객관적(?)으로 보려는 입장이다. 최소한 선종은 완전히 불교 교리에 위배되며 불교 발전을 저해하는 해불요소(害佛要素)라는 의식은 희박하다.

즉 청말민국 시기의 의학을 계승하되, 종교와 수행적 측면이 강화

---

10. 傳統文化典籍導讀, 『雜阿含經導讀』(中國書店, 北京), p.2.

되었고 중국불교에 대한 강렬한 부정의식은 약화되었다.[11]

　이러한 경향은 대만의 일부 출가자와 거사에게도 보인다. 우선 티베트불교는 강타이(港臺)와 대륙 그리고 일본에서까지 적지 않은 영향력을 가지고 있다. 여기에서 티베트불교의 부분을 제외하면 츠항(慈航) 법사, 옌페이(演培) 법사 등 스님과 양바이이(楊白衣) 거사와 위링보(于凌波) 거사 등 지식인 불교계에서 이런 현상은 좀 두드러지게 보인다.

　여기에서 한 가지 더 살펴보면, 필자가 대만의 스님과 이야기를 하며 이들에 대해 문의한 적 있다. 그 스님은 이들을 큰 범위에서 한때의 거사불교로 인식하고 있었고 현재에도 영향력이 있지만 현재 이미 주된 영향력의 범위에서 벗어나 약화되어 있는 것으로 이야기하였다. 현재 대만의 불교는 이미 승단 중심의 불교로 자리잡고 있다고 한다. 단지 현재 나오는 대만 학계의 논문을 볼 때, 민국 이래 의학의 성과는 적지 않게 수용되고 있다는 것도 부정할 수 없다. 아마도 전문 연구자와 일반불자 및 신도들 사이에 간격이 있을 것이다. 여기에서 강조하고 싶은 것은 청말민국 이래의 연구성과는 받아들여지지만 당시 선종 혹은 중국불교에 대한 강한 입장은 이미 사라졌거나 약화되었다는 것이다.

2) 포광산(佛光山)

포광산은 대만의 4대 종단 중 하나로서 상당한 영향력을 가지고 있다. 필자는 중국에서도 포광산에 출가하여 중국으로 유학 온 여러 승려들을 보았는데 대부분 개산조(開山祖)격인 싱윈 대사에 대한 매우 강한 존경심이 있었다.

---

11. 아마도 티베트밀교의 수행방식을 받아들인 것도 하나의 원인일 것이나 종교가 순수한 의학(義學) 만으로 존재할 수 없다는 인식도 원인이 될 것이다.

단지 필자가 보기에 싱윈 대사는 독특한 인간불교(人間佛敎)를 주장하고 승단 운영에서 적지 않은 개혁을 성공적으로 이루었지만 교학이라는 측면에서 보면 과거 전통적인 교학과 그리 차별성을 가지지 않는 듯이 보인다.

싱윈 대사는 본래 임제종 48대째에 해당하는 스님이다. 1949년 대만으로 와서 1967년 포광산을 개창하였다. 우리 학인들에게 거대한 도움을 준『포광대사전(佛光大辭典)』이 바로 이 포광산의 업적이다.

포광산의 불교적인 경향을 알아보기 위해, 싱윈 대사의『금강경강화(金剛經講話)』를 살펴보자. 이 책은 다음과 같은 특색을 가지고 있다.

① 주제를 설정하여 설명을 한다.
② 통속적인 설명을 한다.
③ 비유를 적극적으로 사용한다.
④ 고금의 주석을 참조한다.

각 단락마다 주제를 설정하여 독자의 이해를 돕고 통속적이며 비유를 적극 사용하는 것은 싱윈 대사 인간불교의 특징에 기인한다고 보아야 할 것이다. 그리고 고금의 주석을 참조하는 것은 역대의 성과를 수용한다는 의미이다.

그런데 그 내용으로 들어가 보면, 상당히 우리에게 친숙한 방식이다. 우선『금강경』이 중요한 원인으로는 "육조혜능이『금강경』의 '응무소주(應無所住) 이생기심(而生其心)'을 듣고 단박에 깨달음을 이루어서 … 결국『능가경』의 전통적인 지위를 대체하여 선종의 황금시대를 열게 되었다."¹²라고 설명하고 있다. 이것은 결국 선종의 입장에서 『금강경』을 보겠다는 말이다. 이와 같은 입장은 본문을 읽다 보면 더욱 분명하다. 도처에서 선사의 이야기가 등장하고 있으며, 선종의 설명방식도 등장한다. 단지 필자가 보기에 전문적인 해설서라기보다는 통속적인 면이 강조되어 어느 한 가지 이론을 심도 있게 설명하고 있지는 않는다는 느낌이다. 그리고 싱윈 스님은 스스로 고금의 주석을 참조한다고 말하였는데 필자가 보기에 근대의 연구업적에 대해서는 별로 참고하지 않고 있다. 즉 청말민국의 분위기와도 다르고 앞에서 언급한 강타이거사(港臺居士)와도 다르다. 그리고 현재 한국 등에서 일어나고 있는 '인도불교 본래의 입장' 혹은 '범어를 바탕으로 분석 설명하는 방식' 등도 보이지 않는다. 우리가 보는 일반적(?)인 혹은 비교적 친숙한 방식의 『금강경강화(金剛經講話)』이다.

그런데 여기에서 또 한 가지 살펴볼 것이 있다. 기본적으로 선종적인 입장임을 받아들이고 이 책을 본다면 또 다음과 같은 특징이 보인다. 즉 매우 적극적이거나 전문적인 선종의 서적이라고 보기도 어렵다는 점이다. 굳이 말하자면 선종을 중심으로 한 범불교(汎佛敎) 혹은 범중국불교(汎中國佛敎)라고 보는 편이 보다 정확할 것이다. 이것은 아마도 싱윈 스님의 경력과도 관련이 있고 또한 인간불교라는 또 하나의 선택과도 관련 있을 것이다. 즉 이미 순순한 의미의 선종과도 어느 정도 거리가 있기 때문이다. 이런 부분은 포광산에서 운영되는 교육과정을 보아도 알 수 있다. 순수 불교교학이라기보다는 불교관련 제반사항을 학습할 수 있도록 되어 있으며 이 점이 포광산의 특징이라 할 수 있을 것이다.

---

12. 『金剛經講話』, 新世界出版社, 「作者序」부분에서

즉 포광산 이념의 밑바닥은 선종이지만 전통적인 선종과 약간의 차이를 가지고 있다. 만약 큰 틀에서 보자면 어느 정도 변형된 선종이라 말할 수 있다. 이념적으로는 청말민국 이전의 전통불교와 큰 차이가 없다.

3) 츠지종(慈齊宗)

필자는 츠지종에 대해 상당한 호기심을 느꼈으며 개산조인 정옌(證嚴) 상인도 종교현상학적으로 연구할 가치가 있다고 생각한다.

우선 츠지종이 순수한 의미의 불교종단인지에 대해서는 의구심이 들지만 여기에서 이 문제에 대해 논의하지 않겠다. 단지 그 영향력이 거대한, 불교가 중심이 된 조직임에는 의심의 여지가 없다.

그 개산조이자 이념의 원천인 정옌 법사에 대해 살펴보자. 정옌 법사는 매우 독특하다. 인순(印順) 스님의 제자이다. 그리고 소의경전격에 해당하는 것은 『무량의경(無量義經)』이다.

인순 스님의 제자임에도 불학에 있어 인순 스님의 그림자는 거의 보이지 않는다. 츠지종 관계자의 설명에 의해도, 단지 인순 스님에게 출가를 한 것이지 인순 스님으로부터 공부를 한 것은 아니라고 한다. 그리고 대만 내부에서 학문적으로 인순 스님을 계승하는 계열을 따로 있다고 한다. 정옌 법사를 만약 법맥으로 따진다면 임제종 계열이라 할 수 있고, 학맥으로 보면 삼론(三論) 혹은 중관계열이라 할 수 있다. 그런데 삼론 혹은 중관학의 흔적은 거의 찾아볼 수 없다. 그리고 츠지종의 이념적 귀속처이고 정옌 스님이 중시하는 『무량의경』도 인순 스님과 거의 관계가 없어 보이며 선종에서 중시하는 경전도 아니다. 굳이 말하자면 천태삼부경(天台三部經) 중의 한 경전이다.

정옌 법사는 '위불교(爲佛敎) 위중생(爲衆生)'을 기본 모토로 하며 삼원(三願)을 가지고 있다.

인심을 정화할 수 있기를 기원하옵니다[願人心能淨化].
사회가 안녕할 수 있기를 기원하옵니다[願社會能祥和].
천하에 재난이 없게 할 수 있기를 기원하옵니다[願天下能無災].

여기에서 대승불교의 면모를 쉽게 볼 수 있다. 그럼 정옌 스님이 직접 강의한 『무량의경』을 잠깐 살펴보자.

정옌 스님은 우선 『능엄경』에서 지혜를 얻고 『법화경』에서 성불을 한다는 불교의 일반적인 전통을 받아들이고 있으며 성불의 전단계로서 『무량의경』을 중시한다. 약간은 천태적인 분위기로 들리기도 한다.

그런데 『무량의경』을 중시하는 가장 중요한 이유는 『무량의경』에서 무량한 방편을 설명하기 때문이다. 직접 정옌 스님의 말씀을 들어보자.

다음과 같은 말이 있습니다. "사람의 마음이 다른 것이 각기 얼굴 모양이 다른 것과 같다." 모든 사람의 얼굴에는 공통적으로 눈·귀·코·입 등 7개의 구멍이 있지만 그 모양은 각기 다릅니다. 우리의 마음도 사람의 얼굴과 마찬가지로 각자의 생각과 목표가 있습니다. 부처님께서 중생의 마음을 간파하시고 또 중생의 근기를 이해하셔서 상등의 지혜를 가진 사람이든 하열한 근기를 가진 사람이든 부처님께서는 각기 다른 법문으로 중생에 적응하셨습니다. 중생의 심병(心病)이 무량하기 때문에 계도해 주는 법문도 무량합니다. [13]

---

13. 證嚴法師講述, 『無量義經』, 慈濟文化出版社, 2010, 「緣起」부분에서

이와 함께 다음과 같은 글도 보자.

상인께서는 다음가 같이 말합니다. "경(經)이란 도(道)이고, 도(道)는 노(路)이다." 불교를 공부하는 사람은 염불과 송경만 하지 말고 행경(行經)할 것을 강조하셨습니다.[14]

즉 무량한 방편으로 실천을 하는 것을 현대불교의 사명 혹은 츠지종의 사명으로 삼고 있다는 것을 알 수 있다. 『무량의경』의 해설을 들여다보아도 교학 부분[15]보다는 실천에 중점이 가 있으며 특히 츠지종의 구난구재(救難救災)에 대한 해설이 매우 많다.

한 걸음 더 나가 소감을 말한다면, 교학이 비록 천태는 아니지만 과거 천태에서 중시했던 경전들을 중시하는 듯한 느낌이 있다. 『법화경』에도 많은 관심이 있으며 특히 「삼십칠도품(三十七道品)」에 대해 지대한 관심을 표명하고 있다.[16] 즉 『무량의경』이 무량한 방편에 대한 이론적인 근거이고 「삼십칠도품」이 구체적인 방편이라 생각하는 듯하다.

전반적으로 참선과 염불이 득도의 유일한 방법이라 강조하거나 원시불교 등 나름의 불교로 돌아가려는 모습 대신 실천불교의 형식을 띠지만 청말민국 시기 등에 보였던 의학도 중국불교에 대한 염오도 보이지 않는다. 의리의 입장에서 보면 희석되어 있는 중국불교이고 실천에서 보면 적극적인 대승보살행이다. 중국불교의 두 측면 중 한 면은 약화되었고 한 면은 강화되었지만 선종을 부정하지 않고 중국불교를 배

---

14. 證嚴法師講述, 『無量義經』, 慈齊文化出版社, 2010, 「前言」부분에서
15. 교학 부분도 매우 소략하거나 그것이 중점이 아니다.
16. 상·하 두 권으로 『삼십칠도품강의(三十七道品講義)』가 출판되어 있다.

경으로 하고 있다.

4) 중타이찬사 (中臺禪寺)

필자가 참방할 당시의 상황을 생각해 보면, 중타이찬사(中臺禪寺)는 그 실상을 알기가 쉽지 않은 곳이었다. 인터뷰도 쉽지 않았고 다른 종단과 달리 적극적으로 자기들의 이념과 교육을 알려 주지도 않았다. 단지 당시 매우 깊은 인상이 있었던 한 가지가 있었다.

중타이찬사는 그야말로 '선(禪)'을 하는 곳이다. 그리고 그 선에는 매우 여러 종류가 있을 것이다. 더욱이 현재 소승·대승의 여러 선법이 모두 들어와 활약하는 시기이다. 중타이찬사처럼 거대한 조직과 신도를 가지고 있는 곳에서는 어떤 선을 하고 있을까? 이것은 당시 필자가 궁금했던 상황이었다. 그런데 매우 중요한 단서를 발견할 수가 있었다.

그것은 선방 앞 서가에 낡은 『육조단경(六祖檀經)』이 꼽혀 있었으며, 안내란에 매주 『육조단경』을 강의한다는 광고문이 있었고, 그 옆에는 우리에게 비교적 친숙한 선서들이 있었다. 여러 상황으로 보아 『육조단경』은 기본적으로 중타이찬사에 오는 모든 사람이 배우는 듯했고 그 이후 여러 선서들을 보는 듯했다. 다른 책과 『육조단경』은 일단 외모부터 달랐다. 『육조단경』은 매우 장기간 여러 번 강의를 했던 것 같았다. 중타이찬사의 '선(禪)'은 중국선 그 중에서도 선종의 '선(禪)'이었던 것이다.

이 점은 다시 중타이찬사에서 나온 간행물 『중타이실상(中臺實相)』에서 다시 확인할 수 있었다. 이 책에서는 중타이찬사 개산 방장 웨이줴 스님에 대해 소개하고 있으며 스님의 뜻을 계승하여 중타이찬사를 키워나가겠다는 글이 실려 있다. 이 중 먼저 중타이찬사 개산 방장인 웨이줴 스님에 대해 알아보자.

웨이줴 스님은 본래 쓰촨성 사람으로 유가적인 가정에서 자라나 불교를 연구하다가 1963년 가을에 출가하였다. 타이베이 완리향(萬里鄕)에서 폐관수행(閉關修行)을 10여 년 하여 아는 사람이 없었는데 산업도로가 개발되면서 웨이줴 스님이 알려지게 되었다. … 1991년 말에 링취안사(靈泉寺)에서 49일을 이어 선칠(禪七)을 정진하여 선문종풍이 뭉개뭉개 피어오르게 되었다. … "고불(古佛)의 영산지견(靈山知見)은 성등(星燈)처럼 (이어져) 모든 것이 한 가지이다." 스님은 멀리 영산(靈山) 법맥을 계승하고 있으며 황매가풍(黃梅家風)을 굳게 잡고 계셔서 널리 심법(心法)을 전수하여 두루 중생을 구도하였다. [17]

즉 중타이찬사는 영산법문과 황매가풍으로 계승하여 건립된 것이다. 그리고 「스승의 뜻으로 자기의 뜻을 삼겠다(以師志爲己志)」라는 글에서는 '영산독전(靈山獨傳)'과 '조계보전(曹溪普傳)'을 언급하고 있다. 결국 영산법맥과 황매가풍을 사부대중에서 널리 전파하겠다는 이야기이다.

여기에서 중타이찬사의 이념과 의지를 분명하게 볼 수 있다. 중타이찬사는 중국 선종을 계승하고 광대하게 만드는 선사(禪寺)이다.

중타이찬사 신중(信衆)들의 교육형태와 의식에 대해 자세하게 알 수는 없지만 그들이 받는 교육과 지향도 마찬가지일 것이다. 비교적 전형적인 중국 선종의 흐름에 있을 뿐 아니라 매우 적극적으로 이 점을 표방

---

17. 『中臺實相』, pp.7~10.

하고 있다. 이 점은 포광산이나 츠지종과 비교해 볼 때 매우 분명하다.

5) 파구산(法鼓山)

파구산은 필자가 보기에 가장 대만불교 중 가장 이념적이다. 이것은 그 개산조인 성옌 법사가 의학승(義學僧)적인 분위기가 강한 것과 밀접한 관련이 있을 것이다. 다른 종단과 마찬가지로 파구산은 성옌 스님의 유지를 받들어 계승하는 것을 목표로 하고 있다.

먼저 이해를 돕기 위해 성옌 스님의 일대기를 간략하게 살펴보자.

성옌 스님은 장쑤성(江蘇省) 난통(南通) 사람으로 1943년 출가하였다가 종군생활을 하고 그 후 대만에서 다시 출가를 하였다. 그 후 일본에 유학을 하여 박사학위를 받고 미국에 건너가 홍법활동을 하다가 1978년 대만으로 돌아와 결국 파구산을 개창하였다.

여기에서 여러 가지를 읽어 낼 수 있다. 첫째, 전문적으로 불교학을 연구한 학자 출신이란 점이다. 둘째, 세계의 여러 실정을 잘 알 수 있는 경력이다. 언뜻 보기에 새로운 불교 혹은 새로운 지평을 열었을 것 같은 느낌을 받을 수 있다.

그러나 성옌 스님이 선택한 것은 '중국불교'였다. 그리고 파구산은 이념적으로도 중국불교의 중심지와 중국불교의 전파기지가 되고 있다. 그것도 매우 의식적으로 이것을 선택하고 있다.[18] 성옌 스님은 사미였을 적에 다음과 같은 감수가 있었다고 한다.

---

18. 이 점은 대만의 4대종단 중 여타 종단과 같지 않다.

불법이 이렇게 좋은데 오해하는 사람은 이리도 많으며 제대로 이해하고 받아들이는 사람은 이리도 적은가!

성옌 스님이 보기에 제대로 된 불법을 하기 위해서는 중국불교를 이해해야 하는 것이다. 이런 이유로 파구산에는 중화불교연구소(中華佛教研究所)가 있으며 그 이념을 성옌 스님은 다음과 같이 적고 있다.

중화에 발을 굳건히 세우고
세계를 바라본다.
불학을 정밀하게 배워
정법을 호지(護持)한다.
해행(解行)은 서로 돕게 하고
자비와 지혜 모두 운용한다.
실용이 우선이고
이타가 중요하다.

여기에서 앞의 구절은 매우 중요하다. '입족중화(立足中華) 방안세계(放眼世界)' 즉 중국불교를 연구, 확립하여 세계에 전파하겠다는 의지의 표명이다. 성옌 스님은 법맥으로 따지면 선종의 전인(傳人)이다. 아울러 일본불교의 영향도 받았다. 지금도 파구산에서 불교를 연구하는 학승들은 일본어를 필수로 해야 한다.

여기에서 한 가지 특기할 것이 있다. 성옌 스님이 일본에 가서 연구한 주제는 지욱(智旭) 스님에 관한 것이었다. 그리고 성옌 스님에게는 천태의 기미도 적지 않게 보인다. 성옌 스님은 스스로의 글에서 자기는 천태의 자손이 아니라는 것을 밝히고 있는데[19] 그것은 천태의 전인으로 오해를 받을 소지가 있기 때문이다. 그런데 이 점은 사실 지욱도 마찬가지였다. 지욱도 천태의 모습을 띠고 있는 선종의 자손이다. 성옌 스님은 당신이 전공하였던 지욱과 이런 점에서 매우 닮아 있다.

필자가 보기에 대만불교 중 파구산은 가치 이념적이고 학술적일 뿐 아니라 나름의 체계를 가지고 중국불교를 연구 정리하고 있다.

이 점은 성옌 법사가 중국과 대만에서 거듭 출가하고, 일본에서 유학 및 미국과 서방의 생활을 하고 난 후 느낀 어떤 자신감에 기원할 것이다. 만리풍광(萬里風光)을 유람하고 고향산수(故鄕山水)의 아름다움을 깨달은 경우로 보아야 한다.

6) 대륙불교

여기에서 말하는 대륙불교는 중국의 한족불교를 말하는 것이며, 이 글은 대만에 대한 분석이 목적이므로 글 몇 단락을 인용하는 것으로 서술을 하겠다.

중국 근현대 역사상, 쉬윈(虛雲) 화상은 … 일생 동안 왕성하게 홍법을 하였고 80여 개의 절을 세웠고 무수한 중생을 도화(度化)하여 제자들의 존경을 받았고 조야(朝野)의 숭배대상이 되었다. … 쉬윈계 승려들은 중국불교의 영도권을 장악하고 있으며 그의 제자는 중국 전역에 분포

---

[19] 성옌 법사는 『天台心鑰』, (宗敎文化出版社, 北京, 2006) 「자서(自序)」에서 자신은 천태학 전문가가 아니고, 지욱도 천태 후손이 아님을 밝히고 있다.

되어 있어 중국에서 가장 영향력이 큰 계파이다.[20]

쉬윈 스님은 선종스님으로 간화선 수행을 하신 분이다. 필자가 위 논문을 발표한 황샤녠(黃夏年) 선생과 인터뷰 중 중국불교의 현황에서 간화선에 대해 질의를 하자 다음과 같은 말을 하였다.

현재 중국에서 유일하게 생명력을 가지고 있는 종단은 선종이며 기타 종은 모두 선종의 울타리 안에 존재한다. 즉 선종 안에 화엄학, 천태학이 있는 것이지 화엄종 천태종이 생명력을 가지고 존재하는 것이 아니다.

즉 현재 중국의 주류는 여전히 선종이며 선종 안에서 중국불교들이 살아 있다는 것이다. 더욱 놀라운 것은 현재 중국 출가자들 안에서 유일하게 전수되는 수행법도 역시 간화선(看話禪) 중심이라 한다. 단지 신중(信衆)들 사이에서 간화선은 그리 유행하지 않는다고 한다.
대륙의 현재 주류 불교도 전통적인 중국불교이다.

3. 중국불교로의 회귀

필자는 이미 앞에서 중국불교를 살펴본 소회를 '평범함과 기이함, 즉 의외감'이라 표현한 바 있다. 청말민국 이후 중국불교의 흐름과 현재

---
[20] 黃夏年,「虛雲和尙的看話禪理論淺釋」동국대에서 열린 제2회 간화선 국제학술대회 논문모음집 『간화선, 그 원리와 구조』 p.301.

중국불교의 현황을 보면 이 '평범함과 기이함, 즉 의외감'이 어렵지 않게 느껴질 수 있을 것이다. 중국전통불교의 연장선에 있는 우리가 느끼는 평범함과 중국근대 불교를 살펴본 바가 있는 사람이 느끼는 의외감이다.

다시 한 번 황샤녠(黃夏年) 선생의 말을 들어보자.

근현대 중국불교에서는 개혁파의 지도자격인 타이쉬(太虛) 대사와 온건파의 지도자격인 위안잉(圓瑛) 대사가 출현하였다. 쉬윈은 이 두 계열의 어디에서 속하지 않는 인물이다. 그는 단지 산림(山林)에서 절을 세우고 선을 전수해 주는 대사이다. 즉 산림불교(山林佛敎)의 대표이다. 당시 도시에서 멀리 떨어진 깊은 산속 절에서 생활하였다. 그러나 세월의 비바람 속에 현재 중국의 불교에는 개혁파와 온건파는 모두 과거의 일이 되어버렸다. 단지 산중불교 한 파만이 계승되어 현재 영향력을 발휘하고 있다. … (현재 중국불교에서 가장 영향력이 있는) 네 분 스님은 모두 쉬윈 스님의 제자들이다. 쉬윈 스님의 제자들은 현재 중국불교의 지도자와 고승들이 되었으며 중국불교 발전을 위한 발언권을 장악하고 있다.[21]

이 말은 필자로 하여금 오랜 생각을 하게 만들었다. 물론 이 말이 대만불교에 그대로 적용되는 것은 아니지만 매우 분명한 것이 있다. 청말민국의 불교, 즉 근대의 불교는 과거의 불교가 되었고 현재의 불교는 그들이 배척하거나 개혁하려 하였던 중국전통불교라는 것이다.

그리고 근대불교의 후계자들도 그들이 마선(魔禪)이라고 신랄하게

---

21. 黃夏年, 「虛雲和尙的看話禪理論淺釋」, 동국대에서 열린 제2회 간화선 국제학술대회 논문모음집 『간화선, 그 원리와 구조』, p.321.

비판하였고 불교 발전의 장애물이라 여겼던 선종의 기치 아래 하나의 대오로 존재하고 있다.

왜 그럴까? 아마도 근대 불교의 구국구세(魔禪)의 치열한 정신과 석존본회(釋尊本懷)로 돌아가려는 몸부림을 보면 애석한 느낌도 들 것이다. 문제는 '왜'이다.

왜 이런 현상이 발생하였을까? 이것은 단순하게 전통불교의 부활일까? 불교의 인연법에 의하면 과거가 그대로 현재로 재현될 수 없다. 끊임없는 인연 속에 부단히 새롭게 현현(顯現)하는 것이다. 단순한 부활은 극도로 비불교적인 해석일 뿐 아니라 합리적인 해석도 아니다. 세상은 바뀌었는데 이 새로운 세상은 구태 그대로 나타날 수 있는가?

필자가 보기에 이것은 새로운 선택이다. 즉 중국, 중국인 그리고 중국의 출가중과 신중은 중국불교를 선택한 것이다. 특히 파구산 계열은 세계 불교에 대해 상당한 지식을 장악하고 있으며 상호비교를 통해 이 길을 선택한 것으로 보인다. 그리고 대륙은 사실상 장전불교(藏傳佛敎)라는 한전불교와 다른 대승불교와 경쟁하고 있으며 남방[22]의 소승불교와 한 국계 안에서 공존하고 있다. 대륙의 불교는 태생적으로 세계불교의 각축 속에 존립하고 있다.

'회귀(回歸)'란 중국 사람에게 매우 독특한 어감을 가진 어휘이다. 영국에 조차되었던 홍콩이 조차 시기가 지나자 다시 중국 영토로 돌아온 것을 중국에서는 '회귀'라고 표현하였다. 우리와 같은 의미로 사용되지만 그 단어가 가지는 이미지는 자못 다르다.

현재 대만과 중국은 모두 관성에 의한 산중불교의 흐름도 있지만

---

22. 윈난(雲南) 등

또 하나 중요한 것은 새로운 자신감에 의한 의식적인 '회귀'이다. 우리는 이 점을 눈여겨보아야 할 것이다. 관성에 의한 산중불교의 나타남도 사실상 신중(信衆)의 용인과 접수가 있어야 가능하다. 그리고 중국(대륙)의 정치적인 분위기를 보면 이 점은 매우 분명해 보인다. 신중(信衆)과 승단(僧團)의 선택일 뿐 아니라 국가 및 국민의 선택이기도 한 것이다. 이 '회귀'는 단순한 복고가 아닌 미래로의 몸부림으로 보아야 한다.[23] 그리고 중국은 – 대만·홍콩·대륙 모두 – 최소한 당분간 이 길을 갈 것으로 보인다.[24]

---

[23] 그렇다면 어떤 이유 때문에 '회귀'라는 선택을 하였을까? 그 부분은 이 글의 범위를 벗어난다. 차후 기회가 있으면 다시 한 번 검토해 보겠다. 이외 또 한 가지 특이한 현상이 있다. 청말민국 시기의 흐름은 유식학과 중관학이다. 즉 인도 대승불교. 그런데 현재 중국의 의학의 주류를 보면 비록 현저하지는 않지만 천태와 관련이 있는 부분이 많다. 대만을 보면 파구산과 츠지종이 그러하다. 사실 인순 스님은 천태종 혹은 천태학에 대해 부정적이었다. 그런데도 그 제자인 정옌 상인은 천태종이 중시하는 경전을 중심으로 하고 있으며, 성옌 법사에게는 천태학이 농후하게 보인다. 그리고 중국불교의 주류라는 쉬윈(虛雲) 스님도 천태선과 간화선을 함께 수행하신 분이다. 이 부분도 좀더 심도 있는 분석이 필요할 것이다.

[24] 과거와는 달리 서구에서도 중국불교에 대한 관심이 부쩍 늘고 있다.

양정연**

대만 불교의 성장과정과 특징*
포광산사(佛光山寺)를 중심으로

대만불교의 발전 역량과 원인을 말할 때면, 흔히 포광산사 싱윈(星雲) 스님, 중타이찬사(中臺禪寺) 웨이줴(惟覺) 스님, 츠지공덕회(慈濟功德會) 정옌(證嚴) 스님, 파구산(法鼓山) 성옌(聖嚴) 스님의 지도력과 이들 교단의 체계화된 조직력을 먼저 말한다. 그런데 필자는 대만을 방문하고 불교계와 관련된 사람들을 만나면서, 이들 4대교단의 자체 역량보다 오히려 대만사회의 불교적인 환경과 역량에 더욱 주목하게 되었다. 관련 연구 자

---

* 이 논문은『전법학 연구』창간호(2012. 1. 30. 불광연구원) 211쪽에서 254쪽까지 발표된 것이다. 이번에 단행본으로 다시 엮으면서 책의 편집 체제에 맞추기 위하여, 인명·지명 등의 중국어 표기를 비롯하여 몇 가지 수정하였음을 밝힌다.
** 한림대학교 생사학연구소 연구교수

료들을 검토하면서 이들 신흥교단은 사회 환경과 재가단체를 포함하는 불교계의 활동에 큰 영향을 받아 발전해왔다는 사실을 알 수 있었다.

필자는 포광산사를 중심으로 대만불교의 발전 과정을 검토하면서 두 가지 점에 주목하였다. 먼저 대만불교의 역사를 보면서 다른 불교단체들과 상호 상승의 효과를 거두고 있다는 점, 그리고 출가자와 재가자가 평등과 조화로운 관계를 유지함으로써 오늘날 포광산 교단을 이룰 수 있었다는 점이다.

포광산사의 성공은 이론과 실천의 당위성을 강조하던 인간불교 사상을 구체적인 실천으로 보여주었다는 점에서 큰 의미가 있다. 그들의 경험과 성과는 앞으로 한국불교가 보다 효과적이고 성공적인 전법 활동을 펼치는 데 하나의 방향을 제시할 수 있을 것이다.

I. 대만불교의 변천

1) 명청 시기

대만불교가 공식적으로 중국불교의 영향을 받은 것은 대만에서 정성공(鄭成功) 일가의 통치(1661~1683)가 끝난 뒤부터 시작된다. 청은 대만을 근거지로 반청 운동을 벌이던 정성공의 후예들을 무너뜨리고 대만을 푸젠성(福建省) 관할로 삼았다. 당시 불교에 대한 도첩제가 실시되고 있었기 때문에 불교가 발전하는 데는 일정한 제약이 있었다. 이러한 가운데에도 미타사(彌陀寺)나 용호암(龍湖巖) 등 적은 수이기는 하지만 사원이 세워졌고[25] 도교를 비롯한 민간신앙의 사당들도 있었다는 점에서 당시

---

25. 대만 최초의 사원이 죽계사(竹溪寺)라는 견해가 있었으나, 양후이난(楊惠南)은 그 근거를 비판하

민간중심의 종교 활동이 이루어지고 있었던 것으로 보인다.[26]

명(明)·정(鄭)시기를 지나 청의 통치를 받으면서 대만불교는 공식적으로 중국불교의 영향을 받게 되었다. 청말에 이르기까지 대만은 푸젠성에 소속되어 있었기 때문에, 수계와 관련된 내용은 관에서 지정한 고산(鼓山) 용천사(湧泉寺)에서 계를 받아야만 하였다.[27] 청대의 대만은 타이난(台南) 지역이 중심을 이루고 있었으며, 전통불교는 선종이 주류를 이뤘다. 대만의 대표적인 사찰로서 관에서 지었던 해회사(海會寺, 1690년(강희 29년))[28] 역시 임제종(臨齊宗) 계열로서, 정부 관원들과 밀접한 관계에 있었다.[29] 그러나 청대에 설립된 황벽사(黃檗寺, 1688년)의 경우, 관 주도로 지은 곳이지만 앞에는 관우, 뒤에는 관음과 삼세존불을 모시고 있었다[30]는 점과 마조묘(媽祖廟)에서 마조와 관음을 각각 모셨고 그곳에 승려가 거주하기도 하였다[31]는 점에서 청대 불교와 도교신앙은 민간에서 혼합된 형태로 퍼져있었음을 알 수 있다.

물론 이러한 점은 당시 함부로 사원이나 사당을 짓지 못하던 규정[32] 때문이기도 하지만, 기본적으로 불교가 당시 도교 등의 민간신앙과 크게

고 강희년간에 세워진 것이라고 주장하였다. 죽계사는 영력15년(1661년)에서 18년(1664년)에 건립되었으며 이에 관해서는 초기 서원이나 사원관계 기록에서 찾아볼 수 있다. 盧嘉興, 「台灣的第一座寺院-竹溪寺」, 現代佛教學術叢刊編輯委員會 編, 『現代佛教學術叢刊87-台灣佛教編』(台北: 大乘文化出版社, 1979), p.243 참조; 양후이난은 『清一統志臺灣府』, 『臺灣名勝舊蹟誌』 등에 나타난 기록과 루쟈싱(盧嘉興)의 근거들을 반박함으로써 죽계사(竹溪寺)가 강희년간(1662~1722)에 세워졌다고 주장하였다.

26. 李添春, 「明末清初的台灣佛教」, 現代佛教學術叢刊編輯委員會 編, 위의 책, p.71 참조.
27. 江燦騰, 『新視野下的台灣近現代佛教史』(北京: 中国社会科学出版社, 2006), p.59.
28. 지금의 카이위안사(開元寺)를 말한다.
29. 江燦騰, 앞의 책, p.85, 註)1 참조.
30. 『臺灣縣志』, p.207.
31. 『臺灣縣志』, p.211. "前殿祀媽祖 後殿祀觀音 各覆以亭, 兩旁建僧舍六間 僧人居之 以奉香火"
32. 闞正宗, 『台灣佛教史論』(北京: 宗教文化出版社, 2008), p.52.

구분되지 않았기 때문이다.[33] 대만의 승려들은 대부분 푸젠성에서 건너온 경우가 많았는데, 이들 가운데는 채식을 하고 계율을 지키는 경우가 드물고 처를 두는 경우도 많았다.[34]

대륙에서 명대 말기에 들어서면서 조직화되었던 재교(齋敎)[35]는 청대가 되면서 오히려 전통적인 불교를 능가하는 세력으로 성장하였다.[36] 재교는 선종에 기원을 두면서도 유교와 도교의 교의가 혼합된 형태를 띠었다. 이들은 출가하지 않으면서도 엄격히 계율과 채식을 준수한다. 1748년(건륭 13년), 푸젠성의 북부지역에서 폭력시위가 발생하자 청에서는 사교(邪敎)로 규정하고 이들의 활동을 금지시켰다. 대만의 거의 모든 재당(齋堂)의 창립연대가 이 사건 이후로 나타난다[37]는 점에서 이 사건을 계기로 재교가 대만에 본격적으로 전파되었음을 알 수 있다. 일제시기 통계에 따르면 재당의 수가 적어도 불교 사원의 두 배에 달하는데, 이것은 청조의 금지령이 대만에서는 큰 영향을 주지 못하고 있었고 재교가 민간에 이미 안정적으로 퍼져있었다[38]는 것을 의미한다. 재교는 명·청대에 계속 비밀종교의 성격을 띠고 있었고 출가불교에 대해 비판적인 태도를 갖고 있었기 때문에 출가승려들은 이들을 외도로 간주하기도 하였다.

---

[33]. 같은 책, p.54.
[34]. 臺灣銀行經濟研究室 編, 『(臺灣文獻叢刊第52種) 安平縣雜記』「僧侶並道士」(臺北 : 臺灣銀行經濟研究室, 1959), p.20. "臺之僧侶 多來自內地 持齋守戒律者甚少...臺僧多娶妻..."
[35]. '재교'라는 명칭은 일제시대에 붙여진 이름이며 그 전신은 명대 중엽 '나교(羅敎)'이다.
[36]. 釋慧嚴, 「台灣佛敎史前期」, 『中華佛學學報』8(臺北: 中華佛敎研究所, 1995), pp.292~293 참조: 전통불교의 경우, 일제 때까지 선과 정토가 혼합된 형태를 띠고 있었다. 그러나 이것은 대만만의 특징이 아니라 명말 이후 중국 남부의 불교 형태였다. 대만불교가 이러한 형태를 띤 것은 푸젠성을 중심으로 한 불교의 영향을 많이 받았기 때문이다.
[37]. 闞正宗, 위의 책, p.5.
[38]. 같은 책, p.7.

2) 일제시대

일본이 대만을 점령하게 된 것은 1895년 청일전쟁에서 승리한 이후이다. 초기부터 전교활동을 하였던 종파는 진종 본원사파(眞宗本願寺派), 진종 대곡파(眞宗大谷派), 일련종(日蓮宗), 정토종(淨土宗), 조동종(曹洞宗), 진언종 고야파(眞言宗高野派)였고, 명치시대에 임제종 묘심사파(臨濟宗妙心寺派), 천태종(天台宗)이 들어왔다.[39] 그들은 초기에 종군포교사로서 활동하거나 일본인을 주된 대상으로 포교활동을 펼쳤으며, 사원, 설교 장소 이외에 의원이나 일본어강습소 등 공익적인 시설을 세워 활동하였기 때문에 대만인들의 신앙생활을 부정할 이유가 없었다.

당시 대만에는 지룽(基隆) 웨메이산(月眉山) 링취안사(靈泉寺)와 타이베이(台北) 링원사(凌雲寺), 먀오리(苗栗) 다후(大湖) 파윈사(法雲寺), 가오슝(高雄) 다강산(大崗山) 차오펑사(超峰寺)[40]를 중심으로 새롭게 불교가 발전하고 있었다. 링취안사에서는 중국과 일본, 대만이 함께 참여하는 대규모 불교강습회를 개최하기도 하였는데, 현지 당국에서도 이런 관계 속에서 대만불교가 활동하는 것은 허용하고 있었다.[41] 이들 사대법파(四大法脈)는 일본불교와 밀접한 관계를 통해 발전하면서 광복 이후에도 대만불교의 한 흐름을 잇게 된다. 링취안사의 산후이 스님(善慧, 1881~1945)과 링원사의 번위안 스님(本圓, 1833~1946)은 재교 출신의 출가자였는데, 당시 일반대중이나 일본 당국은 재교를 불교도인 것으로 인식하고 있었다.[42]

---

39. 松金公正,「日据時期日本佛教之台灣布教」,『圓光佛學學報』第3期(中壢: 圓光佛學研究所, 1999), p.219. 전자의 일곱 종파는 포교를 위한 설교소를 설립하고 사원을 건립하기도 했으며 천태종에서는 사원만을 건립했다.
40. 다강산파는 타이난의 카이위안사에서 나온 것으로 카이위안사로 대치되어야 한다는 주장도 있다. 관련 내용은 江燦騰,『台灣佛教百年史之研究』(台北: 南天書局, 1996), p.128 참조.
41. 江燦騰, 위의 책, p.136.
42. 같은 책, p.128.

1915년 위칭팡(余淸芳, 1879~1915)과 재교도가 타이난 시라이암(西來庵)을 중심으로 항일운동을 도모하자 일본 당국은 정치와 결합된 대규모의 종교활동을 없애기 위해 전면적인 종교조사를 실시하였다. 이러한 상황 속에서 당시 대만의 승려들과 재교도들은 일본 조동종과 임제종에 가입하여 보호를 받기도 하였다. 총독부에서는 1922년, 대만 전체를 아우르는 최대 연합조직인 '난잉불교회(南瀛佛敎會)'를 설립하였다. 회원은 불교도와 재교도로 구성되었고 일본불교와 연계하여 불교를 진흥시키는 데 목적을 두었다. 이들은 강습회와 연구회, 강연회를 거행하거나 종교에 관한 중요한 사항을 조사하고 잡지를 발행하는 것을 사업활동으로 하였다.[43] 1924년, 정식으로《난잉불교회회보(南瀛佛敎會會報)》를 발행하였는데, 이 관보는 1927년《난잉불교(南瀛佛敎)》로, 1941년에《대만불교(台灣佛敎)》로 개명되었다가 1943년 정간되었다.

　1937년 중일전쟁 후, 일본 당국은 기존의 종교생활을 개선한다는 명목으로 황민화운동(皇民化運動)을 전개하였다. 이것은 강제적인 일본화 교육으로서 일본어 교육과 일본식 생활방식, 신사숭배가 강요되었다. 1938년부터 실시된 사묘정리운동(寺廟整理運動)은 일본의 황민화교육을 위하여 대만의 고유 신앙을 철저히 바꾸는 것으로 전개되었다. 일제는 불교법회나 가사, 독경까지 모두 일본식으로 바꿀 것을 요구하였다. 그리고 1943년에는 가장(街庄)[44]마다 하나의 사원만을 허용하기도 하였다. 강제적으로 시행되던 사묘정리운동은 반일감정을 더욱 자극하였고 대만 민중의 강렬한 반대에 부딪치게 되면서 일부 지역에서 잠시 중단

---

43. 台灣省文獻委員會 編,『重修台灣省通志、住民志、宗敎編』(台北: 台灣省文獻委員會, 1992), p.116.
44. 일본의 지방 행정계통을 州・廳・市(郡)・街庄의 4급으로 나뉬으며 이 모두는 일본경찰과 행정관리의 통제를 받았다. 대만인들에게는 어떤 형태로든 참여권이 주어지지 않았다. 향진(鄕鎭)에 해당.

되기도 하였다.

대만에서 일본 각 종파들은 일본의 군국주의 정책을 도우면서 자신들의 종파를 확대시켜 나갔다. 따라서 표면적으로는 교파의 숫자가 늘어나고 영향력을 확대시켜 나갈 수 있었다. 그러나 일본이 전쟁에서 패하면서 물러나게 되자 일본불교의 영향력은 급속히 사라졌다.

출가승들의 수계는 일제시대에도 푸젠성 링취안사에서 이루어졌다. 그러나 수계 비용을 지불하고 수계증서를 받는 기계(寄戒)가 이루어지고 있었고 비구니의 경우는 보편적으로 계를 받지 않기도 하는 등 여법하지 않은 경우가 많았다.[45] 이런 분위기 속에서 일본불교가 보여주었던 승려교육 활동은 이후의 대만불교에 긍정적으로 작용하기도 하였다.

3) 계엄시기

국민당 정부가 대만으로 옮겨 오면서 대만불교는 다시 중국대륙의 영향을 직접 받게 되었다. 일본 통치 기간 동안 대만불교는 일본불교와 재교, 민간신앙이 어우러진 형태를 띠고 있었으며 무엇보다도 계의 전승이 온전히 이루어지지 않고 있었다. 중국불교의 전통을 되살리고자 하였던 대륙 출신의 승려들에게 이러한 대만불교의 모습은 개혁의 대상이었다.

중국불교회의 성립은 국민당이 대만으로 넘어올 당시 대륙 출신 승려들의 신분을 보증하려는 현실적인 문제에서 이루어졌다. 그러나

---

[45]. 徐登攀, 『當代台灣佛教』(福建師範大學 碩士學位論文, 2005), p.8.

재정의 결핍과 권한의 부재 때문에 실질적으로 불교계의 문제점을 해결할 수는 없었다. 회원들은 불교회를 이용하려고만 할 뿐, 권한 없는 불교회의 결정을 따르지 않았다. 정부에서도 이 점을 인식하고 있었기 때문에 필요한 인민단체로 형식적으로 인정할 뿐 중시하지는 않았다.[46] 중국불교회가 실질적으로 활동을 전개하게 된 것은 삼단대계(三壇大戒)와 승속을 엄격하게 구분하면서부터이다. 계파논란이 있기는 하였지만 바이성 스님(白聖, 1904~1989)은 중국불교회를 장악하면서 전계활동을 통한 계첩(戒牒)과 수계자격 등을 규정하였다. 특히 출가승의 계를 받을 때는 세속의 가족을 떠나야 하고, 세속의 복장을 입을 수 없고, 이교도의 경우는 반드시 개종하도록 규정하였다. 또한 거사계를 받은 것만으로는 제자를 받을 수 없도록 규정[47]함으로써 재교와 일본불교의 영향에서 벗어나 불교의 정체성을 확립하고자 하였다.

명말에 네덜란드 세력과 함께 대만에 처음 소개되었던 기독교는 이후 19세기에 다시 대만에 들어와 일반 대중에게 전파되기 시작하였다. 일제시기에는 종교에 방임하던 태도에서 점차 서양세력의 영향을 받지 않으려는 일제의 정책 변화 때문에 전교(傳敎)를 하는 데 상당한 제약을 받기도 하였다. 대만의 기독교회는 신도(神道) 문제에 있어서 일본 당국과 대립하기도 하였지만, 신사를 참배하는 것은 종교적인 성격이 아니라는 태도를 표명하고 학생들의 신사 참배를 허용하면서 일본 당국에 협력하는 모습을 보였다.[48]

---

[46]. 釋聖嚴, 「今日的台灣佛教及其面臨的問題」, 現代佛教學術叢刊編輯委員會 編, 앞의 책, p.171.
[47]. 釋見曄 編, 『走过台湾佛教转型期的比丘尼: 釋天乙』(台北縣: 中天出版社 , 1999), pp.21~22. 黃詩茹, 『戰後台灣佛教僧俗關係的轉變及意涵』(國立政治大學 碩士學位論文, 2008), p.28에서 재인용.
[48]. 林金水, 「台灣基督敎史論述」, 『福建師範大學學報』第3期(福州: 福建師範大學, 2003), p.11 참조.

과거 주요 종교별 상황을 살펴보면 다음과 같다.[49]

연대별	1900	1970	1975	1980	2000
총인구	2,900,000	14,035,000	15,641,000	17,423,000	24,665,000
중국 민간종교도	2,193,000 (75.6%)	7,208,900 (51.4%)	7,806,330 (49.9%)	8,458,240 (48.5%)	10,016,000 (40.6%)
불교도	580,000 (20%)	5,750,000 (41%)	6,569,000 (42.0%)	7,492,000 (43.0%)	11,592,600 (47.0%)
개신교도	6000 (0.2%)	360,000 (2.6%)	422,300 (2.7%)	487,800 (2.8%)	807,000 (3.3%)
천주교도	3000 (0.1%)	350,000 (2.5%)	406,700 (2.6%)	470,400 (2.7%)	838,600 (3.4%)
중국본지 화교회	0	220,000 (1.6%)	265,900 (1.7%)	313,600 (1.8%)	764,600 (3.1%)

　기독교 신자수는 1970년대 큰 폭의 증가를 보이지만, 그 후에는 인구증가를 고려할 때 별다른 증가를 보이지 않는다. 그러나 불교는 1970년대 이후로도 지속적인 증가와 함께 2000년에는 최대 종교로 성장한다.

　기독교가 대만 사회에 큰 영향력을 발휘하게 된 것은 미국의 경제적 지원과 직접적으로 연관된다. 당시 대만의 경제와 생산 규모는 대륙에서 건너온 국민당 정부와 대규모 인력을 수용하기에 부족하였다. 미국은 이들을 위한 경제적 기반과 물자를 지원하였고 대만 내 교회와 기독교 선교단체들이 미국의 구호물품을 담당하면서 교회와 신도 수는 급증하였다. 이와 함께 교육과 의료방면의 활동이 활발히 전개되면서 산간 지역에 거주하는 원주민 중 기독교인이 약 30%로 늘어나고 전체적인 신도 수 또한 1948년 5만여 명에서 1960년에는 38만 명으로 증가

---

49. 李桂玲, 『台港澳宗教槪況』(北京: 東方出版社, 1996), pp.5~6 참조

하였다.50

그러나 대만이 급속한 경제적 발전을 이루던 60년대 중반 이후 80년대까지 기독교 신도 수는 정체상태에 머무른다51. 이러한 변화의 원인52 가운데 본 글과 관련해서 주의해볼 점은, 기독교계가 신도들의 주동적인 참여를 이끌어내지 못하였고 신도들에 대한 지속적인 훈련이 부족하였다는 점, 초기 선교사들의 개척정신을 잇지 못하고 당시 상황에 만족하고 있었다는 점이다.

기독교계가 60년대에 들면서 정체되는 동안 불교계에서는 대학생을 중심으로 불학연구와 수행 분위기를 적극적으로 조성하고 있었다. 리빙난(李炳南, 1891~1986)은 타이중연사(台中蓮寺)에서 츠광강좌(慈光講座)를 개설하여 불학을 강의하였고 이후 각 대학에 불학사(佛學社)가 설립되면서 많은 불교인재가 배출되었다. 1970년에 명륜사(明倫社)를 설립하여 대학생을 대상으로 중화문화, 사회 미풍양속, 대승불법, 윤리도덕 등 유교와 불교의 내용을 가르치고 그 가르침을 사회로 확장시키는 노력을 계속하였다.

렌인사(蓮因寺)의 재계회(齋戒會)는 1967년부터 대학생을 위한 수행

---

50. 何綿山,「試論台灣基督教的發展與特點」,『福建省社會主義學院學報』第5期(福州: 福建省社會主義學院, 2009), p.51
51. 何綿山, 위의 글, p.52
52. 첫째, 국외원조에 지나치게 의지하면서 자립능력 상실. 둘째, 도시화, 공업화가 이루어지면서 원주민들의 도시로의 이전. 셋째, 물질추구에 따라 성경연구 및 예배에 참여할 시간적 여유 부족. 넷째, 경제발전에 따른 생활수준 향상과 교육수준의 향상으로 복음에 대한 충성심이 낮아짐. 다섯째, 목사가 교회에 대한 전권을 행사하여 신도들은 주동적으로 활동에 참여하지 못함. 여섯째, 신도들에 대한 계획적 훈련 부족. 일곱째, 가족 전체로 이루어지는 구조를 무시하고 개별적으로 입교하도록 함. 여덟째, 현상황에 만족하고 초기의 개척정신을 발휘 못함. 何綿山, 위의 글, p.52 참조; 교회와 선교단체 간의 조화롭지 못했던 점, 대만독립을 둘러싼 정치적인 입장 차이로 정부와 교회 간에 관계가 악화되었다는 점도 거론된다. 王政文,「評介『台灣基督教史』」,『史耘』10(台北: 國立臺灣師範大學 歷史研究所, 2004), p.116 참조.

활동으로서 해마다 하계재계회(夏季齋戒會)를 개최하였다. 명륜사의 강좌와 재계회의 활동은 당시 대학생들에게 불교학습운동을 일으키는 데 중심 역할을 하고 있었다. 각 대학에 불학사의 성립을 도왔던 저우쉬안더(周宣德)는 '중화문화부흥'이라는 명분을 내걸고 계엄 당국의 감시를 벗어날 수 있었다. 저우쉬안더는 1959년, 인순 스님 등과 함께 '중국불교회(中國佛敎會) 국제문교장학금(國際文敎獎學金)'을 갈기하여 대만대학, 사범대학 학생들을 대상으로 연구논문이나 보고서를 제출한다는 조건으로 장학금을 주기도 하였다. '후이쥐(慧炬)'란 이름으로 장학금과 불교서적 유통, 잡지발행 등 불교 보급 활동이 이루어지면서 영향력 있는 하나의 운동으로 전개되었다.[53]

그런데 학문 위주로 전개된 저우쉬안더의 활동은 불교계의 전반적인 지지를 받으면서도 '불법(佛法)을 학술연구로만 대한다'[54]는 우려를 낳기도 하였다. 출가승들은 당시 정치적인 환경과 교학자격의 문제 때문에 학교 출입과 활동에 제약을 받고 있었지만, 불학이 자신들의 전문이라는 점에서 대학생들에 대한 지도 역시 자신들이 담당해야 한다는 인식을 갖고 있었다. 그러나 이러한 학술적인 교육활동은 오히려 대학생들의 불교수행에도 도움을 주었고 이후 대만불교를 발전시키는 데 큰 영향을 끼치게 된다. 왜냐하면 당시 불교를 접하였던 대학생들이 렌인사의 재계회, 가오슝의 포광산 불학여름캠프, 가오슝 '평산연사정진불칠(鳳山蓮社精進佛七)' 등의 활동에도 참여하였고 대학 때 불학사와 재계회 등 '청년학불운동(靑年學佛運動)'을 경험하였던 많은 대학생들이 이후 상

---

53. 李世偉,「台灣大學青年學佛運動的形成與開展-以周宣德與「慧炬」爲探討中心」,『台湾宗教研究通訊』第四期(台北: 蘭臺出版社, 2002), pp.139~140.
54. 釋聖嚴, 앞의 글, pp.168~169.

광니승단(香光尼僧團)에 출가하여 불교 발전에 이바지하기 때문이다.

4) 다원화 시기

계엄(1949~1987)이 해제되면서 대만의 정치뿐만 아니라 종교계에도 큰 변화가 나타났다. 불교계는 정부와의 관계와 국제화의 논의에서 중국불교회로 일원화 되었던 것을 점차 자율적으로 해결하고자 하였고 중국불교청년회, 중화포광회 등 단체들을 설립하여 스스로 전법활동을 펼쳐 나갔다.

정치 및 사회문제 방면에서 대표적인 사례는 '사범사건(思凡事件)'을 해결하기 위한 스자오후이 스님(釋昭慧, 1957~)의 호교 활동을 꼽을 수 있다. 당시 국립예술학원에서 기획하던 공연에 비구니를 비하하는 내용이 연출되자 스자오후이 스님을 중심으로 불교계는 공연철회와 공개사과를 요구하였다. 중국불교회에서도 호법조(護法組)를 두고 이 문제를 해결하고자 하였는데, 이 문제는 종교와 예술 표현의 논란으로 전개되면서 사회문제로까지 확대되었다. 스님은 1993년 생명사랑협회[關懷生命協會]를 설립하여 기독교와 천주교는 물론 법계와 학계 인사들까지 함께 참여하도록 하였으며, 적극적인 사회활동을 통하여 1998년에 동물보호법이 국회를 통과하도록 하였다.

사회문제들에 대한 관심은 특히 신흥단체와 교단을 중심으로 새롭게 전개되었다. 포광산에서 운영하는 난화대학(南華大學)[55]은 생사학을 주제로 학제적 연구를 시작하였다. 철학, 종교, 의료, 심리 등 융합연구

---

[55]. 1997년, 생사학연구소를 설립, 석사과정을 제공하고 있으며 2001년부터 생사학과를 운영하고 있다.

를 통하여 임종과 관련한 법적인 논의까지 전개시키며 삶과 죽음의 존엄성을 제창하고 있다.

환경문제에 대해서는 츠지공덕회와 파구산의 활동을 주목할 필요가 있다. 츠지공덕회의 《예약인간정토(豫約人間淨土)》와 파구산의 《심령환보(心靈環保)》는 모두 인간정토를 건설한다는 이념을 제창하며 사회적 운동으로 확산시키고 있다.

불교계는 환경보호운동과 생명운동에 대해 선구적인 입장에서 사회적인 논의를 전개시켜 나갔다. 이러한 사회활동은 불교 정체성 확립과 호교를 통해 불교의 위치를 올바로 자리매김하려던 이전의 활동과 구분되는 것이다. 이들은 사회의 선도적 입장에서 다양한 사회문제들에 대한 해결책을 제시하고 사회적 운동으로 전개시켰다. 포교활동에 있어서도 이러한 변화는 나타난다. 이전에는 사회가 요구하는 것에 맞추는 수동적인 태도였으나 이제는 사회의 윤리강령이나 사회정신을 제시하는 적극적인 태도로 나타났다. 예를 들면, 국제포광회는 '좋은 일을 하고[做好事], 좋은 말을 하며[说好话], 좋은 마음을 지닌다[存好心]'는 '삼호운동(三好運動)'을 전개하며 각종 공익활동을 전개하고 있다. 츠지공덕회 역시 불교의 오계(五戒)에 '담배와 마약 금지, 도박금지, 교통법규 준수' 등 현대 사회에 맞는 규율을 추가하여 츠지인(慈齊人)으로서 지켜야할 행동강령을 제시하고 있다.

신흥교단이나 단체에서 보이는 이러한 태도 변화는 당위성의 문제를 불법을 통해 제시함으로써 불교가 사회를 이끌어 갈 수 있어야 한다는 불교계의 자각에 따른 것이다.

2. 포광산 교단의 창건과 이념

1) 포광산 교단의 창건

1949년, 대륙에서 전쟁이 일어나자 대륙의 많은 승려들이 국민당 정부와 함께 대만으로 건너갔다. 그들은 당시 대만에 남아 있던 일본불교의 영향을 지우고 중국불교의 전통을 잇고자 하였다. 그런데 대만으로 같이 건너간 싱윈 스님을 포함한 일부의 출가자들은 간첩으로 오인 받아 감옥에 갇히게 되는 사건이 발생하였다. 후에 문제가 해결되기는 하였지만, 이를 계기로 이전에 상하이에서 설립하였던 중국불교회를 대만에서 새롭게 조직하여(1950년) 대륙 승려들의 어려운 점을 해결하고자 하였다.

싱윈 스님은 당시 불교회에 참여하고 있었는데, 이란(宜蘭)에서 불사를 이끌어줄 스님을 모색하던 리줴허(李決和)와 린송녠(林松年)의 요청에 따라 1953년부터 이란에서 전법활동을 시작하게 된다. 리줴허는 현지어에 능통하지 못하였던 스님의 법회와 강연내용을 통역하였고 현지인들의 참여를 이끌어냄으로써 스님이 대륙 출신의 다른 출가승보다 훨씬 빠르게 일반인들에게 다가설 수 있도록 도왔다.

이란에서의 전법활동을 보면 이후 포광산의 포교방식이 어떻게 전개되어 왔는지 알 수 있다. 당시 싱윈 스님은 염불회를 조직하고, 학생회, 청년회, '불교청년가영대[佛敎靑年歌詠隊]'를 조직하여 정적인 불교가 아닌 활동적인 불교의 모습을 알리기 시작하였다. 당시 교육여건이 구비되지 않은 시기에 아동일요학교[兒童星期學校]를 세워 실질적인 교육이 이루어질 수 있도록 하였고 불교계 최초로 유치원을 세워 일반인들에게 도움이 되는 사회활동을 전개시켜 나갔다.

가오슝 포광산사 전경

전법할 때에는 당시로서는 선진적인 환등영사기를 사용하기도 하였고 대만 최초로 불교 레코드판을 통하여 포교에 적극 활용하기도 하였다. 이란불교가영대[宜蘭佛教歌詠隊]를 조직하고 기존의 범패와 달리 새로운 곡을 창작하였으며 대중과 함께하는 자리로 만들어 가는 등 싱윈스님의 포교방식은 전통적인 방식을 벗어난 것이었다. 그러나 이러한 활동은 당시 문화활동이 부족하던 시기에 일반인의 관심을 집중시켰을 뿐만 아니라 일반 가정에서 필요로 하던 아동교육을 함께 담당함으로써 대중들의 폭넓은 지지를 받았다.[56]

---

56. 佛光山宗教委員會 編, 『佛光山開山四十週年特刊1-佛光宗風』(高雄: 佛光山宗務委員會, 2007), pp.42~47 참조.

제2장 대만불교의 발전과정과 특징

문필활동과 문화를 통한 지식보급 활동은 싱윈 스님 자신이 교육과 함께 가장 역점을 두고 전개하는 사업 가운데 하나이다. 스님은《각세(覺世)》,《인생》 등의 잡지를 편집하고 『각세논총(覺世論叢)』, 『관세음보살보문품(觀世音菩薩普門品)』 등을 저술하는 등 활발한 문필활동을 통하여 홍법활동을 벌였다. 문화와 교육, 생활에 유익한 프로그램을 일반 대중에게 제공하는 이러한 방식은 이후에 더욱 다양하게 전개되면서 포광산의 전법 특징으로 자리잡게 된다.

이란에서의 활동은 이후 포광산을 일으키는 데 인재를 얻는 기회였을 뿐만 아니라 싱윈 스님 자신의 명망을 대만 사회에 알리는 중요한 계기가 되었다. 인적인 면을 보면, 포광산의 별원, 분원 등의 창립을 담당하며 기획과 건축분야에 뛰어난 능력을 발휘하는 츠좡 스님(慈莊, 1931~), 포광산 교육과 관련된 분야에 뛰어난 츠후이 스님(慈惠, 1934~), 불교 홍법활동과 교류활동에 능력을 발휘하는 츠룽 스님(慈容, 1936~), 후에 포광산 제2대 주지를 담당하였던 신핑 스님(心平, 1938~1995), 포광산 최초의 출가제자로서 불교범패와 의식에 밝았던 츠자 스님(慈嘉, 1939~2003) 등이 모두 이란지역 출신으로서 포광산 개산 이후로도 이들은 핵심적인 역할을 담당하게 된다.

싱윈 스님이 가오슝에 자리를 잡게 된 것은 가오슝의 재가신도 홍디리(洪地利)과 천주(陳族) 등의 적극적인 지원을 받고 서우산사(壽山寺)를 건립(1964)하면서부터 시작된다. 당시 스님은 해군 관할이던 서우산공원(壽山公園) 내에 서우산사를 건립하면서 정계, 군 인사들과 밀접한 관계를 유지하고 활발한 인적교류를 통하여 가오슝 일대에 홍법활동을 확대하였다.[57] 그리고 불교계의 인재양성을 위한 교육기관으로 서우산

---

[57] 江燦騰, 앞의 책, p.392 참조.

불학원(壽山佛學院)을 세우고 전통 총림의 교육체계를 따르는 교육을 실시하였다. 불사와 교육기관을 함께 일구어 나가는 것은 '사원이 교실'이라는 스님의 이념에 따른 것으로서 이러한 점은 이후의 포광산 사업에도 지속적으로 전개된다.

1967년, 지금의 총본산 자리인 마주위안(麻竹園)에 서우산불학원을 옮겨와 둥팡(東方)불교학원이라고 개명하고 대비전, 관음방생지, 용정, 미륵불, 조산회관 등을 점차 건설하였다. 60년대 중반은 남부지역이 수출기지로 성장하던 시기로서 젊은 농촌인력이 대도시로 옮겨오던 시기였다. 당시 스님은 농촌의 많은 젊은이들에게 편안한 마음의 휴식처를 제공하는 노력과 함께 적극적인 전법활동을 전개하였다.

포광산사가 확대되어 가는 과정을 보면, 유치원에서 대학까지 체계적인 교육기관을 운영하고 출판사와 신문사, 위성 텔레비젼국, AV제작사 등의 미디어 산업경영, 서점, 음식점 등 마치 불교그룹과 같은 양상을 보인다. 이러한 점은 불교 근대화, 합리화라고도 부를 수 있는 점으로 일본불교의 영향을 받았을 가능성도 있는 것으로 보인다.[58]

포광산은 '문화를 통한 불법 홍양, 교육을 통한 인재 배양, 자선을 통한 사회복지, 공동수행을 통한 마음 정화'를 4대종지로 한다. 동시에 포광산의 4대 활동신조인, '사람들에게 신심을, 사람들에게 환희를, 사람들에게 편리를, 사람들에게 희망을 준다'는 신조를 세웠다. 싱윈 스님은 각종 정신적인 이념과 규장제도, 조직장정을 세우고 계획적인 홍법활동을 일구어 나감으로써 제도화된 불교승단을 일구어 냈다.

1978년 츠좡 스님을 미국에 보내어 미국 최초의 도량인 시라이사(西

---

58. 五十嵐眞氏,「佛光山からみる, 台灣佛教と日本との關係」,『アジア・アフリカ言語文化研究』71(東京: 東京外国語大学アジア・アフリカ言語文化研究所, 2006), p.124.

來寺)를 세울 계획을 세웠다. 이것은 불교국제화의 출발이었다. 그러나 건립은 1986년이 되어서야 가능하게 되었고 1988년이 되어서야 낙성법회를 가질 수 있었다. 싱윈 스님은 58세가 되던 1985년, 포광산 규장에 따라 퇴임하고 신펑 스님에게 법통을 전하였다. 여기에서 주목할 점은 서하(棲霞) 법맥을 계속 잇고 있음을 스스로 밝히고 있다는 점이다.

2) 포광산 교단의 이념과 성격

포광산은 인간불교를 통한 불법과 생활의 조화를 주장한다. 포광산의 이념은 중생을 제도하는 데 있어서 오계와 십선, 육바라밀과 사섭법 등의 불교의리를 통한 실천이 바로 인간불교라고 말한다. 따라서 인간불교는 부처님의 가르침이 바로 인간생활에 기반을 둔 것이며 궁극적으로 인간불교의 실천은 바로 부처님 시대로 돌아가는 것이라고 말하고 해행(解行)이 함께 이루어지는 불교를 주장한다.

① 포광산의 종지(宗旨)
ㄱ. 문화를 통한 불법 홍양
ㄴ. 교육을 통한 인재 배양
ㄷ. 자선을 통한 사회복지
ㄹ. 수행을 통한 마음 정화

포광산은 초기부터 문화·홍법사업에 중점을 두고 홍법활동을 전개시켰다. 1957년부터 불교문화담당부서[佛敎文化服務處][59]를 두고 각종

---
59. 후에 포광문화사업공사(佛光文化事業公司)로 확장.

불교총서와 교육자료를 제작, 출판하였으며 사회문화 전반적인 활동을 위한 도서관(26곳), 미술관은 물론 불학원(16곳)과 중등교육기관, 난화대학, 포광대학, 시라이대학, 난텐대학 등 국내외에 대학교육기관까지 설립하여 인재양성에 노력하고 있다. 재가자라도 교리에 대한 이해가 밝고 적법한 경우는 탄장스(檀講士)로서 교법활동에 참여할 수 있도록 하였다. 자선사업으로는 노인복지와 아동복지, 다츠(大慈)육아원, 인애의 집(仁愛之家) 등을 운영하고 있다.

② 포광산의 이념

ㄱ. 모든 영광을 부처님께 회향한다.
ㄴ. 모든 성취를 중생에게 회향한다.
ㄷ. 모든 이익을 상주(常住)에 회향한다.
ㄹ. 모든 공덕을 단나(檀那)에게 회향한다.

포광산의 이념은 추상적인 것이 아니라 구체적으로 포광산이 표방하는 경제관과 연결시킬 수 있다. 포광산의 경제관을 간략히 살펴보면 다음과 같다.

가) 지혜로써 금전을 대체한다.
포광산은 대불까지 시멘트로 만들 정도로 겉치장보다 모두가 함께 만들어 가는 정토관을 갖고 있다. 따라서 보시로 들어온 돈은 모두 공개하며 오직 불사(佛事)에만 사용한다.

나) 권한이 있는 자는 금전을 관리할 수 없고 금전을 관리하는 자

에게는 권한이 없다.

　돈과 권력의 분리를 재무관리의 준칙으로 하고, 금전은 전문적으로 관리한다.

　다) 승가에 귀속되고 물질은 균등하게 나눈다.

　포광산에서는 육화경(六和敬)을 승가생활의 궤범으로 삼는다. 따라서 총본산에서 보시물을 관리하고 배분하게 되는데, 이는 이로움을 공유하고 균등하게 나누는 정신[利和同均]을 통하여 개인의 역량을 응집시킬 때 단체를 위한 더 큰 이익을 창출할 수 있기 때문이다.

　라) 신도에게 저축한다.

　평소에 과도한 보시를 신도들에게 요구하면 정작 필요할 때 도움을 받지 못하기 때문에 함부로 보시를 청하지 않는다.

　마) 여러 집안의 밥을 먹되 한 집안의 밥을 먹지 않는다.

　난화대학과 포광대학을 지을 때의 '백만인 학교 건립'이라는 구호에서 나타나듯이 포광산사에서는 모든 불사와 행사에 대중이 함께 참여하는 방식을 취한다. 많은 돈을 기부하는 특정인에게 의지하면 개인에게 끌려다니게 되어 올바른 홍법 이념을 실현시킬 수 없으며 모두가 참여함으로써 함께 그 기쁨을 누릴 수 있기 때문이다.

　바) 신도와 금전 거래를 하지 않는다.

　출가자와 신도 간에는 일체의 금전거래를 허용하지 않는다. 출가자는 도(道)를 항상 생각해야 하는 것이지 돈을 생각해서는 안 되며, 금전관계로 인하여 상호 간에 감정이 악화될 수도 있기 때문이다.

사) 함부로 보시를 청하지 않는다.

보시는 상호 간에 좋은 인연을 맺는 일로서 마음교화를 통해서 이뤄지는 것이어야 한다. 포광산에서는 함부로 사찰을 짓고 보시를 청하는 것을 금지한다.[60]

③ 인간불교의 성격

포광산의 인간불교는 생활에서의 실천을 목표로 한다. '인간불교를 제창하고 포광정토를 건설하며[提倡人間佛教 建設佛光淨土], 사부대중의 교단을 건설하고 세계가 조화롭고 자애롭도록 촉진한다[建設四衆教團 促進普世和慈]'는 포광산의 목표는 구체적인 실천방향으로 다음의 열 가지를 제시한다.[61]

가) 국제화: 포광도량과 포광회의 활동 이외에도 각종 국제회의와 종교교류를 거행한다.

나) 사회화: 산중과 사원에서만 이루어지는 불교가 아니라 사회 공적인 장소에서 활동을 통하여 사회적인 참여를 이끌어 내고 불교의 청년화, 지식화를 이룬다.

다) 예술·문화화: 출판과 음악, 예술, 조각, 회화 등의 문화, 예술 활동을 통해 모두가 함께 감상할 수 있는 불교의 문화화, 예술화를 이룬다.

---

60. 星雲, 양정연 역, 『인간불교의 경영과 실천』(서울: 동국대출판부, 2010), p.63.
61. 滿義, 『星雲模式的人間佛教』(台北: 天下文化出版社, 2005), pp 384~391 참조.

라) 본토화: 국제화에 이어 전개하는 목표로서 현지 출가인과 불교인을 양성하여 홍법활동을 전개한다.

마) 현대화: 포교와 문화·교육, 사업체제, 건축설비, 조직·행정, 회의의례의 현대화를 이룬다.

바) 인간화: 불법은 인간세상에서 이루어졌다는 기본적인 전제에서 출발한다.

사) 생활화: 인간불교는 생활불교로서, '불법의 생활화, 생활의 불법화'를 이루는 것이다.

아) 사업화: 인재를 양성하여 대중에게 실질적인 도움과 이로움을 줄 수 있는 홍법과 사업활동을 펼치고 신도들이 정재(淨財)를 모을 수 있도록 격려한다.

자) 제도화: 온전한 제도를 통하여 운영과 인사 관리, 복지, 직권, 연수 및 수학 등이 이루어지도록 한다.

차) 미래화: 미래에는 의(衣)·식(食)·주(住)·행(行)에서 생로병사에 이르기까지 모든 부분에 불교적인 의례와 내용이 있어야 한다.

포광산사의 이념은 결국 인간불교의 이념을 구체적으로 어떻게 실천할 것인가에 대한 모범을 보여준다고 볼 수 있다. 인간불교의 이념은 '부처님이 인간세상에 태어났고 인간세상에서 수행하였으며 인간세상에서 도를 이루었고 인간세상에서 중생을 제도하고 교화하였다'[62]는 점을 강조하고 인간불교의 근원을 부처님에게 둔다. 싱윈 스님은 현세에서의 성취를 중시하고 정토를 인간세상에 건설한다는 구체적인 실천

---

62. 星雲, 「人間佛教的藍圖(一)」, 『普門學報』第5期(台北: 普門學報社, 2001), p.5.

포광산 타이베이도량 내부

을 제시하였다고 볼 수 있다. 이것이 바로 싱원식 모델의 인간불교[63]라고 할 수 있다.

3. 포광산 교단의 활동 및 현황

1) 대만 지역

포광산은 1967년 가오슝에 포광산을 개산한 이래, 2007년 현재, 세계 33개 국가와 지역에 200여 도량을 열고 홍법활동을 펼치고 있다. 별원

---

63. 滿義, 위의 책, p.318.

(別院)과 분원(分院), 수행센터 등을 포함한 도량은 대만 내에 78곳, 아시아의 경우 서울 포광산사 1곳, 일본 6곳, 홍콩과 마카오를 포함한 동남아시아 28곳, 북미 29곳, 중남미 9곳, 유럽 13곳, 오세아니아 13곳, 아프리카 7곳이 있다.

대만 내의 도량은 지역별로 북구(北區), 중구(中區), 남구(南區), 동구(東區), 외도(外島)[64]로 구분되어 있는데, 주요도량을 살펴보면 다음과 같다.

지역	주요도량/지역	특 징
북구	푸먼사(普門寺)/타이베이	대중공양을 위한 도량건설의 염원을 위해 설립한 도량 대만불교 최초의 현대식 건물 도량
	타이베이도량/타이베이	출가자와 재가자의 공유 공간 제공 각종 강좌, 국제포광회 중화총회, 인간문교기금회, 포광연미술관, 인간위성방송, 인간복보(人間福報) 등이 있는 다원화된 홍법활동 도량
중구	푸산사(福山寺)/장화(彰化)	포광산 개산(開山) 후 최초의 별분원. 중국불교연구원, 포광대장경 편수위원회 등 위치 시정부의 요청으로 교양대학 개설, 포광연미술관 등을 설립, 다원화된 홍법활동과 지역의 예술문화활동에 참여
남구	서우산사/가오슝	포광산 개산(開山) 이전 남부지역 홍법활동의 중심
	난핑별원(南屛別院)/가오슝	종합적이고 다원화된 불법의 문화·교육 중심 선당(禪堂), 강당, 포광서국(佛光書局), 미술관, 디수이팡(滴水坊), 대회당 등을 갖추고 인문적 소양과 인간불교의 실천 프로그램 제공
	푸셴사(普賢寺)/가오슝	기획과 설계상 홍법활동과 신도활동위주로 건설 대만 최초의 도심불학원 창립, 신도불학소양 중심, 르원(日文)불학원(1992년, 포광산총림학원 르원불학반 이전) 위치
동구	란양별원(蘭陽別院)/이란	이전의 레이인사(雷音寺)를 중건 포광산 대만 동북부 지역의 최초 사찰 염불회, 란양문교중심, 선당, 포광대학과 지역 교양대학 교실 등이 있는 현대식 건물로 불학교육과 수행이 함께 이루어지는 포광산 탄생의 근원지

---

64. 佛光山宗教委員會 編, 『佛光山開山四十週年特刊 8-佛光道場』(高雄: 佛光山宗務委會, 2007), p.18 에는 北部, 中部, 南部로 구분하고 있으나, 포광산 홈페이지에는 다섯 구역으로 나누고 있다.(http://www.fgs.org.tw) 2011년 4월11일 접속.

| 외도 | 하이톈불찰(海天佛刹)/펑후(澎湖), 밍젠사(明見寺)/펑후, 진롄정원(金蓮淨苑)/진먼(金門) 등 |

대만 지역의 변화추세를 보면,[65]

연도	1952	1963	1975	1977	1979	1980	1981	1982	1983	1984	1987
증가수	1	2	2	1	1	2	2	2	2	2	1
연도	1988	1989	1990	1991	1992	1993	1994	1995	1996	1995~2007	총합
증가수	2	1	3	5	9	5	3	4	2	26	78

10년 단위로 검토하였을 때, 도량수는 1975년부터 1987년 이전까지 14곳, 1987년부터 1996년까지 35곳, 1997년 이후 2007년까지 26곳으로서, 80년대 지속적인 성장을 이루다가 90년대에 들어서면서 급격하게 증가하고 있음을 알 수 있다.

포광산에서 삼단대계를 받은 경우를 보면,[66]

연도 구분	1977	1988	1991	1992	1993	1996	1998	2000	2004	총합
남중계자 (男衆戒子)	99	46	119	20	84	53	14	87	41	563
여중계자 (女衆戒子)	270	208	344	106	146	268	136	260	165	1903
평균연령	38		32	32	28	30	41	33	35	
학력 (전문대이상)			25%	37%	47%	20%	56%	43%	90%	

---

65. 이 통계는 草場英子,「華人宗敎のグローバル化と情報化-台灣佛光寺の国際的展開を中心に」,『岩手県立大学盛岡短期大学部研究論集』第10号(岩手県: 岩手県立大学, 2008), p.30에 따른다.
66. 佛光山宗敎委員會 編,『佛光山開山四十週年特刊 1-佛光宗風』(高雄: 佛光山宗務委會, 2007), p.158에 의거함.

90년대 들면서 계를 받는 경우가 대폭 증가하고 있다는 점을 알 수 있다.

포광산에서 출가자 전체의 비중을 연도별로 살펴보면 다음과 같다.[67]

기간	1961~1965	1966~1970	1971~1975	1976~1980	1981~1985	1986~1990	1991~1995	1996~2000	2001~2006
출가자 비율	1%	2%	3%	6%	11%	18%	30%	16%	11%

제한적인 자료이기는 하지만 포광산의 신도수를 보면, 1975년부터 10년간, 15배 이상 신도수가 증가하였음을 알 수 있다.[68]

연도	1975	1976	1977	1978	1979	1980	1981
신도수	23,200	29,800	87,200	101,600	118,600	145,000	162,700
연도	1982	1983	1984	1985	1986	1987	
신도수	191,700	205,600	230,300	253,800	307,400	389,100	

자오스(敎士)와 스구(師姑)를 포함하여 입도자의 수를 보면, 90년대에 입도한 경우가 압도적으로 많다는 사실을 알 수 있다.[69]

연대	1946~1955	1956~1965	1966~1975	1976~1985	1986~1995	1996~2006
비율	3%	1%	1%	3%	23%	69%

---

67. 같은 책 p.93에 의거함.
68. 佛光山 編, 『佛光山開山二十週年紀念特刊』(高雄: 佛光出版社, 1988), p.74.
69. 佛光山宗教委員會 編, 위의 책, p.95에 의거함.

이상의 자료와 함께 대만에서 불교도의 수가 70년대 이후 지속적으로 증가하였다는 점, 그리고 1992년 조사된 종교조사에서 불교 신자수 4,856,000명, 신앙인 가운데 비율이 47%[70]로 최대 종교로 등장하였다는 점을 고려해 본다면, 포광산의 신도수 역시 지속적인 증가를 기록하였다고 충분히 유추할 수 있다.

2) 아시아 지역

아시아 지역의 경우는 남·북전 불교 간의 교류를 강화시키고 융화를 촉진하려는 방향으로 홍법활동이 이루어지고 있다. 주요 도량을 간략히 살펴보면 다음과 같다.

국가별	도량	특징
한국	서울 불광산사	2000년 개원 한국 내 불교사찰 및 단체들과 대만 포광산의 교류활동 지원 법회, 중국어반, 선무도, 불교교리 등 일반인을 위한 프로그램 제공
일본	도쿄 포광산사	중일문화교류의 역할. 포광산 도쿄별원을 임제종 도쿄 포광산사로 개명
	야마나시(山梨), 군마현(群馬縣), 나고야(名古屋), 오사카(大阪), 후쿠오카(福岡)	
홍콩	포상강당 (佛香講堂)	1991년 설립 홍콩규모 최대 도심도량. 문화교육, 도심불학원, 아동반, 청년단, 부녀법회 등 다원화된 불학과정 제공
	홍콩 문교회관(文敎會館)	
싱가폴	싱가폴 포광산	1993 성립 도심불학원, 문화교육과정 운영(아동반, 성인교양반 등), 문화활동 공간제공

---

70. 李桂玲, 『台港澳宗敎槪況』(北京: 東方出版社, 1996), p.5 참조.

필리핀	마닐라 포광산 (IBPS Manila)	1992년 설립 불교본토화 이념 실천, 기독교, 천주교와의 우호교류 참여 세부(Cebu) 츠언사(慈恩寺)와 바콜로드(Bacolod) 위안퉁사(圓通寺)는 현지 초·중등학교의 교외 교학활동에 적극 참여
태국	방콕문화교육센터 (IBPS Bangkok)	1992년 설립 남방불교권내 최초 도량 태국 불교계와의 실질적 교류 담당, 담마까야사원과 자매결연
말레이시아	둥찬사(東禪寺), Persatuan Kebajikan Agama Buddha Selangor	1996년 설립 둥찬불교학원(東禪佛教學院)은 말레이시아 청년 불학의 중심 전통과 현대화된 사원을 표방, 지역문화 활동에 적극 참여하며 다문화활동 전개
	FGS Telok(直落七寶禪淨中心)과 같은 경우는 지역 초·중등학교를 위한 과외활동과 기념 및 축원법회 개최. 각 지역의 도량들이 문화교육 활동과 불학교육 담당 역할	
인도	캘커타 찬징센터 (Calcutta Buddhist Centre)	1998년 설립 인도불학원 창립, 이재민구호 활동, 부녀 재봉반, 자수반, 학생 타자반, 컴퓨터반 등 빈민교육활동 전개

아시아에서 포광산의 활동을 보면, 불교권 내에서는 현지 불교계와 포광산 간의 교류활동에 노력하고 타문화권에서는 다종교와 다문화 사회활동에 적극적으로 참여하면서 불교의 활동을 다양화시키고 있음을 알 수 있다. 또한 지역사회와의 교류를 지역학교의 과외활동에까지 확대시킴으로써 학생들의 문화 및 교육활동에도 도움을 주고 있음을 알 수 있다.

3) 구미 지역

포광산의 국제화가 상징적인 형태로 나타난 것은 미국에서의 홍법활동이라고 할 수 있다. 포광산은 불법이 서양사회에 올바로 전파되기를 기원하는 마음에서 시라이사를 창건하였다. 주요도량을 중심으로 살펴보면 다음과 같다.

국가별	도량	특징
미국		
	캘리포니아 시라이사 (Hsi Lai Temple)	1988년 설립 국제포광회 세계총회 성립, 1996년 국제번역중심 성립, 포광 시라이중문학교(佛光 西來中文學校) 창립, 미국 정계와 달라이라마를 비롯한 세계종교지도자들 방문 국제교류 및 문화교류가 활발히 이루어짐 본토화 추진, 영어 팔관재계, 영어 불학강좌, 영어 선 수행 과정 등 개설, 2006년 영상을 통한 관정귀의법회를 시행
	뉴저지 선정센터 (New Jersey Buddhist Cultural Center)	1995년 설립 대학생을 비롯한 젊은이들의 불법토론 등의 활동이 가능할 수 있도록 대학가 근처에 설립
	보스톤 싼포(三佛)센터 (Greater Boston Buddhist Cultural Center)	1999년 설립 Harvard와 MIT 사이에 위치하고 있으며 현지 지식인들의 불학연구에 교량역할
	달라스강당 (IBPS Dallas)	1993년 설립(Texas) 현지 화교들의 중심역할 수행, 사원학교화의 실현, 아동반, 일요 중문반, 문화·예술반 등 운영, 등의 과정 제공, '달라스 포광인문학교'는 화교는 물론 지역주민들에게도 영어·중국어의 교육실시
	샌프란시스코 싼바오사 (San Bao Temple)	1990년 Van Ness Avenue로 이전(1989년 설립) 독서회, 도심불학원 등 운영, 종교 몇 유명 인사들의 특강 및 문화프로그램 제공, 교도소법회 운영 및 자선활동
	샌 디에고, 카슨, 라스 베가스, 피닉스, 덴버, 오스틴, 시카고, 휴스턴, 뉴욕, 북 캘리포니아, 플로리다, 하와이, 괌 등	
캐나다	토론토 포광산 (FoGuangShan Temple of Toronto)	1997년 설립(Ontario) 캐나다 각급 학교 종교수업의 참방 지정 불교사원 인간학원(人間學院)을 통해 중국어, 영어, 광둥어 불학반 개설, 독서회, 청년단 운영, 불학강조 제공
	밴쿠버, 앨버타, 오타와, 몬트리올 등	

미국에서는 대학과 불학원을 중심으로 하는 교육활동과 교향악단, 불교문화센터를 중심으로 하는 문화활동을 펼치고 있으며, 캐나다 토론토에 설치된 텔레비전방송국은 다원화된 미주지역 홍법활동을 보여주는 사례로서 중서종교문화의 교류활동에 이바지하고 있다.

미국에서 포광도량을 세울 때는 화교 중심지역을 고려하기도 하지만 현대화 정신과 전방위적인 홍법활동을 위해 과학 인재들이 모이는 장소(처음에 American Buddhist Cultural Society는 샌프란시스코만의 실리콘벨리에 설립하였으나 이후에 Fremont로 이전)에 설립하거나 대학가 근처(Greater Boston Buddhist Cultural Center는 Harvard와 MIT 사이에 위치), 시내번화가에 설립하여 대중과 적극적인 교류가 이루어지도록 한다. 이런 점은 찾아가는 불교를 표방하는 포광산의 이념이 외국의 포교에서도 그대로 나타나는 점이다.

중남미의 경우, 1992년 홍법활동을 전개하기 시작한 이후 브라질을 시작으로 도량을 통한 전법 활동을 강화시키기 시작하였다. 브라질의 루라이사(IBPS Templo do Brasil)는 남미 최초의 도량으로서, 2003년 건립되었다. 언어학교, 번역중심, 아동반 독서회 등을 운영하고 있으며 현지 관광자원의 하나로 인식되고 있다. 이외에도 파라과이, 아르헨티나, 칠레에 포광도량이 설립되어 문교(文敎) 및 자선사업을 펼치고 있다.

유럽에서의 홍법활동은 화교를 중심으로 이루어지고 있다는 점이 특징이다.

국가별	도량	특 징
영국	맨체스터 포광산 (IBPSManchester)	1992년 설립 현지인 불학강좌, 불교관련 문물 전시, 포광재예전(佛光才藝展), 특히 다양한 음악활동을 통한 문화교류, 불교범패음악회 등 개최
스웨덴	스웨덴 포광산 (IBPS Sweden)	1999년 설립(1996년 스웨덴 선정센터 이전하면서 개명) 스웨덴어로 포광산 관련 전적 번역, 각급 교육기관에 기증 혼례 및 중추절행사, 작명축원법회, 여름캠프 등 생활 속의 불교를 표방
프랑스	파리 포광산 (IBPS Paris)	1991년 설립 Bussy Saint Georges 시장의 요청에 따라 파리 교외에 새로운 포광도량 건립(2006년 시작)하여 중국과 프랑스는 물론 동양과 서양의 종교와 문화가 교류하는 문화장소 모색

네덜란드	허화사(荷華寺, IBPS Holland)	2000년 설립 1992년 화교들의 시정부에 요청하여 건립한 사원으로 시내 중심, 차이나타운에 위치
벨기에	벨기에 포광산 (IBPS Belgium)	1998년 설립 앤트워프의 차이나타운에 위치. 교육, 문화, 수행, 자선 등 다양한 활동 전개, 현지화의 실시
독일	베를린 포광산 (FoGuangShan Tempel, Berlin e.V)	1993년 설립 인간불교의 현지화 실시, 포광산의 독일어 번역 활동 및 지역사회와 종교단체 활동에 적극 참여

오스트리아, 스위스, 스페인, 포르투갈 등에도 포광도량을 설립하여 지역 화교사회 및 지역민들을 위한 문화활동, 불학강좌 등을 통해 지역사회에 적극적으로 참여하려는 노력을 하고 있다.

4) 기타 지역

오세아니아에서는 오스트레일리아를 중심으로 활발한 홍법활동이 전개되고 있다. 1992년 중톈사(中天寺, Chung Tian Temple)가 설립되면서 화교들의 현지생활을 돕고 자선활동 및 불교문물전람, 불학강좌 등의 활동을 통하여 불교가 이미 오스트레일리아에서 제2의 종교세력으로 성장하는 데 기여하였다. 종교의 상호존중과 다원화 교류활동 등 현지화의 노력으로 화교사회는 물론 현지인의 불교참여를 더욱 이끌어낼 수 있었다. 그리고 난톈사(南天寺, Nan Tien Temple, 1995년 설립)와 난톈대학(南天大學, Nan Tien Institute, 2011년)을 건립하여 국제적인 문화, 교육의 중심지를 목표로 하고 있다. 뉴질랜드와 파푸아뉴기니에서는 타종교와의 교류활동을 활발히 전개하고 있으며, 파푸아뉴기니의 경우 중문학교(中文學校)를 설립, 현지 화교들과 현지인들의 교육활동을 전개하고 있다.

아프리카에서의 활동은 1992년 남아프리카에 난화사(南華寺)

를 설립하면서 본격적으로 시작되었다. 브롱크호스트스프루트(Bronkhorstspruit) 시 의장의 요청에 따라 건립된 난화사는 현지 정부의 지지를 기반으로 중국문화와의 교류 및 교육활동을 전개하고 있으며 장차 아프리카 각국의 홍법인재들을 양성하는 도량을 목표로 하고 있다. 1994년 아프리카불학원이 설립되면서 현지인의 출가자도 배출되었다.

4. 포광산 교단의 특징

포광산사는 창건된 지 50년이 되지 않는 신흥교단이다. 그런데도 오늘날 해외 33개국에 200여 곳의 도량을 열었다는 점에서 많은 사람들이 주목하고 있다. 포광산 교단이 발전할 수 있었던 가장 중요한 요인 중의 하나는 교육을 통해 선순환을 이뤘다는 점이다. 불학원을 비롯한 일반 재가자들까지 교육을 통해 소질을 높임으로써 이들이 다시 포광도량을 건설하는 인재로 성장할 수 있었다. 그런데 이러한 점은 포광산 내에서만 아니라 포광산이 발전할 수 있었던 외적인 요소에서도 찾아볼 수 있다.

대만에서 계엄이 시행되던 때, 대학이나 사회에서 종교교육 및 활동은 쉽게 이루어질 수 없었다. 출가자들은 대학에 출입이 허용되지 않았고 사회적으로 집단적인 종교행사 또한 많은 제약이 있었다. 그러나 리빙난과 저우쉬안더의 노력으로 젊은 대학생들에 대한 불학강좌가 이루어질 수 있었고 불교를 접한 이들은 후에 불교수행에 참여하거나 출가하며 불교 발전에 이바지하였다. 당시 전통적인 불교계에서는 이들에 대한 교학과 지도를 출가자가 담당해야 하며, 또한 불교는 학문적으로만 이루어질 수 없는 것이라고 우려하거나 비판하는 경우도 있었다. 그러나 당시 교육을 받았던 학생들이 렌인사와 포광산 등 불교사원의 수행활동에 참여하였고 샹광니승단에도 출가한 사례가 많았다는 점에서 학술적인 교육활동이 오히려 수행활동에 도움이 되었고 불교 전체적인 발전에도 직접적으로 영향을 주었음을 알 수 있다.

포광산은 교육적인 면에 있어서 재가 역시 출가와 대등하게 불법을 가르칠 수 있도록 한다. 이러한 점은 전통불교계에서 출가자와 재가자를 구분 짓던 생각과는 구분되는 것이다. 재가자는 이러한 활동을 통하여 함께 불교발전에 참여한다는 인식을 갖게 된다. 기독교의 영향력이 50년대에 급증하다가 이후에 70, 80년대에 정체상태에 있게 되었던 요인 중의 하나는 신도들의 참여 기회가 없었기 때문이다. 포광산에서는 재가자에게도 주동적으로 참여할 수 있는 기회를 제공함으로써 더욱 적극적인 신행활동을 이끌어 내고 있다.

포광산은 물론 파구산과 츠지공덕회, 스자오후이 스님 등은 생명존엄의 문제와 환경문제, 동물생명보호 문제 등 사회적인 문제들에 대한 해결책을 제시하려고 노력하고 있다. 이러한 활동은 이전까지 사회가 필요로 하는 것을 제공하는 사회복지활동을 벗어나 선도적인 입장에서 새로운 윤리와 사회정신을 제시해주는 적극적인 활동이다. 포광산 교단은 인간불교에 대한 구체적인 실천방법을 제시한다. 이 점은 미래의 실천방향을 설정하려고 노력하는 한국불교계에도 좋은 예시를 줄 수 있을 것이다.

제3장

대만불교의 실천이념과 제도

/ 김*** /
/ 호 /
/ 성 /

대만불교의
실천이념에 대한 고찰*,**
인간불교의
주제와 변주를 중심으로

I. 대만불교의 이념적 뿌리

오늘 우리 불교의 좌표는 어디인가? 현대 한국 사회에서 온전한 자기 위상을 확보하고 있는가? 또 자기 나름의 역할을 다하고 있는가? 지금처럼 이어진다고 해도, 우리 불교의 미래는 밝으리라 확신할 수 있는가? 이러한 물음이야말로 불교학자들에게는 살아 있는 화두가 되어야

---

* 이 논문은 『전법학 연구』 창간호(2012. 1. 30. 불광연구원) 155쪽에서 209쪽까지 발표된 것이다. 이번에 단행본으로 다시 엮으면서 책의 편집 체제에 맞추기 위하여, 인명·지명 등의 중국어 표기를 비롯하여 몇 가지 수정하였음을 밝힌다.
** 이 글에 인용되어 있는 중국어 원문의 번역을 검토해서 수정해 주신 박란영 교수님께 깊이 감사드립니다.
*** 동국대학교 교수

하는 것인지도 모르겠다.

　이 물음에 대한 해답이 우리 불교전통에 대한 뿌리 찾기라든가, 현금 우리 불교의 여러 모습에 대한 진단만으로 이루어질 수 있을 것인가? 그러한 작업에 더하여, 다른 나라의 불교전통에 대한 탐구 역시 필요하리라 본다. 일찍이 중국불교의 미래를 모색하는 데 부심했던 타이쉬 대사가 세계불학원(世界佛學院)의 구상 아래에 한짱교리원(漢藏敎理院, 1932)을 설립했던 것처럼, 우리 역시 다른 나라 불교전통에 대해서 그 문을 열어놓고, 장점은 섭취하고 단점은 반면교사로 삼아야 할 것이다.[1]

　이러한 맥락에서 최근 불교계 신문의 기자들이 쓴 대만불교 탐방기를 보면, 이구동성으로 대만불교의 발전상에 대해서 놀라움을 표시하고 있다. 또 우리 불교가 무엇을 배워야 할 것인지를 냉철하게 지적하고 있다. 그러나 이렇게 대만불교가 우리나라만이 아니라 전세계적으로도 괄목상대의 대상이 된 것은 그렇게 오래된 일이 아니다. 대륙 중국이 공산화되면서, 국민당 정부가 대만으로 패퇴한 뒤의 일인 것이다. 그러니까 약 60여 년 만에 재빠른 성장을 보인 것이라 말해도 좋으리라.

　그렇다면 그 이전에 대만불교는 어떤 모습이었을까? 대만불교의 사대산 중 하나인 파구산을 열었던 성옌 법사는 다음과 같이 회고하고 있다.

　근세 이래의 규모가 큰 사원에서는 산림과 농지의 임대료로 유지하고 있었음에 대하여, 향촌이나 도시[城市]의 작은 절에서는 불전이나 장례법요의 수입과 신자와의 교제에 의지하지 않으면 살 수 없었습니다. 그들이 독경이나 수선(修禪)을 하지 않았다고 말할 수는 없겠지만,

---

[1] 일본불교에 대한 나의 관심 역시 이런 입장에서이다. 졸저, 『일본불교의 빛과 그림자』(서울 : 정우서적, 2011)는 그 1차적 평가보고서라 할 수 있으리라. 대만불교에 대한 관심 역시 같은 맥락에서이다.

일반 사회 대중과의 사이에는 벽이 있었음을 부정할 수 없습니다. 이러한 원인으로 인하여 사원을 경영하는 것이 사회교화를 위한 것이 아니었기 때문에, 불법을 선양하는 것도 중요하지 않게 된 것입니다. 불법을 선양할 필요가 없게 되자 불법을 선양할 인재를 육성할 필요도 느끼지 못했던 것입니다. 이로 인해 불교는 비현실적이고 세상을 위한 것이 아닌 뿐더러, 미신으로서 해로운 존재이고, 폐지되고 도태되어야 할 종교라는 인상을 세간 사람들에게 주었습니다.[2]

이 무렵 나는 이미 읽을 만한 불전이 없었습니다. 또 대만 섬 내에는 내가 가 본 사원도 많지 않았습니다. 예를 들면 위안산(圓山)이나 네이후(內湖) 지방에 몇 군데 사원이 있었습니다만, 만나는 스님들은 거의 대부분이 교육 정도가 낮았으며 젊은 사람도 없었습니다. 절에는 너덜너덜 다 떨어진, 예불과 참의(懺儀)에 관한 책 몇 권이 있었을 뿐 다른 불경이나 불교 책은 전혀 볼 수 없었습니다. 말할 것도 없이 대장경 등이 있을 턱도 없었습니다.[3]

사원의 위치에 따라서 달랐겠지만, 그 어느 경우이든 먹고 사는 일에 지장만 없다면 그것으로 만족할 뿐 진정한 불법의 흥포나 사회 대중의 교화와 같은 불교의 본래 목적에는 무관심했다는 것이다. 그렇기에 인재양성도 등한히 하였으며, 그 당연한 결과로 사회의 평가 역시 좋지 못했다는 것이다. 불교는 미신으로 인식되었지만 이를 바로 잡을 인재

---

2. 聖嚴, 『聖嚴法師學思歷程』(台北 : 法鼓文化, 2004), p.46. ; 釋聖嚴, 葛唐英 外 譯, 『聖嚴博士自敍傳 - 勉學と思想 -』(台北 : 法鼓文化, 2005), pp.68~69.
3. 위의 책, p. 35. ; 위의 책, pp.52~53. 참조.

도 없었다. 포광산의 츠룽(慈容) 스님 역시 "그 당시 중상류층은 기독교를 믿었고, 하류층 서민은 불교를 믿었다"라고 증언한다.

이러한 분위기를 60년 만에 뒤바꾸어 놓는데, 이른바 사대산(四大山)의 존재가 있었음은 누구나 공감하는 일일 것이다. 싱윈(星雲) 대사의 포광산, 웨이줴(惟覺) 선사의 중타이찬사(中台禪寺), 정옌(證嚴) 상인의 츠지공덕회(慈齊功德會), 그리고 성옌(聖嚴) 법사의 파구산(法鼓山)이 바로 그 주인공들이다. 따라서 대만불교가 사대산만 있는 것은 아니지만, 일단 사대산에서부터 출발하여 대만불교를 들여다보는 것은 타당한 방법으로 보인다.

그러한 점을 전제로 해두고 볼 때, 하나의 중요한 의문이 떠오른다. 사대산의 창시자들은 도대체 어떤 이념으로, 어떤 불교관에 입각하여 그들의 종(宗)⁴을 일으켜 세우고, 대만 사회 안에서 불교의 위상을 바꾸어놓았을 뿐 아니라, 오늘날 세계의 불교계가 대만불교를 주목하도록 만들었던 것일까? 정보의 공개가 미흡하고 자료에 대한 접근이 용이하지 않았던 중타이찬사를 제외하고 삼대산(三大山)으로만 범위를 좁혀 놓고 볼 때, 이 질문에는 이미 해답이 제시되어 있다. 바로 '인간불교'이다. 양정연은 다음과 같이 말하고 있다.

타이완 불교는 '인간불교(人間佛教)'라는 말로 집약할 수 있다. 중국 근대 시기, 타이쉬 대사(太虛, 1890~1947)는 '인생불교(人生佛教)'를 주창하며 '사(死)'가 아닌 '생(生)'을 위한 불교를 주창하였고, 그의 사상을 이은 인순 대사(印順, 1906~2005)는 부처님이 인간 세상에 태어나시고 깨달음을

---

4. 사대산이 각기 하나의 종파로 발전되었다고 하는 점에 대만불교의 한 특색이 있다.

얻으셨다는 점을 근거로 불법(佛法)의 실천을 강조하는 '인간불교'를 제창하였다. 오늘날 타이완의 불교가 인재 양성, 교육, 문화 등 사회 속에서 불법의 실천을 강조하는 것은 이러한 인간불교의 정신에 근거한다.[5]

  타당한 평가라고 본다. 타이쉬의 인생불교는 대만의 인간불교를 그 밑바닥에서부터 꿰뚫고 흐르는 주조(主調)의 저음(低音)이 되고 있다. 그러나 타이쉬의 인생불교 그대로가 아니라 대만으로 들어와서는 각기 조금씩 다른 변주를 보이고 있다는 점 역시 우리는 주목하지 않으면 안 된다. 즉 총상(總相)으로 보면 인간불교라는 한마디 말로 대만불교를 특징지울 수 있지만, 별상(別相)으로 보면 서로 다른 이채를 드러내고 있음도 잊어서는 안 된다. 물론 이러한 과정을 통해서, 타이쉬 대사와 인순 도사의 차이, '타이쉬 대사 → 인순 도사'의 계통 밖에 존재하는 인간불교의 흐름(성원 대사와 성옌 법사), 또 인순 도사를 잇고 있지만 인순 도사와 정옌 상인 사이에 존재하는 차이 등에 대해서도 나는 주의를 기울여 보고자 한다.
  이를 위해 먼저 대륙 중국의 근대불교사에서 타이쉬가 내세운 인생불교에 대한 조망으로부터 출발해야 할 것이다.

2. 타이쉬(太虛)의 인생불교(人生佛敎)

중국불교사에서 청대의 불교는 마치 암흑시대인 것처럼 생각되는 감

---

[5] 양정연, 「역자후기」, 『인간불교의 경영과 실천』(서울 : 동국대학교출판부, 2011), p.187.

이 없지 않다. 중화의식의 반영이 없지는 않겠으나, 그만큼 다른 시대에 비해서 청대의 불교가 미미했기 때문이기도 할 것이다. 그래서인지 근대 중국불교는 그들의 전통을 명말불교에 잇대고 있다.6 그러한 전통을 잘 잇고 있는 분이 파구산의 성옌 법사이다.7 근대의 중국은 청대에 이어지는 시대인데, 청대의 불교가 미미했다는 것은 근대 중
타이쉬 대사

국에서 불교의 '부흥'에 대한 요구가 이어졌을 것임을 추정할 수 있다.

과연 누가 청대불교의 쇠약함을 떨쳐버리고, 중국불교를 다시 '소생'시킬 수 있을 것인가? 그것은 참으로 전체 불교사에서 보더라도 드물게 한 거사의 손에 맡겨졌다. 바로 양원후이(楊文會, 1837~1911)였다. 그는 금릉각경처(金陵刻經處, 1866)를 설립하여 불경을 인쇄, 유통하였을 뿐만 아니라 교육기관으로서 기원정사(祇洹精舍, 1908)를 설립하였다. 그로부터 중국 근대불교의 기라성들이 다수 배출되었다. 그의 기원정사에는 재가거사들만이 아니라 출가한 스님들 역시 수학(修學)하였으니, 그 대표적 인물이 타이쉬(太虛) 대사이다.

양원후이의 사후, 기원정사는 어우양징우(歐陽竟無, 1871~1943)의 즈나네이학원(支那內學院, 1923)으로 맥이 이어진다. 즈나네이학원은 재가거사들의 불학원이었다 해도 좋을 것이다. 이에 반하여 양원후이의 출가

---

6. 聖嚴, 대성(大晟) 옮김, 『눈 속의 발자국』(서울 : 탐구사, 2011), p.185.
7. 성옌 법사는 명말 사대가(四大家) 중의 한 사람인 우익지욱(藕益智旭, 1596~1655)을 박사학위 논문의 주제로 삼은 것을 비롯해서, 자신의 전공이 '계율학'과 더불어 '명말불교'라고 밝히기도 한다. 聖嚴, 「以硏究'聖嚴'來推動淨化世界」, 『聖嚴硏究』 第一輯(台北 : 法鼓文化, 2010), p.28.

제자인 타이쉬 대사는 1922년 우창불학원(武昌佛學院)을 설립한다. 뿐만 아니라 그는 생애를 통해서 거듭 불학원을 설립하여 인재양성에 매진하였으니, 민난불학원(閩南佛學院, 1925)과 한짱교리원(漢藏敎理院, 1932) 등의 설립으로 이어졌다. 대만불교의 중요한 정초자(定礎者) 중의 한 분인 인순 도사(印順 導師)와 둥추 노인(東初 老人, 1907~1977) 역시 당시 타이쉬 대사의 불학원에서 수학했던 제자들이다.

이렇게 승려교육에 매진하였던 까닭 역시, 1913년 상하이 징안사(靜安寺)에서 발표한 '교리(敎理)·교제(敎制)·교산(敎産)'의 3대 혁명을 구현할 인재를 양성하기 위해서였을 것임은 두말 할 나위없다. 여기서 우리는 불교개혁가로서의 타이쉬 대사를 만나게 되거니와, 그러한 3대 혁명을 통하여 그가 추구했던 바람직한 불교의 모습이 바로 인생불교(人生佛敎)[8]였던 것이다. 과연 인생불교란 무엇인가?

타이쉬의 인생불교는 그의 불교철학을 한마디로 표현한 것[9]임은 두말할 나위 없을 터인데, 기실 그것을 낳은 모태는 당시 근대중국의 시대상황이었던 것으로 나는 평가하고 싶다. 즉 근대중국이 부닥치고 있던 컨텍스트(context)에 불교가 제대로 응답하기 위해서는, 불교의 모습이 바뀌어야 한다고 타이쉬 대사는 생각했던 것이 아닌가 싶다. 여기서 그는 흔히 보는 전통적 승려들과 다른 모습을 내보인다. 그것은 부처님과의 관계[對佛, abhibuddha]만을 생각하면서 불교(=불학)을 정의한 것

---

8. 타이쉬 대사는 애시당초 『海潮音』 제15권 1호(1934년 1월)에 발표한 「어떻게 인간불교를 건설할 것인가(怎樣來建設人間佛敎)」에서 '인간불교'라는 말을 썼으나, 곧 '인생불교'라고 고쳐불렀다.(김진무, 「중국근대 유불융합과 인간불교」, 『불교학보』 제49집(서울 : 동국대불교문화연구원, 2008), p.417.) 이 글은 어디까지나 대만불교의 '인간불교'를 탐구하는 것이 목적이므로, 부제(副題)에서는 '인간불교'의 주제와 변주를 중심으로 한다고 밝힌 것이다.
9. 김영진은 "'인간불교'라는 개념으로 타이쉬의 불교개혁운동 전체를 통칭한 것으로 보는 것이 가장 적절하다고 본다."고 하였다. 김영진, 『근대중국의 고승』(서울 : 불광출판사, 2010), p.117.

은 아니다. 중생과의 관계[對衆生, abhisattva]¹⁰ 역시 고려하고 있다는 점이다. 부처님과의 관계를 고려하면 이치에 맞아야 하고[契理], 중생과의 관계를 고려하면 근기에 맞아야 한다[契機]는 것이다. 이른바 계리계기(契理契機)의 불교이다. 계리만이 아니라 계기를 함께 생각하고 있다는 점에서, 타이쉬 대사의 독창적 자기철학[svapādani]이 잘 드러나 있는 것으로 나는 평가한다. 오히려 계리보다 계기에 방점이 놓여 있었던 것이 아닌가 싶다. 왜냐하면 계기를 위하여 계리의 이(理) 역시 재조직하지 않으면 안 된다고 생각했기 때문이다.

　타이쉬가 이(理)를 어떻게 재조직했는가 하는 점에 대해서는 잠시 차치해 두고, 우리가 먼저 주목해야 마땅할 것은 그의 근기관(根機觀)이다. 그가 보는 기(機)의 의미에서, 전통적 불교사상에서 흔히 받아들여지는 - 지금도 여전히 그렇게 받아들여진다 - 근기의 개념과 다른 점이 보이기 때문이다. 타이쉬 대사는 이렇게 말한다.

　불학(佛學)은 불타께서 원만히 깨치신 진리와 중생의 각기 다른 시기(時機)에 의해서 구성된다. 그러므로 불학에는 두 가지 큰 원칙이 있으니, 첫째는 진리에 맞아야 한다는 것이고, 둘째는 시기(時機)에 맞아야 한다는 것이다. 진리에 맞지 않으면 불학의 근본[體]을 잃게 되고, 시기와 화합하지 않으면 불학의 작용[用]을 잃어버리게 된다. 진리는 불타께서 마침내 원만히 깨달으신 '우주 만유의 참모습'이고, 시기(時機)는 어떤 장소, 어떤 시대, 어떤 생류, 어떤 민족의 각기 다른 습관 혹은 사상이나 문화이다.¹¹

---

10. abhibuddha와 abhisattva는 abhidharma의 예(例)에 따라서 내가 새롭게 만든 말이다.
11. 太虛,「人生佛學的說明」; 王守常, 錢文忠 編,『人間關懷』(北京 : 中國廣播電視出版社, 1998), p.224.

근기가 단순히 개인적 역량의 의미로만 이해되는 것은 문제가 있는 것으로 생각된다. 개인적 역량만이 아니라 시간과 공간의 개념, 즉 개인적 역량을 갖춘 청법자(聽法者)가 처한 시대상황[時機]이 함께 고려되어야 할 것이다. 나는 이러한 점을 지적하면서, 근기개념의 확장을 제언한 바[12] 있다. 그런데 정히 타이쉬 대사는 이미 그러한 근기 개념을 갖고 있었던 것이니 놀랍지 않을 수 없다.

이리하여 이제 우리의 관심은 타이쉬 대사는 그 시대상황을 어떻게 인식하고 있었는가 하는 점으로 옮겨가게 된다. 그는 세계불학원을 구상할 만큼, 다른 나라 사정에 깊은 관심을 가졌다. 당시의 국제정세나 현대문명에 대해서도 많은 발언을 남기고 있다.

현대인의 사상문화는 각 민족마다 특수성이 있지만, 교통의 발달로 이미 보편적 세계문화가 형성되었다. 즉 현실적 인생화, 증거적 과학화, 조직적 군중화이다. [13]

이 중에 이미 '인생'이라는 말이 나오고 있다. 가장 우선적인 문제는 현실의 인생이라는 의미였을 것이고, 그것은 동시에 둘째와 셋째에서 말하고 있는 과학화와 군중화(= 대중화)가 될 것이다. 달리 말하면, 과학적 불교와 대중적 불교 역시 그가 지향했을 것임을 알게 된다.

이런 관점에 서서 볼 때, 그의 눈에 비친 당시 불교의 모습은 어떠했을까? 무엇을 고쳐야 한다고 보았던 것일까? 당시의 불교는 인(人)의 불교도 아니었고, 생(生)의 불교도 아니었다는 점에 통탄을 금치 못한

---

12. 졸저, 『불교해석학 연구』(서울 : 민족사, 2009), pp.203~206. 참조.
13. 太虛, 앞의 책, pp.225~226.

다. 귀(鬼)의 불교였고, 사(死)의 불교였다고 보았다. 사귀(死鬼)를 존중하는 것보다는 인생(人生)을 존중해야 한다[14]는 것이다. 여기에는 "생(生)을 모르는데 어찌 사(死)를 알겠으며, 인(人)을 모르는데 어찌 귀(鬼)를 알겠는가"라고 했던 공자의 영향 역시 보인다. 김진무는 타이쉬 대사에게서도 유불(儒佛) 융합이 확인된다[15]고 하였는데, 그 점은 부인할 수 없다. 일례로 '십신(十信)·십주(十住)·십행(十行)·십회향(十廻向)·사가행(四加行)·십지(十地)'라고 하는 보살의 수행계위를 논하면서, 타이쉬 대사는 십신(十信)과 십주(十住) 사이에 공자와 왕수인(王守仁)의 길을 더 넣고 있는 것이다.[16] 타이쉬 대사 역시 출가 이전의 교육을 통해서 유교의 영향을 입었다는 것은 중국인의 지적 전통을 생각하면 쉽게 수긍될 수 있는 이야기일 것이다.

그러나 그렇다고 하더라도, 유교의 영향으로 인해서 인(人)과 생(生)을 중심하는 인생불교를 제창했다기보다는 시기(時機)가 과학의 시대이고, 대중의 시대이므로 불교 역시 미신이 아닌 불교, 대중의 불교가 되어야 한다고 보고서 인생불교를 제창했던 것으로 보는 것이 더욱 타당할 것 같다. 그가 꿈꾸었던 불교는 '불교의 도리로써 사회를 개량하고 인류가 진보하게 하여 세계를 개선하는 불교'[17]였다. 이를 위해서는 '종래의 불교가 취했던 출세간 세속초월의 입장을 개혁하여, 적극적으로 사회 속으로 들어가서 활동'[18]하는 것이 필요했을 것이다.

그러니까 타이쉬 대사의 인생불교에는 분명 서양의 근대적 합리주

---

14. 太虛,「人生佛教開題」, 앞의 책, p.221.
15. 김진무, 앞의 책, pp.417~418 참조.
16. 太虛,「人生佛學的說明」, 앞의 책, p.226.
17. 김영진, 앞의 책, p.118.
18. 末木文美士,「日本侵略下の中國佛教」,『近代日本と佛教』(東京: トランスビュー, 2004), p.314.

의나 계몽주의에서 보는 것과 같은 관점이 개입되어 있는 것으로 보인다. 물론 그것은 유교의 현세주의적 입장과도 – 입세(入世)와 경세(經世) – 융합될 수 있을 것임은 분명하다. 그러므로 유불(儒佛) 융합의 모습을 띤다고 할 수 있지만, 그렇다고 해서 단순히 복고적 차원일 수는 없었을 것이다. 어쩌면 시기(時機)에 대한 인식으로 이(理)를 개변하였고, 그러한 과정에서 유불의 융합이 자연스럽게 우러나왔던 것은 아닐까. 이렇게 보아야만 계기(契機)를 먼저 생각하면서 계리(契理)의 이(理)까지 개변하게 되었던 것으로 이해할 수 있는 것일 터이다. 단순히 사상적 입장을 먼저 유불융합으로 취한 뒤에 인생불교를 주창했다고 보는 것보다는 더 자연스럽지 않을까 싶다.

3. 대만 삼대산(三大山)의 인간불교

중국대륙의 근대불교사에서 개혁파 승려로 자리매김 되는 타이쉬 대사의 인간불교가 대만불교에까지 영향을 미쳐서 그 저변을 흐르게 된 까닭은 무엇일까? 무엇보다도 대만불교를 부흥시킨 대표적인 승려들이 직간접적으로 타이쉬 대사와 학맥이 닿아 있기 때문인지도 모르겠다. 이에 대해서는 성옌 법사의 술회가 있다.

그(양원후이 – 인용자)의 학생 타이쉬가 일어나서 '인생불교'를 제창하였으며, 그(타이쉬 – 인용자)의 제자 인순이 그를 이어서 '인간불교'를 주장하였고, 나의 스승 둥추 노인도 월간 《인생(人生)》을 주관하였고, 나 자신도 대만에서 '파구산'을 창시했으니 그 목적은 '인간정토 건설'에 있었던 것이다. 이들은 모두 땅에 떨어진 불교의 혜명(慧命)을 구하고자 한 조치들이었고, 붓타 석가모니의 본회(本懷)로 돌아가자고 하는 운동이었다.[19]

정옌 상인은 인순 도사를 통하여 타이쉬로부터 출발한 인간불교의 맥을 이은 것으로 볼 수 있고, 성옌 법사 역시 스승 둥추 노인이 타이쉬 대사의 학생이었으므로 스승을 통하여 타이쉬 대사의 영향을 받았다고 볼 수 있다.[20] 그렇다면 포광산 싱윈 대사와 타이쉬 대사의 관계는 어떻게 될까? 그는 타이쉬 대사와는 무관하게 인간불교를 주창했던 것일까? 그렇지는 않다. 싱윈 대사 역시 타이쉬 대사로부터 직접적으로 가르침과 영향을 받았다.

민국 35년(1946), 즉 타이쉬 대사 입적 1년 전에 자오산(焦山)에서 중국불교회정리위원회(中國佛教會整理委員會) 주최의 '회무인원훈련반(會務人員訓練班)' 연수가 2개월에 걸쳐서 열렸다. 전국 9개 성(省)으로부터 120여 명의 청년 승려가 모였다. 이 연수회에서 타이쉬 대사는 '인간은 불교를 필요로 한다[人間要佛教]'라는 주제의 강연을 했다. 이때 참가한 청년 승려 중에 싱윈 대사가 있었다.[21] 싱윈 대사 역시 타이쉬 대사로부터 받은 영향에 대해서, 다음과 같이 말하고 있다.

어떤 사람이 타이쉬 대사는 인간불교의 제창자이고 나는 인간불교의 실천자라고 말했는데, 나와 타이쉬 대사는 일찍이 뵈온 일이 있고,

---

19. 聖嚴, 『聖嚴法師學思歷程』, p.47. ; 釋聖嚴, 葛唐英 外 譯, 앞의 책, p.69.
20. 위의 책, p.51. ; 위의 책, p.77.
21. 林明昌, 「建設人間佛教的宗教家」, 『普門學報』 第2期(高雄 : 佛光山普門學報社, 2001), pp.11~12. 참조.

나의 소년시대의 이념 역시 타이쉬 대사의 사상과, 의도하지는 않았으나, 그대로 부합되었다.[22]

이렇게 대만불교의 인간불교에 타이쉬 대사가 미친 영향은 지대했다. 모두 그로부터 나온 인간불교가 전래된 것이라 해도 좋은데, 이상 서술한 학맥(學脈)을 도표로 나타내면 다음과 같이 그릴 수 있을 것이다.

```
타이쉬 대사(인생불교) ┬ 인순 도사(인간불교) → 정옌 상인(인간불교)
                      ├ 둥추 노인(인생불교) → 성옌 법사(인간정토)
                      └ 싱윈 대사
```

결국 성옌 법사, 정옌 상인, 그리고 싱윈 대사 모두 타이쉬 대사의 인생불교로부터 '직·간접적인' 영향을 받았다[23]고 말해서 좋을 것이다. 따라서 대만불교 삼대산의 이념을 '타이쉬 대사의 인생불교의 변주'라는 관점에서 찾아보려는 이 글의 방법론에 타당성이 부여될 것으로 믿는다.

이제 구체적으로 삼대산의 인간불교를 조명해 보고자 하는데, 대만에서의 성립순서와는 무관하게, 성옌 법사, 정옌 상인, 그리고 싱윈 대사의 순서로 서술코자 한다. 그 이유는 타이쉬 대사와의 학맥상의 친연성(親緣性)도 고려하였으나, 무엇보다도 중요한 것은 타이쉬 대사의

---

22. 星雲, 「我對人間佛敎的思想理念」, 『佛光學』 ; 위의 책, p.12. 재인용.
23. 특히 교리적인 측면에서 보다라도, 타이쉬 대사로부터 인순 도사로 이어지는 발전이 대만의 불교학 성장에 다양한 방식으로 연결되어 있다고 한다. Marcus Bingenheimer, "Chinese Buddhism Unbound - Rebuilding and Redefining Chinese Buddhism on Taiwan" ; Kalpakam Sankarnarayan ed., Buddhism in Global Perspective(Mumbai : Somaiya Publications, 2003), pp.136~139.

인생불교로부터 얼마만큼 큰 폭으로 변주하였는가 하는 점이다. 구체적인 것은 후술하게 되겠지만, 성옌 법사의 '인간정토'가 가장 적게 변주했다고 생각되며 싱윈 대사의 '인간불교'가 가장 많이 변주했던 것으로 나는 보고 있다. 이러한 평가가 곧 삼대산에 대한 우열의 평가가 아님은 물론 삼대산의 이념에 대한 나 자신의 호오를 드러내는 것도 아니다. 그저 각각의 특성이 구현되었을 뿐이었으며, 전체적으로 대만불교를 구성하는 하나의 방역(方域)을 담당했던 것으로 평가해야 할 것이다.

1) 성옌 법사의 인간정토(人間淨土)

파구산은 포광산이나 츠지공덕회보다 늦게 세워졌다. 싱윈 대사나 정옌 상인이 무(無)에서 유(有)를 일구어내기 위하여 고군분투하고 있을 때, 성옌 법사는 오랜 준비기간을 갖는다. 공부에 매진하였던 것이다. 물론 그가 공부를 하고 있었다 해서, 대만불교의 현실에 무심했던 것은 아니다. 일본의 릿쇼(立正)대학에서 석사과정과 박사과정의 유학생활을 하는 중에도 대만불교에 도움이 될 만한 이야기라면, 글을 써서 대만불교계의 신문 잡지사에 투고했던 것이다.[24] 그렇긴 하지만 정식 학교교육을 통해서 그는 불교전통 전반을 섭렵하면서 스스로의 불교관을 정립할 수 있었다는 점에서, 나는 그의 오랜 수학(修學)에 주목하고자 한다.

이러한 학문적 공부는 그를 평생 학승(學僧)으로, 국제적 명성이 있는 연구자로 살아가도록 했음은 물론이다. 또 그러한 공부의 결과 그 스스로 정립했던 불교관이 파구산의 이념이 되고 목적이 되게 했음은

---

24. 聖嚴, 『聖嚴法師學思歷程』, pp.102~106 참조.; 釋聖嚴, 葛唐英 外 譯, 앞의 책, pp.156~161 참조.

두말할 것도 없다. 그러나 여기서 우리가 주의해야 할 점이 하나 있다. 성옌 법사와 같은 학승에게 미친 정규 대학교육(석, 박사)의 역할이 매우 컸음은 사실이지만, 그렇다고 해서 유학 이전에 사원에서 정립[25]한 불교학이나 불교관의 무게를 과소평가해서는 안 된다는 점이다. 오히려 굳이 무게를 따진다면, 대학 이전에 사원에서 그가 몸으로 느끼고 배운 불교관이 보다 더 결정적인 영향을 미친 것이 아닌가 싶다.

그런 점에서 나는 앞에서 든 인간불교의 학맥도를 다시 들여다보게 된다. 성옌 법사는 은사 둥추 노인을 통해서 타이쉬 대사와 잇대어 있다. 학맥도 상으로는 인순 도사와 직접 연계되어 있지 않다. 그러나 인간불교의 주제와 관련해서, 인순 도사로부터 받은 영향과 함께 그 차이점까지 밝히고 있어서 주목을 끈다.

내가 성장한 저 시대에는 불교계에서 타이쉬 대사와 인순 장로의 사상이 주류였다. 당시 대만불교계의 약 3, 40년의 세월 동안에는 인순 장로의 사상이 의지처가 되는 것이 거의 하나의 경향이 되었다. 그러한 시대의 풍조 아래 나 역시 그 흐름을 따라서 인노(仁老)의 사상을 따랐으니, 이로 인하여 내가 받은 인노사상(仁老思想)의 영향은 가히 상당히 깊다고 말할 수 있으리라.[26]

성옌의 경우에는 '타이쉬 → 둥추 → 성옌'에 더하여, '타이쉬 → 인순 → 성옌'을 함께 고려해야 할지도 모르겠다. 타이쉬와 둥추 사이, 또

---

[25]. 일본 유학 이전에 대만 남부의 산간에 있는 사찰에서 6년간 폐관을 하면서 대장경을 열람하였다. 특히 율장을 깊이 연구하여 『계율학강요』라는 책을 집필하였다.
[26]. 聖嚴, 「如何研究我走的路」, 『聖嚴研究』第1輯, p.19.

둥추와 성옌 사이의 동이(同異)에 대해서는 여기서 논외로 하겠지만, 후자의 경우에는 그렇지 않다. 타이쉬 대사와 인순 도사의 관계[27]도 그렇지만, 성옌 법사와 인순 도사 사이에도 차이성 역시 존재하기 때문이다. 성옌 법사 스스로 그 차이점을 다음과 같이 밝히고 있다.

인순 장로는 석가모니불이 설법한 것은 인간을 제도하기 위해서이니, 불교의 중심은 사람이고, 교화의 대상도 사람이며, 죽은 사람이 아니고 귀신이나 천(天)을 상대로 해서 설법한 것이 아니라 말한다. 그러므로 '인간불교'이다. 이리하여 그는 귀(鬼), 신(神)에 대해서 말하지 않고 부처님만을 말한다. 부처님은 석가모니불이다. 그는 시방삼세에 부처님이 있다고 말하지 않으며, 아미타불을 염하지 않고 다시 서방극락세계에 가려고 하지 않으니, 그는 아미타불이 대개 석가모니불이 말씀하신 것이 아니라고 해서이다. 이는 그의 『정토신론(淨土新論)』 중에서 정토사상에 대해서 그가 어떻게 보는지를 살펴보면 알 수 있다. 그러므로 만약 신도가 죽으면, 인순 장로의 관심은 아미타불을 부르는 것이 아니라, 묵묵히 석가모니불에게 기도하는 것이다.[28]

인순 도사의 인간불교가 귀(鬼)나 신(神)을 말하지 않고, 인간을 – 흔히 중국에서 '인간'은 세간, 세계, 세상을 의미하는데, 인순 도사는 철저히 'human being'의 의미로 쓰고 있는 것으로 보인다 – 말하고 있다는 점에서, 타이쉬 대사의 인생불교와 통한다. 오늘날 우리나라에서

---

[27] 타이쉬 대사와 인순 도사 사이의 『인도불교사』를 둘러싸고 벌어진 논쟁에 대해서는 김영진, 「불교 연구의 모범, 인순」, 앞의 책, pp.212~215 참조.
[28] 聖嚴, 「以研究'聖嚴'來推動淨化世界」, 앞의 책, p.33.

'초기불교로 돌아가자'고 말하는 불교인/불교학자들이 '인간 붓다'를 말할 때의 뉘앙스를, 나는 인순 도사에게서도 느낄 수 있었다. 그도 그럴 것이 인순 도사의 불교관은 '인도불교' 중심이기 때문이다. 그가 중관사상을 최정점에 놓는 교판(敎判)을 - 이는 사실 전통적인 중관학파의 교판이다 - 제시하였다는 점을 생각하면, 그는 무엇보다도 '연기 = 공'을 그의 불교관의 중심에 놓았을 것[29]임은 쉽게 짐작할 수 있게 된다. 그렇게 되면, 중국불교사가 만들어낸 많은 불교전통과는 결별하게 된다. 비록 인순이『중국선종사』를 썼지만, 그의 불교는 인도불교, 그것도 '초기 → 중관학파'의 인도불교를 지향했던 것이다. 그러니까 인순 도사의 불교는 중국불교의 주된 흐름과는 무관하게 된 것이다.

이에 비해서 성옌 법사는 그렇지 않았다. 그는 인도불교와 중국불교를 결합[30]하려 했다 하지만, 사실 중국불교의 아들이었다. 명말불교를 전공했다는 데서 짐작할 수 있듯이, 그는 스스로 중국불교 전통의 계승자임을 자임하였다. 그것을 '한전(漢傳)불교'라는 용어로 나타내 보인 것이다.

나는 인순 장로가 나를 계발(啓發)시켜 주신 것에 충분히 감은(感恩)하고 있으나, 내가 걸어가는 길은 장로와 같지 않은 점이 있다. 내가 걸어가는 길은 타이쉬 대사의 길이고, 스승 둥추 노인의 길이니, 이로 말미암아 나는 알게 된 것이다. 한전(漢傳)불교는 포용성, 융통성 및 적응성이 있어서 우리 시대에 적응하여 이를 보급시키고 작용을 할 수 있

---

29. 聖嚴,『聖嚴法師學思歷程』, p.170. ; 釋聖嚴, 葛唐英 外 譯, 앞의 책, pp.256~257 참조. 이 점은 일본의 비판불교의 입장과도 통하는 관점이 아닐까 싶다.
30. 聖嚴,「如何研究我走的路」, 앞의 책, p.19.

다. 그러나 인도 대승불교의 중관, 유식은 비록 철학적 관념으로서는 매우 강하지만 인간세상에 응용하여 그 보편성 및 생활화의 추진·응용에는 생각할 여지가 있다는 것이다.[31]

인순 도사가 인도불교(초기 → 중관불교)로 돌아가고자 했음에 비하여, 성옌 법사는 한전(漢傳)불교의 전통을 지키고자 했다. 인순 도사가 그 스승 타이쉬 대사와 입장 차이를 내보였음과는 달리, 인순 도사와 다른 길을 선택한 성옌 법사는 그만큼 둥추 노인과 타이쉬 대사의 불교관에 친근성을 내보이고 있는 것이다. '인간 부처님'를 말하는 인순 도사의 입장은 간단히 말하면, '한전불교가 아님'에 대해서, 성옌 법사는 '한전불교를 대단히 중시'[32]했다.

성옌 법사가 한전불교를 선택한 이상, 그 한전불교의 전통 중에 어느 하나만을 선택하고, 다른 것을 내다버리는 '선택 → 전수(專修)'의 입장[33]을 취하지 않는다. 인순 도사는 교판을 내세우면서 '(아함) → 중관'을 선택하지만, 성옌 법사는 모두가 다 원만한 가르침이라 본다. 이른바 팔종개원(八宗皆圓)이다. 이를 성옌 법사는, '불교는 한 가지 맛'[34]이라고 표현한다. 오랜 시간 폭넓게 공부해 온 그에게 모든 불교는 하나의 목소리[一音]를 반복하고 있었던 것이다.[35]

그 한 가지 맛을 그는 '성숙중생(成熟衆生) 장엄국토(莊嚴國土)'라고 말

---

31. 聖嚴, 「如何研究我走的路」, 앞의 책, pp.19~20.
32. 聖嚴, 「以研究'聖嚴'來推動淨化世界」, 앞의 책, p.33.
33. '선택 → 전수'의 문제점이 타자의 배제에 있음은 졸저, 『일본불교의 빛과 그림자』, pp.35~36 참조.
34. 위의 책, p.34.
35. 이렇게 불교를 일미(一味), 일음(一音)으로 보는 회통론의 관점을 취하고 있는 점에서, 비록 그 같은 사관을 지니기까지의 과정은 다르지만, 나는 성옌 법사와 견해를 같이한다. 졸저, 『불교해석학 연구』, pp.181~229 참조.

한다. 어떤 경전이든지, 어떤 종파의 불교이든지 다 이 이야기를 하고 있다는 것이다. 그래서 그의 파구산 이념 역시 이렇게 국토를 장엄하는 일, 즉 인간정토를 만드는 일이라 하였다. 어떻게 해서 인간정토를 구현할 것인가? 이에 대한 해답에서 그의 인간불교, 즉 인간정토의 결론을 제시한다.

만약 중생이 청정하지 못하면 국토도 청정할 리 없다. 그러므로 인간정토를 건설하는 데는 반드시 먼저 심령(心靈)의 환경보호를 제창해야 하는데, 심령(心靈)의 환경보호는 곧 '중생을 성숙케 하여 국토를 장엄하게 만드는 것이다.' 이것이 불교의 두 가지 큰 목표이니, 이를 분리하는 것은 불가능하다. 이것이 나의 사상이다. 그런 까닭에 나는 어떤 일종일파(一宗一派)라도 모두 하나라고 본다.36

중생을 성숙시킴으로써, 즉 중생의 심령을 보호함으로써 마침내 인간정토를 구현하자는 것이다. 이는 선불교의 유심정토론(唯心淨土論)과 맥을 같이 하는데37, 그의 사상에 미친 선사상의 영향을 엿볼 수 있게 하는 측면이다. 중국불교 전통의 한전(漢傳)불교에 연결되어 있다는 점에서 타이쉬 대사와는 입장을 같이하지만, 인순 도사의 인간불교와는 정반대로 배치되는 것이었다. 또 바로 그러한 특성 때문에 지금 대만불교 중에서 파구산의 불교가 가장 중국불교의 전통계승에 충실한 것으로 평가해도 좋다고 본다. 한편 그 인간정토 실현의 구체적 방법이 성숙중생, 즉 인간의 성품을 향상시키는 것 - 제승인적품질(提昇人的品

---

36. 聖嚴, 「以研究'聖嚴'來推動淨化世界」, 앞의 책, p.34.
37. 聖嚴, 대성(大晟) 옮김, 앞의 책, pp.254~255 참조.

質) - 뿐이므로, 그의 파구산 불교는 교육과 학문연구가 중시될 수밖에 없다. 파구산을 '세계불교교육단지'라고 부르는 까닭이다.

성엔 법사의 사상이 전통적 한전불교의 입장 그대로를 반복하고 있기에 계리적(契理的) 측면에서는 문제가 없다. 하지만 계기적(契機的) 측면에서는 성엔 법사의 인간불교, 즉 인간정토론이 취약한 모습을 보이고 있는 것이 아닐까 한다. 지금 이 시대의 인간의 근기에 부응하려는 모습 말이다. 초시대적 보편적 불교가 아니라 이 시대의 중생에게 응해 감에 있어서 그에 맞는 특수한 불교의 모습을 보여주는 데는 상대적으로 약점이 있는 것으로 보인다.

2) 정옌 상인의 자제인간(慈濟人間)

대만불교의 사대산 중 다른 삼대산의 개조(開祖)들은 모두 중국 본토 출신이며 비구임에 비하여, 츠지공덕회의 설립자 정옌 상인은 대만 출신이며 비구니이다. 정옌 상인이 대만 출신이라고 해서, 타이쉬 대사의 인생불교와 인연이 이어지지 않을 것으로 생각해서는 안 된다. 앞서 살펴본 것처럼, 정옌 상인과 타이쉬 대사 사이에서 양자를 연결해 주는 인순 도사라는 이름의 가교가 있기 때문이다. 그런 까닭에 정옌 상인의 인간불교는 인순 도사의 인간불교를 살펴봄으로써 출발해야 한다.

(1) 인순 도사의 인간불교

인순 도사는 정옌 상인의 출가 은사이다. 정옌 상인은 1963년, 26세의 나이로 인순 도사를 의지하여 출가하였다. 이때 스승 인순 도사는 정옌 상인에게 평생의 좌우명으로 삼고 실천해야 할 교훈으로 '위불교

(爲佛敎) 위중생(爲衆生)'의 가르침을 내린다. 이에 대하여 정옌 상인은 이렇게 회고한다.

인순 도사

그 당시 정옌이 도사에게 귀의했을 때 이미 새해가 가까웠으나, 계단(戒壇)에 올라가셨다. 도사께서는 시간이 긴박하였으나, 급히 가르침을 보이셨다. : "그대가 이미 귀의했으니, 요컨대 불교를 위하고 중생을 위하여 심력(心力)을 다하여라."

당시에 '위불교(爲佛敎) 위중생(爲衆生)' 이 여섯 글자는 우뢰와 같이 귀에 들렸으며, 한 글자 한 글자가 또렷하게 내 마음 속 깊이 각인(刻印)되었다.

이 여섯 글자를 38년 동안 나는 시종 공손하게 받들었으며 감히 잠시라도 게으르지 않았다. 당연히 이 여섯 글자는 내 일생에 커다란 가르침을 주어, 내가 목숨을 다하고 전력을 다하여 나아가야 할 목표가 되었다.38

인순 도사의 가르침을 공손히 떠받들어 실천코자 노력해온 정옌 상인의 믿음과 마음이 잘 드러나 있는 문장이다. 가히 정옌 상인의 츠지공덕회 불사는 한마디로 '불교를 위하고, 중생을 위한' 일이었다 해도 좋을 것이다. 그런 점에서, 정옌 상인은 인순 도사의 인간불교를 잘

---

38. 釋證嚴, 「序」'吾師, 用生命灌注了佛教與蒼生」; 潘煊, 『印順導師傳』(台北 : 天下遠見, 2002), 序3.

계승했다고 평가할 수 있다. 물론 정옌 상인의 말처럼, 인순 "도사는 타이쉬 대사의 '사기이타(捨己利他)', '요익유정(饒益有情)'의 이념을 전승하고 계리계기(契理契機)의 인간불교를 적극적으로 창도"[39] 하였음은 두말할 나위 없다. 그도 그럴 것이 인순 도사가 말하는 '위불교(爲佛敎)'는 타이쉬 대사의 계리(契理)를 새롭게 풀어서 쓴 것이고, '위중생(爲衆生)'은 계기(契機)를 새롭게 풀어서 쓴 것이라 할 수 있기 때문이다.

 이렇게 본다면, 우리는 정옌 상인의 인간불교의 이념은 - 나는 이를 '자제인간(慈濟人間)'[40]으로 표현해 보고 있거니와 - 인순 도사의 인간불교 그 자체라고 말해도 무리가 없을 것으로 생각된다. 위의 인용문에서 볼 수 있는 것처럼, 정옌 상인 스스로 그렇게 말하고 있다. 그러나 나는 그렇게만 볼 수는 없다고 본다. 비록 인순 도사에 대한 정보를 충분히 갖고 있는 것은 아니지만, 사제지간의 인간불교에 차이가 있다고 보는 데는 몇 가지 이유가 있다.

 바로 인순 도사의 인간불교에서 말하는 사상적 입장과 - 교판[41]적 입장 - 정옌 상인 스스로 말하는 자제인간의 불교에서 말하는 그것이 다르다는 데서 나는 그러한 점을 느끼고 있는 것이다. 앞서 성옌 법사의 인간정토(人間淨土)를 논하면서, 인순 도사의 인간불교에 나타난 사상적 입장이 '초기불교(아함) → 중관학파'의 인도불교가 중심이 되었음을 살펴보았다. 이는 합리적 이성적 철학적 사변 위주의 불교이며, 정

---

39. 위의 책, 같은 곳.
40. 츠지공덕회가 내세우는 슬로건 중의 하나에 '정사근행도(靜思勤行道), 자제인간로(慈濟人間路)'가 있다. 정옌 상인 역시 '인간불교'를 쓰고 있으나, 타이쉬 대사의 인생불교가 대만에서 변주되는 양상을 살펴보려는 이 글의 성격상 그 특징적 내포를 좀더 분명히 드러낼 필요가 있다. 그래서 '자제인간(慈濟人間)'이라는 말로써, 정옌 상인의 인간불교를 대변하고자 한 것이다.
41. 정옌 상인의 교판에 대해서는 뒤에서 다시 서술된다.

엔 상인이 보여준 자제인간의 뜨거운 열정이 샘솟아 나기는 쉽지 않아 보인다. 물론 초기불교의 가르침이든 중관학파의 가르침이든 대승보살의 삶과 실천에 기초를 제공하고 있음은 부정할 수 없다. 그렇다고 해서 직접적으로 대승의 보살행을 설하는 대승경전과 그것(초기불교 → 중관불교) 사이에 아무런 차이도 없다고 말하는 것 역시 무리라고 하지 않을 수 없다. 이런 이유에서 나는 정옌 상인의 자제인간의 불교에, 인순 도사의 인간불교 외에 다른 이념적 원천을 찾아보고자 한다. 바로 『무량의경』이라는 대승경전이다.

(2) 『무량의경』의 보살도

정옌 상인은 대승의 보살도를 말하고, 또 실천한다. 여기서 정옌 상인의 소의경전이 문제가 된다. 인순 도사의 소의경전과 - 『아함경』과 중관학파의 문헌들 - 다를 수밖에 없는데, 그도 그럴 것이 스승 인순 도사와는 달리 자제인간(慈齊人間)의 길[42] 위에 서 있는 정옌 상인으로서는 그 운동에 참여한 자원봉사자[志工]들을 격려하면서, 그들에게 역할모델을 제시할 필요성이 있었기 때문이다. 그래서 보다 직접적으로 대승의 보살도를 말하고 있는 경전을 소의경전으로 선택하지 않을 수 없었다.

일찍이 어떤 사람이 정옌 상인에게 물었다. 불교경전 중에 어떤 경전이 상인의 사상과 상응하는 것인가? 상인이 답하였다. "법화삼부경 중 『무량의경』이다."[43]

---

[42]. '정사근행도(靜思勤行道), 자제인간로(慈齊人間路)'에서 자제인간로(慈齊人間路)의 의미는 '인간세상(人間路)을 자비로써 제도한다'가 될 것이다 하지만 여기서 나는 그 갈을 새롭게 끊어 읽으면서, '인간(= 세상)을 자비로써 제도하는 길'의 의미로 해석해 본다.

[43]. 證嚴法師 講述, 『無量義經』(臺北 : 慈齊文化, 2001).

법화삼부경은 그 중심에 『법화경』을 놓고, 그 앞에 개경(開經)으로 『무량의경』을, 그 뒤에 결경(結經)으로 『관보현보살행법경』을 놓는다. 『법화경』과의 연관성으로 인해서 정옌 상인의 자제인간(慈濟人間)의 불교에서 『법화경』이 소의경전이 아닌가 하고 말하는 관점도 가능할지 모르지만, 보다 구체적으로는 『무량의경』이라 말하는 것이 더 타당한 것이 아닌가 한다. 이 차이가 함축하는 의미는 크다. 왜냐하면 『법화경』이라는 대경(大經)을 선택함으로써 교리나 사상의 심오함에 매몰되기보다는, 3품으로 이루어진 소경(小經)인 『무량의경』에 의지함으로써 츠지공덕회의 자원봉사자들로 하여금 '대비심을 일으켜서 보살도를 완성하라'[44] 는 이념만을 강화하면 되기 때문이다.

　　또 하나 소의경전과 관련하여 주목해야 할 것은 정옌 상인이 추진한 『무량의경』 중심의 보살도의 불교가 파구산이나 포광산에서 공통적으로 내세우는 팔종개원(八宗皆圓) 내지 팔종겸홍(八宗兼弘)의 이념과는 어느 정도 대조적이라는 사실이다. 파구산이나 포광산이 회통론(會通論)의 입장을 취하고 있다면, 츠지공덕회는 종파주의적임을 나타내고 있는 것이다. 이 역시 파구산은 물론 포광산보다도 덜 교학적이고 더 실천적인 츠지공덕회로서는 하나의 소의경전을 '선택'하여, 그것에만 의지하여 '전수'하라 말하는 것이, 그 자제인간의 불교에 참가하는 자원봉사자들에게는 더욱 효과적이기 때문에 '이행(易行)'[45]이라 할 수 있다.

---

44. 위의 책. 『무량의경』의 주제를 이렇게 요약할 수 있을 것이다.
45. '선택 → 전수 → 이행'은 일본의 가마쿠라신불교에서 볼 수 있는 것처럼 종파불교의 주요한 특징이다. 따라서 파구산이나 포광산에 비하여 츠지공덕회가 보다 더 종파불교적 특성을 농후하게 띄고 있는 것으로 볼 수 있게 한다. 그것은 제1차 답사 때(2009. 7. 14~19) 보았던 '정사근행도(靜思勤行道), 자제인간로(慈濟人間路)'라는 구호가 제2차 답사(2011. 1. 3~8) 때는 '정사법맥근행도(靜思法脈勤行道), 자제종문인간로(慈濟宗門人間路)'로 바뀌어져 있었다. 법맥(法脈)과 종문(宗門) 모두 종파불교에서 강조되는 개념들이다.

그들은 다음과 같이 『무량의경』의 덕목을 의지하고 있다.

자제인(慈濟人)이 의지하여 교화하는 데는 『경』에서 말하는 다음과 같은 말씀을 잘 체득해서 알아야 할 것이다. :
안의 것이든 밖의 것이든 아끼지 않았으며
머리, 눈, 골수 등 무엇이나 다 다른 이에게 베풀어 주셨네.
모든 부처님의 청정한 계율을 받들어 지니고서
목숨을 잃더라도 훼손하지 않았으니
다른 사람이 칼이나 몽둥이로 해치고자 하여
욕하며 모욕을 해오더라도 화내지 않으셨네.
오랜 겁(劫) 동안 몸을 단정히 해서 게으르지 않았으며
밤낮으로 마음을 거두어 들여서 언제나 선(禪)에 들게 하였고
두루 일체 모든 가르침을 다 배우고
지혜로써 중생들의 뿌리까지 깊이 이해하셨네.[46]

물론 여기서 말하는 『경』은 『무량의경』인데, 인용구절은 「덕행품」의 게송이다. 위에서 인용되는 구절 바로 앞에 다음과 같은 구절이 이어진다.

세존께서는 과거 한량없는 겁 동안
부지런히 온갖 덕행을 다 닦았으니
우리들 사람, 하늘, 용, 신들을 위해서

---
[46]. 靜思書齋, 「前言」, 앞의 책.

두루 일체 모든 중생을 위해서
능히 버리기 어려운 모든 것
재물, 보배, 가족 및 나라까지 능히 버리시면서[47]

그러니까 츠지공덕회에 동참하고 있는 '자제인'들의 역할 모델로서 붓다가 되기 이전의 과거 전생의 보살(= 본생보살(本生菩薩))이 제시되어 있다.

그런데 여기서 주의할 것이 하나 더 있다. 이렇게 정옌 상인이 자제인간(慈齊人間)의 불교를 위해서『무량의경』을 소의경전으로 채택하고 있다 해서, 『무량의경』의 가르침으로부터, 즉 그것을 근거로 한 이념으로부터 정옌 상인의 종교적 실천이 - 자제인간(慈齊人間) - 나왔다고 보아서는 안 된다는 점이다. 이는 파구산 불교의 이념을 먼저 확고히 한 뒤에 파구산을 세운 성옌 법사의 경우와는 다른 것이다. 실제 정옌 상인에게『무량의경』은 자제인간의 실천, 즉 츠지공덕회의 창립보다 뒤의 일이었기 때문이다.

공덕회가 설립되었던 그 해에 나는 아직『무량의경』을 읽지 않았다. 구제회(救齊會)가 '츠지공덕회'라고 이름한 것은, '공덕회'와 (『무량의경』의 - 인용자) '공덕수(功德樹)'가 가히 하나로 맞아떨어진 것이고 또한 하나의 큰 인연이었다. 일본에서 부탁해 가져온『법화경』중에 또한 위의『무량의경』한 권이 붙어 있었다. 당시에 공덕회는 이미 설립되어 있었는데, 나는『무량의경』과 공덕회의 정신이 정히 계합(契合)하고 있

---

47. 위의 책, p.173.

음을 알았던 것이다.[48]

이 말씀은 정옌 상인의 자제인간의 불교이념을 생각하는 데 매우 중요한 의미가 있다. 『무량의경』과의 인연에 대해서 명언(明言)하고 있다는 점도 그렇지만, 『무량의경』이 먼저 있은 뒤에 비로소 그 실천으로서 자제인간의 불교, 즉 츠지공덕회의 보살도가 성립한 것이 아니라는 점이 밝혀져 있기 때문이다. 앞서 살핀 것처럼, 출가 당시에 인순 도사로부터 받은 '위불교(爲佛敎), 위중생(爲衆生)'의 가르침을 가슴 속에 품고 있어서이기도 하겠지만, 그 인순 도사의 당부만으로 바로 자제인간의 길에 뛰어들었다고 판단하기에는 츠지공덕회의 일이 너무나 광대한 것으로 나는 본다. 인순 도사의 가르침은 정옌 상인이 자제인간의 길로 나아갈 수 있게 하는 밑바탕을 만들어주었던 것으로만 평가해야 할 것이다. 그렇다면 정옌 상인으로 하여금 자제인간의 길로 나아갈 수 있게 한 추동력은 어디에서 왔던 것일까?

그것은 인순 도사의 가르침이나 경전의 가르침 속이 아니라 그 밖에서 구해야 하리라 본다. 그 이전에 먼저 중생의 고통이 있었던 것이다.

정옌 스님에 대한 두 일화는 스님이 어떻게 고립된 곳의 비구니에서 시작하여 거대한 운동의 창시자가 되었는지를 설명한다. 첫 번째 사건은 병원 바닥에 남아 있는 핏자국을 목격한 일이다. 이는 가족이 낼 수 있는 보증금이 부족하다는 이유로 입원을 거부당한 의식불명의 원주민 여성이 유산을 해서 생긴 것이었다. 두 번째 사건은 전도활동을

---

[48]. 위의 책, p.368.

하는 가톨릭 수녀들이 방문했을 때였는데, 수녀들은 불교가 개인적인 만족만 추구하고 사회의 보다 중요한 문제들은 무시한다고 비판하였던 것이다.[49]

중생의 고통에 대한 연민, 즉 자비심이야말로 자제인간의 길로 나아가게 한 원동력이었다. 바꾸어 말하면, 중생의 고통을 스스로의 고통으로 받아들여서 끝내 구제하고야 말겠다는 자비심, 그곳에 정옌 상인의 서원이 있고 자제인간의 이념이 있는 것으로 나는 생각하고 있다. 그런 뒤에 스스로 그 같은 행을 격려해 주면서, 강화해 주는 불설(佛說)을 『무량의경』에서 만나게 되었던 것이다.[50] 그래서 『무량의경』 이야기를 반복함으로써 마치 『무량의경』이 자제인간의 길에 하나의 소의경전으로 역할 할 수 있게 했던 것이 아닐까 한다.

요컨대 정옌 상인의 자제인간의 불교는 타이쉬 대사에서 인순 도사로 이어지는 계리계기(契理契機)의 인간불교를 출발점[51]으로 하여 『무량의경』의 보살도를 만나서 더욱 강화되었다.

3) 싱윈 대사의 인간불교(人間佛敎)

근대 중국에서 불교의 새로운 변신을 견인했던 타이쉬 대사는 인생불

---

49. Chien-Yu Julia Hwang & Robert P. Weller, "Merit and Mothering : Women and Social Welfare in Taiwanese Buddhism", The Journal of Asian Studies 57/2(May, 1998)
50. 정옌 상인은 중생들의 고통의 현장에서 목격한 아픔이라는 컨텍스트(context)를 놓지 않고, 오히려 그것을 적극적으로 투영해서 『무량의경』을 읽었던 것이다. 이는 정히 내가 말하는 '실천적 독서법'이라 했던 방법론이었다. 실천적 독서법에 대해서는 졸저, 『불교해석학 연구』, pp.131~138 참조.
51. 성옌 법사가 계기(契機)보다는 계리(契理)에 중점이 놓여 있었다고 한다면, 정옌 상인은 계리(契理)보다는 계기(契機)에 중점이 놓여 있었던 것으로 보인다.

교를 주창하면서, 계리(契理)와 계기(契機)를 두 가지 대원칙으로 내세웠다. 이 중에서 근대불교사에서 더욱 중요한 모티브가 되어준 것은 계기였다. 계기는 이미 붓다의 설법정신에서 수기(隨機)로 나타나 있었던 말이지만, 타이쉬 대사의 눈앞에 펼쳐져 있던 당시 중국불교의 모습은 계기와는 이미 거리가 멀어져 있었다. 바로 그렇기에 계리와 더불어 계기를 주창한 인생불교가 초래한 변화의 폭과 깊이는 결코 만만한 것이 아니었다. [52]

이 타이쉬 대사의 인생불교는 인순 도사와 둥추 노인을 중간매개자로 해서 정옌 상인과 성옌 법사에게까지 영향을 미쳤다. 이에 대해서는 이미 앞서 충분히 고찰해 보았다. 다만 성옌 법사와 정옌 상인 사이에도 인생불교가 나름대로 변주되고 있었는데, 성옌 법사는 계기보다는 계리에 방점이 찍혀 있었으며 정옌 상인은 계리보다는 계기에 방점이 찍혀 있었던 것으로 보였다. 그래서 전자는 인간정토를 지향하면서 심령(心靈)의 환보(環保)가 중시되었고, 후자는 인간세상의 고난받는 중생들을 직접 자비로써 제도하는 자제인간의 길이 중시되었던 것이다.

그런데 대만불교의 인간불교에서 인간정토와 자제인간과는 또 다른 변주를 들을 수 있게 된다. 바로 싱윈 대사의 인간불교인데, 타이쉬 대사의 인간불교로부터 변화의 진폭이 가장 컸던 불교가 아닐까 싶다. 그도 그럴 것이 계기보다 계리를 더 강조했던 성옌 법사의 인간정토는 물론이고, 계리보다 계기를 더욱 강조했던 정옌 상인의 자제인간 역시 하지 않았던 실험을 싱윈 대사가 시도한 것으로 평가되기 때문이다. 그것은 바로 계기(契機)에 의한 개리(改理), 혹은 계기(契機)를 위한 개리(改

---

[52] 김영진, 「불교혁신과 인간불교, 타이쉬」, 『중국 근대사상과 불교』(서울 : 그린비, 2007), pp.261~277 참조.

理)를 시도했던 것으로 생각되기 때문이다. 성엔 법사의 인간정토는 계리계기(契理〉契機)의 불교였으며, 정옌 상인의 자제인간이 계기계리(契機〉契理)의 불교였다고 한다면, 싱윈 대사의 인간불교는 계기개리(契機改理 : 契機 → 改理)의 불교라고 할 수 있다.

계기개리(契機改理)의 불교에도 선례가 없지는 않다. 인도에서 신불교(Neo-Buddhism) 운동을 일으킨 암베드카르(Dr. Ambedkar, 1891~1956)의 경우가 그것이다. 그는 억눌려온 불가촉천민들에게 희망을 주고 그들을 해방하기 위해서 불교로 개종하였다. 이러한 과정에서 불교에 대한 새로운 해석을 하였던 것이다. 대표적으로 사성제의 고를 인간실존의 한 계상황으로 이해하는 대신에 사회경제적 고통으로 파악하였다. 그렇게 되면 당연히 집, 멸, 도 역시 다 달라질 수밖에 없다. 계급차별의 극복이라는 기(機)에 맞추기 위해서 붓다의 사성제 법문 자체를 개변한 것이다. 개리(改理)라 할 만하다. 이와 비교해 보면, 싱윈 대사의 인간불교는 그렇게까지 치우치지는 않는다. 개리(改理)된 뒤의 리(理) 역시 불교 안에서 존재할 수 있는 리(理)로 보이기 때문이다. 그것은 싱윈 대사가 바라보는 기(機)가 암베드카르가 직면한 기(機)와는 달랐기 때문이 아닌가 싶다. 암베드카르가 하층의 불가촉천민의 해방을 목적으로 했다면, 싱윈 대사는 고도성장을 구가하고 있던 대만의 자본주의 사회를 살아가는 '욕망하는 인간'을 불교 안으로 끌어들이는 것이 목적이었기 때문이다.

과연 대만의 현대인들은 - 모든 지역의 현대인들도 마찬가지겠지만 - 무엇을 욕망하고 있었던 것일까? 무엇보다도 '돈'이리라. 싱윈 대사가 교화하고자 한 인간은 이른바 '자본주의적 인간'이었다. 자본주의의 핵심은 '돈에 대한 욕망'에서 찾을 수 있다. 인간이라면 누구나 돈, 돈 하면서 살아가는 현실 속에서 싱윈 대사는 그러한 욕망을 부정해서는 불교가 존재할 수 없다고 본다. 그러면서 종래의 불교가 '욕망 버리기'를 권유해 온 것처럼 해서는 불교가 사회대중(= 인간)으로부터 외면당하고 말리라 전망하였다.

현대의 가정이나 사회, 문명의 물질적인 즐거움을 모두 버려야만 한다고 생각하고 이를 행하기가 쉽지 않겠다고 여기고는 불교에 대해 겁을 먹고 다가서지 못하는 것이다.… 삶에서의 부유함과 즐거움을 주창하지 않고, 가정의 불교화, 생활의 불교화를 중시하지 않는다면, 이것은 인간의 삶에서 불교를 버리는 것으로서, 사회대중이 받아들이기에는 쉽지 않다.[53]

인간의 삶 안에서 행해지는 불교, 즉 인간불교가 아니라면 사회 대중이 받아들이기 쉽지 않다고 싱윈 대사는 판단한다. 대만에서 불교를 다시 부흥하고자 저변에서부터 육탄전을 벌였던 그는 이 문제가 해결될 필요가 있음을 절감했을 것이다. 그런데 왜 불교는 종래 물질적인 욕망을 내다버려야 한다고 가르치는 종교로 인식되어져 왔던 것일까? 거기에는 바로 출가의 문제가 놓여 있었기 때문인데, 이 점을 좀더 조명해 보면 '인간불교'의 본질이 부각되어 올 것이다.

주지하는 것처럼, 인도의 힌두교는 인간이 추구하는 네 가지 삶의 목적[puruṣārtha]을 제시하는데, 의무[dharma], 사랑[kāma], 재물[artha], 그리고 해탈[mokṣa] 등이었다. 앞의 세 가지는 세간에서 추구해야 할 욕망이며, 뒤의 한 가지는 세간을 떠나서 추구하고 이루어야 할 덕목으로 제

---

53. 싱윈 대사 편저, 양정연 옮김, 앞의 책, p.127.

시된 것이다. 어느 것 하나 간단하지 않은 네 가지 욕망을 모두 다 성취하기 위해서, 힌두교에서 선택한 전략은 시간적 배열이었다. 전자의 세 가지 욕망은 세간의 생활 속에서 다 이루어야 하는 것으로 보고, 후자의 한 가지 욕망은 세간을 떠나서 이루어야 하는 것으로 보았던 것이다. 전자의 세 가지 욕망을 성취하는 시기[gṛhasthā, 家住期]를 충실히 한 뒤에, 그로부터 은퇴하여 숲속으로 들어가서 수행을 시작하는 것[vanaprasthā, 林棲期]을 힌두교에서는 출가라고 본다. 그러나 붓다의 출가는 그렇지 아니하였다. 가주기를 건너뛰어서 바로 숲속으로 들어가는 것이 출가였던 것이다. 그러므로 불교에서 출가의 의미는 가주기에 행하는 의무, 사랑, 그리고 돈에 대한 욕망의 추구를 내다버리는 것이었다.[54] 바로 그렇게 스님들의 출가에 초점을 두고서 불교를 생각하는 한, 재물의 추구라는 자본주의적 욕망은 타기되고 버려야 할 것으로 말해질 수밖에 없었던 것인지도 모른다.

여기서 싱원 대사는 출가자 중심의 출세간의 불교가 아니라 인간의 삶에서의 불교, 즉 인간불교를 생각하였다. 출가자가 아니라 재가자의 입장에 서서, 재가자들이 수용할 수 있고 실천할 수 있는 불교를 재구성하고 재조직했던 것이다. 그 현저한 예를 돈에 대한 욕망을 긍정하는 것에서 볼 수 있다.

천년이 넘도록 불교는 불교도들에게 '빈곤이야말로 도(道)'라는 잘못된 생각을 심어놓았다. … 청빈사상의 원래 뜻은 매우 훌륭하다. 이

---

54. 힌두교와 불교의 '출가'의 차이점에 대해서는 졸고, 「두 유형의 출가와 그 정치적 함의」, 『인도철학』 제26집(서울 : 인도철학회, 2009), pp.23~31 참조.

것을 자신에게 요구하는 것은 일종의 도덕이다. 그러나 이것을 남에게 요구하면 죄악이 된다.[55]

여기서 말하는 '자신'은 출가승단을 말하고, '남'은 재가의 세간을 가리킨다. 승려들에게 요구되는 덕목과 세간 사람들에게 요구되는 덕목이 달라야 한다.[56] 그리고 싱윈 대사는 세간 사람들에게 맞는 '청부(淸富)'를 제시한다. 철저한 계기(契機)라 할 수 있다. 인간의 삶 속에서 자본주의적 욕망의 추구를 긍정[57]하고 있는 것이다. 원래 불교는 그러한 것인데, 종래 불교를 잘못 이해했으며 잘못 가르쳐왔다는 것이다. 자본주의적 욕망과 관련한 불교의 입장정리가 새롭게 이뤄지지 않는다면, 인간의 삶 안에서 불교는 존재하기 어려울 것으로 전망한 것이다.

사실 불교는 부유하고 즐겁고 행복한 종교이다. 따라서 불교를 발전시키고 인간 세상에 정토를 건설하기 위해서, 청정한 재물을 중시해야 하며, 안락과 화애, 기쁨과 이로운 생활을 중시해야 하며, 현대화된 설비와 홍법 교화의 방식을 중시해야 한다는 사실을 오늘날의 불교는 이미 잘 알고 있다.[58]

비단 돈에 대한 욕망뿐이겠는가? 우리 인간들, 특히 현대를 살아가

---

[55]. 싱윈 대사 편저, 양정연 옮김, 앞의 책, pp.51~52 참조.
[56]. 실제로 포광산에서 모든 승려는 사유재산의 소유가 금지되어 있다.
[57]. 돈에 대한 욕망의 긍정과 함께 싱윈 대사의 인간불교를 특징짓는 것은 포광친족회(佛光親屬會)의 개최이다. 2년에 한 번씩 출가한 스님들의 부모를 초청해서 만남을 갖는 이 행사는 유가(儒家)로부터 끊임없이 '출가(出家) = 불효(不孝)'라고 비판받아온 불교의 아킬레스건(?)을 나름대로 극복하고 있는 것이다. 이는『삼국유사』의 효선쌍미(孝善雙美)가 생각나는데, 일종의 유불융합이라 볼 수 있을지도 모르겠다.
[58]. 싱윈 대사 편저, 양정연 옮김, 앞의 책, p.147. 또 林明昌은 '苦'와 '樂'에 대한 인식에 있어서, 타이쉬 대사와 싱윈 대사의 차이점을 본다. 林明昌, 앞의 책, p.16 참조.

는 많은 인간들은 갖가지 욕망을 추구하면서 살아간다. 그런 욕망에 대해서도 싱윈 대사는 있는 그대로 받아들인다. 인정한다.[59]

 인생에는 욕망이 참으로 많다. … 어느 누가 재산을 원하는 만큼 원만하게 모을 수 있기를 바라지 않겠는가? 어느 누가 건강하고 아름답기를 바라지 않겠는가? 불교에서는 결코 이러한 선한 욕망을 반대하지 않는다. 인간불교에서도 이러한 욕락(欲樂)은 인정한다.

 이렇게 인간의 욕망을 긍정하고, '불교도라면 모두가 돈을 벌어야 한다고 주장'[60]하는 점을 생각하면, 싱윈 대사의 인간불교에는 막스 베버(Max Weber, 1864~1920)가 캘빈주의의 기독교에서 볼 수 있었다고 한 세간 내적인 노동의 가치를 인정하고 자본을 축적하는 것을 선(善)으로 보는 관점과 상통하는 바가 있는 것으로 생각된다. 다만 막스 베버가 그러한 현세 긍정의 요소를 불교와 같은 동양종교에서는 볼 수 없다고 한 것과 반대로, 싱윈 대사는 불교 안에 그런 것이 있다, 본래 불교는 그런 것이다, 이렇게 주장하는 것에서 차이가 있다 할 것이다.
 만약 싱윈 대사가 여기까지만 말하고 말았다면, 세간의 자본주의 전도사와 다른 점이 없었을지도 모른다. 그러나 자본주의적 욕망의 무상함에 대해서도 일러주는 것을 잊지 않는다.

 다만 이러한 욕락은 흐르고 변할 수 있는 것으로서, 결코 가장 철저하거나 궁극적인 것이 아닌, 불법에서 말하는 진정한 즐거움은 아닌 것

---

59. 위의 책, p.163.
60. 위의 책, p.167.

이다. 불법에서 말하는 생활의 즐거움은 욕락이 아닌 법락(法樂)이다.[61]

자본주의적 욕망이 욕망으로 끝나지 않으려면 보시를 통하여 사회적인 회향이 실천되어야 한다. 그런 점에서 싱윈 대사는 선생(善生) 장자의 예를 든 후, '돈이 있으면서도 사용할 줄 모르는 자, 그가 바로 세상에서 가장 가난한 자'[62]라거나, '세상의 모든 금전은 우리 것이 아니라 오가(五家)가 공유하는 것이다. 금전은 사용해야만 비로소 자기 것이 된다.'[63]고 하였다.

자본주의적 욕망의 추구가 정당하고, 축적된 자본을 보시를 통해서 회향해야 한다는 말씀은 세간에서의 자본추구를 정당화함과 동시에 승가의 존재양식의 변화를 요구하였다. 스님들은 노동을 해야 했다는 것이다. 물론 이때 '노동'은 마하트마 간디(Mahatma Gandhi, 1869~1948)가 말하는 것처럼, 육체노동만은 아니다.[64] 백장(百丈, 720~814)의 '일일부작(一日不作)이면 일일불식(一日不食)'이라는 청규(淸規) 그대로 승려들 역시 노동을 통해서 사원경제를 영위해야 한다는 것이다.

신도를 끌어들이고 탁발을 하는 것에 기대어 생활하는 이러한 방식은, 시대가 진보하면서 반드시 개선되어야 하고 타파되어야 한다. 이것은 우리가 스스로의 노력이나 체력, 지성 또는 수행력으로 수행의 자량

---

[61]. 위의 책, p.163.
[62]. 위의 책, p.21.
[63]. 위의 책, p.24.
[64]. 마하트마 간디는 모든 사람은 육체노동을 통해서 '밥'을 해결하고, 정신노동을 통해서는 인류에 봉사해야 한다고 말하였다. 졸고, 「근대 인도의 '노동의 철학(karma-yoga)'과 근대 한국불교의 선농일치 사상 비교 - 간디와 학명을 중심으로 -」, 『남아시아연구』 제17권 1호(서울 : 한국외대 남아시아연구소, 2011), p.104.

을 마련해야 한다는 것을 의미한다. 더 나아가 자기 소유의 것을 사용하여 사회 복리를 증진시키고 중생을 제도해야 한다는 것을 말한다.[65]

승려가 해야 할 일은 반드시 육체노동만은 아니지만, 자기의 적성과 특기에 맞추어서 노동해야 하고, 이를 통해서 '대중을 위해 봉사할 수 있을지 생각해야만 한다.'[66] 대중에 헌신하는 불교, 대중의 복리를 증진시키는 불교를 싱윈 대사는 희망하고 있는 것이다.

싱윈 대사는 시대의 변화가 백장의 청규를 농업에만 한정시키는 것은 아니라고 판단한다. 공업이나 3차산업의 종사 역시 가능케 하는 것이다. 이미 타이쉬 대사는 '농사는 물론 공업까지도 할 수 있다는 공선(工禪) 생활을 제창했다'[67]라고 인용한다. 우리의 경우 농선(農禪)의 전통조차 많이 잊어버리고 잃어버렸음에 반하여, 싱윈 대사는 공선(工禪)까지 수용할 수 있다고 보았다. 이를 통해서 이루어진 소득은 모두 사원의 것이 되지, 개인의 것이 되지 않는다. 승가 내에서는 자본주의적 삶을 용인하지 않지만, 재가신자들의 자본주의적 욕망은 오히려 고무하고 격려하는 불교를 제시하였다. 이렇게 계기(契機)에 의한 개리(改理)의 불교, 그것이 싱윈 대사의 인간불교였다.

포광산 종사관(宗史館)에는 임제종의 전등사실을 계보로 나타내는 자료를 전시하고 있으나, 싱윈 대사의 인간불교는 선의 길(= 지혜의 길, jñānayoga)을 추구한다기보다는 개리(改理)를 갖고서 인간(세상)에 봉사하는 불교, 즉 보살도(= 행위의 길, karmayoga)의 불교를 추구한 것으로 평가

---

65. 싱윈 대사 편저, 양정연 옮김, 앞의 책, p.122.
66. 위의 책, p.125.
67. 위의 책, p.80.

할 수 있다. 이런 점에서 볼 때, 그의 인간불교는 성옌 법사의 인간정토 보다는 정옌 상인의 자제인간에 좀더 가까워 보인다. 둘 다 기본적으로 행위의 길이라 보이기 때문이다. 그러나 구급불구빈(救急不救貧)이라는 구호가 말하는 것처럼 실제 구제행에 있어서 츠지공덕희에 비하여 약하다는 점에서는, 성옌 법사와 가깝다고 볼 수도 있다. 물론 계기(契機)에 의한 개리(改理)를 감행한 점에서 볼 때 비록 '전통과 현대의 융화'[68]를 주장하고 있으나, 실제 '전통'을 보다 더 굳건히 존중하는 성옌 법사보다는 훨씬 더 전통에 대한 구속성은 약하지[69] 않은가 한다. 인간을 위한 불교로서의 인간불교를 인간(세상)에 의한 불교(Buddhism by the people)로까지 끌고 간 싱윈 대사의 불교는 가히 '싱윈식(= 싱윈모식(星雲模式)) 인간불교'라고 할 만한 독창적 자기철학이 투영되어 있다.

4. 계기계리의 다양한 변주

대만불교는 그 짧은 역사에도 불구하고 괄목할만한 성장을 이룩하였다. 세계의 여러 불교권으로부터 많은 주목을 받고 있는데, 우리나라에서도 많은 불자들이 대만불교를 견학하면서 그 성장비결에 대하여 알고자 하였다. 그것은 여러 가지 맥락에서 말할 수 있으리라 생각되지만, 이 글에서는 특히 "도대체 대만불교의 성장을 이끈 지도자들, 특히 삼대산의 - 파구산, 츠지공덕회, 포광산 - 개산 종장들이 어떤 불교관

---

[68]. 위의 책, p.145.
[69]. 파구산의 새벽 예불과 포광산의 새벽 예불의 차이에서 그런 점을 느낄 수 있다. 파구산에서는 전통적인 조과(朝課)를 하는 반면, 포광산에서는 1주일마다 읽는 텍스트를 바꾸어서 읽는 방식을 취하고 있다.

을 갖고서 대중교화에 나섰던가?" 하는 점에 초점을 두고자 하였다. 즉 성엔 법사, 정엔 상인, 그리고 싱윈 대사는 각기 어떤 이념을 갖고서 실천하였는가 하는 점이다.

이러한 의문을 갖고서 대만불교의 현장을 탐방해 본다면, 의외로 쉽게 그 해답을 얻을 수 있게 된다. 그것은 여기저기서 이구동성으로 들려오는 하나의 목소리가 있기 때문이다. 바로 '인간불교(人間佛敎)'이다. 그렇다. 바로 오늘날의 대만불교는 인간불교의 이념으로 전개되어온 불교라 할 수 있다. 여기까지는 누구나 쉽게 도달할 수 있다. 그러나 한 걸음 더 나아가서 질문을 새롭게 제기해야 한다. "다시 인간불교란 무엇인가? 과연 삼대산의 개산 종장들이 이구동성으로 말하는 인간불교가 다 동일한 음색의 것인가?" 이런 질문에 해답을 얻는 것은 쉬운 일이 아니다. 나는 바로 이러한 보다 미세한 질문들에 답하고자 하였다.

우선 삼대산의 개산 종장들에게 직간접적으로 영향을 끼쳤으며, 그들에 의해서 각기 다양하게 변주되어 갔던 주제(主題)의 저음(低音)이 없지 않다는 사실에 주목하였다. 바로 근대 중국불교의 개혁승 타이쉬 대사의 '인생불교'였다. 타이쉬 대사에게 불교는 귀(鬼)를 위한 것이 아니라 인(人)을 위한 것이었으며, 사(死)를 위한 것이 아니라 생(生)을 위한 것이었다. 이러한 입장은 유교적 뉘앙스를 띠고 있는 것이지만, 동시에 타이쉬 대사는 붓다의 설법정신인 수기(隨機)를 새롭게 해석하면서 인생불교의 2대 원리로서 계기(契機)와 계리(契理)를 말한다. 계리는 불교의 사상적 입각지에 부합하여야 한다는 것이며, 계기는 시간과 공간, 그리고 그 속에서 개인의 역량까지를 고려하여야 한다는 것이다. 특히 시공의 기(機)가 달라졌으므로, 그 바뀐 시공을 살아가는 인생(人生)을 위해서는 불교 역시 달라지지 않을 수 없다고 말하였다. 그것이 그의 불교개혁론이었다.

이러한 타이쉬 대사의 인생불교는 그의 제자들을 중심으로 후대에 많은 영향을 미치게 되는데, 그것은 대만에서도 확인된다. 나는 그 점을 타이쉬 대사의 계리계기의 인생불교와 대만불교 삼대산의 개산 종장들의 인간불교를 비교하면서 고찰해 보았다. 그 결과 가장 변주의 폭이 좁았던 경우가 파구산의 성옌 법사였으며, 가장 변주의 폭이 넓었던 경우가 포광산의 싱윈 대사로 평가되었다. 그 사이에 츠지공덕회의 정옌 상인이 존재하는 것으로 생각되었다.

우선 성옌 법사의 경우에는 불교관에 있어서 타이쉬 대사와 가장 근접하였다. 타이쉬 대사의 제자로서 대만에서 활동하며 정옌 상인에게 영향을 미친 인순 도사와는 달리, 성옌 법사는 중국불교의 전통적 해석을 온전히 받아들인다. 인순 도사가 중관을 중심으로 한 인도불교의 맥락으로 복귀하면서 중국불교의 전통에서 강력한 힘을 발휘하였던 여래장사상이나 정토사상을 부정했던 것과 달리, 성옌 법사는 그러한 맥을 이은 타이쉬 대사의 인생불교를 긍정한다. 인순 도사의 인간불교가 다만 인간(human being)의 불교, 인간에 의한 불교를 의미하였던 것과는 다른 측면이다. 그러므로 성옌 법사에게는 계리(契理)에 의해서 인간의 심령(心靈)이라는 환경을 보호하는 일, 즉 교육으로서 인간정토를 구현하는 것이 무엇보다 중요하였다. 파구산의 불교가 불교학 연구와 선 수행, 그리고 불교 교육 등을 강조하는 것도 바로 그러한 맥락에서이다.

다음 정옌 상인의 인간불교는 타이쉬 대사의 계기계리를 '위중생(爲衆生), 위불교(爲佛敎)'로 재해석한 인순 도사와 관련이 있다. 특히 그에게 있어서 계기(契機)의 불교는 고통받는 중생들에 대한 직접적인 구제행으로 나타났다. 가난한 자, 병자, 재해를 만난 자들을 구제하기 위해서 직접 현장 속으로 뛰어든 츠지공덕회의 활동은 이론적인 데서 출발한 것도 아니었고, 탁상 위의 보살행도 아니었던 것이다. 정옌 상인 스스로 그의 활동의 시초에는 '위중생(爲衆生), 위불교(爲佛敎)'라는 스승 인순 도사의 가르침이 있었음을 말하고 있다. 하지만 실제로 그의 활동이력을 살펴보면, 그러한 가르침이나 이념이 먼저 있었고 그의 실천행이 뒤에 있었다고 말하기는 어려워 보인다. 그보다는 고통받는 중생과의 만남이 먼저 있었고, 그들에 대한 자비심이 먼저 있었던 것이다. 그런 뒤에 인순 도사의 인간불교 이념이나 『무량의경』의 보살도 이념으로서 그 활동을 설명하고 활동의 당위성을 강화해 간 것으로 평가할 수 있을 것이다.

마지막으로 포광산 싱윈 대사의 인생불교는 성옌 법사나 정옌 상인과도 다른 모습을 보여준다. 성옌 법사의 인간정토가 '계기(契機) 〈 계리(契理)'의 불교였으며, 정옌 상인의 자제인간(慈濟人間)이 '계기(契機) 〉 계리(契理)'의 불교였다고 한다면, 싱윈 대사의 인간불교는 '계기(契機)를 위한 개리(改理)'의 불교였다고 할 수 있다. 즉 자본주의를 살아가는 현 시대의 중생들에게 욕망의 포기를 설하는 불교가 아니라, 욕망의 긍정을 설하는 불교로 불교를 재조직하고 있다는 점이다. 청빈(淸貧)이 아니라 청부(淸富)를 가르친다. 청부(淸富)를 위해서 세속 내에서 열심히 노동하고, 축적된 부를 다시 보시를 통해서 회향하라 말한다. 그 회향에 힘입어서 포광산은 성장해 왔던 것이다. 다만 이러한 '개리(改理)를 통한 계기(契機)'의 불교는 철저히 재가자를 위한 가르침으로 설하고 있으면서도, 출가한 제자들에게는 사적 재산의 소유를 인정하지 않는 공산(共産)의 공동체를 이룩했다는 점 역시 간과해서는 아니될 것이다.

이렇게 타이쉬 대사의 인생불교라는 처방전에 따라서 충실히 복약(服藥)을 하면서도 다소 다르게 섭생(攝生)을 행한 것이 대만불교라 해도 크게 과언이 아닐 것이다. 타이쉬 대사의 인생불교는 삼대산의 개산 종장들에 의해서 제각기 색깔 있는 인간불교로 변주해 갔다. 그것이 바로 대만불교라는 꽃밭을 아름답게 장엄하는 서로 다른, 그러면서도 하나하나가 다 아름다운 꽃이 되었던 것 아닌가. 이제 이러한 대만불교의 인간불교로부터 한국불교는 무엇을 배우고, 무엇을 받아들여야 할 것인가? 새로운 화두가 아닐 수 없다.

양정연*

대만 사찰의 교육체계와 인재육성 제도

최근에 조계종에서는 승가교육불사와 '출가-재가'의 역할·관계 문제 등에 대해 적극적으로 변화를 모색하려는 태도를 보여주고 있다. 시대가 바뀜에 따라 변화가 요구되는 승가교육문제는 한국불교의 미래상을 결정짓는다는 점에서 신중한 논의가 전개되어 왔다. '출가-재가'의 문제 역시 포교문제와 함께 논의되면서 한국불교의 사회적 역량을 결정짓는 핵심요인으로 제기되고 있다.

 짧은 역사이지만 대만불교에서도 사회변화에 따라 적극적으로 대응하면서 발전한 경우도 있었고 도태되어 사회적인 영향력을 상실한

---

* 한림대학교 생사학연구소 연구교수

경우도 있었다. 그런데 신흥불교교단은 철저한 교육체계를 바탕으로 교단의 실천방향성을 지속시키면서 발전해 왔다. 본 글에서는 이들 신흥교단 가운데 학술과 연구분야에서 뛰어난 파구산(法鼓山), 교육과 포교분야에서 유명한 포광산(佛光山), 비구니 승단으로서 활발한 사회활동을 펼치고 있는 샹광니승단(香光尼僧團)의 교육체계와 중국불교적 색채를 띠는 카이위안사(開元寺)불학원, 인순 스님(印順, 1906~2005)의 이념을 실천하는 푸옌불학원(福嚴佛學院)의 교육체계에서 어떤 특징을 보여주는지 살펴보고자 한다. 특히 활발한 사회활동을 펼치고 있는 포광산과 샹광니승단의 경우를 통하여 실천적 측면이 어떻게 교육내용에서 이루어지고 있는지 검토하고자 한다.

Ⅰ. 대만불교 불학원

1) 카이위안선학원(開元禪學院)[70]

카이위안선학원은 대만 최초의 사원인 카이위안사(1690년 창건)에 속한 불학원으로서 우츠 스님(悟慈, 1925~2005)의 노력으로 1987년 개원하였다. 원래는 승가교육기관으로서 1959년 설립되었으나, 1969년 중단되었다가 중국불교회의 인준을 거쳐 다시 개원하였다. 사부대중을 모집 대상으로 하고, 선학을 위주로 하면서도 계, 정, 혜 삼학을 주요 교육방침으로 하고 있다. 학과과정은 경·율·론에 대한 전반적인 이해를 갖출 수 있도록 구성되어 있으며 범어와 팔리어를 선택과목으로 정함으로

---

70. 中華佛學硏究所 編, 『臺灣佛學院所敎育年鑑第一輯』(臺北縣: 中華佛學硏究所, 2002), pp.319~330 참조.

써 원전에 대한 기초적인 이해도 요구하고 있다.

카이위안사에 속해 있으면서도 선학원의 독립성을 유지함으로써 원생들이 불학연구에 전념할 수 있는 분위기를 조성하고 있다. 모든 원생은 기숙생활을 하며 선학원에 공식적인 건의사항은 대월 한 차례씩 각 과정별로 이루어지는 회의를 통하여 전달된다. 원생들에게 제공되는 숙식과 의약품, 교재, 문구류 등은 모두 카이위안사에서 제공하고 있다.

선학원의 교육체제를 간단히 도표화하면 다음과 같다.

구분	과정	모집대상
학제	전수반(專修班, 3년)	전문대 이상 졸업자, 불학원 졸업생
	정과반(正科班, 3년)	고등학교 졸업 이상
	예과반(五科班, 3년)	중학교 이상이나 동등한 자격
원생모집	시기: 매년 2월, 8월 선발방식: 시험 시험과목 - 전수반 : 불학, 국어, 작문, 영어 및 일어, 면접 - 정과반 : 불학, 국어, 작문, 면접 - 예과반 : 불학, 작문, 면접	

교과과정	과목명
필수과목	선학, 서법(書法), 태극권
선택과목	컴퓨터, 선문게송, 선림보훈(禪林寶訓), 섭아비달마의론(攝阿毘達磨義論), 화엄경, 인도불교사, 성불의 도(成佛之道), 청정도론, 중국불교사, 유식삼십송, 입보살행론, 유마경, 팔종강요(八宗綱要), 영어, 일본어, 범어, 팔리어 등

2) 푸옌불학원[71]

1969년, 불교계의 인재양성과 정법유지, 마음정화 등을 목적으로 옌페이 스님(演培, 1916~1996)이 창립하였다. 1953년, 인순 스님이 대륙 출신

---
71. http://www.fuyan.org.tw/ (2011. 10. 2 자료) ; 中華佛學硏究所 編, 앞의 책, pp.377~389 참조.

의 출가자들이 공부하고 연구할 수 있도록 푸옌정사(福嚴精舍)를 창건한 데 기원을 두고 있으며, 1961년부터 '푸옌학사(福嚴學舍)'로 개명하면서 출가비구를 대상으로 정식으로 학생을 모집하였다. 70년대 들어, 역경원이 설립되고 영역사업을 펼치면서 잠시 모집이 중단되었다가 1978년, 여성 불자를 대상으로 다시 개원하였다. 그러나 1993년부터 다시 출가비구를 포함한 남성불자만을 대상으로 개방하여 오늘날에 이르고 있다.

인순은 홍법할 수 있는 참된 인재는 불교지식이 많은 자가 아니라 고상한 덕행과 부지런히 수행할 수 있는 자라고 하였다. 이러한 태도가 있어야만 신중이 믿음을 낼 수 있다는 것이다.[72] 푸옌불학원의 교육방침을 보면, 불법에 대한 정견(正見)과 정지(正知) 그리고 '고상한 종교성을 도야한다'는 내용이 나오는데, 이것은 이러한 인순 스님의 이념을 분명히 나타내는 점이다. 오늘날에도 스님의 저작인 『묘운집(妙雲集)』, 『화우집(華雨集)』 등을 정식 교과과정에 넣고 학습하는 것은 푸옌불학원이 도사(導師)인 인순 스님의 사상을 계승한다는 의미이다.

불학원에서는 매 학기마다 교사와 원생들이 공동으로 참여하는 논문발표회를 두세 차례 개최함으로써 원생들의 연구와 발표능력을 배양시키고 있다. 불교원전 이해를 위한 교육을 중시하면서도 계학을 강조하고 승가교육 위주의 학과운영을 하고 있다.

---

[72] 印順, 「論僧才之培養」, 『印順法師佛學著作全集』23(北京: 中華書局, 2009), pp.89~90.

구분	과정	내용	특징
학제 I[73]	초급부 (3년)	계·정·혜 삼학, 중국불교사, 인도불교사, 성불의 길(成佛之道) 등의 교육을 통해 불법지식과 건전한 인격도야. 영어, 일어 등 외국어 과정 선택수업	2002년부터 대학부와 연구소로 변경운영
	고급부 (3년)	구사론, 청정도론, 중론, 대지도론, 섭대승론, 대승기신론 등 과정개설, 경론에 대한 연구 가능 수준 요구, 범어, 팔리어, 티베트어 등 원전언어 과정 개설	
	연구부 (3년)	교리와 불교사에 대한 연구 능력과 언어 능력을 배양하여 승가교육 담당할 인재로 육성	
학제 II	대학부 (4년)	모집대상: 고등학교 졸업 이상이나 동등한 자격, 출가비구 및 남성불자	
	연구소 (3년)	모집대상: 불학원 고급부 졸업이상이나 대학이상의 출가비구	
원생 모집		시기: 매년 3월~5월 선발방식: 시험 시험과목 - 대학부: 불학개론, 국어, 면접 - 연구소: 중국불교, 인도불교(교리와 불교사 포함) 영어, 일어 중 택1, 면접	*참고도서 - 대학부:『학불삼요(學佛三要)』,『불법개론』,『성불의 길』(인순 저술) - 연구소:『인도불교사상사』,『공의 연구』(인순 저술) 등

3) 파구산 중화불학연구소(法鼓山中華佛學硏究所)[74]

전신은 1965년에 설립된 중화학술원 불학연구소이다. 1975년, 일본 릿쇼(立正)대학에서 문학박사 학위를 받은 성옌 스님(聖嚴, 1930~2009)이 대만으로 돌아와 중국문화학원 철학연구소 교수 겸 중화학술원 불학연

---

[73]. 학제I은 2001년까지 교육과정에 관한 것이다. 2002년이후 개편된 내용을 보면 약간의 차이가 있기는 하지만 초급부와 고급부 과정은 대학부과정에서, 연구부 과정은 연구소 과정에서 이뤄지고 있다.

[74]. 中華佛學硏究所 編, 앞의 책, pp.186~213 참조;『法鼓佛敎學院 100學年度佛敎學系(學士班/碩士班) 考生輔導說明會手冊』, 法鼓佛敎學院, 2011.

파구산도서관

파구산도서관의 대장경 원본

구소 소장을 맡게 되었다. 1981년부터 연구생을 모집하였으며 일본의 불교관련 대학 연구소의 교과과정을 참고하면서 교육과정을 체계화하였다. 1984년, 중국문화학원이 대학으로 개편되면서 불학연구소의 학생모집도 중단되었다.

1985년, 성옌 스님이 중화불학연구소를 창립하고 초대 소장직을 겸하였다. 1987년에는 정식으로 교육부 인가를 받았으며 대학원교육 시스템을 적용하여 오늘날 대만 최고 수준의 불학연구기관으로 성장하였다. 스님은 연구소를 창립하면서 중화문화를 발전시키고 높은 수준의 불교교육과 홍법인재를 양성하며 국제적인 불교학술연구를 이룬다는 목표를 설정하였다. 대만의 불학연구를 국제적인 수준으로 향상시키려던 스님의 노력에 맞게 연구소는 불학교육의 국제화와 국제홍법 활동을 펼칠 수 있는 인재양성에 노력하고 있으며 외국교수를 영입하여 교학 활동과 연구 활동을 할 수 있도록 지원하고 있다.

　　2007년부터 교육부 인가를 받은 파구불교학원이 연구생을 모집하면서 인재양성업무를 담당하게 되었고 중화연구소는 학술연구와 출판교류업무에 전담하게 되었다. 연구소는 성옌 스님이 강조하였던 중국불교 발전사업을 향후 중점사업으로 정하고 있다. 2006년에 중단되었던 《중화불학연구》를 재발간하고 국·내외 석·박사생들과 졸업생들이 '한전불교(漢傳佛教)'의 학술연구활동을 할 수 있도록 독려하고 있으며, '송원명청한전불교인물자료고(宋元明清漢傳佛教人物資料庫)'와 '한전불교논총'사업, '한전불교연구전서(漢傳佛教研究專書) 영역사업'을 현재 진행하거나 계획하고 있다.

　　중화불학연구소의 조직은 크게 학술교류중심과 학술연구중심으로 나뉜다. 학술교류중심은 홍보부[公關組]와 회의부[會議組]로 나뉘며, 주로 '한전불교'의 홍양과 연구 활동을 촉진, 국제학술교류 확대 업무를 담당한다. 학술연구중심은 연구실, 연구개발부, 학술출판부, 디지털작업부로 나뉘어 연구 활동, 학술지 간행 및 출판 업무, 자료 디지털화 및 문화콘텐츠 관련 업무를 담당한다. 연구실에는 전임연구원과 겸임연구원이 속하며 외국학자의 경우 겸임연구원으로 소속되어 연구하고 있다. 연구개발부는 현재 성엔 스님 사상 연구를 포함하여 수륙의궤(水陸儀軌) 연구, 중국불교전적 정리 및 연구, 유식연구를 하고 있다.

파구불교학원은 학사반과 석사반으로 나뉘어 운영되고 있으며, 2011년 6월부로 박사반이 정식 인가를 받았다. 중화불학연구소의 경험을 바탕으로 한전(漢傳), 남전(南傳), 장전(藏傳) 불교의 뛰어난 점을 융합하려는 시도가 이루어지고 있으며, 범어, 팔리어, 티베트어 등 불전원어에 대한 훈련과 영어, 일본어 등 외국어 학습 강화, 불전번역을 위한 과정도 개설되어 있다. 2008년에 동국대학교 불교대학, 2009년에 금강대학교와도 학생 및 학술교류협정을 체결하였다.

2011학년도 학생모집요강에 나와 있는 내용을 기준으로 교육과정을 살펴보면 다음과 같다.

구분	과정	모집대상	특징
학제	학사 (4년)	고등학교 및 동등학교 졸업자	규정된 시간만큼의 아침저녁예불에 참석해야 하며 '선칠(禪七)'활동에도 참여해야 함
	석사 (2년)	대학졸업 및 동등학력자 (인도불교/한전불교/장전불교)	
원생 모집	시기: 매년 3월~4월 선발방식: 시험 시험과목 - 학사반: 불교기본교의, 국어, 영어, 면접 - 석사반: 국어, 영어, 불학개론, 중인(中印)불교사 (불교반) 또는 컴퓨터개론(불학정보반), 면접		학사반 시험참고도서로 성엔 저술의 『불교입문』, 『신앙으로서의 불교』 추천됨. 석사반 시험참고도서는 인순 저술의 『불법개론』, 『성불의 길』, 『인도불교사상사』, 뤼청(呂澂) 저술의 『인도불학원류약론』 등이 추천됨.

교과과정	과목명		특징
필수 과목	1학년	개율학 강요, 고승행의(高僧行誼), 선정학 개론, 한전불교사(漢傳佛教史), 불교입문	선수행, 아침·저녁 예불참석 필수
	2학년	대승선법(大乘禪法), 고승행의(高僧行誼), 인도불교사, 아함도독(阿含導讀), 비교종교학	

	3학년	불교사료학(佛教史料學), 한전불교선관(漢傳佛教禪觀), 서장불교사, 아비달마도론(阿毘達摩導論)
	4학년	/
선택 과목	1학년	일어, 불전 한어(佛典漢語)
	2학년	범패와 의궤
	3학년	범어, 팔리어, 티베트어에서 선택 1
	4학년	범어, 팔리어, 티베트어, 불교정보 중 선택 1, 천태도독(天台導讀), 화엄도독(華嚴導讀), 정토도독(淨土導讀), 선학도독(禪學導讀) 중 선택 1

석사과정에서 인도불교반의 경우, '범어문법', '범어문헌도독' 이외에 팔리어 또는 티베트어 관련과목을 최소한 4학점 이수해야 하며, 한전불교반은 범어나 티베트어 가운데 한 과목, 서장불교반는 장문문법, 장문불전연독(藏文佛典研讀), 범어문법, 범어불전관련 과정을 이수해야만 한다. 석사반 모든 과정생은 일본어와 영어를 일정기간 이수해야만 한다.

교육과정에서 재가자들에게 강제적으로 출가를 권유하지는 않는다. 다만 필수로 '행문전수(行門專修)' 과정이 마련되어 있어서 반드시 정해진 학점을 이수해야만 한다.

4) 파구산 승가대학불학원(法鼓山僧伽大學佛學院)[75]

2001년에 설립된 불교승가대학이다. 계·정·혜 삼학과 문·사·수 삼혜(三慧)에 의거하여 불법을 홍양하고 중생을 이롭게 실천할 수 있는 인재양성을 창립취지로 하고 있다. 불학과와 선학과로 나눠 모집하는데 관

---

75. http://sanghau.ddm.org.tw/ (2011. 10. 2 자료) ; 中華佛學研究所 編, 앞의 책, pp.215~233 참조 ; '法鼓山僧伽大學 2011年招生簡章'.

련내용을 간략히 도표화하면 다음과 같다.

구분	과정	내용	모집대상
학제	불학과 (4년)	사유와 외국어능력 배양 승격(僧格)도야의 덕업(德業)과정 개설	고졸이상 동등 학력 출가자 및 결혼하지 않은 재가자
	선학과 (6년)	파구종풍(法鼓宗風)의 선법을 계승 자비와 지혜를 구족한 선사(禪師) 배양	고졸이상 동등학력 출가자
원생 모집	시기: 매년 4월~5월 선발방식: 시험 시험과목 -학사반: 국어, 불법개론, 영어, 면접 -석사반: 국어, 불법개론, 영어, 선학개론, 면접		참고도서: 성엔 저술의 『불교입문』, 『신앙으로서의 불교』, 『지혜 100』, 『파구신음(法鼓晨音)』, 『학불군의(學佛群疑)』, 『선의 체험·선의 개시』, 『선문 제1과』 등

5) 포광산 총림학원(佛光山叢林學院)[76]

1965년, 포광산 불교승가교육과 인간불교의 이념을 실천할 승가 인재[77]를 양성한다는 취지로 창립되었다. 싱윈 스님은 포광산을 개창하면서 '교육을 통한 인재배양'을 4대 종지(문화를 통한 불법홍양, 교육을 통한 인재배양, 자선을 통한 사회복지, 수행을 통한 마음의 정화) 가운데 하나로 천명했듯이, 초기부터 불법교육을 통한 출가·재가교육에 중점을 두었다. 1965년, 가오슝(高雄)에 서우산사(壽山寺)를 세우면서 설립하였던 서우산불학원이 오늘날 포광산 교육을 이끄는 출발이 되었다. 후에 포광산으로 옮겨 가면서 둥팡(東方)불교학원으로 개명하였고, 1989년 포광산불교교육학제를 개혁하면서 3단계의 불교교육학제로 개편하였다. 총림학원의 특징은 '생활이 불법이요 불법이 곧 생활'이라는 표현에서처럼 일상생활에서의 실제 수행을 강조한다.[78]

---

76. http://tsunglin.fgs.org.tw/ ; 中華佛學研究所 編, 앞의 책, pp.81~105 참조.
77. 싱윈은 "불교의 발전은 인재에 기대어서만 흥륭할 있으며, 인재는 반드시 교육에 의거하여 재배될 수 있다."라고 하였다. 星雲, 「佛教興學的往來與未來」, 『普門學報』11(台北: 普門學報社, 2002), p.229.
78. 何綿山, 「培養僧才的搖籃」, 劉澤亮, 『佛教研究面面觀』(北京: 宗教文化出版社, 2006), p.358.

둥팡불교학원 정면

학제	구분	목표
제1급	중국불교연구원	불교 교사와 수준 높은 불학연구 인재 양성
제2급	포광산총림학원	대학급 교육, 불교문화, 교육, 자선, 홍법 등을 담당할 인재 양성
제3급	둥팡(東方)불교학원	초등에서 고등학교 수준의 교육, 불교학습을 통하여 청소년이 인격도야, 심신단정, 기질의 변화를 이룰 수 있도록 배양

　　포광산총림학원은 시대의 변화에 부응하기 위하여 2008년 9월부터 새롭게 학제제도를 개편하였다. 총림학원 하부의 남중(男衆) 불학원, 여중(女衆) 불학원에 각각 홍법행정, 사무관리, 불교응용 3개 과를 두고 학습상황에 따라 초·중·고 세 과정으로 다시 구분하였다. 학과과정에 일반과목[通識] 이외에도 포광산 4대종지, 사업단위와 관련된 전문과정을 더 제공함으로써 학생들이 졸업 후에 포광산 체계에 바로 적응할 수 있도록 기획하였다.

학과	일반과목/전공과목	전공과정
홍법행정과 홍법조, 행정조	일반 : 1. 불법개론 2. 경론도독(經論導讀) 3. 불교사 4. 종문(宗門)사상 5. 싱원대사저작 선독 6. 학불행의(學佛行儀) 7. 오당공과(五堂功課) 8. 포광회(佛光會) 9. 어문(語文) 10. 컴퓨터 전공 : 1. 불교심리학 2. 종교이해 3. 대륙불교 4. 물류관리 5. 전공강좌	1. 포교 2. 사교(社敎) 3. 불교행정관리 4. 응용문서 5. 불교음악 6. 종교법규 7. 불교문선 8. 경론연구 9. 논문작법 10. 불학연구법
사찰사무관리과 법무조, 사무조		1. 법무행정 2. 법회행의 3. 지객(知客) 4. 전좌(典座) 5. 디수이팡(滴水坊) 6. 자선복지 7. 평면홍법전과 8. 사원정재관리
불교응용과 문예선전조, 건축·예술조		1. 평면홍법전과 2. 디지털홍법전과 3. 사원건축과 홍법 4. 불교미학 5. 불교행정관리 6. 상담과 지도 7. 종교법규 8. 사원정재관리

6) 샹광니중불학원(香光尼衆佛學院)[79]

1980년, 우인 스님(悟因, 1940~)이 중국불교회의 인가를 거쳐 설립하였다. 스님이 자이(嘉義) 샹광사(香光寺)를 맡게 되면서 불학원을 건립하였다. 후에 샹광장엄잡지사, 거사불학연독반(居士佛學硏讀班) 등을 설립하면서 불학원을 중심으로 샹광니 승단을 형성하였다. 교육, 문화, 사회사업에 승속의 역량을 결합하여 성공적인 전법 교화활동을 펼치고 있다. 1997년 이후로 재단법인 체예산기금회[伽耶山基金會]에 소속되었다.

---

[79]. http://www.gaya.org.tw/hkbi/ (2011. 10. 4 자료) ; 中華佛學硏究所 編, 앞의 책, pp.249~260 참조.

샹광니중불학원의 학과과정을 개략적으로 살펴보면 다음과 같다.

구분			1학년	2학년	3학년	4학년
일반			불교자원검색과 응용; 인문학전공; 심리학전공; 종교학전공; 이미지교학법; 서법; 논문작법 등			
전공핵심	불교이론	교제(教制)	사미율의	비구니계 개요 유가보살계	비구니계	승가제도
		교의(教義)	불교교의사상	불교교의사상	불교교의사상	불교교의사상
			대승경론도독(大乘經論導讀) 백법명문론(百法明門論)	유식개론	해심밀경 섭대승론	유가사지론
				아비달마	청정도론	
			불법개론	초기불교경전	대승불교논전	대승사상연구
		교사(教史)		인도불교사	중국불교사	불교사연구
	불교실천	의궤(儀軌)	범패(一)	범패(二)		
			아침·저녁예불[早晚課誦], 대승경전 및 의궤 수지, 공양의궤			
			송계(誦戒)			
			결하안거			
		수지(修持)	평일선수행, 집중선수행, 정토법문수지			
		홍화실습	불교포교실습; 승원서비스와 지		불교리더십; 포교실습; 사원행정실습	
			집사교육	집사교육	집사교육	집사교육
	논문작법					졸업논문보고

이 불학원의 특징은 4년의 수학기간 동안 1, 2년은 기초교리와 종교적 생활에 익숙하고 종교성을 배양하는 데 중점을 둔다. 3, 4학년에 이르면서 불교사와 승제(僧制), 교의에 대한 이해를 깊게 하고 종교인으로서의 실무적 능력도 교육시킨다. 각 과정마다 3개의 영역, 즉 해문(解門), 행문(行門), 홍호문(弘護門)으로 나누고 건전한 인격을 지닌 종교인으

로서의 역량을 키우고 일생 동안 수행생활과 홍법활동에 전념할 수 있도록 체계화시킨다.

2010학년도 시간표를 통해 이 3개 영역에서 교육되는 과목을 살펴보면 다음과 같다.

영역	과목명
해문	불법개론, 불교윤리(沙彌戒儀), 불교율의(범패), 인도불교사, 유가사지론, 승가제도, 영어, 국어, 논문작성법 등
행문	아침, 저녁 예불, 송계(誦戒), 공수(共修) 등
홍호문	요가, 기공, 운동, 반별회의 등

위에서 알 수 있듯이, 해문은 불교교의와 승가계율, 의궤에 대한 지식과 불교사에 대한 이해를 높임으로써 불교와 사회의 상호관계를 이해시키는 데 중점을 두고 이루어진다. 행문은 위의 훈련과 과송 암기, 자기 점검 등의 내용이며 안거도 포함된다. 홍호문은 승단생활에 공동 참여를 유도함으로써 협력하는 마음을 길러준다.

1996년, 비구니와 사미니를 대상으로 삼장부(三藏部) 3년, 전수부(專修部) 2년 과정으로 개편하였으나, 2004년, 1년 과정의 '행자학원(行者學園)'을 부설하여 출가에 뜻있는 여성불자들을 대상으로 모집하였다. 자격은 고등학교 졸업 이상의 학력, 미혼이어야 하며, 구술시험과 작문시험을 통과해야 한다. 개방형 형태인 '예비과정생[預修生]' 1년 과정도 있으며 대상은 비구니와 사미니만을 대상으로 한다. 불학원은 2005년부터 이전의 5년 과정을 4년으로 변경하고 학점제에 따라 진급할 수 있도록 하고 있다.

2. 포광산사 교육 내용[80]

1) 국제화 교육

포광산에서는 1976년, 영어불학센터를 세운 이후로 영문불학원과 일문불학원 등을 점차 설립하면서 국제화의 필요성을 인식하고 있었다. 1994년에는 포광산을 찾아오는 외국인들을 위해 '외국학생연수반'을 설립하고 계속해서 인도불학원, 아프리카불학원 등을 세웠다. 90년대를 전후하여 적극적인 해외 전법 및 교육활동을 펼칠 수 있었던 것은 1987년 계엄이 해제되면서 다양한 종교활동이 가능하게 되었기 때문이다. 대만 내에서 다양한 신흥불교교단과 단체들이 활동하면서 이들은 외국으로 전법활동을 확대시킬 필요성을 느끼고 있었다.

  포광산은 초창기부터 교육에 중점을 두고 전법활동을 전개하였듯이 불학원과 다양한 교육활동, 지역활동을 중심으로 해외 전법활동을 실시하였다. 포광산의 해외 전법활동에 대해서는 '대만불교의 성장과정과 특징'을 다룬 필자의 글[81]에서 살펴보았듯이, 각 지역에 따라 적합한 방식을 취하고 있다. 아시아 지역에서는 대승불교권인 한국과 일본, 남방불교권인 태국, 힌두전통의 인도, 그리고 다른 종교 전통을 배경으로 하는 필리핀, 말레이시아 등에서는 현지 종교계와의 교류에 중점을 두면서 지역사회 활동을 통하여 전법활동을 펼치고 있다. 미국의 경우는 지역 인재들의 교류활동을 수용할 수 있는 공간을 제공하거나 대학가 근처에 위치함으로써 적극적인 소통의 장이 마련될 수 있는 역할을

---

[80] 이에 관한 내용은 佛光山宗教委員會 編, 『佛光山開山四十週年特刊 3-信衆教育』(高雄: 佛光山宗務委員會, 2007) 참조: 佛光山宗務委員會 編, 『佛光山開山三十週年特刊』(高雄: 佛光文化, 1997) 참조.
[81] 양정연, 「대만불교의 성장과정과 특징-포광산교단을 중심으로」, 『불광연구원 제8차 학술연찬회-대만불교의 실천이념과 운영시스템』(불광연구회, 2011), pp.23~30 참조.

담당하고 있다. 또한 중남미의 경우는 자선이나 문화교육활동을 통하여 지역사회에 도움을 줄 수 있는 방향으로 전개하고 있다. 이런 점들은 지역사회와 융합해야만 성공적인 전법 활동을 이룰 수 있다는 포광산의 실천이념에 따른 것이다.

1994년 설립된 아프리카불학원은 현지인을 홍법인재로 육성하여 지속적인 홍법활동을 펼치는 것을 목표로 하고 있다. 2006년 현재, 아프리카의 각 지역에서 온 학승들이 3년 과정으로 공부하고 있다. 이 과정에는 중국역사와 문화는 물론 불법을 이해하고 대중전법이 이루어질 수 있는 능력을 키우는 과정도 포함되어 있다.[82] 포광산의 현지화 노력은 오스트레일리아의 난텐불학원(南天佛學院)에서도 이루어지고 있다. 이곳에는 구미권뿐만 아니라 동남아시아 출신의 학승들도 공부하고 있다. 물론 졸업 후에 대만 포광산 총림학원에서 더욱 체계적인 교육을 하기도 하지만 초기 설립된 불학원들이 주변지역의 홍법활동을 위한 거점으로서 역할을 수행하고 있는 것이다.

2003년 불교를 더욱 촉진시키기 위하여 설립된 '세계불학연구센터' 하부에 불학, 관리학, 인간불교, 포광학, 영문불학, 일문불학 등 열 개 연구소를 두고 교재편찬이나 더욱 전문적인 연구활동이 이루어질 수 있도록 하였다. 특히 국제학부에 영문불학연구소를 설립하고 이들이 미국 시라이대학에서 개설한 과목을 원거리교육을 통하여 수강할 수 있도록 함으로써 전문능력을 높이도록 하고 있다.

---

[82] 佛光山宗敎委員會 編, 『佛光山開山四十週年特刊 3-信衆敎育』, pp.65~66 참조.

2) 사회교육

포광산에서 운영하고 있는 대학은 1991년 미국에 세운 시라이대학(西來大學)과 1996년 개교한 난화대학(南華大學), 2000년 9월에 개교한 포광대학(佛光大學), 1995년 오스트레일리아에 설립한 난텐대학(南天大學)이다.

시라이대학은 미국 캘리포니아 로스엔젤레스에 세워졌으며, 인문과 과학, 이론과 실용, 동양과 서양이 융합된 교과내용을 갖추고 있는 대학이다. 종교학, 경영학, 평생교육, 언어학, 인문사회과학 등의 과정을 개설하고 있으며 영문불학 연구활동을 포광산과 공동으로 전개하고 있다. 2005년 한국 위덕대학과 자매결연을 맺었고 2006년에는 금강대학과 교수 및 학생 교류협정을 체결하였다.

난화대학은 자이현(嘉義縣)에 위치해 있으며 인문정신을 이념으로 일반교육을 강화하고 연구형 대학을 추구하고 있다. 전국에서 유일하게 중국궁정악단이 있으며 중국 예악(禮樂)문화 등을 통한 인문정신의 학풍을 배양하고 있다. 관리학원, 인문학원, 사회과학원, 예술학원, 과기학원 등 5개의 단과학원으로 구성되어 있으며, 인문학원 내에 생사학과, 철학과, 생명교육학과 및 연구소 등이 개설되어 있다.

포광대학은 인문사회학과 위주의 대학으로서 이란현(宜蘭縣)에 설립되어 있다. 2006년 설립된 이공학원을 포함하여, 인문학원, 사회과학 및 관리학원, 불교학원 등 모두 4개의 단과학원이 있다. 싱윈 스님이 '백만인 홍학운동'을 펼치면서 대중과 함께 인문사상 위주의 사회대학을 건설한다는 정신이 배어있는 곳이다.

난텐대학은 2009년 정식으로 오스트레일리아 정부에 설립등기를 마치고 정식으로 인정받았다. 불교계 종합대학이며 서원의 전통을 계승하면서 중국 교육의 형태를 띠고 있다. 응용불학연구 석사과정을 개설하여 불교사상과 문화를 인식하고, 한전불교 위주의 교학과 연구를 심화시키며 불교사상을 통하여 당대에 응용하려는 노력을 기울이고 있다.

성원 스님은 "유치원, 초등학교, 중등학교에서부터 대학까지, 그리고 개인, 가정에서 모든 사회로, 사찰의 출가자에게서 대중 생활 속으로 불교화 교육이 이루어져야 한다"고 말한다. 포광산에서 중고등학교와 초등학교, 유치원 등을 함께 운영하고 있는 것은 모든 분야에 있어서 교육이 토대가 되어야 한다는 스님의 신념이라고 할 수 있다.

3) 신중교육

성원 스님이 오늘날 포광산사를 창건할 수 있었던 시발점은 이란에서의 성공적인 홍법활동이라고 할 수 있다. 스님은 당시 사회적으로 관심을 받지 못하고 있던 유아교육과 활동에 주목하고 이들을 위한 모범적인 유치원을 설립하였다. 인간불교는 가정의 불교화를 중시하며 교육 역시 불교를 통해 이루어져야 한다는 점을 강조한다. 스님은 올바른 인생관이 어린이에게 있을 때 성인이 된 뒤에 감사할 줄 아는, 건전한 인간으로 성장할 수 있다고 믿고 있다. 포광산은 가장 어린 아이에서부터 대학교육, 불학원 등에 이르기까지, 사회가 필요로 하는 것을 먼저 제공해준다는 실천이념을 갖고 있는데, 이러한 점은 일반 대중을 상대로 하는 불교활동에서도 잘 나타난다.

도시불학원은 사원을 넘어 일반 사회로 대승의 불법이념을 확대시키려는 인간불교의 실천이라고 할 수 있다. 도시불학원은 대도시라는 환경 속에서 불법을 비교적 쉽게 접할 수 있는 기회를 제공하려는 취지로 운영되고 있다. 따라서 이곳에 들어오는 이들에게 선지식을 만날 수 있고 모든 활동에 함께 참여할 수 있도록 교육활동이 기획되어 있다. 불교교리를 포함하여 '차와 선', 야회활동, 범패, 영문불학, 부녀자법회, 태극권, 요가 등 원우들이 각자 원하는 활동에 참여함으로써 소속감을 느낄 수 있도록 다양한 프로그램이 제공된다. 포광인문예술학원의 경우는 문화활동을 통하여 사회인들이 즐길 수 있도록 꽃꽂이, 기타반 등 다양한 예능과정을 개설하고 있는데, 현재 3000명이 넘는 사람들이 참여하고 있다.

승만서원(勝鬘書院)은 현대사회에서 여성들이 다양한 활동을 통하여 능력을 펼칠 수 있도록 기회와 환경을 제공하기 위하여 설립되었다. 4개월을 1기로 하여 모집하며 세계 각국의 사찰이나 유명한 곳을 방문하면서 생명과 인생의 가치를 새롭게 인식해보자는 취지를 갖고 있다. 여기에는 지식과 실천이 동시에 요구되기 때문에 포광산에서 2개월 동안 불교의례와 불학사상을 가르치고 사경, 좌선 등의 수행도 병행한다. 나머지 2개월은 해외탐방에 나서는데 포광산 해외별원이나 분원을 방문하며 다른 나라의 문화와 역사 등을 이해할 수 있도록 전문가를 요청하여 교육하기도 한다. 참여자들은 과정을 이수한 뒤에 각자 자신의 취향에 따라 포광산의 사업에 참여하거나 국내외 기관에서 문화, 교육, 자선, 홍법 등 다양한 활동을 할 수도 있다. 이러한 견학과 참여활동이 이루어지는 이유는, 독서와 시야를 넓히는 등 불법이라는 것이 경전에서만 아니라 그 내용을 일상생활에서 경험해보라는 것이다. 승만서원은 불학원에서 공부할 수 없는 환경에 있는 대중들을 위해 설립된 것으로 여성신도를 위한 곳이며, 남성신도들에게는 '유마서원(維摩書院)'이란 이름으로 동일한 교육과 활동내용을 제공하고 있다. 매 기마다 약

20~27명 정도의 인원이 참여하고 있으며 2006년에는 46명이 참여하기도 하였다.

지역사회대학[社區大學]은 대만 각지에 설립되어 있는 단체로서, 청소년캠프, 청장년캠프, 생명교육과정, 인문예술과정, 보디빌딩, 생활미학과정, 불화강습 등 환경이나 연령대별로 다양한 프로그램을 제공한다. 프로그램의 내용에 따라 포광산이나 난화대학, 포광대학 등 포광산 관련교육기관의 전문가가 함께 참여하여 지역사회대학의 활동에 도움을 준다. 예를 들면, 자이박애지역사회대학[嘉義博愛社區大學]에서는 내부시설을 지역 사회에 제공하여 각종 예술창작품이 전시될 수 있도록 하고 지역민들에게 다양한 영상자료를 제공함으로써 그들의 문화활동에 도움을 주고 있다. 또한 생명학이나 미학예술 등 비교적 전문적인 교육과정을 쉽게 이해할 수 있도록 강좌를 개설하여 평생교육을 담당하는 역할을 수행하고 있다. 문화시설이 부족한 환경 때문에 이곳에 참여하는 인원만 4,000명이 넘는다.

이외에도 포광인간대학[83]은 '사원의 학교화, 학교의 사원화'를 강조하는 싱윈 스님의 이념에 따라 재가교육을 위해 설립되어 교리나 사회재교육 등의 과정을 제공하고 있으며, 톈옌(天眼)네트워크불학원은 총림학원에 개설된 인터넷 교육원으로서 재가자교육을 담당하고 있다.

단기출가수도회는 1988년 처음 실시되었는데, 당시 참가신청만 8,000명이 넘기도 하였다. 오스트레일리아, 독일 등 전 세계적으로 포광도량에서 행하고 있으며, 미국에서는 매년 200명이 넘는 인원이 참

---

[83] 싱윈 스님은 모든 포광산의 별원·분원들이 모두 학교화할 수 있어야 한다고 하였다. '포광산 인간대학'은 각 도량이 교실을 이용하여 여러 가지 불학이나 사회교육과정을 개설할 수 있도록 하였다. 慧寬, 「佛教信衆教育探討」, 『第二屆世界佛教論壇論文集』(2009), p.270.

가하고 있다.

　포광산에서는 1993년 선방을 대외 개방하여 재가자들이 단기간 수행할 수 있도록 하였다. 이후 재가수행자들에게 큰 호응을 받으면서 해외의 포광도량에서도 대외 개방을 하였다.

3. 대만 불교교육의 특징

앞에서 살펴본 불학원 가운데, 푸옌불학원과 파구산, 포광산의 경우, 개창조나 특정개인의 사상, 저작을 학과과정에서 배우거나 연구한다는 특징이 있다. 푸옌불학원의 경우는 인순 스님의 『성불의 길』, 『묘운집』 등이 교과과정에 있으며, 파구산은 성옌 스님 사상을 연구하면서 파구종풍을 잇는다는 뚜렷한 목적을 갖고 있다. 포광산에서는 싱윈 스님의 저작과 사상을 교과과정에서 학습하고 연구한다. 입학시험에서도 이들의 저작은 참고도서로 제시된다. 이러한 점은 자신들의 이념과 방향성을 승가교육에서 분명히 인식시킴으로써 서로 강한 공감대를 형성할 수 있도록 하고 뚜렷한 목표의식을 갖도록 한다.

　현재 대만에서 사회적으로 특히 주목받고 있는 곳은 파구산, 포광산, 샹광니 승단이다. 이 가운데 필자는 샹광니 승단과 포광산의 예를 통하여 교육과 '출가-재가', 사회활동의 측면이 함께 긴밀히 연관되어 이루어지고 있는 점에 주목하고 싶다.

　샹광니 승단에서 교육은 승격(僧格)을 온전하게 하는 데 있다. 이는 지적인 교육만을 의미하지 않는다. 불법을 수지하는 승재(僧才)를 일구어 나가는 것이기 때문에 승가의 본분을 특히 중시한다. 샹광니 승단은 교육과정을 통하여 종교성을 배양하고 점차 인격을 지닌 종교인으로 육성시켜 수행과 홍법, 사회활동에 전념할 수 있도록 체계화하고 있다. 이것은 개인만의 해탈을 추구하는 것이 아니라 종교적 봉사와 헌신이 이루어질 때 비로소 종교인의 역할을 다한다는 점[84]을 말하는 것이다. 샹광니중불학원의 졸업생들은 샹광사(香光寺), 쯔주린정사(紫竹林精舍), 안후이학원(安慧學苑), 딩후이학원(定慧學苑), 인이학원(印儀學苑), 양후이학원(養慧學苑)와 같은 승단의 여러 단체들에서 사회교화활동이나 각종 홍법활동을 펼침으로써 실천행을 펼치게 된다.

　포광산은 초기부터 교육을 통한 인재양성을 강조하였다. 승가교육을 단지 불교지식과 의례를 담당하기 위한 것이 아니라 현대사회에 적응하고 불교홍법을 효과적으로 할 수 있도록 하는 데 중점을 두었다. 최근에 개편된 내용을 보더라도 홍법과 행정을 위한 홍법행정, 불법과 사찰업무를 위한 사찰사무관리, 홍법전파와 예술활동을 위한 불교응용, 세 과로 개편하고 졸업 후에 바로 포광산 조직에 적응할 수 있도록 하였다. 이러한 점은 교육을 통하여 포광 이념에 대한 이론적 지식과 실천 능력을 함양함으로써 '인간불교를 제창하고 불광정토를 건설하며, 사부대중이 함께하는 교단을 건설하고 세계가 조화롭고 자애롭도록 촉진한다'는 포광산의 목표를 실천해야 한다는 의식을 갖도록 한다.

　포광산의 거의 모든 별원이나 분원들은 지역사회를 위한 교육기능을 일정 부분 담당한다. 이것은 해외포교에 있어서도 마찬가지이다. 불자들과 지역사회가 요구하고 필요로 하는 프로그램과 환경을 제공함으로써 사원이나 도량은 대중이 함께하는 소통의 장, 교류의 장으로 변

---

[84]. 中華佛學硏究所 編, 앞의 책, p.253 참조.

모하게 되었다. 모두가 함께하는 자리에서 재가자들은 소속감을 느끼고 함께 만들어 나아가고자 하고 적극적으로 참여한다.

샹광니 승단이나 포광산의 승가교육에서는 실천을 통해서만 온전한 종교인의 역할을 다하는 것이고 자신들의 이념을 실행하는 것이라는 인식을 뚜렷이 심어준다. 교육을 마친 출가자들은 그들의 신념을 각 지역이나 단위에서 실천으로 옮긴다. 이들 교단에서 승가교육은 개인의 해탈이 아닌 대중과 함께하는, 실천을 통한 대승의 이념 실천을 전제로 하는 것이다.

대만불교계의 불학원과 교단의 활동을 볼 때, 한국에서 논의되는 승가교육문제는 그 자체가 별도로 논의될 것이 아니라 "과연 한국불교 각 종파의 이념과 방향성을 올바로 인식시킬 수 있는 것인가?", "교육과정을 통하여 종파의 종지와 목적에 맞는 인식을 가지게 할 수 있는가?"라는 점에서 검토되어야 할 것이다. 교육과정은 출가자가 일생동안 수행과 실천과정에 있어서 방향성을 갖도록 하는 과정이다. 따라서 '출가-재가', '포교'에 대한 인식과 태도도 그 과정에서 올바로 교육되어야만 한다.

싱윈 스님은 "불교는 혼자만의 종교가 아니다"라는 말을 자주 한다. 출가와 재가 모두 종교적 감성을 공유하지 못한다면 상호교감은 사라져 버린다. 이러한 상태에서 아무리 좋은 주장과 논의가 전개된다고 하더라도 감성을 통하여 공감을 얻지 못하면 서로 '네 탓' 싸움에 빠지게 될 것이다.

서*
대
원

대만불자의
계율정신과 윤리의식
지계(持戒)와 소식(素食)의
실천을 중심으로

이 글은 순수하게 학술적인 논의라기보다는 한국불교의 발전을 위해 대만불교의 장점을 접목하자는 의도로 이루어진 기획 연구의 산물이다. 여기에서는 '지계(持戒)'와 '소식(素食)'을 중심으로 살펴보겠다.

  이와 같은 고찰을 위해 부득이 두 가지를 선형적으로 살펴보아야 한다. 첫째, 계율과 소식에 대한 기본적 고찰이다 이것이 선행적으로 고찰되어야 불교계 안에서의 계율과 소식에 대한 현상을 이야기할 수 있기 때문이다. 둘째, 한국의 계율과 소식의 상황에 대한 고찰을 해야 한다.

---

* 충북대학교 기초교육원 교수

이 글은 현 한국불교와 대만불교에 대한 비교를 통해 취장보단(取長補短)하자는 것이 목적이므로 단순히 대만의 상황만 검토하는 것으로 어떤 결론을 이끌어 낼 수 없다. 그러나 이 두 가지는 모두 한 편의 짧은 글로 다룰 수 있는 주제가 아니다. 그리고 그리 단순한 문제가 아니다. 매우 많은 자료로 상세한 논증을 해야만 그 실체에 그나마 접근할 수 있을 것이다.

여기에서는 논의의 경제성과 명료성을 위해 그 논의의 대상을 다음과 같이 제한하고자 한다. 우선 간략하게 불교에 있어서의 '계율'과 '소식'에 대해 개괄을 하고 그 다음 대만불교에 있어 '계율'과 '소식'의 문제를 살펴본 후 그것을 중심으로 결론을 도출하겠다. 우리 한국불교의 '계율'과 '소식'도 매우 중요한 주제이기는 하지만 이 부분은 한국불교도가 가지고 있는 상식(?) 혹은 인상으로 대체하겠다.

I. 지계(持戒)와 소식(素食)

일반적인 사람이 보기에, 아마도 '계율'이라는 현상은 모든 종교에 공통적으로 가지고 있으며, '소식'은 불교의 독특한 현상이라고 보고 있을 것이다. 이것은 물론 정확한 지식이 아니다. 단지 우리의 일반적인 인식이 아마도 그럴 것이다. 즉 이 땅의 일반 대중이 가지고 있는 불교에 대한 일종의 '선이해(先理解)'라고 볼 수 있다.

1) 지계

'지계'에 대한 논의에 앞서 '계율(戒律)'에 대해 살펴보자. 한문불교 문화권에서는 '계율'이란 용어를 자주 사용하고, 우리도 상당히 친숙한 단어이다. 그리고 현재 한·중·일 삼국의 불교계에서 빈번하게 사용하고 있는 용어이다.

그럼에도 불구하고 이 용어가 본래 불교에 있어 번역된 용어인지 아니면 후대 중국에서 만들어진 용어인지가 불분명하다.

'계'는 범어, śīla 팔리어 sīla로 일반적으로 '시라(尸羅)'라고 음역된다. 그리고 '율'은 범어 vinaya로 '비나야(毘那耶)' 등으로 음역된다. 그렇다면 '계율(戒律)'은 'śīla-vinaya' 즉 시라비나야(尸羅毘那耶)의 의역(意譯)이어야 한다. 그런데 현재 우리가 참고할 수 있는 인도 불전문헌에서는 이에 대한 정의가 없을 뿐 아니라 이와 같은 용어도 존재하지 않는다. 현재 우리가 이와 같은 용례를 찾을 수 없을 뿐 아니라[85] 일본학자 히라가와 아키라(平川彰)에 의하면 이와 같은 단어가 존재했었을 가능성도 매우 낮다. 왜냐하면 이 두 가지는 서로 상호모순적인 내용을 담고 있기 때문이라 한다.[86] 그렇다면 우리는 부득불 계(戒)와 율(律)에 대해 고찰해야 할 것이다.

'계'는 śīla의 의역어이다. 본래 행위, 습관, 성격, 도덕, 경건 등의 의미가 있다. 넓은 의미로 말한다면, 선악의 모든 습관을 모두 계라고 말할 수 있다. 그렇다면 선한 습관을 '선계', 악한 습관을 '악계'라 할 수

---

[85] 현재 우리가 사용하는 '계율'이란 용어는 번역시에 발생한 용어로 보는 것이 일반적이다. 즉 초기에 '계율'이라 번역된 곳을 현존 남전불교와 비교하면, 범어 pratmokṣasaṃvara에 해당한다. 이것은 일반적으로 '별해탈율의(別解脫律儀)'라고 번역되는 것으로 '계율'에 부합되지 않는다. 그리고 '계율' 번역용어를 찾아보면 그 대상이 일정하지도 않다.

[86] 히라가와 아키라(平川彰) 지음·석혜능 옮김 『원시불교의 연구』 민족사 pp.125~129를 참고하라.

있다. 그러나 일반적으로 정계(淨戒), 즉 '청정(淸淨)'을 지향하는 계만 계라고 부른다. 그렇다면 계란 출가중과 재가중에 부가된 청정한 생활규칙을 말한다고 말할 수 있다. 이 계는 자발적인 의지에 의해 지켜져야 하는 것을 그 특징으로 한다.

여기에서 청정(淸淨), 자발(自發)에 대해 주의를 기울여 보자. 율은 vinaya의 의역어다. 이것은 부처님이 제정한 것으로 비구와 비구니가 된 자로서는 반드시 엄수해야 할 생활규범이다. 본래 처음 계와 율이 제정될 때, 계는 만약 지켜지지 않았을 때에 대한 처벌규정이 없었으나 율은 처음부터 반드시 엄수하여야 하며 그렇지 않을 시에는 처벌이 되도록 규정되어졌다. 즉 자율적인 규칙이 아니라 타율적인 규칙이라 볼 수 있다. 이에 대해 히라가와 아키라는 다음과 같이 설명하고 있다.

상가 결합의 성립을 고찰하고자 할 경우, 상가에 들어가서 수행하기를 원하는 비구 개인의 '의지'와 상가의 통제를 유지하기 위한 '율법'이란 두 가지 성격을 합하여 고찰할 필요가 있다. 상가의 성립은 기본적으로는 상가를 형성하고자 하는 구성원들의 의지에 기반을 두는 것이지만, 그러나 사람들이 모인 이상 그들이 일치된 단체행동을 하기 위한 객관적인 규범이 필요하게 된다. 상가의 형식을 생각할 경우, 이 이중구조를 무시할 수 없다. 전자는 주관적인 비구 개인의 결의이고 이것을 '계'라 부른다. 후자는 상가라고 하는 단체의 규칙이고 이것을 '율'이라 부른다.[87]

---

[87]. 앞의 책, p.125.

이것은 우리가 일반 생활에서 말하는 도덕과 법률이라는 관계와 유사하다. 도덕은 자율에 의해 유지되며 비도덕적일 경우 스스로 양심에 가책을 느끼거나 비난의 대상이 된다. 법률은 반드시 엄수해야 할 대상으로 위반할 경우 가책이나 비난의 대상을 넘어 처벌된다.

그렇다면 위의 계·율 관계를 다음과 같이 말할 수 있다. 우선 계란 청정을 지향하는 사람이 청정을 유지하거나 증장시키기 위해 자발적으로 지켜야 할 생활규칙을 말한다. 율이란 승단이 유지발전하기 위해 반드시 지켜야 할 타율적인 법금(法禁)이다.

그렇다면 일반적으로 말하는 수행 및 견성성불 등은 계와 보다 밀접한 관련이 있으며, 승단의 화합과 유지 및 발전 등은 율과 보다 밀접한 관련이 있다. 물론 이 두 가지는 서로 밀접한 관련을 가지고 있으며 동시에 교집합과 같이 중첩되는 내용이 매우 많으며 뒤에는 이 두 가지를 구별하지 않고 뭉뚱그려 사용하기도 한다. 우리가 일반적으로 사용하는 계율이란 아마도 이 둘을 혼합 혹은 결합하여 사용하는 개념일 것이다.

그렇다면 불교 계율의 특징은 무엇일까? 불교 계율의 기본은 오계(五戒)에 이미 갖추어져 있다고 한다. 그렇다면 불교의 오계란 무엇인가?

① 살생을 하지 않는다[不殺生].
② 도둑질하지 않는다[不偸盜].
③ 사음을 하지 않는다[不邪淫].
④ 함부로 말하지 않는다[不妄語].
⑤ 술을 마시지 않는다[不飮酒].

이것은 불교도라면 아니 일반적인 상식을 가지고 있는 사람이라면 누구라도 알고 있는 내용일 것이다. 그런데 이 내용의 대부분은 불교만의 계율이 아니다.

마누법전의 오계는 다음과 같다. ① 살생하지 않는다[不殺生]. ② 함부로 말하지 않는다[不妄語]. ③ 도둑질하지 않는다[不偸盜]. ④ 음행하지 않는다[不淫]. ⑤ 탐내고 화내지 않는다[不貪瞋].

자이나교의 오계는 다음과 같다. ① 살생하지 않는다[不殺生]. ② 도둑질하지 않는다[不偸盜]. ③ 함부로 말하지 않는다[不妄語]. ④ 음행하지 않는다[不淫]. ⑤ 욕망을 떠난다[離欲].

기독교도 이와 유사한 오계를 가지고 있다. 그렇다면 이와 같은 계율은 세계적으로 상당히 보편적이고 볼 수 있다.

이들을 나란히 놓고 비교를 해 보면 우리는 다음과 같은 것을 느낄 수 있다. 물론 이와 같은 '계'는 자발성을 기초로 지켜지는 것이지만 불교계율의 특징과 강조점을 알 수 있다.

첫째, 불교의 계율 중 다른 종교 등과 상대적으로 중복되지 않고 독창적인 것은 '불음주'이다. 사실상 '불음주'의 보다 정확한 의미는 "정신을 혼미하게 하는 곡주나 과일주를 마시지 않는 것이다. 이때는 곡주와 과일주만 말하는 것이 아니라 우리 정신을 혼미하게 하는 모든 약물이 포함된다."[88] 즉 마약 등 청정한 정신에 해가 되는 모든 음식물을 멀리해야 한다는 것이다.

둘째, 이 오계는 범불교도에게 권고하는 기본적인 계율이다. 여기에서 보면 비출가자인 재가중에게 '음(淫)'이 허용됨을 볼 수 있다. 즉

---

[88]. 김재성 『초기불교산책 I』 한언, 서울, p.151. 말투 등을 논문체에 맞추어 약간 수정하였다.

'불음(不淫)'이 아니라 '불사음(不邪淫)'이다. 그렇다면 불교도의 기본 생활과의 거리를 말한다면 '음(淫)'보다 '주(酒)'가 더 멀리 있는 것이다. 다른 방식으로 설명해 보자.

불교도가 된다는 것은 불교의 이상에 공감을 하고 그 길의 방향으로 가겠다는 것이다. 물론 재가와 출가의 차이가 있지만 모두 불교도임에는 동일하다. 그리고 그것을 유지하기 위해 기본적으로 지켜야 할 것이 바로 오계이다. 그런데 출가중은 음계를 범해서는 안 되지만 재가중은 '사(邪)'만 아니라면 '음계'에 대해 자유롭다. 즉 '행음'을 한다 해서 불교도의 기본 자격에 문제가 생기지 않는다. 그런데 '음주'는 그렇지 않다. 엄격하게 말하면 '음주'는 불교도가 되는 기본적인 자격에서조차 최소한 '행음'보다 더 심각하다고 볼 수 있다. 즉 '음주'의 문제는 불교계율의 특징일 뿐 아니라 그 경중 상 그리 가벼운 부분이 아니라는 것을 알 수 있다.

이 이외 매우 여러 종류의 계율이 있으며 출가의 길에 들어서면 보다 복잡한 계율을 받게 되며, 그 계율에 통하여 출세간의 길에 들어서게 되는 것이다.

이미 앞에서 살펴본 바와 같이 '계'는 청정(淸淨)을 그 본질로 하고 있다. 여기에서 말하는 '청정'이란 '출세간'을 말한다. 즉 '계'에 의지하여 '출세간'의 길을 가는 것이다. 그 지계 여부는 출세간에 대한 간절한 욕망과 밀접한 관련이 있는 것이다.

2) 소식

불교의 소식문제는 좀 복잡하다. '소식'은 육식을 하지 않는 것을 말한다. 일반적으로 말하는 '채식(菜食)'의 의미라고 보면 되지만 약간의 차이가 있다. 이와 연관하여 '오신채(五辛菜)'의 문제를 함께 살펴보자.

우선 대승불교에서 말하는 '소식'은 단순한 채식이 아니라 오신채가 배제된 채식을 말한다. 오신채는 일반적으로 마늘·파·부추·달래·흥거 다섯 가지 채소를 말하는데, 이중 흥거는 인도에만 있다고 한다. 한국에서는 양파도 오신채와 같은 유로 간주하기도 한다.

그런데 소승불교에 규정이 되어 있는 것은 사실상 '마늘[蒜]' 밖에 없다. 『사분률』비구니계에 의하면 다음과 같다.

만일 비구니가 마늘을 먹으면 바일제를 해야 한다.

만일 비구니가 생마늘, 익은 마늘 및 여러 마늘을 먹으면 성토하고 바일제를 해야 한다. 비구가 먹으면 돌길라이고 식차마나, 사미, 사미니가 먹어도 돌길라이다.

바일제란 참회를 하는 것을 말하고, 돌길라는 사소한 잘못이란 의미이다. 마늘은 유독 비구니에게만 좀 더 강하게 제재하고 있음을 알 수 있으며, 전체적으로 보아서는 심각하게 다루지 않고 있다고 느껴진다.[89] 오신채에 대한 강한 금지와 설명이 보이는 것은 대승불교에 이르러서이다. 『범망경』의 경구계에 다음과 같은 글이 보인다.

---

[89] 성엔 법사의 설명에 의하면, 초기에 마늘에 대해 제재를 한 것은 '음욕' 등과 상관이 없고 마늘을 먹고 나면 입에서 특유한 냄새가 나서 대중들을 불쾌하게 할 수가 있기 때문이라고 한다. 특히 비구니가 그럴 경우 더욱 승단에 나쁜 인상을 줄 우려가 있기 때문에 제재를 한 것으로 보인다.

불자라면 오신채를 먹으면 안 된다. (오신채란) 대산(大蒜)·혁총(革蔥)·자총(慈蔥)·난총(蘭蔥)·홍거(興蕖)이다. 이 다섯 종류는 어떤 음식을 먹을 때도 먹으면 안 된다. 만일 고의로 먹으면 경구죄를 범하는 것이다.

다시 『능엄경』의 설명을 들어보자.

익혀 먹으면 음욕을 발생시키고 생으로 먹으면 성내는 마음을 증장시킨다. … 비록 십이부경을 분명하게 설명할 수 있어도 모든 곳의 천선들이 그 더러운 냄새를 싫어해서 모두 멀리 떠나가고 모든 아귀들이 그 먹는 자리를 틈타 그 사람의 입술을 빨게 되어 항상 귀신과 붙어 살게 된다. … 무간지옥에 떨어지게 된다.

이 두 개의 인용문에서 몇 가지를 읽어낼 수 있다. 첫째, 아마도 대승에 이르러 오신채란 개념이 확정되었을 것이다. 둘째, 오신채를 금지시키는 이유가 음욕, 에심과 관련이 있다고 분명하기 말하고 있다. 물론 악취[臭穢]도 그 이유 중 일부분이긴 하다. 셋째, 오신채에 의거해 얻어지는 결과가 매우 엄중하다는 것이다. 이 점은 분명 오신채가 대승불교에 들어와서 엄격하게 금지되었다는 것을 의미할 것이다.

육식의 문제는 이와 유사하면서도 좀 더 복잡하다. 우리는 밥을 주식으로 한다. 이와 같은 주식을 초기불교에서는 '담식(噉食)'이라 불렀다. 이 담식에 대한 초기불교의 규정을 보면 다음과 같다.

『사분율』: 초(麨)·반(飯)·건반(乾飯)·어(魚)·육(肉)
『근본설일체유부비내야』: 병(餅)·맥두반(麥豆飯)·초(麨)·어(魚)·육(肉)

이 두 개의 규정에 모두 어(魚)·육(肉)이 포함되어 있음을 볼 수 있다. 이 두 가지는 현재 우리가 말하는 '육식(肉食)'이다. 물론 직접 살생하여 잡아먹거나 자기 때문에 잡은 것 등은 먹을 수 없다는 규정이 있기는 하지만 육식은 분명히 출가자의 '담식(噉食)'에 포함된다. 현재 우리처럼 식육점 등에 가서 고기를 사서 마늘을 넣지 않고 조리한다면 아무 문제가 없다는 이야기이다.

현재 한자불교문화권 이외의 불교에서는 모두 육식에 대한 금기가 없다. 같은 대승이라도 티베트불교에서도 육식에 대한 금기가 없다. 그렇다면 '불식육'에 대한 금계는 어디에서 온 것인가?

『범망경』
: 모든 고기는 먹어서는 안 된다. 대자비성의 종자가 끊어지기 때문이다.

『능가경』
: 모든 중생은 근본이래로 윤회하면서 인연에 따라 친척이 된다. 친척이란 생각 때문에 고기를 먹어서는 안 된다.

이 두 개의 인용문을 보면 두 가지를 알 수 있다. 첫째, 대승에 이르러 육식에 대한 금기가 발생하였다는 것을 알 수 있다. 둘째, 그 이유는 '자비심'에 있다는 것을 알 수 있다. 여기에서 '자비심'에 대한 이유도 좀 눈여겨 볼 필요가 있다. 그것은 모든 중생은 본래 일종의 친척관계에 있다고 하는 것이다.

사실상 중국과 같은 경우에도 한말 불교가 전래되어 양 무제에 이르기까지는 '불식육'의 금계가 없었다. 지금의 소승불교처럼 어(魚)·육(肉)을 담식으로 삼았을 것이다.

현재 지구상의 불교문화를 전체적으로 볼 때, '식육'에 대한 금계를 가지고 있는 곳은 한문불교문화권밖에 없다. '불식육'은 이미 천 년도 훨씬 이전에 한문불교문화권의 중요한 특색이 되어 현저에 이르고 있는 것이다.

2. 대만불교의 지계와 소식

앞에서 이미 지계와 소식에 대해 간략하게 살펴보았다. 그렇다면 대만불교의 지계와 소식에 대한 현황은 어떠한가?

1) 대만불교의 지계

만약 우리와 대만불교의 지계 상황을 비교한다면 그것은 쉽지 않은 주제가 될 것이다. 왜냐하면 비교하는 각도에 따라 각기 다른 입장을 가질 수 있을 것이기 때문이다.

우선 대만불교의 '지계'에 대해 우리 나름의 의구심을 가져 볼 수 있다. 대만불교는 이미 알고 있듯이, 대부분 '인간불교(人間佛敎)'를 지향한다. 이것은 청말시기부터 시작한 일종의 불교혁신이라 볼 수 있다. 이것을 긍정적으로 평가할 수도 있고 부정적으로 평가할 수 있으나 다음과 같은 점은 분명해 보인다.

즉 불교가 가지고 있는 출세간(出世間)이라는 이상 혹은 목표가 은

연중 부정되거나 최소한 약화되었고 상당 부분이 입세간(入世間)적으로 변모하였다.[90] 그런데 이미 살펴보았듯이 계란 본질적으로 출세간의 길을 효율적이고 안정적으로 가기 위한 일종의 '여행자 지침'이다. 이런 방식으로 설정된 계가 '인간불교'에서도 그대로 유효한 것인지 하는 문제는 매우 본질적인 문제일 것이다.

그리고 계율의 여러 사항을 놓고 고려해 볼 때, 대만불교는 우리와 비교해 볼 때 훨씬 산업화 되어 있다는 인상을 지우기 어렵다. 어느 종단을 들어가 보면 수행처인지 사업장인지 구별이 쉽지 않다는 인상도 받았다. 이것도 계율의 입장에서 꼼꼼하게 따져 볼 수 있다.

뿐만 아니라 보다 근본주의적 입장에서 보면, 독립적인 비구니 종단이 성립 가능한지조차도 문제 삼을 수 있을 것이다.

이런 등등의 면으로 보면, 우리 한국의 불교가 본질적인 의미에서 보다 좋은 '지계' 상황을 가지고 있다고 볼 수 있을 것이다. 우리는 아직 수당 불교의 면모를 어느 정도 유지하고 있으며 일대사(一大事)에 대한 원대한 원망(願望)이 아직 우리 불교의 원동력이지 않은가?

그러나 현상적인 면에서 보면, 대만불교의 지계 현황은 우리와 비교할 수 없을 정도로 양호하다. 이 점을 재가중과 출가중으로 나누어 살펴보자.

먼저 재가중을 살펴보자. 재가중은 사부대중 중 청신남 청신녀, 즉 신도를 지칭한다. 대만의 불교도 우리처럼 상대적으로 신심이 엷은 편이라고 대만스님들은 말한다. 이것은 타종교와 비교해서 그렇다는 의미일 것이다.

---

[90]. 이 부분은 대만불교의 매우 현저한 특징 중 하나이다. 이에 대해서는 장기간의 고찰과 판단이 필요하다고 생각한다. 이미 중국(본토) 등에서는 이에 대한 여러 입장이 존재한다.

그러나 우리와 비교해 보면 그 엷다는 농도가 우리보다는 훨씬 진하다. 스스로가 불교도임을 상당히 분명하게 자각하고 있다. '분명하게 자각'하고 있다는 것은 무엇을 의미하는가?

첫째, 경전 및 선 공부를 상당히 보편적으로 하고 있으며 그 결과 '기초적인 교리'와 '기초적인 계율'에 대한 지식을 가지고 있다. 시내 곳곳에 불교 공부처가 있을 뿐 아니라 자원봉사자 형식으로 엄청난 숫자의 신도들이 매일 사찰을 드나들며 사찰의 업무 등을 도와주고 또 한편으로는 기초 공부를 하고 있다. 이것은 한국과 매우 다른 현상이었다.

둘째, 아무에게나 계를 주지 않으며 수계(受戒)를 하였으면 수계(守戒)를 하려고 한다. 이점도 한국과 상당히 다른 점이었다. 이미 앞에서 살펴 본 바와 같이 계는 자발적인 의지에 의해 준수되는 것이다. 그것은 준수할 의사가 없는 사람에게 계를 주는 것이 의미가 없음을 의미한다. 이 점에 대해 대만은 상당히 명료하게 인식하고 있으며 실질적으로 준수하고 있었다. 신도들의 집회 등에서 '수계 정도'에 따라 등급을 나누어 자리나 역할들이 나누어진다고 한다. 그래서 기본적인 오계로부터 보살계를 받은 신도들이 여러 등급으로 있었으며 자신이 받은 계를 어느 정도 파악하고 힘껏 지키려고 노력하는 듯했다.

그렇다면 출가중을 살펴보자. 출가중의 지계현황은 이미 앞에서 살펴본 바와 같이 한국과 단순 비교하는 것이 어렵다. 그것은 매우 여러 가지 관점이 존재할 수 있을 것이라 본다. 그리고 많은 상황은 유사해 보인다. 그것은 한국과 대만 모두 기본적으로 대승불교이며 선종위주라는 유사한 배경 때문일 것이다.[91]

---

91. 대만에는 율종이 우리보다 강력하게 존재한다. 그리고 율종적인 전통도 어느 정도 영향력을 발휘하고 있다.

단지 현상적으로 보면 우리보다 훨씬 계를 중시한다. 이 중 몇 가지를 보자.

첫째, 남녀문제에 있어 한국보다 엄격해 보였다. 여기에서 남녀문제라는 것은 남녀관계가 비교적 엄격하게 통제되어 있었고, 특히 대처(帶妻)나 은처(隱妻)와 같은 사항이 우리보다 적어 보였다.[92] 매우 짧은 기간의 고찰이었고 그 내면을 제대로 알 수는 없었지만 여러 대만 스님들과 인터뷰를 해보며 느낀 것은 이 문제에 대해 우리보다 훨씬 당당해 보였다.

둘째, 음주(飮酒)는 엄격하게 금지되어 있었다. 이미 앞에서 살펴본 바와 같이 엄격한 의미의 불교신도도 음주는 금지된다. 대만은 상당수의 신도들도 불음주를 지키는 듯하였다. 출가자들은 상당히 엄격하게 이것을 지키고 있었다. 필자가 인터뷰를 한 비구니의 말에 의하면, 대만의 출가자가 술집 등에서 술을 마시거나 가게에서 술을 사면 근처의 신도가 신고를 한다고 한다. 그리고 음주의 사실이 밝혀지면 처벌을 받는다고 한다. 이런 이유로 출가자는 항상 이 문제에 대해 일종의 감시를 받고 있다고 할 수 있다.

셋째, 이것은 필자가 대만의 고찰 기간에 만난 스님들만의 특징인지는 몰라도 대부분 계율에 대한 상당한(?) 정도의 지식을 가지고 있었고, 자각적으로 지키려고 하고 있었다. 물론 선종 계열의 스님들은 율종(律宗)에 대해 우리 불교계의 일부에서 가지고 있는 바와 같은 입장을

---

[92] 대만불교는 그 특징에서 보면 비구니 불교이다. 이런 이유로 비구니의 위상이나 역할이 한국과는 다르다. 그러나 출가자들의 지나친 여초 현상 때문인지 아니면 전통적 계율인지는 모르겠지만 비구와 비구니의 일반적인 관계는 상당히 엄격해 보였다. 그리고 현대의 남녀평등사상과 불교의 갈등이겠지만 팔경계 등에 대해서는 약간은 이중적으로 보였다. 형식적 존중과 내용적 무시 두 부분이 모두 존재하는 듯하였다.

가지고 있었다. 즉 선종에서는 일반적으로 율종만큼 엄격하게 계율을 지키지 않는다는 사실에 대한 긍정과 동시에 단순한 계율 준수가 불교의 본질은 아닐 수 있다는 입장이다. 이와 같은 유사점이 있기는 했지만 계율에 대한 기본 입장은 매우 확고하였다.

　넷째, 대만 스님들은 일반적으로 위의(威儀) 방면에 상당히 절도가 있었다. 이것은 사찰에 들어온 신도들만 보아도 알 수 있었으며 출가승들은 더욱 그러하였다. 위의란 기거동작에 위엄이 있는 것을 의미한다. 일반적으로 행·주·좌·와로 나누어 사위의(四威儀)라 한다. 필자가 보기에, 그리고 당시 가이드의 설명에 의하면, 불교에 입문하여 신도가 되거나 출가를 하게 되면 이 위의를 가르치는 데 상당한 힘을 기울이는 듯하였다. 그래서 그런지 대만의 신도들과 스님들은 행동거지가 약간은 군인처럼 느껴지는 부분도 있었다. 신도들도 우리처럼 자유분방하지는 않았다.

　전체적으로 살펴보면, 계의 본질 그리고 커다란 입장에서 살펴본다면 대만불교와 우리 한국불교의 지계현황에 대해 여러 입장이 있을 수 있으나 현상 쪽으로 가면 갈수록 대만불교의 지계상황은 우리보다 훨씬 양호해 보였다.

2) 대만불교의 소식

대만불교계의 소식 상황은 우리와 비교할 수가 없다. 이것은 어떤 각도에서 비교해 보아도 비슷한 결론을 얻을 수 있으리라 본다.

　우선 우리가 고찰한 내용을 중심으로 이야기해 본다면 크게 두 가지를 이야기할 수 있다.

포광산사의 대중공양

첫째, 대만불교계는 소식을 상당히 철저하게 지키고 있다.
둘째, 대만의 소식은 맛과 영양 두 면에서 모두 수승하다.

그런데 이 두 가지는 서로 관련이 있는 듯하다. 여기에서 말하는 불교계는 사부대중을 모두 지칭한다. 대만불교를 고찰할 적에 들은 바에 의하면 대만의 소식 인구비율은 세계 1위라고 한다.[93] 그것은 상당수의 신중(信衆)들도 소식을 하고 있다는 의미이다. 또 최근에는 신중(信衆)들이 자녀들에게도 일주일에 하루나 이틀 정도는 소식을 하게 한다고 한다. 이렇게 많은 인구가 소식을 하는 데는 단순히 종교적인 신념만으로는 어려울 것이다. 특히 자녀에게 소식을 하게 할 적에는 부모와 자

---

[93] 대만은 소식 인구비율이 높을 뿐 아니라 소식식당도 매우 많다. 영업면에서도 상당히 호황을 누리는 듯하다. 단지 이 모든 것이 불교만의 공로는 아니다. 도교의 일파인 일관도(一貫道)도 채식을 중시하고, 소식식당은 상당부분이 이 일관도 신도들에 의해 운영된다.

녀 모두 여러 고려를 할 것이다. 그것은 맛과 영양의 문제를 빼놓을 수 없다. 대만은 소식이 상당히 보편화되어 있을 뿐 아니라 소식이 보편화될 수 있는 조건을 갖추고 있다.[94]

우리 인터뷰 중에 소식에 대한 매우 중요한 말이 있었다.

우리는 우리 절을 찾는 사람이면 불교신자이든 비불교신자이든 혹은 단순히 소식을 하기[吃齋] 위해 온 사람이든 가리지 않고 환영한다.

대만에서 맛있는 소식 혹은 건강을 위한 소식을 위해 절을 찾는 사람이 많다는 이야기이다. 이들은 처음 목적은 소식이지만 이것을 계기로 불교에 입문하게 될 것은 말할 나위가 없을 것이다. 대만불교에서 소식이 하는 역할은 상당히 다양하다.

당시 인터뷰에 응한 스님의 말씀에 의하면 신중들이 자녀들에게 소식을 권고할 때, 일반적으로 '환경보호'와 연결하여 이야기를 한다고 한다. 즉 소식이 우리의 환경을 지키거나 개선하는 데 도움이 된다는 명분이다. 즉 불교의 소식은 우주와 인류에 공헌을 한다는 것이다. 이것은 불교의 이미지를 제고하는 데 그리고 불교의 환경관에 대한 인상을 심어주는 데 매우 유효할 것이다.

그럼 사실상 대만불교는 소식을 보급하는 데 어떠한 노력을 하고 있는가? 대만에서는 몇 년 전 불타교육기금회(佛陀教育基金會)에서 용장(龍藏) 등 적지 않은 불서들을 세계에 보급한 적이 있다. 그중 소식을 보급하는 책자도 들어있다. 즉 『호생소식(護生素食)』이라는 4권짜리 책이

---

94. 대만의 소식 식자재는 세계 각국으로 수출이 되고 있다. 그리고 많은 대만 사람들이 해외로 나가 소식식당을 경영하고 있다.

었다. 이 책은 소식요리의 레시피를 모은 일종의 소식요리책이다.

그런데 이 책에서는 처음부터 불교에 대한 설명으로 시작한다.

우선 서문에서부터 소식은 불교도의 수행방식의 일종임을 밝히고 그것은 자비호생(慈悲護生)의 적극적인 방법임을 천명하고 있다. 그 다음 연지(蓮池) 대사의 「계살방생문(戒殺放生文)」을 넣고 있다. 그것은 다음과 같은 일곱 가지로 이루어져 있다.

① 생일날 살생을 해서는 안 된다[生日不宜殺生].
② 자식을 낳은 날 살생을 해서는 안 된다[生子不宜殺生].
③ 조상에 제사지내기 위해 살생해서는 안 된다[祭祖先不宜殺生].
④ 결혼식에 살생해서는 안 된다[婚禮不宜殺生].
⑤ 잔치에 살생해서는 안 된다[宴客不宜殺生].
⑥ 기도할 적에 살생해서는 안 된다[祈神不宜殺生].
⑦ 생계를 위해 살생해서는 안 된다[營業不宜殺生].

이와 같은 조목 밑에는 그에 대한 자세한 설명을 달고 있다. 충만한 자비심을 느낄 수 있도록 되어 있으며 소식이 우리의 자비심을 단순히 우리 마음속에 두는 것이 아니라 실제로 발휘할 수 있는 하나의 중요한 계기임을 친절하게 설명하고 있다.

이 글 다음 다시 「계살방생(戒殺放生)의 실천과 과보」라는 글을 통해 다음과 같은 말을 하고 있다.

① 계살(戒殺)의 실천
② 방생(放生)의 실천

③ 계살방생(戒殺放生)의 구체적인 내용
④ 계살방생(戒殺放生)의 과보

소식을 통해 불교의 핵심적인 덕목인 자비와 근본적인 계율인 불살생이 체현될 수 있음을 보여주고 있으며, 이것을 시발점으로 하여 계살방생의 대자대비의 마음을 어떻게 확충해 나갈 것인가도 이야기하고 있다.

즉 대만불교의 소식은 불교 실천의 중요한 핵심이며, 현대 문명에 대한 불교의 중요한 명분이며, 대만 불교인들의 표시이며, 타종교에 대한 일종의 구별인 셈이다.

대만불교는 소식에 대해 이미 상당히 완숙된 조건을 갖추고 있으며 동시에 출가중들은 엄수하고 있으며 재가중들도 상당한 수준으로 동참하고 있다. 이것은 불교가 강조하는 자비와 평등에 대한 대만불교의 실천형태의 일종이라 평가해도 무방할 것이다.

3. 지계와 소식의 사회적 필요성

중국에서 쓰는 말 가운데 '주육화상(酒肉和尙)'이란 단어가 있다. 직역을 하면 술과 고기를 먹는 승려란 의미이다. 그런데 이 말은 '계율을 지키지 않는 엉터리 승려'라는 의미로 사용이 된다. 즉 '주육'에만 국한되는 단어가 아니다.

여기에서 한 가지를 논하고 싶다. '지계불청정(持戒不淸淨)'을 왜 하필 '주육'이란 말로 표현할까 하는 문제이다.

이 문제를 이야기하기 위해 간단한 불교 이론을 동원해 보겠다. 불교의 논리학에 보면 우리의 인식방식에는 '현량(現量)'과 '비량(比量)'이라는 것이 있다. 좀 거칠게 논하자면, 즉각적으로 느껴 알 수 있는 것이 '현량'이고 여러 고려를 통해 알 수 있는 것이 '비량'이다. 이것이 정확한 정의가 되기에 부족하다면 '현량적', '비량적'이란 단어로 바꾸어도 좋다. 인간은 '현량적'으로 파악되는 것에 보다 강한 명료성을 부가하는 반면 '비량적'으로 판단되는 것에 대해서는 판단이 늦을 뿐 아니라 어느 정도 판단을 유예하는 경향이 있다. 추론이 복잡할수록 이와 같은 경향이 강할 것이다.

불교의 계율을 만약 세심하게 들여다보고 따져본다면 그것은 일반인이 할 수 있는 일도 아닐 뿐 아니라 수없이 많은 '고려'를 해야 한다. 그것은 매우 복잡한 '비량'을 필요로 하는 '비량적'인 판단 대상이다.

그러나 '주육'은 그렇지 않다. 불교의 전통에 의하면 '불음주'이며 우리 문화권의 선이해에 들어 있는 출가자는 '불식육'이다. 그리고 그에 대한 준수 여부는 바로 눈으로 확인할 수 있다. 즉 '현량적'인 판단 대상이란 이야기이다. 현량적인 것에 대해 인간은 즉각적으로 반응하며 보다 확신하는 경향이 있다.

아마도 이와 같은 이유 때문에 '지계불청정'이란 매우 복잡다단한 상황을 '주육'이란 매우 단순한 어휘로 대체하였을 것이다. 사실상 이런 경향은 부처님 당시도 그러하였다. 다음은 『과거현재인과경』에 보이는 내용이다.

이때 아사파기 비구가 옷을 걸치고 바루를 들고는 인가에 들어가 탁발을 하게 되었다. 육근을 잘 다스려서 위의에 절도가 있었다. 지나는 사람들이 보고는 모두 공경하는 마음을 일으켰다. 마침 사리불이 우연히 길가에서 아사파기 비구와 마주치게 되어 (아사파기 비구가) 육근을 잘 다스리고 위의에 절도가 있는 것을 보게 되었다. 저 사리불이란 분은 (당시) 선근이 이미 완숙해져서 아사파기 비구를 보고는 마음속에 매우 큰 환희심이 일게 되었다. … 곧바로 질문을 하였다. "제가 당신을 보건대, 막 출가하신 분 같은데 이처럼 육근을 잘 다스리는군요. 여쭐 것이 있습니다. 대답을 해 주시기 바랍니다. 당신의 스승은 그 함자가 어떻게 되시는지요? 가르침이 있을 텐데 무슨 법을 설하시는지요?" 그러자 아사파기 비구가 곧바로 대답을 하였다. "제 스승님은 일체종지를 얻으신 분으로 석가족이 배출하신 인천의 스승이십니다. 상호와 지혜 그리고 신통력이 그 분에 비견할 만한 사람이 없습니다. 저는 나이도 어리고 도를 배운 지도 얼마 되지 않으니 어찌 여래의 묘법을 밝혀 말할 수 있겠습니까? 그러나 아는 대로 당신에게 말씀을 드리겠습니다." 그리고는 바로 다음과 같은 게송을 말 하였다. "일체 모든 법이란 본래 인연 따라 발생하여 자성이 없다네. 만약 이것을 이해한다면 진실한 도를 얻을 수 있을 거라네."

    이 글은 여러 각도에서 분석해 볼 수 있다. 아무 선이해가 없는 사람들은 대부분 '현량적'으로 파악되는 위의를 보고 1차 판단을 한다는 점이다. 아사파기 비구는 '육근을 청정하게 유지하였고 절도 있는 위의를 갖추었기에' 지나가는 사람들로 하여금 공경심을 일으키게 한 것이다. 뿐만 아니다. 사리불조차도 일차적으로는 같은 방식으로 판단을 하였고 그런 다음 여래묘법의 내용을 질문하였다. 물론 어휘는 다르지만 주육, 위의 모두 현량적인 판단들이다.

이런 점에서 우리와 대만불교의 지계 상황을 비교해 보면 재미있는 것을 알 수 있다.

첫째, 총체적인 지계 상황에 대해서는 여러 가지 다른 판단을 할 수 있다.

둘째, 지계의 상황을 '현량적'과 '비량적'으로 나누어 고찰해 본다면, 보다 비량적인 본질 부분은 한국불교가 우위에 있다고 느껴진다. 우리 불교는 그래도 일대사, 출세간이란 불교 본질적인 부분에서 손을 놓고 있지 않기 때문이다. 그런데 현량적인 부분으로 가면 갈수록 대만불교의 우위적(優位的) 상황은 명료하여 부정하기 어려워진다. 매우 아이러니한 상황이다.[95]

한국불교는 보배를 가지고 있으면서도 광채를 발하지 못하고 있다는 느낌을 지우기 어렵다. 이에 몇 가지 제안을 하고자 한다.

첫째, 지계와 위의 문제에 대해 보다 유념하고 치력을 해야 한다. 특히 '음주문제'는 심각하게 고민해 보아야 한다. 우리 불교는 이 문제

---

[95]. 여기에서 또 한 가지를 논의해 보자. 즉 '주육화상(酒肉和尙)'에 대한 이중적인 평가이다. 이미 앞에서 말했듯이 주육화상(酒肉和尙)은 계율을 초월하여 자재소요(自在逍遙)하는 승려를 말한다. 우선 '지계불청정(持戒不淸淨)'이란 관점에서 부정적으로 사용되는 용어이다. 그런데 또 한편으로는 최소한 관대하게 혹은 매우 고매한 경지로 평가되기도 한다. 특히 중국에서 『수호지』에 보이는 노지심(魯智深)이나 고승 제공(濟公) 선사와 같은 경우가 이것이다. 우리나라에도 이와 비슷한 풍조가 존재하는 듯하다. 이 문제에 대해 대만의 스님들과 이야기한 적이 있었다. 물론 선종 계열의 스님이었다. 흥미로운 것은 율종 혹은 계율에 지나치게 집착하는 것에 대해 은연중 부정적인 입장이었다. 불교의 본질이 단지 계율에 있지는 않다는 것이다. 그러나 제공 선사에 대해서도 상당히 부정적인 평가를 하고 있었다. 즉 계율은 상당 정도까지 존중되어야 하고 엄수되어야 한다는 것이었다. 그리고 제공 선사의 입장은 상당 부분 도교의 영향을 받은 것이라며 여러 가지 이야기를 하였다. 즉 과거 제공 선사에 대한 검토나 학습이 있었다는 것을 의미한다. 물론 이 한 분의 스님이 대만불교를 대표한다고 말할 수 없을 것이다. 그러나 "교의 본질이 계율에 있는 것은 아니다."라는 말을 한국과 대만의 불교에서 모두 받아들인다고 본다 해도 그 정도에는 - 즉 계율에 대한 수용 정도와 엄수 정도- 많은 차이가 있다고 말할 수 있다. 이 대화와 대만불교의 현황을 참고하면 어렵지 않게 알 수 있을 것이다

에 너무 관대하다기보다는 너무 사소한 일로 치부하는 경향이 보다 본질적인 문제라고 생각한다. 둘째, '소식'이 가지는 여러 장점을 진지하게 고려해 보자. 현재 소식은 불교의 특징일 뿐만 아니라 웰빙, 건강, 환경, 명분, 청정하다는 인상을 모두 매우 즉각적인 방법으로 한 번에 잡을 수 있는 매우 중요한 요소이다. 우선적으로 출가자는 소식을 엄수하고 불교 소식을 개발, 발전하여 보급하여야 할 것이다. 장담하건대, 제대로만 한다면 거대한 효과를 거둘 수 있을 것이다. 이 부분은 적극적으로 대만을 벤치마킹해야 할 필요가 있다.

현재 한국의 정서적 상황을 돌아보자. 점점 '진정성(眞情性)'을 좋아하고 '위선(僞善)'을 싫어하며 '청정(淸淨)'을 갈구하고 있지 아니한가? 수계(受戒)하고 사계(捨戒)하지도 않으면서 파계(破戒)하면 진정성을 의심받게 될 것이다. '주육'은 즉각적으로 보는 자로 하여금 '위선'이라 판단하도록 종용할 것이다.

'선섭제근(善攝諸根)'하고 '위의상서(威儀庠序)'하여 '청정(淸淨)'하다 느껴지면 길 위의 모든 사람이 공경심을 일으킬 것이다. 그 중에 사리불이 없다고 수보리가 없다고 누가 장담할 것인가? 길 위의 사람들이 청정도량으로 몰려오면 석존을 알려주고 청정법음을 들려주면 된다. 그렇게 된다면 우리 불교는 본말겸구(本末兼具)한 불교가 될 것이다. 어찌 발전하지 않을 수 있겠는가?

제4장

대만불교의 사찰운영과 신도조직

김응철*

대만 사찰의
재정 운영체계 및
불사 추진양태

대만은 좁은 국토에 많은 인구가 밀집해 있을 뿐만 아니라 정치이념과 체제를 달리하는 분단 상황에 직면하고 있다. 그러나 대만불교는 중국 대륙과 긴밀한 관계를 형성하면서 중국 통합의 견인차 역할을 하고 있다. 대만불교가 대륙불교와 유대관계를 형성하고 인적 물적 교류를 확대하고 지원하면서 양안 불교 역시 발전을 거듭하고 있다. 그 결과 현재 대만불교는 세계적으로 관심의 대상으로 떠오를 정도로 괄목할만한 발전상을 보여주고 있다.

    대만의 주요 사찰들은 세계 각국으로 확산되어 있는 화교(華僑)의

---

* 중앙승가대학교 포교사회학과 교수

활동에 힘입어 국제 불교계에서 그 위상을 갖추어 가고 있다. 차이나타운이 형성된 곳이면 세계 어디든지 대만 사찰이 자리 잡고 있다. 그리고 그 중심에 대만 포광산사와 츠지정사를 비롯한 대만 내의 많은 사찰과 연계된 불교단체들이 다양한 역할을 하고 있다.

대만의 주요 불교단체들은 2000년대 이후 국내뿐만 아니라 중국 대륙과 세계 각국에 국제 포교 기반을 구축하였다. 또한 국내적으로는 다양한 신도층을 확보함으로써 대만사회에서 확고한 종교 지도력을 발휘하고 있다. 대만의 불교사찰들은 대륙에서 건너온 불교 전통을 계승, 발전한 전통불교 사찰과 새로운 포교기반 속에서 현대화된 포교 방법을 채택하고 있는 신흥불교 사찰 등 크게 두 영역으로 나누어 볼 수 있다.

최근 대만불교를 찾는 외국인들은 주로 포광산사, 츠지공덕회, 중타이찬사, 파구산사 등을 방문하고 있다. 이 사찰들은 모두 1970년대 이후 비약적으로 발전한 신흥불교 사찰로 분류할 수 있다. 반면에 타이베이(臺北)의 룽산사와 츠항사를 비롯하여 타이난(臺南)에 주시사(竹溪寺), 미퉈사(彌陀寺), 룽후암(龍湖庵) 등은 전통불교 사찰에 속한다. 외형적으로만 보면 비약적으로 발전한 신흥불교 사찰이 대만불교의 주류를 형성하고 있는 것으로 보인다. 그러나 다수의 전통불교 사찰도 대만불교 발전과정에서 중요한 역할을 하고 있음을 부정할 수는 없다.

이 글에서는 대만불교 및 사찰운영의 변천과정을 시대적으로 분류하고, 이들 사찰들이 발전하는 과정에서 어떤 운영원리를 활용하였는지를 분석하고자 하였다. 특히 사찰 유형별로 나타나는 운영체계와 특징을 도출하고자 하였다. 분석 대상으로 삼고 있는 주요 사찰들은 1970년대 이후 비약적으로 발전해온 신흥 불교종문이라고 할 수 있는 포광산사, 츠지정사, 중타이찬사, 파구산사 등이다.

I. 대만불교의 변천과정과 사찰분포

대만불교는 1644년 명청 교체기에 본토의 주민들이 이주하면서 유입된 것으로 알려져 있다. 이 시기에 약 25,000호 정도의 주민들이 이주한 것으로 추산하는데 이 때 명대의 불교가 들어온 것으로 보는 견해가 많다. 물론 그 전에 대만지역에 불교가 전혀 알려져 있지 않았다는 것은 아니다. 다만 대만에 첫 번째 사찰로 알려진 주시사(竹溪寺)가 1662년에 건립된 것을 보면 1600년대 이전에는 '조직화되고 제도화된 불교'의 전래는 없었던 것으로 볼 수도 있다.

대만불교는 다음과 같이 4기로 나누어 분석할 수 있다. 제1기 대륙불교 유입기(1642~1719), 제2기 전통불교 정착기(1720~1894), 제3기 일본불교 영향기(1895~1945), 제4기 현대불교 발전기(1946~현재) 등이다. 이와 같은 시대구분은 대만 사회의 변화와 불교계의 변천과정을 토대로 구분한 것이다.

제1기 대륙불교 유입기는 본토에서 주민들이 대거 이주하면서 불교가 유입되는 시기를 말한다. 당시 대만의 타이난(臺南)시에 최초 사원 죽계사를 비롯하여 미퉈사(彌陀寺), 룽후암(龍湖庵) 등이 1662년 무렵에 건립된 것으로 알려져 있다. 또한 샤오시톈사(小西天寺)가 건립되어 스님이 사찰에 거주하기 시작한 것도 이 시기로 알려져 있다. 청나라는 1616년 후금(後金)에서 시작되어 1636년 청 태종이 국호를 청(淸)으로 바꾸면서 시작되었다. 1700년대로 넘어가면서 대만 남쿠지방에만 모여 있던 불교가 북부지방으로 확산되었다. 본토에서의 이민이 증가하고 남부 주민이 북부로 이동하면서 불교도 자연스럽게 확산될 수 있었다.

제2기 전통불교 정착기는 1720년 경부터 일본불교가 유입되기 직전인 1894년까지의 시기를 말한다. 1720년경 대만에는 6개의 사찰이 건립되어 운영 중이었다. 이후 1912년 청나라가 멸망하기까지 약 200년 동안 대만에는 약 102개의 사찰이 건립된 것으로 알려져 있다. 이중 대표적인 사찰이 파화사(法華寺), 황보사(黃檗寺) 등이며, 전체 100여 개 사찰 중 약 55개 사찰이 관인사(觀音寺)라는 명칭을 사용하였다. 1887년 타이페이가 대만성의 성도로 지정되면서 이곳에 룽산사(龍山寺)가 건립되어 불교의 중심을 형성하였다. 이 시기에 대만 민간에서 성행한 불교 종파는 운재교(云齋敎)다. 운재교는 임제종의 한 지류로 형성하여 유불도가 혼합된 재가불교의 한 형태이다. 일본에 의한 강제 병합이 유지되는 과정에서 운재교와 같은 재가불교의 전통은 중요한 역할을 하였다. 대만은 1858년 제2차 아편전쟁의 결과 주요 항구를 개방하게 되었고 그 결과 서양 종교와 문화가 유입되었다. 일본의 대만 출병은 1874년부터 시작되었으며, 1884년부터 2년간 계속된 청불전쟁으로 본국의 출병이 있었으나 결국은 일본에 병합되고 말았다.

　제3기 일본불교 영향기는 일본이 대만을 강점하던 1895년부터 1945년 대만성 해방기까지의 시기를 말한다. 1895년 청일전쟁에 승리한 일본은 대만을 점령하고 시모노세키 조약으로 할양받아 통치하기 시작했다. 이 시기에 일본은 임제종과 조동종 등을 앞세워 민간불교였던 운재교를 흡수하고 일본불교화하였다. 일반 신도들의 다수는 정토종과 진종으로 통합되었다. 이 때 대만불교는 일본불교의 영향을 받아 비구 및 비구니가 함께 거주하는 공주(共住) 문화가 정착되었으며 식육대처(食肉帶妻)의 문화도 나타났다. 1919년 일본의 조사에 따르면 전통불교 사찰이 77개, 운재교 제당이 172개로 나타났다. 일본 점령기에 타이베이시에 건립된 25개 사찰 중 다수가 운재교 소속으로 알려져 있다. 운재교와 결합한 일본불교는 대만불교를 일본 불교화하고 일본의 불교문화와 전통을 전파시키는 데 크게 기여하였다.

제4기 현대불교 형성기는 제2차 세계대전이 종전되고 대만이 일본으로부터 독립되면서부터 현재까지의 시기를 말한다. 패망 후 일본이 철수하면서 1946년 대만에서는 대만성불교회를 조직하고 불교 자주화를 추구하기 시작하였다. 1947년 중국 본토에서 결성된 중국불교총회는 대만성불교회를 지부로 편입시켰다. 그러나 1949년 중국 공산정권 수립 후 국민당 정부가 대만으로 천도하면서 1950년 중국불교회가 대만에서 재건되었다.

이때 중국 대륙에서 많은 스님들이 대만으로 건너왔다. 본토에서 넘어온 스님들 중에는 1947년 난징에서 재결성된 중국불교총회 이사장 장자(章嘉) 대사를 비롯하여 츠항 스님, 인순 스님, 바이성 스님 등 대륙불교의 저명한 지도급 인사들이 총 망라되어 있다.

중국 본토에서 건너온 스님들은 임제종, 정토종, 화엄종 등 전통불교의 여러 종파를 대표하고 있었다. 때문에 대만불교는 보수적인 중국 전통불교적 성향이 매우 강하게 나타났다. 대륙에서 건너온 고승대덕 스님들은 일본불교의 잔재를 일소하고 전통불교를 재건하기 위해 노력하였다. 그들이 청산하고자 했던 일본불교의 폐습은 식육대처의 풍습이었다.

이 운동에 앞장선 대표적인 인물이 바이성(白聖) 스님이었다. 바이성 스님은 1953년 봄 다셴사(大仙寺)에서 수계식을 거행하면서 승속이 불분명한 폐단을 척결하기 위한 일곱 가지 규정, 즉 이른바 '칠조규정(七條規定)'을 제정하고 일본불교가 남긴 적폐를 일소하기 위해 노력하였다. 이러한 노력은 대만불교를 크게 전환시키는 결실을 맺었다. 바이성 스님은 1986년까지 매년 삼단대계 의식을 거행하였는데 동참한 스님의 수는 총 8,600명에 달하였다. 그리고 1991년까지 11,000명의 스님들이 수계에 동참하였다.

이 시기에 대만불교는 대륙에서 건너온 스님들과 대만에서 출가한 스님들 사이에 상당한 긴장관계가 형성되기도 하였다. 대륙에서 온 일부 스님들은 간첩으로 몰려 구속되는 일도 벌어졌다. 또한 전통적인 불교계는 매우 보수적이어서 기존의 포교 방법과 사찰운영을 그대로 답습하고 안주하려는 경향도 유지되었다.

그러나 이러한 전통에 새로운 바람을 불러일으킨 스님들이 등장하였다. 1966년 불교극난극복츠지공덕회를 설립한 비구니 정옌 법사, 1967년 포광산사를 창건한 싱윈 스님 등이 대표적이다. 1975년에 링취안사를 건립하고 교세 확장 후 중타이찬사를 창건한 웨이줴 법사, 1996년 파구산 도량을 창건한 성옌 법사도 대만불교의 새로운 전통을 만들어낸 스님들이다.

현재 대만불교는 전통불교의 요소를 더 중시하는 보수적인 사찰들과 새로운 도심포교 방법을 도입한 신흥불교 단체들이 공존하는 특징을 보여주고 있다. 대만의 종교단체는 동양종교인 사묘(寺廟)와 서양종교인 교당(敎堂)으로 구분한다. 사묘에는 불교 사찰과 도교, 유교, 일관도 등의 성소인 궁(宮), 묘(廟) 등이 포함되어 있다. 불교 사찰은 약 2,200여 개 소가 운영 중인 것으로 알려져 있으나 통계자료마다 다소의 차이가 나타나고 있다. 인터넷의 대만 사묘망에 등록된 자료를 조사해본 결과 현재 타이베이시에 있는 사찰의 수는 약 50여 개 정도로 파악되었다.

2. 대만 사찰의 재정운영 원리와 체계

1) 대만 신흥 사대종문의 개요

1970년대 이후 부흥한 대만의 신흥종단 소속 사찰들은 기존의 전통불교를 지향하고 유지해온 사찰들과는 구분되는 매우 특징적인 운영원리를 채택하였다. 신흥종단이라고 할 수 있는 사대종문(四大宗門)은 포광산사, 츠지정사, 중타이찬사, 파구산사 등이다. 이들 주요 사찰들은 하나의 단위 사찰이 아니라 수십 개에서 수백 개소의 분원, 지원, 말사 등을 거느린 대규모 종단 행태로 운영하고 있다. 또한 창건주 스님을 비롯하여 적게는 수십 명, 많게는 약 2,000여 명의 승가대중이 함께 생활하는 대찰이다. 그리고 수백만 명에 달하는 신도들을 확보함으로써 인적 물적 토대를 갖추고 있다.

● **대만 신흥 사대종문 사찰의 개요**

사찰명	창건주	창건연도	주요사업	특징
츠지정사	정옌 법사	1966	빈민구제, 국제구호	6개 종합병원, 8대 지업 추구
포광산사	싱윈 대사	1967	교육, 불교문화사업 국제포교	자선복화(慈善福和), 국제화. 납골당 5만 기
중타이찬사	웨이줴 선사	1987	참선지도	복전선칠(福田禪七), 선수행 중심
파구산사	성옌 법사	1997	파구산대학, 교육중심	세계불교교육단지 구축

이들 사대종문의 성장 배경에는 몇 가지 특징적 요소들이 자리잡고 있다. 첫째, 전통불교의 포교 방법에서 벗어나 현대화된 포교 전략을 추구해왔다는 점이다. 대만불교 전통의 정토불교, 기복불교의 틀에

서 벗어나 교육, 복지, 문화, 수행 등 대사회적 기여도를 높일 수 있는 포교방법을 채택하였다. 그 결과 이들 사찰과 스님들은 불교계에 새로운 바람을 불러 일으켰을 뿐만 아니라 사회적 지지기반 확보와 더불어 상당한 포교성과를 보여주었다.

둘째, 화교를 중심으로 하는 해외의 중국 동포들에 대하여 관심을 기울이고 이들의 정신적 의지처 역할을 하였다. 그 결과 오랜 동안 세계 각지에서 정착한 중국 화교(華僑)와 화상(華商)들이 대만의 신흥 사대종문을 후원하게 되었다. 이들 사찰들은 연합하여 미국에 중국불교회라는 단체를 만들어 미주 포교의 전진기지를 구축하기도 하였다. 대만 불교는 국제화를 지향하면서 동시에 국내포교의 기반을 구축하였다.

셋째, 창건주 스님들의 선각자적 혜안과 지도력이 자리 잡고 있다. 1950년대 이전에 창건된 대만의 전통사찰들 중 다수는 일본 식민지 시대부터 운영되었다. 그리고 국민당 정부가 타이베이(臺北)을 수도로 정하면서 대륙의 수행자들이 이들 사찰로 유입되었다. 본토에서 건너온 스님들의 다수는 전통불교의 틀을 벗어나지 못하였다. 그러나 신흥 사대종문의 종장(宗長)들은 전통의 틀에 안주하지 않고 과감하게 새로운 지도력을 형성에 도전하였다. 이 창건주 스님들은 많은 제자를 거느리고, 다수의 사찰을 창건하였으며, 수백만 명에 달하는 신도들을 확보하는 노력을 주저하지 않았다. 이러한 일이 가능했던 것은 사대종문 창건주 스님들의 지도력이 탁월하였다는 것을 의미한다.

넷째, 신흥 사대종문은 대만 사회의 변화에 능동적으로 대응하면서 그에 상응하는 포교 프로그램을 적극 개발하였다. 이들 사찰들은 대만 국민들의 종교사회적 욕구를 반영하고 그것을 포교 에너지로 결집하는 방법을 적극적으로 개발하였다. 법회, 교육, 봉사, 의료 등의 여러 분야에서 전통 사찰의 틀을 벗어나 과감한 변신을 도모하였다. 자체적으로 규범을 만들고 대중공의로 운영되는 특징적인 사찰 모형을 개발한 것도 하나의 특징이다. 이것이 대중의 신뢰를 얻으면서 비약적인 성장의 원동력이 되었다.[1]

2) 신흥 사대종문 사찰의 운영 원리

(1) 법인형 운영원리 : 재단법인 기금회 설립

현재 활발하게 운영되고 있는 대만의 신흥 사대종문 사찰들을 비롯한 대다수의 사찰들은 재단법인 형태로 운영되고 있다. 대만의 종교 조직은 비영리조직으로 분류되고 있으며 크게 법인단체와 비법인단체로 구분된다. 법인단체는 종교형 사단법인과 종교형 재단법인으로 구분되며, 종교형 재단법인은 다시 부동산 출연법인과 금전출연법인으로 구분된다. 대다수의 신흥 불교단체들은 금전출연 재단법인에 속하며, 재단법인 ○○기금회라는 명칭으로 불린다.

2007년도에 대만지역에서 등기된 각 종교단체의 수는 14,834개로 알려져 있다. 이 중에서 전통종교인 사묘(寺廟)에 포함되는 종교단체는 11,651개, 천주교 및 기독교를 포함하는 서구 종교형의 교당은 3,183개 소로 총 재단법인으로 등록된 종교단체는 14,834개에 달한다. 이중 불

---

[1] 대만불교계는 병의원 8개, 대학 5개를 비롯한 226개의 교육기관, 복리기금회 24개를 포함한 공익자선사업 단체 113개 소 등을 운영하고 있다. 이는 대만 종교계에서 운영하는 전체 시설의 약 23%에 달하는 비율이다. 종교계 부설 사업기구 비율은 기독교계가 30.1%, 도교 34.7%, 천주교 12.5% 등으로 조사되고 있다(林麗容,「宗教型非營利組織行銷策略之研究」,臺灣國立東華大學 公共行政研究所 碩士學位論文, 中華民國99年, p.13).

교계 재단은 2,281개로 전체 종교재단 중에서 약 15.3%로 나타났다. 법인에 등재된 불자회원 수는 총 163,312명으로 나타났다. 이것은 대만 불자 총수를 말하는 것이 아니라 불교재단법인의 회원으로 등록된 수이다.[2]

대만에는 총 26개의 규모화된 종교관련 재단법인이 있다. 이중에서 불교계 재단법인은 총 10개에 달하며, 이들이 신고한 기금이 26개 전체 기금액수의 97%에 달한다. 그리고 그 중에서도 가장 큰 단체는 불교츠지자선사업기금회로 출연 기금 자산은 대만 화폐단위로 약 250억 위안(圓)에 달한다.[3]

법인형태로 종교단체가 운영될 경우 사회적 책임과 함께 재단법인법에 의한 통제를 받게 된다. 따라서 종교단체가 비교적 투명하게 운영될 수 있다. 다만 대만 종교계가 바라는 종교법인법의 제정이 늦어지고 있어서 종교계 전체의 투명한 운영을 기대하기는 다소 어려운 실정이다.

(2) 절용형 운영원리 : 최저 비용과 최소 소비의 실천

대만 사찰들은 공통적 최소 소비를 실천하는 절용형 운영원리를 채택하고 있다. 사찰 운영에 필요한 모든 경비를 최소로 줄이고자 하는 노력은 대만뿐만 아니라 세계의 모든 사찰에서 채택하고 있다. 그러나 대만 사찰과 같은 사례는 찾아보기 힘들다.

대만 포광산사의 경우 산재한 각 사찰에서 생활하는 출가자의 수

---

2. 林麗容, 앞의 논문, p.12.
3. 위의 논문, p.15. 불교계의 주요 기금회는 불교츠지자선사업기금회(1980), 불타교육기금회(1985), 포광산문교기금회(1988), 파구산문교기금회(1992), 싱텐궁문교기금회(1995), 파구산사회복리자선사업기금회(2001), 룽텐자선기금회(1996) 등이 있다. 츠지공덕회에서 운영하는 기금회의 자산을 한화로 환산하면 약 1조원에 해당되는 큰 규모이다.

가 약 2,000명 정도인 것으로 알려져 있다. 또한 수백 명에 달하는 재가 불자도 함께 생활하고 있다.[4] 관계자의 인터뷰를 종합해 보면 포광산사는 모든 대중들에게 평등공양의 정신을 실천하고 있다. 사찰에서 지급하는 공양금은 스님들의 경우 평균 1,500위안(圓), 재가자의 경우 평균 약 2,000위안(圓)를 받고 있는 것으로 나타났다. 이것은 사찰 운영에 필요한 필수인력의 인건비가 최소화되고 있음을 의미한다.[5] 거주 인력의 의식주는 사중에서 책임지고 있기 때문에 적은 액수의 보시금을 지급할 수 있다. 그러나 포광산사의 사부대중이 절용의 정신이 없다면 원만한 사찰 운영이 어려운 것이 현실이다.

　　대만 사찰들은 사중에서 거주하는 대중의 헌신과 봉사로 운영되지만 포교와 중생교화를 위한 분야에는 최대한 재정을 투입하고 있다. 즉 사중 운영에서 절약되는 예산은 도심포교와 교화불사에 집중 투자하는 경향을 보이고 있다. 외부에서 보기에는 과하다고 생각할 정도로 대규모의 불사를 추진하는 경향이 나타나고 있다. 특히 도심의 불교문화원 건립과 운영에 집중 투자하는 것은 아끼지 않고 있다. 일부에서는 이와 같은 투자를 '지나치다'라고 비판하는 시각도 있다. 그러나 도심문화원의 부지와 건립기금 등의 대부분이 신도들의 기진에 의해서 이루어지고 있고 그 결과는 지역주민에게 철저하게 회향하는 정신을 실천함으로써 비판적 시각을 벗어나고 있다.

---

4. 포광산사의 비구 및 비구니 불학원에는 재가불자와 출가자가 함께 수학하고 있다. 불학원에 재학중인 학인들은 출재가 구분 없이 동일하게 수행하고 학업을 이수하고 있다.
5. 사찰에서 생활하는 사부대중의 의식주는 사중에서 책임지고 있기 때문에 적은 금액의 보시금으로도 생활이 가능하다. 따라서 실제 사중에서 부담하는 사찰운영비용은 사중의 인력수요에 따라서 많아질 수 있다. 사찰의 대중에게는 평등보시를 실천하면서 동시에 역할에 다라서 필요한 재정지원은 충분히 해주고 있다. 포광산사의 경우 유학에 필요한 학비, 의료비 등 개인의 능력발전과 건강에 필요한 경비는 필요에 따라 충분히 지원하고 있는 것으로 알려져 있다.

대만 사찰들이 대규모 불사를 할 수 있는 것은 이들 사찰에 대한 불자와 일반인들의 사회적 신뢰에서 기인한다. 그 사회적 신뢰는 스님들의 절용 정신과 사찰에서의 실천에 기반을 두고 있다. 스님들은 소비를 최소화하고 사찰에서는 지출을 최소화하는 대신에 신도들은 봉사로서 이에 화답하고 있는 것이 대만 사찰의 중요한 특징적 운영원리라고 할 수 있다.[6]

(3) 공양형 운영원리 : 신도들의 후원, 공양형

대만에서 사찰이 랜드마크 역할을 하는 대표적인 건물 중의 하나가 중타이찬사이다. 중타이찬사는 지상 140m의 높이에 37층 규모로 1994년 기공하여 2001년 완공한 건물로 세계 3대 종교사원의 하나로 평가할 정도의 사찰이다.[7] 이 사찰 건립에 투입된 재정이 한국 화폐 가치로 약 2조 원 정도 투입된 것으로 알려져 있다. 이 모든 재정을 신도들의 시주금으로 충당하였다는 것은 대만 불자들의 시주와 사찰 후원 활동의 적극성을 추측하게 한다.

대만에서 사찰 신도들이 올리는 공양은 세 가지 복전을 대상으로 하고 있다. 즉 부처님께 올리는 공경복전, 부모님을 생각하는 보은복전, 이웃의 어려움을 극복하게 하는 빈궁복전이다. 대만의 불자들은 주로 부처님을 향하는 공경복전에 공양을 올림으로써 사찰에서 거대한 불사를 추진할 수 있도록 지원한다. 또한 이웃을 향하는 빈궁복전에 대한 공양이 사회복지 활동의 재원이 된다. 포광산사의 경우 공경복전에

---

[6] 사회적 신뢰가 없으면 기금을 모으기 어렵고, 신도들의 헌신과 봉사를 이끌어 낼 수 없다.
[7] 중타이찬사 신도들은 중타이찬사가 로마 교황청, 티베트의 포탈라궁과 함께 세계 3대 건축물에 속한다는 자부심을 가지고 있다.

대한 공양이 중심으로 이루고 있기 때문에 세계 각국에 분원을 창건할 수 있는 물적 토대를 구축할 수 있었다. 츠지정사의 경우는 빈궁복전에 대한 공양이 중심으로 이루기 때문에 지역복지와 국제구호에 필요한 재원을 확보할 수 있었다.

대만 신도들의 공양은 이외에도 교육과 매체포교, 문화와 수행 등의 분야에도 집중되고 있다. 각 사찰에서는 케이블, 위성, 인터넷 TV 방송과 라디오 방송국을 운영하고 있으며, 신문사를 운영하는 사찰도 있다. 각 분야의 포교활동에 필요한 재원 역시 신도들이 목적사업에 대한 시주와 현대화된 공양의 실천으로 형성되고 있다.[8]

(4) 봉사형 운영원리 : 출재가의 헌신과 봉사

대만에는 대략적으로 약 2,200여 개의 사찰과 약 1만 2천여 명의 스님이 활동하고 있는 것으로 알려져 있다. 이들 사찰의 대부분이 출재가의 헌신적인 봉사로 운영되는 특징을 보여 준다. 대단의 사찰들은 주석하는 스님에게 월급과 같은 개념의 일정 급여를 주지 않는다. 스님들의 의식주를 책임지고 있기 때문에 거주하는 대중에게 매월 급여를 지급하지 않는 것이다. 다만 의식주를 제외한 일상생활에 필요한 최소한의 경비만을 지급받는다.[9]

---

8. 츠지공덕회에서 운영하는 다아이(大愛)TV는 매년 신도들의 후원금이 약 50억 위안(圓) 정도 되는 것을 알려져 있다. 이 방송국은 이와 같은 후원금과 자원재생공사의 사업 수입금 등으로 운영 경비를 충당한다. 다아이TV 방송국의 운영이 가능한 것은 월 80만 위안(圓)에서 100만 위안(圓) 정도의 저임금을 받고 헌신하는 직원들의 기여도 있다.
9. 이러한 원리는 한국의 천태종, 원불교, 카톨릭 등의 종교단체에서도 찾아볼 수 있다. 대만의 신흥 사대종문 사찰들과 유사한 운영체계를 갖고 있는 곳은 대한불교천태종이라고 할 수 있다. 스님들에게 지급하는 최소한의 보시금, 신도들의 적극적인 봉사와 사찰운영 참여 등의 모습은 서로 공통점을 지니고 있다.

사대종문 사찰을 방문할 경우 방문객을 처음으로 맞이하는 사람은 단복을 입은 재가봉사자이다. 봉사자들은 각 사찰별로 고유의 디자인을 갖춘 단복을 입고 사명감과 헌신하는 모습으로 방문객을 대한다. 포광산사의 경우 신도들의 봉사형태와 장소에 따라서 다양한 복장을 디자인하여 게시하고 신도들이 이를 구입하여 입을 수 있게 장려한다.

단복을 착용한 포광산사의 여성 자원봉사자

츠지공덕회의 회원들도 사찰봉사, 병원봉사 등에 따라서 정해진 복장을 하고 활동한다. 봉사자들에게 단복을 입게 하는 것은 외부인과의 구별 효과도 있지만 봉사자들에게 자부심과 긍지를 심어줄 수 있기 때문이다.

츠지공덕회의 경우 매우 다양한 봉사자들을 확보하고 있다. 사찰 내에서의 안내, 교육, 기획, 개발 등의 분야뿐만 아니라 자원재생공사에서 물건 수집, 파쇄, 재봉, 가공, 포장, 운반, 관리 감독 등의 모든 분야에서 봉사자들이 참여하고 있다. 츠지공덕회의 국제봉사는 최근 일본 후쿠시마 대지진에서도 그 활약상을 보여주고 있다. 츠지공덕회는 일본 대지진 발생 직후 대만 화롄의 본부에 비상대응센터를 세우고 구호에 적극 나서고 있다. 츠지공덕회 도쿄지회는 지진 발생 직후부터 사무실을 임시 대피소로 제공하고 음식을 제공하고 있다. 또 휴대전화 통신망 이상으로 가족과 연락이 어려운 시민들을 위해 인터넷 회선을 제공하고 있다. 또한 피해 현지에 선발대를 급파하여 구호에 필요한 물품을

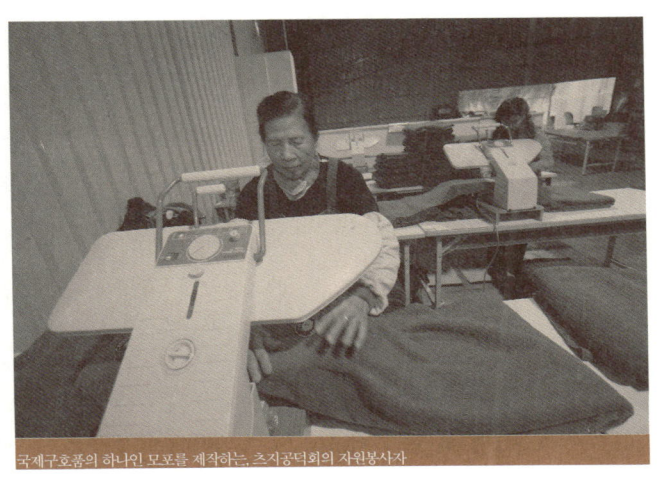
국제구호품의 하나인 모포를 제작하는, 츠지공덕회의 자원봉사자

조사 한 후 재활용 페트병으로 만든 담요 5천 장과 즉석 밥 35톤, 견과류 1톤을 대피소 이재민에게 전달했다.

신도들의 다양한 봉사는 사찰의 인적, 물적 토대를 확보하는 가장 중요한 방법이 될 수 있다. 봉사자가 많을 경우 인건비 부담을 경감시키기 때문에 그만큼 사찰의 지출을 줄일 수 있다. 또한 봉사에 동참한 사람들은 사중의 운영에 대하여 잘 알게 되고 실태를 확인할 수 있기 때문에 사찰과 승가에 대한 신뢰가 형성되고 더 적극적으로 후원활동에 동참하는 경향이 있다. 츠지공덕회의 회관을 비롯한 주요 건물들의 건립과정에서도 신도들의 적극적인 자원봉사가 있었다.

(5) 생산형 운영원리 : 가치 생산 – 출판사업 중심

대만 신흥 사대종문에 소속된 사찰들은 매우 적극적으로 여러 가지 수익사업을 전개하고 있다. 공통적인 수익사업은 출판 분야에서 이루어지고 있다. 이들 사찰의 출판물은 대부분 창건주 종장스님의 저술들이다. 그리고 각종 경전해설서를 비롯하여 신도들이 신행활동에 필요한 문헌을 출간하는 데 집중하고 있다. 출판 사업은 사찰 소개를 넘어서서 매우 적극적인 매체 포교방법으로 활용되고 있다. 신도들은 신심으로 책을 구입하여 본인도 읽고 일반인들에게도 선물을 한다. 이 과정에서 자연스럽게 매체 포교효과가 나타나고 있는 것이다. 그리고 다수의 신도들이 책을 구입하기 때문에 자연스럽게 출판에 따른 이익이 발생한다.

포광산사의 수익사업 중에는 식당도 포함된다. 포광산사는 전 세계의 분원에 디수이팡(滴水房)이라는 사찰음식점을 개원하고 소식 음식을 제공하고 있다. 디수이팡 사업은 수익사업이 목적이 아니라 신도나 일반인들이 사찰의 소식음식문화를 경험하게 함으로써 심신의 건강과 더불어 사찰의 홍보효과도 기대하고 있다. 포광산사 본원에는 호텔급 영빈관이 있어서 외부 방문자가 일정한 실비를 지급하고 편안하게 머무를 수 있는 숙박시설이 운영되고 있다.

츠지공덕회의 수익사업은 보다 적극적인 개발 아이디어를 담아내고 있다. 각종 선식의 보급, 의류, 문방사우, 초, 도시락, 친환경 생활용품 등 매우 다양하다. 대부분 자체적으로 운영하는 사찰 내의 매점에서 판매하고 있다. 이용자의 상당수는 자체 신도나 사찰을 방문하는 외부인들이다. 그러나 츠지공덕회의 경우 전세계 회원이 수백만 명에 달하기 때문에 지속적으로 많은 수입이 발생하고 있다. 특히 판매물건의 일부는 스님들이 직접 생산하는 것으로 알려져 있어서 신도들이 적극적으로 구매하는 효과가 나타나고 있다.[10]

---

10. 화롄의 징쓰정사에는 스님들이 직접 참여하여 생산하는 공장이 현재에도 운영되고 있다. 이곳에서 개발하여 생산한 물건은 창건 후 지금까지 약 30여 종류에 이른다고 한다.

한국의 사찰과 같이 문화재 관람료 등을 부과하여 수익을 창출하는 대만 사찰은 없다. 사찰을 방문하는 사람들에게 관람료를 부과하지 않는 것이 대만 사찰의 특징이다.

츠지공덕회 정옌 스님 저술들

대만 사찰의 수익사업은 단순한 상업적 목적을 띤 경제활동이 아니라 가치생산을 통한 문화의 대중화가 수익의 효과를 거두는 결과를 가져오고 있다. 특별히 이익을 추구하는 것은 아니지만 포교효과로 연결되면서 지속가능한 수익이 발생하는 구조를 띠고 있다.

(6) 투명형 운영원리 : 원융산림, 재정 공개

대만 사찰들의 투명한 운영은 재단법인 형태의 사회적 통제와 이에 부응하는 스님들의 원력과 사찰 내부의 노력이 조화를 이룬 결과이다. 대만의 불자들은 익명으로 시주하는 경우도 많겠지만 대부분 영수증이 발급되는 공적인 후원활동에 적극 참여하는 경향이 있다. 법인 형태의 사찰운영은 내부 감사는 물론이고 공적인 외부감사도 받아야 하기 때문에 수입 지출의 상황이 정확하게 기록되고 공개될 수밖에 없다. 따라서 치밀한 수입지출 관리와 영수증 등 근거자료 확보 등에 신경을 쓰지 않을 수 없다.

신도들도 연말정산과 세금공제를 위해서는 자신의 기부활동에 대한 증빙자료를 발급받아야 한다. 이 과정에서 자연스럽게 사찰의 운영

실태가 외부에 공개된다. 신도들도 투명하게 운영되는 사찰을 선호하기 때문에 사찰별로 재정공개와 원융살림을 추구하지 않을 수 없다. 그 결과 대규모 불사가 불협화음 없이 잘 추진될 수 있다. 반면에 운영실태가 공개되지 않고 신도들의 참여가 부족한 사찰의 경우 교세가 급격히 위축되는 현상이 나타날 수 있다. 실제로 대만불교계에 유사한 사건들이 발생하였다고 인구에 회자되고 있다.

츠지공덕회의 경우 2008년 현재 츠지위원(慈齊委員) 2만여 명, 츠청두이(慈誠隊) 1만 5천명, 회원 400만 명의 거대한 조직으로 성장하였다. 그와 같은 괄목할 만한 성장의 원천은 바로 '관리의 투명함'에서 찾을 수 있다.11

대만 사찰의 투명한 운영 실태는 사찰의 특성과 전통, 대중의 수, 재가신도의 참여 정도 등에 따라서 다른 것이 현실이다. 다만 포광산사와 츠지공덕회 등 일부 사찰의 운영체계와 재정상황이 석사학위 논문을 비롯하여 학자들의 연구주제가 되고 있다. 이와 같은 자료들을 통해서 사찰운영 실태의 공개 여부, 사부대중이 참여하는 원융살림의 주준을 짐작할 수 있다.

3) 신흥 사대 사찰의 재정 운영체계의 특징

(1) 사대 사찰의 공통점과 차이점

대만불교의 신흥 사대종문에 속하는 포광산사, 츠지정사, 중타이찬사, 그리고 파구산사 등의 사찰 운영체계는 일반 사찰과 대부분 유사하

---

11. 이상미, "책으로 바라본 쩡엔 스님의 인간불교사상과 그 실천," 《불교평론》 2006년 가을/겨울, 28/29호 참조.

다. 즉 신도들이 기진한 재화로 사찰을 운영에 필요한 수입 재정을 확보하는 것은 어느 종교단체나 공통적이다.

이들 사찰들이 재정의 투명성을 담보하기 위해서 재단법인 등록을 하고 법인에서 재정을 관리하는 점도 유사하다. 또한 의사 결정과정에 있어서 재가불자가 적극 참여하고 관리한다는 점에서도 공통점이 있다. 이들 신흥사찰들이 국내 포교에 머물지 않고 세계로 나아가 화교세력을 결집시키고 국제포교에도 적극적이다.

대만의 신흥사찰들은 개별적인 기도나 재의식 등을 통한 재정 확보가 아니라 자발적인 참여를 통한 재시의 실천을 강조하고 있다. 자발적 보시를 촉진시키기 위한 각 사찰의 노력들이 사찰마다 두드러진 특징을 보이고 있다.

각종 '재'나 '기도비' 명목으로서가 아니라 불교 사상에 입각한 자발적인 보시를 철저히 지향하고 있으며, 이에 대한 효과를 극대화하기 위해 대규모 홍보관 및 상세한 안내책자 등을 통해 자신들의 활동과 이에 대한 대중의 동참과 지원을 자연스럽게 이끌어내고 있다. 실제 포광산사나 츠지공덕회의 홍보관은 그 치밀함과 방대함에 있어서 보는 이들의 감탄을 불러일으킨다.[12]

그러나 이들 사찰들 사이에도 사찰의 종풍의 차이와 창건주 문장 (門長) 스님의 지도력과 관심사항에 따라서 재정의 수입과 지출의 구조적 측면에서 다소 차이를 보이는 점도 있다.

---

12. 이재형 기자, "대만불교 저력 분석." ≪법보신문≫, 제900호, 2007.5.8일자

포광산사는 세계 각국에 분원형 문화원을 건립하는 데 많은 투자를 하였다.[13] 또한 불학원과 같은 전통교육기관과 대학을 통한 현대적 교육기관을 적극 건립하는 데 집중 투자를 하는 특징을 보여주고 있다. 포광산사의 경우 중앙집권적 운영체계를 채택하고 있다. 세계 각국에서 운영되고 있는 포광산사의 분원의 건립기금은 모두 본원에서 지원하고 있다.

반면에 츠지공덕회의 경우 세계 각지에서 운영되고 있는 분원의 건립은 모두 자체적으로 모금으로 충당하였다. 분원 건립뿐만 아니라 운영비용도 모두 자체적으로 해결하고 있기 때문에 츠지공덕회는 지역분권화 정책을 채택하고 있다. 츠지공덕회의 각 분원에서 이루어지고 있는 의사결정도 자체적으로 의사결정이 되고 있기 때문에 분권화되어 있다.

대만 신흥사찰들의 운영체계는 집권화와 분권화가 혼재되어 있는 특색을 보여주고 있다. 인사권, 재정운영권, 의사결정권 등이 얼마나 분권화되어 있는가는 정확하게 파악하기 어렵다. 다만 각 사찰의 종풍에 따라서 집권화와 분권화의 정도는 큰 차이가 있는 것으로 파악된다.

(2) 사찰별 운영체계

● 포광산사형

포광산사는 건립 초기 납골당 운영으로 비교적 안정적으로 재원을 확보한 것으로 알려져 있다. 납골당은 임종 가족을 둔 신도들에 대한

---

13. 포광산사의 분원은 해외도량 114개소, 국내도량 74개소 등이 운영 중이다. http://www.fgs.org.tw/career/career_edu.aspx 참고.

서비스로 많은 불자들이 사찰을 찾아올 수 있는 전기를 만들어 주었다. 사찰 측에서도 경제적 관점에서 접근한 것이 아니라 신도들의 관점에서 접근한 것이 큰 호응을 얻은 것을 알려져 있다.

국제포광회를 비롯하여 산하 단체의 회원들은 매년 소액의 회비를 부담하고 있다.[14] 소액 다수의 회비가 단체 운영에 매우 중요한 재원이 되고 있는 것이다. 이 과정에서 신심으로 고액의 후원금이나 불사금을 내는 신도들이 나타나게 되어 있다.

포광산사는 필요한 불사를 추진하면 신도들이 적극적으로 동참하는 구조를 띠고 있다. 이것이 가능한 것은 충성도가 높은 다수의 신도들이 있기 때문이다. 불타기념관은 10만 평의 부지에 대규모 재정이 투입되어 건립되었다. 그 막대한 재정은 결국 다수의 신도들의 후원금으로 모금된 것으로 알려져 있다. 포광산사는 다수의 불학원과 대학을 설립하고 포광대장경, 현대불교 학술총서 등을 편찬하는 비용도 모두 모금을 통해서 충당되었다.[15]

그러나 포광산사가 신도들의 시주금만을 바라보고 운영하고 있는 것은 아니다. 적극적인 수익사업을 전개하고 있다. 수익사업 영역은 출판, 디수이팡[16] 등 음식점 운영, 각종 판매시설, 납골당. 사찰 내 관광 상품 개발 등으로 매우 다양화되어 있다. 세계 각국의 사람들이 대만을 찾으면 포광산사를 방문할 수 있도록 안내하고 있다.

이와 같은 특성을 중심으로 포광산사의 재정 운영을 살펴보면 다

---

14. 2011년 회비는 1인당 1,500위안(圓)로 한화 약 5만 원 정도이다.
15. 3개 대학, 5개 불학원, 4개 지역학교, 3개 초중등학교, 3개 유치원, 기타 2개 등 총 20여 개의 교육기관을 운영하고 있다.
16. 포광산사의 디수이팡은 해외 33개, 국내 26개의 분원에서 운영하고 있다.

음과 같은 몇 가지 원칙을 지키고 있음을 알 수 있다.[17] "첫째, 지혜의 자산을 활용한다. 둘째, 의사결정과 회계관리를 분리한다. 타이완의 포광산에서는 '권한이 있는 사람은 돈을 관리할 수 없고, 돈을 관리하는 사람은 권한이 없다'라는 가르침을 준수하고 있다. 셋째, 재화의 소유는 삼보정재로 승가에 귀속되고 물질은 평등하게 나눈다. 넷째, 재정은 신도에게 의존하여 유지하되, 함부로 보시를 청하지 않는다. 다섯째, 다수의 대중이 올리는 공양과 보시에 의지하되 특정인이나 집단에 의지하지 않는다. 포광산에는 '여러 집안의 밥을 먹되, 한 집안의 밥을 먹지 않는다'라는 가르침이 있다. 이것은 사원의 재정은 사방의 많은 사람에게 의지해야 하지 어느 한 사람에게만 의지해서는 안 된다는 것을 의미한다."

포광산사의 재정지출은 의사결정권과 집행권을 분리하여 문제의 소지를 없애고 투명성을 확보하기 위해 노력하고 있다. 또한 모든 자산은 승가의 소유로 하되 평등보시의 정신을 실천하고 있다. 그리고 소수의 신도가 아니라 다수의 신도들의 공양과 보시에 의지함으로써 많은 사람들이 동참할 수 있는 특징을 내포하고 있다.

● 츠지공덕회형

『불교츠지자선사업기금회(佛敎慈濟慈善事業基金會)』는 츠지공덕회의 모든 재정을 통합 관리하는 재단법인이다. 대만에서 재단법인은 공익법인으로서 국가의 통제를 받기 때문에 츠지공덕회의 모든 재정은 공적으로 투명하게 운영될 수 있는 토대를 확립하였다. 이러한 운영체계

---

[17] 싱원 스님 편저, 양정연 역, 『인간불교의 경영과 실천』 동국대학교 출판부, 2011, pp.54~86.

화련 정쓰정사 전경

로 인하여 많은 후원자들이 안심하고 재화를 기진할 수 있는 것으로 보인다. 2001년 말 현재 츠지공덕회에 1회 이상 후원한 경험이 있는 후원자는 약 400만 명이 넘고, 100만 명 이상은 매년 정기적으로 후원하고 있는 것으로 알려져 있었다. 10여 년이 지난 2010년말 현재 츠지공덕회의 회원은 전세계 1천만 명으로 확대되었고 매년 소액의 후원금을 내는 사람이 약 700만 명 정도 되는 것으로 알려져 있다.[18]

『츠지공덕회』는 정옌 법사와 그 문도로 구성된 비구니 승가의 신도조직이라고 할 수 있다. 츠지공덕회의 설립목적은 신도교육과 신심형성을 통해서 사회구제사업을 실천하는 데 초점이 맞추어져 있으며,

---

18. 소액의 후원금은 매월 약 50위안(圓) 대만달러로 츠지위원이 직접 방문하여 받고 있다. 이것은 2011년 방문시 안내자와 인터뷰에서 밝혀진 내용이다. 2007년 실천불교승가회가 방문하였을 때 츠지공덕회의 규모는 14만 명의 츠지위원과 500만 명의 회원으로 소개하고 있다. ≪법보신문≫ 899호 2007. 5. 1. 참조.

정옌 법사의 가르침으로 운영되기는 하지만 실무 운영에 있어서는 독자적인 의사결정과 자율성을 가지고 있다. 츠지공덕회는 재정과 그 규모가 소수의 몇 사람의 지도력만으로 운영하기에는 불가능할 정도로 대규모의 국제조직으로 성장하였다.

츠지기금회가 2006년 모연한 금액은 경상모연금의 경우 대만 화폐단위로 2006년 77.5억 위안(圓), 2007년 91억 위안(圓), 2008년 97.7억 위안(圓)[19] 등으로 매년 큰 폭으로 증가하였다. 국제적인 재난이 발생할 경우에는 이와 별도로 모금을 실시하는데 1999년 대만지진 때에는 62.3억 위안(圓), 2004년 동남아 해일 피해 26.1억 위안(圓), 2008년 중국 쓰촨성 대지진 19.5억 위안(圓), 2008년 2.4억 위안(圓), 2009년 45.8억 위안(圓) 등을 모금하였다. 츠지기금회의 모금 홍보는 위원 모금홍보가 주를 이루는데 우편 안내, TV 광고, 방문 안내, 지역 특별 이벤트 개시, 기업 대상 홍보 등이 있다. 츠지기금회에서는 가능하면 소액의 정액 기부를 장려하며 츠지위원들이 매월 후원자를 방문하여 직접 모금하는 방법도 채택하고 있다.[20]

모연된 기금은 빈민구제와 긴급 구호와 같은 자선사업, 의료 및 교육시설 등의 건립 기금, 국제구호활동, TV 방송국 운영 및 각종 간행물 발간, 학비 지원 등으로 사용한다. 모금활동에 중추적 역할을 하는 츠지위원들은 일반 종교조직에서의 임원과는 달리 매우 광범위한 활동을 하고 있는 것으로 나타나 있다. 츠지위원은 포교, 신도관리 및 신행지도, 모금 및 후원, 사회운동, 자원봉사, 국제 구호 등 다양한 역할을 수행하고 있다.[21]

---

[19] 현재 환율로 환산하면 약 4,300억 원 정도에 달하는 거액이다.
[20] 林麗容, 위의 논문, p.34.
[21] 공덕회 설립 초기부터 20년이 지난 1986년에 '츠지위원'은 190명에 불과하였는데, 이후 10년이 지

첫째, 츠지위원의 가장 핵심적인 역할은 포교라고 할 수 있다. 츠지위원은 각 지역을 중심으로 정옌 법사의 가르침과 츠지공덕회의 이념 및 실천 목표를 전파하고 지역주민들의 관심을 유도하는 역할을 한다. 츠지공덕회의 분원이 모든 지역에 다 건립되기 어렵기 때문에 위원들이 자신이 거주하거나 활동하는 지역에서 포교활동을 전개하고 신도들을 이끌어 가고 있다.

둘째, 츠지위원은 직접 신도를 관리하고 신행을 지도한다.[22] 새로운 신자가 츠지공덕회에 관심을 가지게 되면 츠지위원이 이들을 관리하여 신행활동을 이끌어 주고 지도하는 역할을 담당한다. 분원에서 이루어지는 여러 가지 프로그램을 소개하고 정기적으로 참석할 수 있도록 촉진시켜주며, 화롄의 징쓰정사(靜思精舍) 방문시 동행하면서 신심을 증장시키는 데 일조한다.

셋째, 츠지위원은 신도들에게 직접 후원금을 모금하고 이를 공덕회로 송금한다. 각 위원들은 자신이 관리하는 신도들의 후원금 관리 장부를 가지고 있으며, 매주 혹은 매월 직접 후원금을 접수받고 있다. 이렇게 접수받은 후원금은 즉시 컴퓨터에 입력되고 개별 후원금 총액은 국세청에 통보하여 면세 혜택을 받도록 유도하고 있다. 이와 같은 후원금관리 시스템은 투명한 관리를 보장하고 사회적 공신력을 확보할 수 있는 중요한 수단을 제공해 준다.

넷째, 츠지위원은 각종 사회운동의 지도자로 활동한다. 츠지공덕회

난 1995년에는 위원 총수가 6,000여 명으로 증가하였으며 후원금 액수도 기하급수적으로 증가하였다. 2000년대 중반 츠지위원은 약 12,000명으로 늘어났으며, 연간 후원금액은 약 1,200억 위안(圓) 정도였다. 2006년부터 연평균 2,500억 위안(圓) 이상을 모금하고 있는 것으로 나타났다

22. 2008년 츠지위원의 수는 33,389위로 잠정 집계되었으며, 위원은 최소 40호의 가정을 교화해야 하며 부분(部分)위원은 최소 100호 이상 회원으로 등록시켜야 한다.

에서는 환경오염 방지를 위한 실천 운동에 모든 신도가 동참할 뿐만 아니라 사회적 차원으로 확대하고 있다. 츠지공덕회 내에서는 일회용 쓰레기를 거의 발생시키지 않고 있다. 또한 모든 신도는 자신의 밥그릇과 젓가락을 지참하고 사찰을 방문한다. 이것은 물론 쓰레기를 발생시키지 않기 위함이다. 츠지위원은 이러한 환경운동에 적극 동참할 뿐만 아니라 사회계몽을 통한 실천운동으로 확산시키는 주역으로 활동한다.

다섯째, 츠지위원은 국제구호의 선봉장으로 활동한다. 츠지공덕회의 중점 사업 중에 하나가 국제구호사업이다. 츠지공덕회는 전세계 약 30여 개 국에 지원(支院)을 설립 운영하고 있으며, 각국의 지원을 통해서 가장 신속하고 효과적으로 원조활동을 전개하고 있다. 원조는 풍수해 및 지진피해 지역, 그리고 각종 참사가 있는 지역 등에서 필요로 하는 모든 종류의 물품을 제공하며, 봉사인력을 파견한다. 필요한 경우 전세기를 동원하여 신속하게 서비스를 제공하는 시스템을 갖추고 있다.

츠지공덕회는 청정한 지도력을 갖춘 스님과 실천의지로 충만해 있는 신도들의 결합이 이루어졌다는 점이다. 스님들은 스스로 자급자족의 삶을 영위하는 반면에 신도들에게는 금전적으로 전혀 의지하지 않는다. 그리고 스님들이 모범적인 수행자의 삶을 보여줌으로서 신도들의 자발적인 동참을 유발하고 있다. 스님들은 신도에게 경제적으로 의존하지 않고 스스로의 노동을 기반으로 수행하고, 신도들은 스님들에게 정신적으로 의존하면서 실천한다. 츠지공덕회는 신행활동과 사회복지활동을 연계한 전혀 새로운 형태의 실천방법을 제시하고 이것을 전문화시켰다.[23]

---

[23]. 김응철, "대만불교의 국제포교사례, 츠지공덕회를 중심으로," 앞의 책, pp.65~74.

● 파구산사

　1989년 개창한 파구산사는 3대 교육사업을 바탕으로 4종 환경운동을 전개하면서 많은 사람들의 관심을 집중시켜 왔다. 3대 교육 사업은 대학원(大學院), 대보화(大普化), 대관회(大關懷) 교육이다. 대학원 교육은 국가에서 인정하는 대학과 대학원 등의 정규 교육과정에서 연구, 교학, 홍법과 전문직 인재를 양성하는 교육의 실행을 의미한다.[24] 대보화 교육은 전통불교 수행활동과 현대 문화 활동을 접목시켜 현대인에게 적합한 생활화·실용화할 수 있는 대중교육을 실천하는 것이다. 대관회 교육은 태아에서부터 임종에 이르기까지 다양한 사회 대중에 대하여 보편적이고 평등한 관심을 기울이는 교육정신을 말한다. 모든 사회 대중에 대하여 평등한 관심을 기울이면서 인간적인 불교를 지향한다.

　파구산사에서 추진하는 4종의 환경운동은 심령환보(心靈環保), 생활환보(生活環保), 예의환보(禮儀環保), 자연환보(自然環保) 등이다. 심령환보는 환경오염은 사람의 마음의 오염에서 비롯되기 때문에 마음의 정화를 통해서 자비심으로 중생을 대하고, 지혜의 마음으로 업무를 처리하는 운동을 전개하는 것이다. 생활환보는 일상생활 의식주 등에서 소욕지족, 근로, 간복(簡樸), 청결한 생활관습을 생활화하는 생활환경보호 운동이다. 이것은 일종의 사회 계몽운동의 성격을 띠고 있다. 자연환보는 모든 사람이 자연의 일부분임을 자각하고 대지(大地)에 대하여 항상 감사하고 낭비와 오염을 방지하고, 만물이 영속적으로 생장하고 지속될 수 있도록 환경보호 운동에 동참하는 것을 말한다. 예의환보는 신·구·

---

24. 이 교육사업의 일환으로 1985년 중화불학연구소를 설립하고, 2001년 정규 승가대학인 파구산불교대학교를 건립한 이후 2006년 파구산불교대학원을 설립하였다. 파구산사는 전국의 단일 불교 종합 교육센터를 지향하고 있다.

의 삼업행으로 너와 나의 화해와 사회적 화합을 추구하는 개인관념 정화운동이다.

파구산사에서는 1992년 재단법인 파구산문교기금회를 설립하였는데 출연금은 2억 1천 6백만 위안(圓)(한화 약 90억 원)으로 100% 개인이 참여한 출연금이다. 이 기금으로 학술 및 교육, 포교 등의 비용으로 사용하고 있다. 2001년에는 1억 1천만 위안(圓)(한화 약 45억 원)을 투입하여 재단법인 파구산사회복지자선기금회를 설립하였다. 이 기금은 100% 기업에서 출연(出捐)하였는데 저소득층 및 사회적 약자를 위한 교육과 사회복지 사업에 투입하고 있다. 파구산사의 재정은 개인과 기업의 후원을 바탕으로 기금을 형성하고 그 기금을 이용하여 교육, 연구, 복지 등의 분야에 집중적인 투자를 하고 있는 것으로 나타났다.

● 중타이찬사

중타이찬사와 파구산사를 비롯하여 다수의 대만 전통 사찰의 재정 확보 실태는 충분히 연구되지 못하였다. 다만 이들 사찰들의 활동 중 일부는 각종 자료를 통해 확인할 수 있다.

중타이찬사를 창건한 웨이줴 스님은 '불법이 세간법과 다르지 않다'며, 사회 각 계층의 직업에 맞게 참선을 가르쳐 중국 선종의 중흥을 꾀하고 있다. 현재 중타이찬사에는 출가자 1천여 명과 재가신도 수십만 명이 선칠정진(禪七精進)에 동참하고 있다.[25] 중타이찬사는 현재 대만 내 말사 62곳, 미국 내 말사 3곳, 불교 케이블TV 등을 거느린 세계 최대의 선종 도량을 건립, 사회의 풍기를 변화시키며 인심을 정화하는 기

---

25. 선칠정진은 매년 연초 7일간의 용맹정진을 의미한다. 이때 동참자들은 회사에 휴가원을 제출하고 사찰에 와서 7일 동안 집중수행에 참여한다.

능을 발휘하고 있다.

중타이찬사를 창건한 웨이줴(惟覺) 스님은 중국 본토에서 대만 북부로 들어와서 20년간 무문관(無門關) 수행을 한 후 1987년에 타이베이현(臺北縣) 완리향(萬里鄉)에 링취안사(靈泉寺)를 세워 대중 교화를 펼치기 시작했다. 스님에게 감화받은 대중수가 기하급수적으로 늘어나자 중타이찬사 건립을 계획하였다.

중타이찬사는 수행정진을 바탕으로 학술, 과학, 예술, 교육, 불법의 생활화 등 5대 사업에 역량을 집중하고 있다. 중타이찬사는 사찰 밖에서 청소년 교육을 위해서 초등학교, 중학교, 고등학교 등을 건립하였고, 사원 내에는 대학과 대학원 과정을 이수할 수 있는 연구소 등을 설립 운영하고 있다. 중타이찬사의 각종 사업은 수행정진에 참여하는 불자들이 감화를 입어 시주하는 재정으로 추진되고 있다.

● 츠항사

대만 츠항사(慈航寺)는 등신불로 유명한 츠항 대사가 수행하던 사찰이다. 츠항사는 일본 교토 소재 묘심사에서 설립한 타이베이 위안산 임제사 분사로 1928년 창건되었다. 츠항사는 1948년 대관으로 건너온 츠항 대사(1895~1954)가 주석하면서 대만불교의 중심사찰로 성장하였다. 1964년 담수하천 제방공사 계획 때문에 현재의 위치로 이전한 후 1977년 중창계획을 수립하였다. 이때 뤼쑤메이(呂素梅)를 비롯한 27명이 참여하는 동사위원(董事委員)회를 조직하고 모연을 실시하였다. 이 때 투입된 재정은 당시 대만 화폐로 약 50여 만 위안(圓)이었는데 모두 동사위원들이 모금하였다.

츠항사의 변천과정을 살펴보면 식민지 시절에 창건된 일본 사찰이

제2차 세계대전 이후 중국 사찰로 전환된 것을 알 수 있다. 그리고 중창불사 계획에 따라서 추진위원들이 선임되고 이들의 모연(募捐)에 의하여 불사기금이 마련되었다. 동사위원들의 명단을 살펴보면 대부분 한 집안의 식구들로 구성되어 있는 것을 보면 소수의 재력가가 사찰 중창에 집중 후원한 것으로 보인다. 대만의 전통사찰들의 다수는 이와 같이 신심이 있는 가문에서 후원하여 건립하는 경우에 해당한다.

3. 한국불교와의 유사점과 차이점

대만불교는 한국불교와 유사한 점이 많다. 양국 불교에서 찾아볼 수 있는 공통점이나 유사성을 살펴보면 첫째 동아시아 대승불교권의 전통, 둘째 일본 강점기 동안의 일본불교 영향, 셋째 아미타 정토신앙과 선불교의 혼재, 넷째 전통불교 위에 새롭게 발전한 신흥불교 사찰의 등장 등을 찾아볼 수 있다.

그러나 1945년 이후 대만불교는 빠른 속도로 도심포교에 집중하였는 데 비하여 한국불교는 산중불교의 전통에서 벗어나지 못하였다. 대만불교는 신흥불교 단체들이 주류를 형성한 데 비하여 한국불교는 전통불교가 주류 불교문화를 이끌고 있다. 양국의 불교단체 모두 일본 불교의 영향에서 벗어나기 위해 노력하였으나 대만불교는 일본 불교의 장점을 수용한 데 비하여 한국불교는 왜색불교를 척결하는 데 많은 노력을 기울였다.

대만불교는 세계로 진출하면서 동시에 중국 대륙 불교의 발전에도 기여하였다. 대륙 불교와 지속적인 교류를 하면서 분원을 설립하는 정책을 추진하였다. 반면에 한국불교는 분단 상황에서 대북 교류도 원활하지 못하였으며 세계화에 대한 노력이 충분하지 못하였다. 대만불교는 세계 각국의 화교들을 결집시켜 정신적 안식처가 되도록 만들었는 데 비하여 한국불교는 각국으로 진출한 국민들을 결집시키지 못하였다.

대만사회에서 불교는 전통 종교 속에서 주도권을 확보하고 있는 데 비하여 한국사회에서 불교는 다수 종교 중의 하나로 그 위상이 많이 약화되었다. 대만과 한국 모두 동서양의 종교가 경쟁하는 다종교 사회이지만 대만은 서양종교의 위상이 극히 낮은 데 비하여 한국은 기독교의 교세가 불교보다 앞서고 있다.

이러한 시점에서 한국불교는 대만불교로부터 배워야 할 점이 많이 있다. 사찰운영 방법, 재원확보 전략, 인재육성 체계, 신도교육과 조직화, 법회 형태 등에서 참고해야 할 사항들이 매우 많다. 그 중에서도 사찰 재정을 확보하고 그것을 활용하여 포교성과로 전환시키는 방안을 찾기 위해서는 대만불교의 특징을 잘 살펴볼 필요가 있다고 본다.

대만불교 중에서도 앞서 언급한 신흥불교 사찰들은 재의식이나 기도 등과 같은 전통적인 불교의식에 의지하여 재원을 확보하지 않고 있다는 점이다. 대만불교의 의식과 의례가 없는 것은 아니지만 그것을 재정 운영과 연계시키지 않고 있다는 점에서 한국불교와 큰 차이를 보이고 있다.

대만불교계의 전통사찰들은 문화재관람료를 받지 않는다. 그러나 한국의 주요 전통 사찰들은 문화재관람료에 의지하여 사찰을 운영하는 사례들이 많이 있다. 대만의 신흥사찰들은 신도조직 운영과 신도들의 자발적 참여, 공개적이고 소액 다수의 후원금이 주류를 이루고 있다는 점에서 장점이 있다. 반면에 한국의 사찰들은 신도 교육과 조직화에서 미흡하고 사찰재정이 공개되지 않고 있기 때문에 신도들의 자발적 후원활동과 재시가 활성화되지 못하고 있다.

대만불교는 승가교육을 현대교육과 접목하는 데 매우 적극적이었으며 전통 불학원 교육도 현대적인 학문영역을 많이 반영하고 있다. 승가교육을 사회제도교육과 연계시켰다는 점에서 전통 승가교육을 중시해온 한국불교와 큰 차이를 보이고 있다.

대만불교는 정치와 이념의 대립을 넘어서서 본토 진출에 성공하였으며 국민통합에 크게 기여하고 있다. 그 결과 중국불교 전체를 발전시키는 데 중요한 역할을 하고 있으며 대륙불교의 변화를 촉진시키는데 일조하고 있다.

대만불교는 여러 가지 문제점도 있다. 협소한 지역에 많은 사찰이 경쟁하고 있고 비구 출가자의 감소와 거대 규모의 사업형 불사가 만연하고 있다는 것 등은 문제점으로 지적할 수 있다. 신흥 사찰과 전통 사찰들 사이에 교류가 없고 종단적으로 폐쇄적인 운영체계를 띠고 있는 것도 대만불교 발전의 저해요인으로 작용할 수 있다.

대만불교는 특정 사찰의 종장스님에 대한 1인 의존도가 높기 때문에 세대교체의 과정에서 여러 가지 어려움에 직면할 수도 있다. 파구산사의 경우 이미 세대교체가 되었으나 이미 재정상의 어려움이 나타나고 있으며 신도들의 결집력도 크게 약화되었다고 한다. 이러한 현상은 대만의 신흥불교 사찰들이 모두 해결해야 할 공통적 과제라고 할 수 있다.

대만불교의 성공사례는 한국불교 발전을 도모하는 데 중요한 시사점을 제공해주고 있다. 대만불교의 장점을 잘 응용하고 단점을 잘 보완하기 위해 노력한다면 새로운 도약을 준비하는 한국불교에 큰 도움이 될 것으로 생각된다

박*
인
석

대만 사찰의
신도조직 체계와
재가자의 위상과 역할

불교는 출가자[僧]와 재가자[俗]의 사부대중(四部大衆)이 공유하는 가르침이다. 그러나 불교를 전승해온 교단 조직은 전통적으로 승단(僧團)을 위주로 구성되어 왔다. 오늘날 한국불교를 대표하는 조계종의 종헌에 따르면 '조계종단은 출가 승려인 비구, 비구니와 재가신도인 우바새, 우바이 등 사부대중으로 이루어진다'라는 내용이 나온다. 종헌에 이런 내용이 있음에도 불구하고, 조계종 내에서 특히 재가자의 역할을 살펴보면, 종단의 운영에 있어서 그들의 역할이 지극히 제한적인 데 그치고 있다는 지적을 면하기 어려울 것이다. 최근 이와 관련하여 조계종단 내

* 동국대학교 불교학술원 HK 연구교수

에서 이 문제에 대해 다양한 목소리가 나오고 있고, 그에 대한 논의가 공개적으로 진행되고 있는 점은 주목할 만한 일이라고 생각된다.

하나의 종단에서 재가자의 역할에 대해 고민할 때, 우리는 현재의 대만불교에서 보이는 재가신도조직의 체계와 운영방법으로부터 한국불교의 재가자의 위상과 역할을 정립하는 데 참조할 만한 여러 사례들을 발견할 수 있다. 대만불교를 대표하는 4대종파의 활동을 보면, 공통적으로 재가신도의 참여가 매우 활발하다는 점을 발견할 수 있다. 더 나아가 이들 중 어떤 종파의 재가신도들은 한 종파의 활동에 단지 수동적으로 참여하는 데 그치지 않고, 종파의 구성원으로서 보다 조직적이고 적극적인 활동을 전개하고 있다.

이 글에서는 재가신도조직의 구성과 현황 등에 관해서는 4대종파 가운데서도 포광산사와 츠지공덕회의 사례를 통해 주로 살펴보고자 하며, 자원봉사자의 배출과 활용에 대해서는 두 종파 외에 파구산의 사례 역시 함께 살펴보고자 한다. 이러한 접근을 통해 대만불교에서 재가불자들이 지니는 위상과 역할에 대해 어느 정도 파악할 수 있으리라 생각한다.

I. 포광산사의 신도조직 체계와 운영방법

1967년에 개산(開山)한 포광산사의 교단 조직은 몇 가지 중요한 제도를 통해 운영되고 있다. 그것은 첫째 인사(人事)와 관련된 계획, 둘째 직무와 관련된 분배, 셋째 재무와 관련된 제도, 넷째 복리(福利)와 관련된 내용 등으로 요약될 수 있다. 이 중 인사와 관련된 계획을 살펴보면, 여기에는 일정한 기준을 통해 교단 내의 서열과 등급에 차이를 두고 있음을 알 수 있다. 그들이 제시하는 기준은 학업(學業)·도업(道業)·사업(事業) 등의 세 가지가 핵심을 이룬다. 출가 대중은 5등(等)19급(級)의 체계로 나누어지는데, 5등이란 청정사(淸淨士)·학사(學士)·수사(修士)·개사(開士)·대사(大師)를 가리킨다.

한편 포광산사에서는 재가신도로서 입도(入道)하여 승단에 가입한 이들을 자오스(教士)와 스구(師姑)로 칭하는데, 이들의 최고 등급은 앞서 말한 5등 가운데 수사(修士)에까지 이를 수 있다. 이는 교단에 있어 '승가의 일은 승가에서 결정한다(僧事僧決)'는 원칙을 유지하기 위해서라고 한다. 등급이 올라가는 데 있어서는 출가자의 규율이 재가자보다 엄격하기 때문에 출가자의 진도가 더욱 빠르다고 한다.[26] 승단에 가입하지 않은 일반 재가신도들의 지위는 신도(信徒)·회원(會員)·호법(護法)·공덕주(功德主) 등의 층차가 있으며, 이들 가운데서 신도대표를 뽑게 된다. 이외에도 넓은 학식을 지녀서 불교의 가르침을 강설할 수 있는 재가자 가운데 정견을 지닌 사람들에 대해서는 국제포광회(國際佛光會)에서 탄자오스(檀教士), 탄장스(檀講士)로 초빙하여 교단의 포교활동에 협력케 하고 있다.[27]

---

[26] 승단의 5등(等)에 대한 제정은 싱윈 대사가 보살의 51계위(十信·十住·十行·十回向·十地)에 근거하여 현대의 인사행정등급과 조화시켜 만든 것이라고 한다. 이를 표로 나타내면 다음과 같다.

구분	僧衆 : 5等 19級	教士·師姑 : 3等 12級
1. 淸淨士	共6級, 每級1年	共6級, 每級1至3年
2. 學士	共6級, 每級2至3年	共3級, 每級3至6年
3. 修士	共3級, 每級3至6年	共3級, 每級5至8年
4. 開士	共3級, 每級5至10年	
5. 大師(長老)		

[27] 이상의 내용은 포광교과서(佛光教科書) 제11책, 『포광학(佛光學)』 가운데 제13과 『포광교단적조직계통(佛光教團的組織系統)』에서 발췌함.

포광산사의 조직은 크게 순수한 포광산사와 더불어 재가신도로 이루어진 포광회(佛光會)로 구성되는데, 여기서는 재가신도 조직인 포광회의 성립과 활동을 좀 더 살펴보자. 포광산사에 있어 재가신도의 조직은 국제포광회(國際佛光會)의 창립에서부터 본격적으로 시작된다. 국제포광회는 1992년에 창립되었고, 1년 뒤인 1993년에 포광청년단(佛光靑年團)이 세워졌다. 대만 현지답사에서 포광산의 본산을 방문했을 때, 이들 재가조직의 성립배경에 대해 어느 정도 들을 수 있었다. 포광산사의 관계자에 따르면, 어떤 종교단체든지 일정 수준에 이르면 어떤 한계에 봉착하게 되는데, 포광산사 역시 그러한 상황에 부딪치게 되었다고 한다. 이는 1980년대 이후 급격히 찾아온 대만사회의 변동과 밀접한 관계를 지닌다. 그 배경은 다음과 같다.

80년대 대만의 경제 성장, 정치의 민주화, 교육의 보급, 사회의 다원화 및 사람들의 생활 수준의 향상에 따라 불교는 일신에 개혁, 창의, 교육을 짊어지고 있던 싱윈 대사의 가르침에 아래 점차 사원을 벗어나 도시로 향하였으니, 사회 속으로 깊이 들어가 대중들을 대면하였고 심지어는 국가를 초월하여 전 지구적으로 교화를 행하였다. 1991년 2월 3일 불교신자들로 조직된 재가단체가 시대의 추동에 따라 중화포광협회(中華佛光協會)를 탄생시켰다.[28]

이는 국제포광회가 창립되기 1년 전에 탄생한 중화포광협회의 설립배경에 관한 것이다. 현재 대만불교의 일반적인 경향은 인간불교(人

---

28. 국제포광회(國際佛光會) 홈페이지 참조(www.blia.org.tw).

間佛敎), 혹은 인간정토(人間淨土) 등의 이념으로 대표되는데, 이는 불교가 더 이상 산중에 머무르는 데 그치지 않고 사회로 들어가 대중 속에서 불교의 가르침을 실현하는 모습으로 구체화되고 있다. 포광산사의 관계자에 따르면, 도시에서 불교를 전파하는 데 있어 가장 큰 문제점으로 지적된 것이 바로 '신도들이 포교에 동참하지 못하고 있다'라는 점이었다고 한다. 그들은 불교를 오랫동안 접한 신도들이라면 일정한 교육을 통해 포교가 가능하다고 판단했고, 이런 문제의식 아래 1992년에 국제포광회가 창립된 것이다. 그런데 국제포광회의 창립 이후 또 다른 문제가 발견되었는데, 그것은 다름 아니라 모임에 참가한 이들이 대부분 나이 든 사람이었고 젊은이들이 없었다는 점이다. 이런 문제를 극복하기 위해 1993년에 다시 포광청년단이 창립된다.

국제포광회는 1992년 5월에 미국의 LA에서 세계총회를 개최하였는데, 이 자리에는 유럽, 미국, 아시아, 아프리카 등지에서 수많은 사람들이 운집하였다고 전한다. 이들은 교육·문화·수행·봉사를 포광회의 발전 방향으로 삼아, 수많은 재가불자들을 불법의 포교자, 문화의 전파자, 대승의 수행자, 불교자선의 추동자로 만들려는 목표를 세워 그에 맞는 활동을 전개해가고 있다.

다음으로 포광회의 주요 활동 가운데 탄장스(檀講士) 제도를 좀 더 살펴보자. 이는 출가법사를 위주로 한 포광산사의 포교활동이 일정한 한계에 이르렀을 때 그에 대한 타개책으로 나온 제도로서, 불교에 대한 소양이 풍부한 재가신도들로 하여금 출가대중과 함께 불법을 선양하는 역할을 담당하게 만든 것이다. 우선 '탄장스'라는 용어를 살펴보면, 여기 나오는 탄(檀)은 단나(檀那, 곧 施主)를 가리키는 것으로, 법을 호지(護持)하는 신도를 의미한다. 그러므로 탄장스란 재가신도의 신분으로 불법을 설하여 대중들에게 불교의 가르침을 전파하는 사람을 가리키는 것이다. 이 제도를 제정한 목적에 대해 싱윈 대사는 다음과 같이 말한다.

　　탄장스 제도를 제정한 목적은 현대불교의 요구에 따라 재가신도의 역량을 결합하여 홍법(弘法)의 역할을 강화하기 위함이다. 예를 들어 고대의 유마 거사, 승만 부인, 그리고 묘혜(妙慧) 동녀 등과 근대의 양런산(楊仁山) 거사, 리빙난(李炳南) 거사, 그리고 탕쥔이(唐君毅), 팡둥메이(方東美) 등의 학자들은 모두 재가거사의 몸으로 사회 각계각층에서 불법을 선양하여 광대한 대중을 이익되게 하였다. 오늘날 불교는 우수한 탄장스들을 두어 홍법을 담당할 책임이 더욱 더 필요하게 되었다. 이는 단지 신도의 층차를 늘리는 데 도움이 되는 것만이 아니라 홍법의 공간을 더욱 넓혀 인간불교를 널리 퍼트려 실질적인 이익이 있게 할 수 있다.[29]

　　포광산사의 탄장스가 되기 위해서는 마땅히 갖추어야 할 조건이 있는데, 이는 12가지로 정리된다.[30] 현재 대략 60여 명의 탄장스들이 '탄장스삼호순회강좌(檀講師三好巡廻講座)'의 형식을 통해 대만 전역의 정부기관, 학교, 민간단체, 양로원, 감옥 등 다양한 공간에서 불법을 포교하여 대중들의 지지를 받고 있다고 한다. 여기서 말하는 삼호(三好)는 싱윈 대사가 제기한 것으로, 신·구·의 삼업으로 세 가지 좋은 일[三好]

---

[29] 국제포광회(國際佛光會) 홈페이지 참조(www.blia.org.tw)
[30] 국제포광회(國際佛光會) 홈페이지에는 탄장스가 되기 위해 갖추어야 할 12가지 조건에 대해 상세히 설명하고 있다. 우선 12가지 조건의 명칭만 열거하면 다음과 같다. ① 정지정견(正知正見), ② 신계정혜(信戒定慧), ③ 인연과보(因緣果報), ④ 단체관념(團體觀念), ⑤ 자비화정(慈悲和淨), ⑥ 공덕청망(功德淸望), ⑦ 권교방편(權巧方便), ⑧ 구재민첩(口才敏捷), ⑨ 태도장중(態度莊重), ⑩ 음조성간(音調誠懇), ⑪ 오계구전(五戒具全), ⑫ 가정미만(家庭美滿).

을 실천하는 것이다. 즉 몸으로는 좋은 일을 행하고, 말로는 좋은 말을 설하며, 마음으로는 좋은 마음을 보존하는 것이다.

다음으로 포광청년단은 앞서 잠깐 언급한 것처럼 젊은이들로 이루어진 재가신도조직의 필요성에 의해 1993년에 만들어졌다. 이 조직 역시 포광회가 지향하는 문화, 교육, 자선, 수행 등의 방면에서 청년들을 국제, 봉사, 인문, 신앙 등의 각종 방향으로 움직이게 만드는 데 목적이 있는 것으로, 좀 더 구체적으로는 청년들이 자신의 생활에서 삼호운동(三好運動), 사급정신(四給精神), 오계생활(五戒生活)[31] 등을 실현시켜 포광산사가 추구하는 인간정토를 구현하고자 하는 것이다.

이상에서 살펴본 것처럼, 포광산사의 조직은 크게 순수한 포광산사 조직과 더불어 포광회로 구성되어 있다. 재가신도로 구성된 포광회는 창립된 지 19년 정도의 짧은 기간 동안 전 세계로 퍼져나갔는데, 그에 대해 포광산사의 관계자는 두 가지를 주된 이유로 꼽았다. 첫째는 포광회가 어린이, 청년, 성년을 망라하는 전면적인 조직이라는 점이고, 둘째는 포광산사의 재가신도들이 보살행화(菩薩行化)의 정신을 배워 보살이궁(菩薩義工), 곧 사회의 봉사자를 자처한다는 점이다. 첫째 이유와 관련해서 보면 여기에는 불교가 단지 출가대중만을 위한 것이 아니라는 자각이 들어 있다. 다시 말해 불교가 발전하기 위해서는 출가승려뿐만 아니라 재가신도들이 활동할 수 있는 공간 역시 제대로 만들어져야 한다는 것이다. 둘째 이유와 관련해서 보면, 인간불교를 통해 인간정토

---

31. 삼호운동과 관련해서 포광청년회에서는 인도, 남아프리카, 필리핀 등지의 공익여행(公益旅行)을 통해 이 운동을 통한 봉사와 여행을 결합시키는 활동 등을 행하고 있다. 사급정신(四給精神)은 사람들에게 신심(信心), 희망(希望), 기쁨[歡喜], 편리함[方便]을 주는 것으로, 구체적으로는 포광청년가영대(佛光青年歌詠隊) 등의 활동이 있다. 오계생활은 불살생(不殺生)·불투도(不偸盜)·불사음(不邪淫)·불망어(不妄語)·불흡독(不吸毒)의 오계를 생활 속에서 실천하는 것이다.

를 실현하는 공동의 목표에 있어 출가대중과 재가대중이 모두 함께 적극적인 역할을 담당해야 한다는 점이 강조되고 있음을 알 수 있다.

2. 츠지공덕회(慈濟功德會)의 회원조직 체계와 운영방법

1966년에 불교극난츠지공덕회(佛敎克難慈濟功德會)로 출범한 현 츠지공덕회의 조직은 당시 정옌 법사를 위시한 5명의 출가대중과 30명의 가정주부로 시작되었다. 30명의 가정주부들은 매일 약간의 금액(5모전(毛錢))을 대나무 통에 모아 한 달이 되면 그 금액을 기부했는데, 법사는 "5전으로도 사람을 구할 수 있다(五毛錢可以救人)."라고 하여, 매일 조금씩 돈을 절약할 것을 강조했다고 한다. 이렇게 시작된 츠지공덕회는 40여 년이 지난 오늘날 전 세계적으로 천만 명에 이르는 회원을 둔 거대한 조직으로 변모하였다.

 이처럼 광대해진 츠지공덕회의 회원조직체계 등을 살펴보기 전에 먼저 염두에 두어야 할 점이 있다. 그것은 츠지공덕회가 비록 불교수행자인 정옌 법사에 의해 설립되었지만, 츠지공덕회의 활동에 동참하는 무수한 회원들이 모두 불교신자는 아니라는 점이다. 그들의 활동 가운데 재난구호와 같은 자원봉사활동은 비단 불교도뿐 아니라, 기독교, 천주교를 믿는 이들 역시 동참하는 보다 보편적인 활동으로 자리 잡고 있기 때문이다. 그러므로 츠지공덕회의 조직 가운데 승가 조직을 제외한 재가조직에 대한 이해는 이전에 언급한 포광산사와 일정 정도 다르다는 점을 고려해야 할 것으로 생각된다.

 출가대중을 제외한 츠지공덕회의 회원조직은 2원적 체제로 운영되고 있다.³² 다시 말해 그것의 상위조직으로는 '츠지위원(慈齊委員)'이 있고 하위조직으로는 '츠지회원(慈齊會員)'이 있다. 이 중 츠지회원이 되는 방식은 비교적 간단한데, 츠지자선기금회(慈齊慈善基金會)에 일정 금액을 기부하면서 개인의 성명, 주소, 신분증 번호 등을 남기면 곧장 츠지공덕회의 회원이 될 수 있다. 현재 츠지공덕회에는 전 세계에 천만 명의 회원이 가입되어 있으며, 매년 소액의 후원금을 내는 회원들이 700만 명에 달한다고 한다.

이에 반해 츠지위원은 츠지공덕회의 활동에 있어 매우 실질적인 역할을 담당하는 사람들로서, 이들의 유기적 활동을 통해 츠지공덕회의 광대한 조직운영이 가능하게 된다고 볼 수 있다. 츠지공덕회의 자료에 따르면 츠지위원이 갖추어야 할 조건과 임무 등은 다음과 같다.

츠지위원은 츠지의 지업(志業)을 추동하는 중요한 역량이다. 츠지위원은 정옌 상인의 '불교를 위하고 중생을 위한다'는 원력과 '부처님 마음을 자기 마음으로 삼고 스승의 뜻을 자기의 뜻으로 삼는다'는 가르침을 계승하여 밤낮을 가리지 않고 비용과 역량을 내어 '가난한 이를 구제하고 부유한 이를 가르치는[濟貧敎富]' 지업에 종사하는 사람들이다.

츠지위원이 되기 위해서는 반드시 아래의 조건을 갖추어야 한다. 첫째 정지정견(正知正見)을 갖추고 불량한 기호가 없어야 한다. 둘째 '가난한 이를 구제하고 부유한 이를 가르치는 일'에 시간을 낼 수 있어야 한다. 셋째 '부처님 마음을 자기 마음으로 삼고 스승의 뜻을 자기의 뜻으로 삼는다'는 말을 깊이 체인하여 상인의 가트침을 따라 행동거지가

---
32. 이 관점에 대해서는 김응철, 「세계적인 불교 자원봉사 신도조직 대만 자제공덕회」, 『불교와 문화』 통권 제44호, 2002년 1월, pp.62~71 참조.

단정하고 마땅해야 한다. 넷째 일을 행함에 정성스럽고 진실한 정신을 지켜야 하며, 반 년 이상의 교육[培訓] 위원을 맡을 수 있어야 한다.

츠지위원의 임무는 다음을 포괄한다. 첫째 자선기금을 내도록 권함에 있어 자비희사(慈悲喜捨) 발고여락(拔苦予樂)의 정신을 발휘하는 것이고, 둘째 저소득 가구를 방문 조사하는 것이고, 셋째 재난이나 병환이 있는 가정을 위문하는 것이다. 이외에도 위원들은 각자가 소속된 지역 분회의 각종 활동과 회의에 참여해야 한다. [33]

대만 현지답사에서 화렌(花蓮)에 있는 츠지정사(慈齊精舍)를 방문했을 때, 그곳을 두루 소개해준 관계자 역시 자신을 현재 4만 명에 이르는 츠지위원 중 한 명이라고 말하였다. 그 관계자는 츠지위원의 역할을 크게 모금(募金)과 모심(募心)의 두 가지로 다시 설명하였다. 이중 모금 활동은 말 그대로 수백만에 달하는 츠지회원들의 회비를 모금하는 것이고, 모심 활동은 츠지회원들의 마음을 모으는 역할을 담당하는 것이다. 그는 매달 40인의 회비를 직접 모으는 것과 동시에 회원들에게 츠지공덕회와 관련된 여러 정보를 전달하고 있다고 하였다. [34]

츠지공덕회의 관계자에 따르면, 츠지위원이 되기 위해서는 일정기간 동안 단계적인 훈련이 필요한데, 이는 2년간 2단계로 이루어진다. 처음 1년은 견습기간으로, 이 시기에는 세 가지의 과제를 완수해야 한

---

[33]. 이는 慈齊語彙 가운데 '慈齊委員' 항목을 번역한 것이다.
[34]. 츠지위원의 역할에 대해 김응철 교수는 앞의 글에서 여섯 가지로 정리하였는데, 그 내용은 다음과 같다. 첫째 츠지위원의 가장 핵심적인 역할은 포교사라고 할 수 있다. 둘째 츠지위원은 직접 신도를 관리하고 신행을 지도하기도 한다. 셋째 츠지위원은 신도들에게 직접 후원금을 모금하고 이를 공덕회로 송금한다. 넷째 츠지위원은 각종 사회운동의 지도자로 활동하기도 한다. 다섯째 츠지위원의 핵심적 역할은 자원봉사이다. 여섯째 츠지위원은 국제구호의 선봉장으로 활동한다.

다. 세 가지 과제란, 첫째 1년간 9차례 진행되는 수업에 출석률이 70% 이상이어야 하고, 둘째 80시간의 행사에 참여해야 하며, 셋째 25가정의 회원을 모집하고 회비를 받는 것이다. 1년차의 견습기간이 끝나면 2년차의 연수기간이 진행되는데, 이 시기에는 7개월의 강의와 120시간의 행사에 참여해야 하고, 1년차에 모집한 25가정을 포함하여 총 40개의 가정 회원을 모집해야 한다. 이런 2년간의 과정을 거친 뒤에야 비로소 츠지위원이 될 수 있다고 하였다.

츠지위원이 된 뒤에도 정기적인 교육이 이루어지는데, 매월 1회의 정진법회가 있어서 『무량의경』 등의 경전을 학습하게 되며, 츠지공덕회의 4대 지업(志業)에 자원봉사자로 두루 참여하게 된다고 한다. 그 관계자에 따르면, 츠지공덕회의 활동 가운데 처음에는 일반 회원으로 자원봉사에 참여하다가 차츰 츠지위원이 되는 경우가 많다고 한다.[35]

이외에도 츠지공덕회의 회원조직의 중요한 역할을 담당하는 집단으로 츠청두이(慈誠隊), 츠지명예이사[慈濟榮譽董事], 츠지교사연의회(慈濟教師聯誼會), 츠지대전청년연의회(慈濟大專青年聯誼會) 등을 들 수 있다.[36] 이 중

---

[35] 2011년 1월 화롄의 징쓰정사를 방문했을 때, 그 곳 감은당(感恩堂)의 벽에 협력(協力)·호애(互愛)·화기(和氣)·합심(合心)이라는 글자가 쓰여 있는 것을 볼 수 있었다. 처음에는 이것을 말 그대로 대중들의 협력과 합심을 강조하는 말로 이해했었는데, 츠지공덕회의 관계자에 따르면 이 네 가지는 다름이 아니라 츠지공덕회의 신도조직의 단위를 나타내는 것이라고 하였다. 즉 50명이 하나의 '협력'이 되는데 여성으로 이루어진 조(組, 組長)와 남성으로 이루어진 대(隊, 隊長)가 있어서 각기 25명으로 구성되어 서로의 단점을 보충할 수 있는 구조를 만든다고 한다. 10개의 협력이 모이면 하나의 '호애'가 되고, 이런 단위가 차츰 '합심'에까지 이른다고 한다.

[36] 츠지명예이사[慈濟榮譽董事]는 1986년 츠지의원(慈濟醫院)이 개막하기 하루 전날 정옌법사가 100만 위안(圓) 이상을 찬조하여 의원의 설립을 도운 이들에게 감사를 표시하기 위해 명예이사증서를 수여한 것에서 기인하는 제도이다. 현재 츠지명예이사가 되기 위한 조건은 1년 내에 100만 위안(圓) 이상을 기부하는 것이다. 츠지교사연의회(慈濟教師聯誼會)는 1992년 7월에 성립된 것으로 교사들의 조직이고, 츠지대전청년연의회(慈濟大專青年聯誼會)는 1992년 5월에 성립된 것으로 츠지공덕회의 이념에 동참할 수 있는 청년들을 조직한 모임이다.

츠청두이에 대해 간략히 설명해보자. 이는 1989년 츠지간호전문대학[慈濟護專]이 개학할 당시 남자 신도들이 자발적으로 모여 대규모 인원이 참석한 경축행사의 질서유지 업무를 맡은 일을 계기로, 1990년 7월에 정옌법사가 이 조직을 정식으로 '츠청두이'라고 명명하게 된 것인데, 이때 '츠청팔계(慈誠八戒)'가 함께 제정되었다. 이후 츠청팔계에 두 가지가 더해져 '츠지십계(慈齊十戒)'로 보완되었으며, 이는 츠지공덕회의 구성원들이 모두 준수해야 할 계율이 되었다. 츠청두이의 구성원들은 사회 각 계층의 남성들로서, 츠지공덕회에서는 이들을 이른바 '호법금강(護法金剛)'에 비유하고 있다. 게다가 츠청두이의 설립은 여성 회원이 훨씬 많던 츠지공덕회의 활동에 부부가 함께 참여하는 계기를 마련하였다.

이상으로 츠지공덕회의 회원조직의 체계와 구성에 대해 간략히 살펴보았다. 현재 이 조직들은 매우 유기적인 활동을 전개하고 있는데, 이렇게 수많은 인원이 참여하는 조직이 원활히 유지될 수 있는 이유에 대해 많은 사람들이 궁금해 한다고 하였다. 그래서 어떤 사람이 일찍이 정옌 법사에게 "수백만이 넘는 회원에다 방송국, 병원, 출판사까지 있는 조직을 어떻게 관리하는가?"라는 질문을 던졌는데, 이에 대해 법사는 다음과 같이 답했다고 한다. "나는 어떤 관리도 하지 않습니다. 단지 항상 대중들에게 스스로를 관리하라고 일러줍니다[我沒有任何管理, 只是常常告訴大家要自我管理]." 관리학계에서는 가장 이상적인 관리란 만유인력처럼 그 속에 몸담고 있는 구성원이 전혀 그 존재를 자각하지 못하는 것이라고 말하는데, 우리는 이런 이상적인 조직 관리의 사례를 츠지공덕회를 통해 접하고 있는지도 모를 일이다.[37]

---

37. 이 단락의 문답과 만유인력에 대한 언급은 『慈齊功德會的管理模式』(wenku.baidu.com)에서 발췌하였다.

3. 자원봉사자의 배출과 활용

앞서 짧게 언급한 것처럼 대만불교의 신흥 4대 종파의 활동 가운데 가장 활발하게 볼 수 있는 모습은 수많은 자원봉사자의 활동이다. 이들은 보통 이궁(義工) 혹은 즈궁(志工)으로 불리는데, 각 종파에 따라 매우 다양한 역할을 담당하고 있다. 대만 현지답사에서 4대 종파의 본산과 지부 등을 방문했을 때, 맨 먼저 일행을 맞이해준 이들은 대부분 안내의 역할을 맡은 자원봉사자들이었다. 그들은 각 종파의 복장을 갖추고 일행이 도량을 돌아보는 데 불편함이 없게 배려해주었다.

이들 4대 종파 가운데 자원봉사자의 역할이 가장 두드러진 곳은 츠지공덕회이다. 츠지공덕회에서는 자원봉사자를 즈궁(志工)이라고 부르고 있다.[38] 츠지공덕회의 자원봉사자의 종류는 대략 8가지로 분류되며 그에 따른 각각의 역할이 주어진다.[39] 이들의 자원봉사자 조직은 1997년을 기점으로 크게 변화하는데, 이 시기에 정옌 법사는 '지역사회화(社區化)'에 역점을 두고 자원봉사자 편재를 크게 개편하고, 이에 따라 츠지위원과 츠청두이를 새롭게 정비하였다. 한 지역사회의 상황을 제일 잘

---

[38] 츠지공덕회 구성원들의 견해에 따르면, 이궁은 단지 '의무적으로 일하는 사람'임에 반해 즈궁은 자신의 지원(志願)에 따라 봉사활동에 종사하는 사람이므로, 양자가 근본적으로 다르다고 본다.
[39] 츠지공덕회의 자원봉사자[志工]의 종류와 내용은 다음과 같다. 츠지공덕회 홈페이지 참조

즈궁(志工) 종류	내용
복전즈궁(福田志工)	청소업무
향적즈궁(香積志工)	활동이 있을 때 음식 담당
환보즈궁(環保志工)	자원의 회수와 분류
자원의 회수와 분류	共3級, 每級5至10年
교예즈궁(巧藝志工)	회수한 물품을 각종 장식품으로 만듦
포장즈궁(包裝志工)	단시서적(檀施書籍)과 월간 츠지(月刊慈濟) 포장
인문진선미즈궁(人文眞善美志工)	문자(文字)·촬영(撮影)·편집(編輯) 등
번역즈궁(飜譯志工)	일어·스페인어·영어 등 외국어번역
경로즈궁(敬老志工)	독거노인 혹은 양로원 봉사

제4장 대만불교의 사찰운영과 신도조직

아는 지역민들로 구성된 자원봉사체제가 이루어지자, 이웃들 간에 때에 맞는 보살핌이 이루어지게 되었다. 지역민들이 그 지역에서 행하는 거리 청소, 자원 회수, 노인 돌보기, 가난한 집 보살피기 등의 활동은 지역사회대중의 정서를 응집시키는 역할을 한 것으로 평가되고 있다.

'지역사회화'에 역점을 둔 자원봉사자의 역할은 특히 1999년 9월 21일 대만에 발생한 대지진의 피해를 구제하는 상황에서 큰 효과를 발휘했다고 한다. 지진은 오전 1시 47분에 발생했는데, 츠지공덕회의 구성원들은 지진의 규모가 작지 않다는 점에 경각심을 느끼고 대만 전역의 연락망을 통해 자원봉사자들을 모았고, 그래서 오전 2시 30분이 되기도 전에 지진발생 현장에 자원봉사자들이 모여 재난구조 활동에 협조할 수 있었다고 한다.[40]

한편 대만 현지답사에서 츠지공덕회의 자원봉사활동 가운데 환경보호 활동과 관련된 곳을 직접 참관할 수 있었다. 대만 전역에는 츠지공덕회의 환경보호센터(環保站)가 5,000여 곳이 있는데, 그 중 교육 기능을 담당한 곳은 250여 곳이라고 한다. 전체 환경보호센터에서 자원봉사를 하는 사람은 하루 대략 20만 명에 달한다고 했다. 그들은 현상적으로는 재활용품 분리수거 등의 환경보호 활동을 진행하고 있었지만, 이런 활동의 궁극적인 목적은 욕망을 줄임으로써 '고통을 소멸시키고 복을 늘리는 것(減苦增福)'이라고 설명하였다.[41]

이처럼 츠지공덕회의 자원봉사조직은 봉사자들의 거주지, 연령, 능력 등에 맞춰 사람들의 역량을 최대한 발휘하게 함으로써 그들 또한 츠

---

[40] 이상은 츠지공덕회 홈페이지의 『慈濟社區志工簡介』에서 발췌한 내용이다.
[41] 한편 츠지병원에서도 무수한 자원봉사자들을 만날 수 있었다. 병원에서 봉사하는 자원봉사자들에게는 일종의 연수 과정에 필요하며, 이는 심리나 간호에 대한 내용이라고 한다.

포광산 난핑별원 공양간 자원봉사자

지공덕회가 지향하는 인간불교의 이상을 구현하는 데 일정한 역할을 담당하고 있다는 자각을 심어주었고, 이런 자각으로 인해 다시 다방면에 걸친 광범위한 자원봉사활동이 가능해졌다고 보인다.

포광산사의 자원봉사자[義工] 활동 역시 매우 활발하게 이루지고 있다. 이들 역시 자원봉사자들을 불문을 수호하는 상징적 존재인 천룡팔부(天龍八部)에 비유하면서 그 중요성을 부각시키고 있다. 포광산사에서는 자원봉사자를 대상으로 하는 일종의 교육과정[培訓]이 있으며, 자원봉사자들에 대해 규모가 크지는 않지만 장려와 복리의 부분까지 고려하고 있다. 또한 사찰의 상주(常住) 활동, 예를 들어 수륙법회(水陸法會) 등이 개최될 경우 필요한 자원봉사자의 역할을 미리 공고하여 지원자를 모집하기도 한다.

파구산(法鼓山) 역시 많은 자원봉사자들의 힘에 의해 여러 가지 활동을 유지하고 있었는데, 진산(金山)에 위치한 파구산의 총본산의 경우

제4장 대만불교의 사찰운영과 신도조직

평소 일반적인 상황일 때는 1주일에 1,000명 정도의 자원봉사자가 활동하기 때문에 한 달이면 대략 5,000명 정도의 자원봉사자가 다녀간다고 한다. 또한 수륙대법회와 같은 큰 행사가 열릴 경우 파구산의 모든 지부에서 자원봉사자들이 모여 법회가 원만히 진행될 수 있도록 돕는다고 하였다.

파구산의 자원봉사자 조직은 1992년에 성립되었으며, 이후 1996년에 정식으로 파구산자원봉사단[法鼓山義工團]이란 명칭을 확정하였다. 1992년에 처음 성립할 때는 접대(接待)·재회(財會)·환보(環保) 등의 4개 조(組)에서 시작되었다가, 2002년에 이르러서는 16개의 조로 증가했다고 한다. 대만 현지답사에서 타이베이에 있는 파구산의 분원인 더구이학원(德貴學院)을 방문했을 때, 같은 건물에 있던 파구산의 인문사회기금회(人文社會基金會)의 활동 역시 참관할 수 있었다. 이들은 인간의 심성을 개발하여 인간정토를 이룬다는 목표 아래 '사회인문화, 인문사회화'라는 기치를 내걸고 여러 가지 활동을 펼치고 있었다. 그 중 자비의 전화와 같은 활동은 자살방지가 목적인데, 이 역시 전문교육을 받은 자원봉사자들이 월요일에서 금요일까지 전화로 심리 상담을 진행한다고 하였다.

4. 신도조직화와 도심포교

이상으로 대만불교의 신흥 4대 종파 가운데 몇 곳의 재가신도조직의 체계와 운영방법, 자원봉사자의 배출과 활용 등에 대해 개략적으로 살펴보았다. 대만에는 이들 외에도 오랜 전통을 지닌 사찰들이 많이 있지만, 특히 이들의 활동에 주목하게 되는 것은 이 4대 종파의 창립자들이 급변하는 현대사회의 흐름 속에서 불교의 위상과 역할을 새롭게 정립하고

자 시도하였고, 나아가 그 시도가 매우 성공적이라 여겨지기 때문이다.

이들은 불교가 적극적으로 포교에 나서야 할 주된 장소가 바로 현대의 '도시'라고 보는 점에서 어느 정도 일치된 견해를 보인다. 밀집된 인구가 모인 도시에서 어떻게 해야 일반대중들을 불교의 가르침으로 끌어들일 것인가 하는 점은 도시를 중심으로 적극적인 포교활동을 펼치고자 할 때 심각하게 고민하지 않을 수 없는 대목이다. 그러므로 도시에서 일어나는 복잡한 인간관계와 그곳에서 생기는 갈등상황을 풀어주기 위한 방법들이 심도 있게 고려되어야 할 것이다.

이런 측면에서 볼 때, 포광산사에서 국제포광회를 창립하여 남녀노소가 모두 참여할 수 있는 재가신도조직을 만들어 그들에게 다양한 역할을 부여한 것은 이에 대한 하나의 좋은 사례가 될 수 있을 것이다. 게다가 그들은 재가자들을 홍법활동의 주체로 내세움으로써 불교적 이상을 실현하는 데 있어 출가자뿐 아니라 재가자의 가능성까지 극대화시키고 있음을 알 수 있다. 또한 츠지공덕회의 경우 자원봉사활동이 매우 활발하게 이루어지고 있는데, 이 역시 복잡하고 무미건조한 도시문명 속에서 사소하게 보이지만 보람 있고 의미 있는 일을 할 수 있는 공간을 다양하게 열어주었다는 점에서 많은 사람들의 공감과 참여를 불러일으키게 된 것이라고 생각한다. 그러므로 도시를 중심으로 포교활동에 적극적으로 나선 대만불교의 신흥종파들이 만들어간 다양한 조직의 사례들은 오늘날 한국의 불교계가 좀 더 고민해야 할 지점을 미리 보여준다는 점에서 매우 중요한 가치를 지닌다고 생각된다.

제5장

대만불교의 사회활동과 포교

박인석*

대만불교의 사회활동

불교의 역사에서 볼 때 대승의 흥기는 이른바 자신을 구제하는 데 궁극의 목표를 두던 사상적 경향에서부터 탈피하여 타인을 구제하는 활동이야말로 진정으로 자신을 이롭게 하는 일임을 천명한 일대 사건이었다. 이로부터 이상적인 불교수행자의 모습 또한 붓다의 가르침을 직접 들었던 성문(聲聞)이나 홀로 연기의 이치를 깨쳤던 연각(緣覺)이 아닌 자리이타(自利利他)의 드넓은 목표를 추구했던 보살(菩薩)로 변천되었고, 실천의 방법 역시 보시(布施)를 선두로 한 육바라밀(六波羅密)로 정립되었다. 이들은 소승불교가 주장하던 회신멸지(灰身滅智)의 무여열반(無餘涅

---
* 동국대학교 불교학술원 HK 연구교수

槃)이라는 목표에 몰두하기보다는 윤회세계에서 끊임없이 고통당하는 중생의 현실에 눈을 돌리고 그들을 모두 구제하려는 광대한 서원을 발하게 된다. 대승의 정신은 중국, 한국, 일본 등지로 전파되어 천 년 이상의 세월 동안 이 지역 사람들의 세계관에 큰 영향을 끼쳤다.

이러한 대승의 정신이 현대사회에 어떻게 발현되고 있는지와 관련해서 우리는 특히 20세기 중반 이후 대만불교계에서 일어난 일련의 활동들에 각별한 주의를 기울이지 않으면 안 된다. 왜냐하면 대만의 불교도들은 오랜 세월 동안 단지 구호로서 각인되어 오던 대승보살의 정신을 현대사회에 적합한 방식으로 구현해가고 있기 때문이다. 어떤 경우 이들은 불교라는 모습에 구애받지 않고 보다 보편적인 인류의 동정심, 자비심에 근거하여 고통 받는 사람들에게 구원의 손길을 뻗는 모습도 보인다. 그러나 이 역시 '모습에 집착하지 말고 보시하라[無住相布施]'고 했던 대승불교의 정신을 지극히 온전하게 구현했다는 점에서 오히려 더 불교적인 모습이라 간주할 수 있을 것이다.

여기서는 20세기 중반 이후 대만불교계가 불러일으킨 새로운 불교의 흐름을 특히 사회활동이라는 측면에서 살펴보고자 한다. 이는 불교 교리의 발전, 교단의 운영 등과 같은 불교 내부의 측면이 아닌 불교 교단 외부의 사람들을 대상으로 하는 불교도들의 활동을 염두에 둔 것이다. 이런 활동을 펼친 주체로서는 츠지공덕회(慈濟功德會), 파구산(法鼓山), 포광산(佛光山) 등의 도량에 한정하고자 하며, 그 분야에 있어서는 주로 자선(慈善)과 관련된 의료, 사회교육, 그리고 환경보호 활동 등의 내용을 다루고자 한다.

화롄의 츠지병원 내부

I. 츠지공덕회의 사회활동

1) 의료활동

대만에서 의료 활동을 가장 활발히 펼치고 있는 불교단체는 츠지공덕회이다.[1] 츠지공덕회는 1960년대 중반에 정옌(證嚴) 법사에 의해 창건되어 대만 사회에서 고통받는 이들을 돕는 일에 적극적으로 앞장서 왔으며, 현재 그 활동의 영역을 대만뿐 아니라 전 세계로 확장해가고 있다. 최근 일본 동북부의 대지진이 일어났을 때도 그들은 지진 발생 4시간

---

[1] 츠지공덕회 활동의 네 가지 큰 축[志業]은 자선(慈善)·의료(醫療)·교육(敎育)·인문(人文)이다. 여기에다 국제적인 재난 구조, 사회봉사, 골수이식, 환경보호의 네 가지를 더하여 8가지 주요 활동으로 삼고 있다.

여 만인 2011년 3월 11일 오후에 일본 도쿄에 위치한 츠지공덕회 지부 1층 사무실에 구호센터를 열어 당일 집으로 귀가하지 못한 도쿄 시민들에게 음식과 인터넷 등을 제공했으며, 구호품을 전달하기 위한 수송 작업을 시작했다고 한다.[2]

츠지공덕회의 의료 활동은 정옌 법사가 1979년 대만 동부의 화롄(花蓮) 지구에 병원을 건립할 것을 호소하면서부터 시작되었다. 당시 정옌 법사의 간절한 호소는 많은 대만인들의 마음을 움직였고, 이후 병원의 건립은 매우 신속하게 추진되었다. 아울러 이 일을 계기로 대만 내에서 츠지공덕회의 위상은 급격히 높아지게 된다. 그렇다면 츠지공덕회의 의료 활동이 성공적으로 이루어지게 된 원인은 어디에 있는가. 그 원인에 대해 여기서는 내적인 조건과 외적인 조건으로 나누어서 살펴보고자 한다.

의료 활동을 포함한 츠지공덕회의 다양한 사회봉사활동을 추동하는 가장 근본적인 내적 조건은 무엇보다도 이 조직을 창시한 정옌 법사의 발원(發願)에서 찾아야 할 것이다. 2011년 1월 대만 현지답사에서 타이베이에 있는 츠지공덕회의 한 분원을 찾았을 때, 그들의 활동을 소개하던 한 자원봉사자는 정옌 법사의 발원을 천수천안(千手千眼) 관세음보살(觀世音菩薩)과 관련지어 이야기하였다. 즉 정옌 법사는 대만 사회의 빈궁하고 소외된 계층의 고달픈 삶을 접하면서 자신에게 마치 관세음보살에게 갖춰진 천 개의 눈과 천 개의 손이 있다면 저들에게 제때 도움의 손길을 줄 수 있을 것이라고 생각했다고 한다. 정옌 법사의 이런 간절한 발원은 많은 사람들을 감동시켰고, 그 결과 무수한 사람들이 기

---

2. ≪법보신문≫, 2011년 3월 21일, "日 지진피해 돕기에 세계 불자들도 힘 모은다"

꺼이 법사가 발원했던 관음의 눈과 손이 되고자 하였다. 츠지공덕회에서는, 대만불교의 큰 특징 중 하나라고 볼 수 있는 수많은 자원봉사자들이 '즈궁(志工)'이라는 이름 아래 정옌 법사의 발원을 자신의 몫으로 구현하고자 노력하고 있다.

화롄 지구에서 병원을 설립하고자 했던 정옌 법사의 발원과 사회를 향한 간절한 호소는 산간지구에 살던 가난한 부녀자가 적절한 병원 치료를 받지 못하여 참상을 겪은 일이 계기가 되었다고 한다. 이 부녀자의 참상은 동부지역에 제대로 된 병원 시설이 없었다는 점과 더불어 당시 대만의 병원에서 행해지던 수술 보증금 제도와 같은 관행적 틀로 인해 야기된 것이었다. 정옌 법사는 바로 이 문제에 주목하였고, 보증금이 없이도 치료를 받을 수 있는 병원을 건립할 것을 대만사회에 간곡히 호소하였다. 정옌 법사의 이런 호소는 불교계뿐 아니라 대만사회 전체에 큰 반향을 일으키게 된다. 고통받는 이들을 구제하겠다는 법사의 진정어린 발원과 특히 의료 분야에 있어 고질적인 병폐가 되는 문제점을 정확히 지적해낸 그의 안목은 1980년대 이후 크게 변화해가던 대만사회의 외적 조건과 맞물려 사람들의 상상을 뛰어넘는 큰 상승작용을 가져오게 된다.

츠지공덕회의 의료활동이 성공적으로 이루어진 것과 관련된 당시 대만사회의 외적조건으로는 대략 다음의 몇 가지를 들 수 있다.[3] 우선 1980년대 이전의 대만사회의 의료나 교육 등의 사회활동은 대체적으로 기독교계(구교와 신교 포함)의 몫이었다. 그런데 이 시기를 전후로 대만 기독교계를 양적으로 적극 지원하던 외부 세력이 점차 대만에서 빠져

---

[3] 외적 조건에 대한 부분은 江燦騰, 『新視野下的臺灣近現代佛教史』(社會科學出版社, 2006年 9月), pp.396~400의 내용에 의거하였다.

나가는 상황이 시작되었고, 이로부터 대만의 기독교 세력 역시 정체와 쇠퇴의 길에 접어들게 되었다. 그 결과 1980년 전후의 대만의 기독교 세력은 사회봉사의 영역에 있어 더 이상 병원을 건립하는 것과 같은 활동을 진행할 수 없게 되었다. 이 때 누군가 마땅히 해야 할 역할을 정옌 법사가 주도적으로 맡았던 것이다.

다음으로 대만에서 정옌 법사가 활동하던 동부지역은 대만 내에서도 생활환경이 열악한 곳이었고, 의료자원이 극히 제한된 곳이었다. 이런 불평등한 구조는 대만 내의 수많은 양식 있는 사람들에게 일종의 양심의 가책을 느끼게 만들었는데, 수술 보증금을 내지 않아도 되는 병원을 만들자는 정옌 법사의 호소는 매우 많은 사람들의 공감과 지원을 끌어내게 되었다. 이외에도 1980년대 이후 대만에는 땅투기로 큰 돈을 번 사람들이 많이 나왔는데, 정옌 법사의 호소는 이들의 양심까지도 움직여 그들이 가난한 이들을 돕는 자선사업에 기꺼이 동참하게 만들었다고 한다.

화롄에 츠지병원이 건립된 이후 츠지공덕회의 위상과 더불어 정옌 법사의 명성 역시 매우 높아지게 되었다. 이는 병원의 운영과 관련하여 정옌이 이전의 대만불교계에서 그다지 엄격히 문제 삼지 않았던 재정의 투명성 문제를 재고한 것 및 병원 경영의 방식에 있어 획기적인 전환의 모습을 보여준 것과 밀접한 관계가 있다. 츠지공덕회가 창시될 때부터 자급자족의 삶을 추구하던 정옌 법사는 공적으로 모아진 지원금은 결코 개인 용도로 사용하지 않았으며, 그것을 사용할 경우 그와 관련되어 일을 아는 사람들이 공동으로 결정하도록 하였다. 이처럼 재정의 투명성을 기한 것은 비단 츠지공덕회의 공신력을 높였을 뿐 아니라 대만불교계에 대한 인상을 긍정적으로 만드는 좋은 모범사례가 되었다고 볼 수 있다.

　이 외에도 병원의 운영방식에 있어서도 정옌 법사는 병원의 소유권과 경영권을 분리하여 당시 대만에서 가장 공신력을 지닌 기관에 병원의 경영권을 위탁하였다. 그곳은 바로 대만대학 의학원으로, 츠지병원 초기의 원장과 의사 등은 대부분 대만대학에서 초빙되어 온 사람들이었다고 한다. 정옌 법사의 이러한 조치들은 츠지병원에 대한 사회적인 신뢰와 위상을 높이는 데 매우 중요한 역할을 수행하였다. [4]

　츠지병원과 관련하여 특징적인 면을 두 가지 정도 더 언급하고자 한다. 우선 이들에게 보이는 매우 특징적인 면모 중 하나는 자원봉사자의 운영이다. 대만 현지답사에서 화롄에 있는 츠지병원을 방문했을 때, 가장 먼저 눈에 띈 사람들이 바로 츠지공덕회의 조끼를 입고 도처에서 활동하던 자원봉사자들이었다. 츠지병원 홈페이지에 기재된 바에 따르면, 츠지병원의 자원봉사자가 되기 위해서는 그 전에 받아야 할 일종의 연수 과정이 있는데, 이는 심리(心理)나 간호 등에 관한 것이라고 한다. 이후 이들은 병원에서 환자들을 보살피는 일 외에도 감옥의 수형인들을 돕기도 하고 가난하고 의지할 데 없는 이들을 대상으로 하는 구호활동에 참여하기도 한다. 또한 의사, 간호사, 영양사 등으로 구성된 자원봉사자 그룹의 경우, 입원했다가 집으로 돌아가는 환자 가운데 만성병환자나 독거노인이 있을 경우 가정방문 등의 방식을 통해 그들을 지속적으로 보살핀다고 한다.

　또 한 가지 주목할 만한 일은 시신기증[大體捐贈]에 관한 것이다. 대만에서 이 '시신기증'이라는 용어가 생겨난 것은 최근 10여 년 정도의

---
4. 이상의 내용은 江燦騰, 위의 책에 의거하였다.

기간이라고 한다. 1995년에 정옌 법사는 이와 관련하여 다음과 같이 얘기했다. "인생은 무상합니다. 생명은 어쩔 수 없이 변화하여 쓸모없어지게 되는 경우가 있으니, 우리들은 그것이 제때에 크게 쓰일 수 있게 해야 합니다. 이런 인생이라야 크게 가치 있게 되는 것입니다." 대만에서 시신기증에 대한 분위기는 이로부터 시작되어 수많은 사람들이 생전에 시신기증 서약서를 작성한 뒤 자신의 신체를 의대생들의 해부수업에 쓰일 수 있도록 했다고 한다.

대만 현지답사에서 츠지공덕회의 다아이(大愛) TV를 방문했을 때, 그곳을 안내해주던 관계자 역시 츠지공덕회의 시신기증과 관련된 얘기를 전해주었다. 생전에 시신기증을 약속한 한 사람이 의대생들 앞에서 "여러분들은 장래에 의사가 될 것입니다. 정옌 법사께서는 의사가 바로 대의왕(大醫王)이고 양의(良醫)이며 활불(活佛)이라고 말씀하셨습니다. 나는 나의 몸을 여러분들에게 주고자 합니다. 여러분들은 (죽은) 내 몸에 수십 번 수백 번 칼질을 잘못해도 괜찮지만, 이후 절대 환자의 몸에 한 번의 칼질도 잘못해서는 안 됩니다."라고 말했고, 이 말은 이후 의대생들이 해부수업에 임할 때 마음 속에 명심하는 말로 자리잡게 되었다고 한다.[5]

---

5. 이상으로 의료부문과 관련된 츠지공덕회의 활동을 간략히 살펴보았다. 이는 주로 츠지공덕회에서 의료활동을 전개하게 된 초창기의 상황들을 언급하는 데 국한되었다. 대만은 1995년부터 전 국민을 대상으로 건강보험제도가 시행되었는데, 이는 츠지공덕회가 추구하는 방향과 일치하는 점이긴 하지만, 츠지공덕회의 사회활동의 기반이 되던 의료분야의 방향성을 새롭게 설정해야 하는 새로운 상황이 펼쳐진 것으로 볼 수 있다. 이 점에 대한 고찰 역시 앞으로 진행되어야 할 것이다. 참고로 현재 대만 내 츠지병원은 다음의 8개 곳이 있다. 花蓮慈濟醫學中心, 玉里慈濟醫院, 關山慈濟醫院, 臺北慈濟醫院, 臺中慈濟醫院, 斗六門診中心, 大林慈濟醫院.

타이베이 네이후환경보호센터

2) 환경보호활동

대만 현지답사에서 타이베이의 네이후(內湖)에 있는 츠지공덕회의 환경보호센터[內湖環保站]를 방문했을 때, 10여 명의 자원봉사자[志工]들이 가랑비 속에서도 노래를 부르며 일행을 맞이해주었다. 그곳의 입구에는 재활용된 유리병으로 만든 담이 쌓여 있었는데, 자원봉사자 가운데 어떤 분이 그 유리병들이 사람의 본성청정(本性清淨)을 상징하는 것이라고 말했다. 이는 츠지공덕회의 환경보호 활동이 단지 외부적인 환경을 보호하는 차원뿐 아니라 온갖 환경문제를 발생시키는 중요한 원인 중 하나인 인간의 마음을 깨끗하게 하는 일과도 관련되어 있음을 보여주는 것이다. 그들은 이 점을 "청정은 발원지에서부터 시작되어야 한다[淸淨在源頭]."라는 표어로 드러내고 있었다.

환경보호센터는 비교적 넓은 평지에 몇 군데 조립식 건물을 세워두고 있었는데, 그 중 한 곳에서는 많은 자원봉사자들이 수거된 종이를 색깔별로 분류하거나 플라스틱 병을 종류별로 분류하는 작업을 진행하고 있었다. 그들은 매우 숙련된 동작으로 작업을 진행하고 있었고, 플라스틱 병의 경우는 만져보기만 해도 그것이 어떤 재활용시스템에 속해야 하는지를 알 수 있을 정도라고 하였다. 자원봉사자들 가운데는 나이든 여성들이 비교적 많았는데, 90여 세의 노인도 이 일에 동참하고 있었다.

츠지공덕회에서는 1990년부터 이런 환경보호 활동을 전개해왔으며, 현 시점에 이르러서는 대만 정부 차원에서 폐기물에 대한 재활용작업을 펼치고 있다고 한다. 정부에서 행할 수 있는 일을 어째서 츠지공덕회에서 주도적으로 하고 있는지를 물어보자, 그들은 자신들의 활동이 '지구를 살리는 일'이라고 말해주었다. 그들은 츠지공덕회의 환경보호 시스템이 지구적 차원에서 꼭 필요한 일이라고 생각하고 있었고, 크지는 않지만 작은 실천이라도 실제로 행하는 것이 매우 중요하다고 생각하는 것 같았다.

대만 내 츠지공덕회의 환경보호센터는 약 5,000여 개이고, 그 중에서 교육기능을 갖춘 곳은 250여 개라고 한다. 환경보호센터는 거의 자원봉사자에 의해 움직여지는데, 카드 증서를 가진 봉사자의 규모는 7만 명 정도라고 하고, 카드 없이 자원봉사하는 이들도 하루 약 20만 명에 이른다고 한다. 이 중 카드 증서란 츠지공덕회의 십계(十戒)[6]를 지키는 사람들에게 배부되는 것이라고 한다. 이처럼 많은 자원봉사자들이 분류한 재활용품 가운데 특히 플라스틱 제품은 담요나 옷 등으로 만들어지는데, 이런 물품들은 특히 재난이 닥친 곳에 구호품으로 지원된다고 한다. 또한 재활용을 통해 생긴 수익금은 츠지공덕회에서 운영하는 다아이(大愛) TV의 운영자금으로 사용되는 순환구조를 이루게 된다고 한다.

츠지공덕회의 환경보호활동은 어쩌면 매우 단순하고 반복적인 활동이라고 볼 수 있다. 다만 이 활동에 동참하는 많은 사람들이 이 일을 통해 삶에 대한 새로운 활력을 얻고 있다는 점은 분명히 느낄 수 있었

---

6. 츠지공덕회의 10계(戒) 중 앞의 5가지는 전통 불교의 5계와 같고, 뒤의 5가지는 현대사회의 필요성에 따라 새롭게 제정된 것이다. 5계 이외의 여섯 번째는 담배 피지 않기·마약하지 않기·빈랑(檳榔)을 씹지 않기이고, 일곱 번째는 도박하지 않기이며, 여덟 번째는 부모에게 효순하고 목소리와 얼굴빛을 조화롭게 하기이고, 아홉 번째는 교통규칙을 준수하기이며, 열 번째는 정치활동과 시위에 참여하지 않기이다.

다. 그러므로 작고 사소해 보이는 일이라 하더라도 사람들의 마음에 감동과 의미를 불러일으킬 수 있는 지점을 찾는 것이 이른바 불사(佛事)를 행하는 데 있어 매우 관건이 되는 대목이라고 생각된다.

2. 파구산의 사회교육활동

대만불교의 신흥 4대 종파 가운데 교육의 역할을 가장 중시하는 곳은 파구산이라고 볼 수 있다. 파구산(法鼓山)을 창시한 성옌(聖嚴) 법사는 "사람의 품격을 높여 인간정토를 건설한다."는 이념 아래, "전면적 교육을 제창하여 총체적 보살핌을 실현한다."는 교육의 방법론을 제시하였다. 타이베이에 있는 파구산의 분원인 더구이학원(德貴學院)을 찾았을 때, 그곳에서는 파구산의 활동이 한전(漢傳)선불교를 중심으로 모든 불교를 포용하고 있으며, 도량의 힘을 특히 3개 영역의 교육부문에 집중한다고 얘기해주었다.

교육의 3개 영역이란 첫 번째 대학원(大學院) 교육, 두 번째 대보화(大普化) 교육, 세 번째 대관회(大關懷) 교육이다. 대학원 교육은 교육부의 인가를 받은 공식 교육기관에서의 교육으로, 완전한 전인(全人) 교육을 실시하여 인간정토를 건설할 수 있는 인재를 배양하는 것을 뜻하고, 대보화 교육은 전통적인 수행과 현대적 문화를 통하여 사람들의 품격을 고양시키는 것을 뜻하며, 대관회 교육은 생활화된 불법과 생명을 보살피는 활동을 통해 보살핌이 일상화된 사회를 이루는 것을 뜻한다.[7]

---
[7] 파구산의 활동 역시 교육뿐 아니라 문화·종교·환보(環保) 등의 전영역에서 이루어지고 있다. 다만 성옌이 특히 주안점을 둔 지점이 바로 교육과 환보(環保)의 두 가지인데, 이들 가운데서도 교육

여기서는 불교의 대사회적인 역할과 관련하여 특히 세 번째 대관회 교육에 대해 살펴보자. 이는 불법을 통해 사회 대중들을 두루 보살피는 교육활동을 가리키는 것으로, 앞의 두 가지 영역의 교육은 궁극적으로는 이 세 번째 교육의 영역에 포함되는 것으로 볼 수 있다. 다시 말해 대관회 교육은 인간의 생로병사와 관련된 제반 사항들을 모두 그것의 범주로 삼는 활동인 것이다. 이것의 대표적인 운동으로는 예의환보운동(禮儀環保運動), '9·21인심중건공정(人心重建工程)', 심오사운동(心五四運動) 등을 들 수 있다. 이 중 예의환보운동과 9·21인심중건공정에 대해 간략히 살펴보자.

파구산에서는 1992년부터 예의환보운동을 전개해 왔는데, 그 중 대표적인 사례가 바로 합동혼례[佛化聯合婚禮]와 합동제례[佛化聯合奠祭] 등이다. 이런 활동은 간략하고 간소한 관념과 작법으로 진행됨으로써 대만사회에 이에 대한 일종의 모범적인 사례를 보여주었다고 한다. 이 중 합동제례의 경우 장엄하면서도 절제된 방식으로 진행되는데, 이와 관련하여 성옌 법사는 "인생이 끝나는 것이 비록 기쁜 일은 아니지만 또한 상심할 일도 아니다. 이는 하나의 장엄한 불사(佛事)이다."라고 하여 생로병사 중 죽음과 관련된 제의의 의미를 부각시켰다. 이처럼 불교의 생명관에 기반한 장엄한 제례의식이 특히 세상을 떠난 이의 가족과 친지에게 매우 긍정적인 영향을 끼친다는 점은 매우 주목할 부분이다. 성옌 법사는 파구산의 활동에는 기본적으로 교육과 보살핌이라는 두 가지 목적이 있다고 설했는데, 혼인이나 제례와 관련된 파구산의 각종 보

이 체(體)이고 환보가 용(用)의 역할을 담당한다. 성옌은 1993년 교육에 있어서 3대 중점인 위에서 언급한 3개 영역을 파구산의 주된 활동으로 규정했다고 한다. 여기서 환보라는 것도 네 가지 영역, 즉 마음[心靈]·예의(禮儀)·생활(生活)·자연(自然)의 영역에서 구체적으로 전개되고 있다.

살핌의 활동 역시 삶과 죽음에 대한 일반인들의 통념을 변화시키는 교육적 측면 역시 지니고 있다.

9·21인심중건공정은 1999년 9월 21일 대만에 발생했던 극히 참혹했던 대지진 이후에 생겨난 활동이다. 대지진 이후 성엔 법사는 "재난 후의 대만사회는 사람들을 안심케 하는 일이 최우선이다."라는 점을 끊임없이 강조했으며, 비록 사람들의 마음의 상처가 쉽게 치유되는 것은 아닐지라도, 파구산에서는 사람들의 마음을 중건(重建)하는 활동을 그치지 말아야 한다고 설했다. 지진 발생 후에 파구산에서는 대만 중부의 여러 지역에 활동 거점을 마련하여 재해지구의 주민들이 다시 자신들의 생활을 정돈하고 삶에 대한 자신감을 회복하는 데 도움을 주고자 했고, 이와 관련된 구체적인 활동은 다방면에서 지속적으로 전개되었다.[8]

다음으로 대관회 교육의 연장선에서 행해지는 파구산의 자살방지 활동을 소개해보자. 이 활동에 대해서는 앞서 언급한 파구산의 타이베이 분원에 입주해 있던 파구산인문사회기금회(法鼓山人文社會基金會)[9]에서 자세한 정보를 접할 수 있었다. 자살을 방지하고 생명을 존중한다는 취지에서 시작된 이 활동은 성엔 법사의 다음과 같은 언급에서 구체화된다. "2분 정도만 더 생각해도 자살하지 않을 수 있습니다." 이후 파구산 인문사회기금에서는 2009년 3월 '생명을 보살피는 전화[關懷生命專線]'를 개설했는데, 여기에 참여하는 상담원들은 전문적인 훈련과정을 거친 자원봉사자들로 구성되어 있다. 이들의 활동 목적은 생명에 대한 가치관을 제대로 전달하여 사람들이 자살하려는 생각을 방지하고 생명을

---

8. 이상 파구산의 사회교육활동과 관련된 내용은 주로 호려계(胡麗桂) 편저『分享法鼓山』(台北: 法鼓文化), 2005년 12월에 의거하였다.
9. 파구산인문사회기금회의 주된 활동은 다음의 다섯 가지로 요약된다. 심육륜(心六倫), 생명의 보살핌[關懷生命], 심극단(心劇團), 파구인문강좌(法鼓人文講座), 장학금사업[獎助學金].

아끼는 마음을 내도록 하는 데 있다고 한다. 대만 현지답사에서 이 기금회를 방문했을 때 중년의 여성 자원봉사자들이 전화상담을 할 수 있는 공간에서 도움의 손길이 필요한 누군가의 전화를 기다리는 모습을 볼 수 있었다.

　인문사회기금회 홈페이지의 내용에 따르면, 전 세계적으로 매년 백만 명 정도의 사람이 자살하고 있으며, 그 중 70% 이상이 아시아에 집중되어 있다고 한다. 대만 역시 10대(大) 사망원인 가운데 자살이 포함될 정도로 심각한 사회문제로 부각되고 있는데, 파구산에서는 자살의 원인을 단지 개인적인 문제로만 보지 않고 그 배후에 있는 사회경제적인 문제, 불안한 가정 형편과 인간관계 등의 보다 포괄적인 배경까지 주목하고 있다. 그러므로 이들은 마음에 대한 강좌를 개최하고 전화 상담을 시행하는 등의 여러 가지 방식으로 생명의 소중함을 일깨우는 활동을 전개하는 것이다.

　한편 우리나라의 자살율은 경제협력개발기구(OECD) 가운데서 가장 높은 편에 속한다고 한다. 2000년을 전후로 우리나라의 자살율은 매우 높은 비율로 증가해왔으며, 최근 카이스트의 대학생들과 교수의 자살로 인해 사회 전체가 크게 요동친 적도 있다. 많은 전문가들이 이 문제에 대한 분석과 해결책을 제시하긴 했지만, 한국사회의 높은 자살율은 일단 우리 사회가 그만큼 안정적이지 못하다는 사실을 분명히 드러내주고 있다. 이런 상황을 염두에 둘 때, 생명의 소중함을 일깨우고자 여러 활동을 전개하는 파구산의 모습은 오늘날 한국의 불교종단과 불교도들에게 시사하는 바가 크다고 생각한다.

3. 포광산사의 자선활동

현재 대만불교의 모습을 가장 잘 드러낼 수 있는 용어는 바로 인간불교(人間佛敎)라는 말일 것이다. 이 용어는 20세기 들어서서 점차 사용되다가 현재는 아주 자연스럽게 대만불교의 특징을 드러내는 용어로 사용되고 있다. 대만 현지답사에서 처음 포광산의 본산을 찾았을 때 답사단을 맞이해준 츠룽 법사(慈容, 1936~)는 이 인간불교라는 용어가 대만에 정착되는 데 싱윈 대사의 공로가 매우 컸음을 얘기해주었다. 즉 싱윈 대사가 젊은 시절 활동하던 당시의 대만불교는 신(神)과 불교가 혼재되어 있는 상황이었고, 불교도들 역시 죽음과 관련된 부분에서만 주로 절을 찾았다고 한다. 내세를 기구하는 노인들의 공간처럼 여겨지던 사찰에 어떻게 하면 젊은이들을 끌어들일 수 있을지를 고민하던 싱윈 대사는 이후 이념적으로는 인간불교를 내세우고, 그 주된 실현방향에 있어서는 문화(文化)·교육(敎育)·자선(慈善)·수지(修持)와 같은 4대 종지를 수립하게 된다.

이 4대 종지 가운데 불교의 대사회적 활동이 집중되어 있는 것이 바로 자선 분야이다. 싱윈 대사는 일찍이 "우리에게는 불교를 융성시키려는 이상이 있고, 우리에게는 사회를 두루 구제하려는 발원심이 있습니다. 우리는 미래불교의 혜명(慧命)이 전적으로 불법의 사업에 놓여 있음을 알고 있습니다. 교육, 문화, 자선 등의 사업은 모두 불교의 방편입니다."라고 하여 불교의 발전을 위해서는 불교의 활동이 사회의 전반에 두루 미쳐야 된다는 점을 강조하였다. 이런 관점에 의거하여 포광산의 자선사업 역시 육아, 양로, 의료, 납골당 등과 같은 인생의 생로병사와 관련된 전 영역에서 전개되고 있으며, 나아가 감옥교화, 긴급재난

구조, 환경보호활동 등에 있어서도 활발한 활동이 펼쳐지고 있다.

포광산사의 자선사업은 싱윈 대사가 1964년 서우산사(壽山寺)를 낙성한 뒤 세운 츠산당(慈善堂)에서부터 시작된다. 이는 '자비로 세상을 구제한다'는 이념 아래 자선사업을 담당하기 위해 세워진 곳으로, 자선사업의 규모가 갈수록 커짐에 따라 1983년에 츠산감원실(慈善監院室)로 조직을 개편했고, 본산이 포광산으로 옮겨간 1997년에는 츠산원(慈善院)으로 승격하여 포광산의 각종 자선사업을 총괄적으로 담당하게 된다. 이와 아울러 자선사업의 기금마련을 위해 포광산츠산원사회복리기금회(佛光山慈善院社會福利基金會) 역시 조직되었다. 그러면 포광산에서 펼쳐진 자선사업의 사례를 육아, 양로, 의료의 세 가지 측면에서 살펴보자.

먼저 부모를 잃은 고아들을 위한 육아시설로는 다츠육아원(大慈育兒院)을 들 수 있다. 이는 1970년에 창설을 계획한 이래 몇 차례의 이사와 중건을 거친 뒤 1991년에 현재의 6층 건물에 입주하게 되었다. 여기에는 3세에서 12세까지의 어린이들이 들어와서 생활하게 되며, 2007년을 기준으로 대략 700여 명의 어린이들이 이곳을 거쳐 사회에 진출했다고 한다.[10] 이곳에 거주하는 어린이들의 정상적인 생활공간을 보호하기 위해 다츠육아원은 외부인의 참관을 허용하지 않고 있다.

다츠육아원의 활동은 이후 단지 육아원에 있는 어린이들을 보살피는 것을 넘어 그 범위를 사회적으로 좀 더 확대해가게 되는데, 이를 담당하기 위해 2001년에 다츠육성중심(大慈育成中心)이 설립된다. 이곳의 주요 활동은 초등학교 1학년에서 중학교 3학년에 이르는 학생들을 대

---

[10] 다츠육아원을 거쳐 간 700여 명 어린이들의 사회취업현황을 살펴보면, 서비스업[服務]이 297명(41%), 학생이 284명(39.2%), 군경이 51명(7%), 승려가 14명(2%) 등으로 나타난다. 이 통계는 포광산개산사십주년기념특간(佛光山開山四十週年紀念特刊)『慈善弘法』(2007) p.31 참조.

상으로 삼아 주로 포광산의 예술문화를 소개하거나 생명의 존귀함을 일깨우는 교육을 실시하는 것으로, 2001년부터 2006년 사이의 통계를 보면 6년간 150회의 활동이 펼쳐지는 가운데 총 17,547명의 학생들이 참여하였다.[11]

다음으로 경로활동을 살펴보자. 갈수록 노령화 되어가는 사회에서 노인들의 복지 문제는 매우 심각하게 고려해야 할 사항이 되었다. 포광산사는 이란(宜蘭)의 란양런아이즈자(蘭陽仁愛之家), 포광산의 포광정사(佛光精舍) 등의 노인복지시설을 운영하고 있을 뿐 아니라, 독거노인 보호, 주간에 노인들을 보살피는 활동 등 다양한 경로활동을 벌이고 있다. 이 중 이란에 위치한 란양런아이즈자의 활동을 간략히 소개해보자. 이곳은 1962년에 기독교도에 의해 설립되었지만, 운영상의 어려움을 겪게 되자, 1967년에 이란현(宜蘭縣)의 요청으로 싱윈 대사가 인계받아 운영하게 된 곳으로, 이후 40여 년간 매우 활발한 활동을 펼치고 있다. 이곳의 수용대상은 초기에는 무의탁노인이 위주였지만, 사회적인 요구가 증가함에 따라 1996년부터는 대만에서 처음으로 주간에 노인들이 활동할 수 있는 푸서우학원(福壽學苑)을 설립하게 된다. 이 학원에서는 65세 이상의 건강한 노인을 대상으로 각종 교육활동과 종교활동 등을 시행하고 있다. 란양런아이즈자에서 2002년부터 2006년까지 5년간 행한 경로활동에 참가한 인원수를 보면 그 수가 총 3,000명 이상에 달하고 있음을 알 수 있다.[12]

포광산의 의료활동 역시 1964년 서우산사가 낙성할 때부터 시작되

---

11. 구체적으로 보면 2001년에는 11회 1,191명, 2002년에는 21회 2,624명, 2003년에는 22회 1,882명, 2004년에는 38회 3,635명, 2005년에는 29회 4,295명, 2006년에는 29회 3,920명이 이 활동에 참여하였다. 『慈善弘法』 p.37 통계자료 참조.
12. 『慈善弘法』 p.43 통계자료 참조.

어 이후 포광진료소[佛光珍所], 원수이의원(雲水醫院) 등의 활동으로 구체화되었다. 포광진료소는 1976년 12월에 정식으로 창립되었으며, 당시 소아과, 내과, 부인과, 이비인후과, 안과 등의 진료 기능을 갖추었다. 이곳의 창립과 관련하여 싱윈 대사는 "포광진료소를 창건한 주요한 목적은 사회에서 수입이 적고 빈곤한 환자들이 완전한 의료 혜택을 받을 기회를 얻게 하기 위해서입니다."라고 말하였다. 이곳은 1991년에 치과를 증설하는 등 지속적인 의료활동을 펼치고 있다.

포광진료소의 무료 의료활동은 원수이의원 활동으로 연결된다. 이 활동은 교통이 불편한 산간벽지의 가난한 사람에게 의료혜택을 제공하기 위해 1983년에 처음 시작되었고, 1987년에 '원수이의원(雲水醫院)'이라는 명칭으로 그 활동이 정립된다. 이는 마치 구름과 물이 어느 곳이던 자유롭게 흘러드는 것처럼, 의료환경이 열악한 지역에 들어가 양호한 의료서비스를 제공하려는 데 그 목적이 있는 것이다. 더욱이 여기에는 포광산의 법사(法師)가 동행하여 환자들을 위해 심리적, 정신적 도움을 주고 있다고 한다. 이후 대만 사회의 여러 변화에 발맞추어 2003년에는 포광진료소와 원수이의원이 포광연합진료소[佛光聯合門診]로 개편되어 그 활동을 펼치고 있다.

4. 보살도의 사회적 실천

이상으로 현대 대만불교를 대표하는 몇몇 종파의 사회활동에 대해 간략히 소개하였다. 이들의 사회활동은 비단 위에서 소개한 내용들에만 국한되지 않고 실제로는 다방면에서 매우 종합적으로 전개되고 있다.

그런데 이들의 다양한 사회활동의 이면을 자세히 살펴보면 그 속에 한결같이 이들 종파를 창건하고 부흥시킨 스님들의 광대한 발원과 탁월한 안목이 놓여 있다는 공통점 역시 발견할 수 있다.

이 글에서 다룬 대만의 불교 종파들은 오랜 역사와 전통문화유산을 보유한 사찰을 근거로 발전한 것이 아니라 최근 반세기 동안 도심을 중심으로 급속히 성장하였다. 이들의 본산은 규모가 매우 광대하긴 하지만 거의 최근에 지어진 현대식 건물들로 이루어져 있다. 그러므로 이들의 발전의 원동력은 전통문화유산 등에 있는 것이 아니라 불교의 훌륭한 가치를 현대의 도시사회에 가장 적합한 방식으로 구현하고자 했다는 점에서 찾아야 할 것이다.

대만 현지답사에서 포광산의 본산을 방문했을 때. 포광산의 전반적인 규모와 방향 등을 소개해준 스님들이 일관되게 강조한 것은 다름 아닌 '도량에 불법(佛法)이 있는가'라는 싱윈 대사의 말씀이었다. 다시 말해 부처님의 가르침에 근거하여 사찰 도량이 신도들의 번뇌를 극복하고 해결하는 데 실질적인 역할을 한다면 도량이 나아갈 방법들은 저절로 나온다는 것이었다. 현재 포광산 본산에서 진행 중인 대규모의 불사 역시 그 내용에 감응한 수많은 신도들의 보시를 통해 지속적으로 이루어지고 있었다.

또한 츠지공덕회의 정옌 법사는 조그마한 일이라도 구체적으로 실천할 것을 강조했는데, 결국 이는 불교의 경전에서 보살의 실천덕목으로 늘 강조되던 바이기도 하다. 다만 그들은 이를 실제 행하고 있다는 점에서 부처님의 가르침에 좀 더 가까이 다가서고 있다고 말할 수 있을 것이다. 60권본 『화엄경』 「공덕화취보살십행품(功德華聚菩薩十行品)」에는 "이때 보살은 다음과 같이 생각한다. '나는 마땅히 시방의 중생 하나하나를 위해 한량없고 가없는 아승기의 겁 동안 중생들을 성숙케 하되 마음에 피로함이나 싫증이 없을 것이다. 항상 그들과 함께 머물면서 그들을 버리고 떠나려 하지 않을 것이다.'"13는 구절이 나온다. 이는 정옌 법사가 자신의 발원을 언급하면서 인용한 구절이다.

    법사 역시 출가 초기의 목적은 '생사를 요달함[了生死]'이었고 그것을 위해 먼저 번뇌를 끊어야겠다는 마음을 품었다고 하였다. 다만 30년 이상 츠지공덕회를 이끌면서 근심해야 할 일이 너무 많아 마음이 편안한 적이 없었다고 하였다. 법사는 자신이 행해온 바에 대해 다음과 같이 고백하고 있다. "어느 날 내가 세상을 마치게 될 때 아마 생사를 요달할 법이 없을지도 모른다. 다만 이 한 몸을 다 바쳐 그 공덕이 모든 중생에게 회향되길 발원할 뿐이다."14 츠지공덕회 뿐 아니라 포광산, 파구산 등지에서 수많은 자원봉사자가 자신이 속한 도량의 취지에 공감하고 그것을 실천하고자 노력하는 데는 광대한 불경에 실린 불보살의 발원이 현실 속에서 구체적인 접점을 통해 구현되고 있다는 점을 직접 눈으로 확인했기 때문은 아닌지 생각해보게 된다.

---

13. 60권본 『화엄경』 「공덕화취보살십행품」(T9, 469c23 이하),
14. 『慈濟心燈』, p.7.

[참고문헌]

江燦騰, 『新視野下的臺灣近現代佛敎史』(社會科學出版社), 2006年 9月
胡麗桂 編著, 『分享法鼓山』(台北: 法鼓文化), 2005年 12月
『佛光山敎育單位簡介』(佛光山寺敎育院), 2009年
佛光山文敎基金會, 『佛敎與社會文敎事業-以佛光山文敎基金會爲例』, 『普門學報』第3期, 2001年 2月
佛光山開山四十週年紀念特刊 『慈善弘法』, 2007
施叔靑, 『枯木開花-聖嚴法師傳』(三聯書店), 2010
證嚴法師, 『慈濟心燈』(江蘇人民出版社), 2007
≪법보신문≫
츠지공덕회 홈페이지 http://www.tzuchi.org.tw
포광산 홈페이지 http://www.fgs.org.tw
파구산 홈페이지 http://www.ddm.org.tw

이**
상
미

대만불교의
전법과 포교 활동 *

이 글에서는 대만불교의 형성 과정 및 대만불교 4대 종단 및 중소형 사찰들이 대만불교의 체계를 세우기 위해 어떻게 불법을 전수하고 대중을 위한 포교를 하였는가를 알아보고자 한다.

　대만불교는 제2차 세계대전이 끝나고 중국의 중화민국 정부가 대만으로 옮겨오는 시기에 중국불교가 대만에 들어오면서 일제강점기 이후 영향을 받아 왔던 일본불교에서 벗어나기 시작한다. 인순 법사는

---

* 이 논문은 『전법학 연구』 창간호(2012. 1. 30. 불광연구원) 255쪽에서 305쪽까지 발표된 것이다. 이번에 단행본으로 다시 엮으면서 책의 편집 체제에 맞추기 위하여, 인명·지명 등의 중국어 표기를 비롯하여 몇 가지 수정하였음을 밝힌다.
** 국립대만대학교 겸임 조교수

중국에서 활동했던 스님으로 대만불교의 학술적 풍토를 마련하는 데 이바지하였다.

이렇게 성장 과정을 통해 대만불교는 현재 싱윈 법사의 가오슝 포광산사, 웨이줴 노화상의 타이중 중타이찬사, 궈둥 법사가 제2대 주지 스님을 맡고 있는 파구산, 그리고 마지막으로 화롄에서 일어나 사회적 봉사 활동으로 세계적으로 유명한 정옌 스님의 츠지정사 등 4대 불교 종단으로 대표되며 크게 발전했고, 그 밖에 중국불교의 법맥을 이으며 독자적으로 큰 규모로 성장한 불교 사찰 등 크고 작은 사찰이 수천 곳에 이르고 있다.

I. 대만불교 간략사

오늘날 대만불교의 흥성과 성공을 알아보자면 우선 대만불교의 역사를 간략하게나마 살펴보는 것이 중요할 것이다. 현대 대만불교의 형성 과정을 대만 화판(華梵)대학교 불교학원(佛敎學院) 원장 슝완(熊琬)은 아래와 같이 설명하고 있다.

19세기 무렵의 기존 대만불교는 민간 신앙 성격의 도교적 미신에 가까웠던 종교였다. 일제시대에 중국의 타이허(太虛) 법사가 대만을 방문하며 설법하면서 대만은 '인간 불교'의 개념을 받아들이게 되고 불교는 이를 통해 인간 본위의 종교로 한층 종교적 승화를 하게 된다. 이후 일제시대에 대만불교는 일본 불교에서 '학술적 연구'의 장점을 받아들여 불교 교육에 눈을 돌리게 됐고 많은 사찰에서 '불학원'을 결성하게 되면서 대만불교는 '수행(전통)'과 '학술(현대)'을 모두 중시하는 불교 풍토가 이뤄지게 되었다.

슾완 원장의 말을 통해 알 수 있는 것은 대만은 미신적 색채가 있기는 했지만 대만 자체적으로 불교가 발전해 오고 있었으며, 이는 일본 강점기를 통해 일본의 융화 정책으로 일본 불교의 영향을 받지 않을 수 없었다는 사실을 알 수 있다. 장찬텅(江燦騰) 교수는 『일제시대 대만 불교문화 발전사』[15]에서 일본이 대만불교의 개조 운동을 시행한 것은 대만불교가 '종교적 미신'을 통해 항일 운동을 전개한다고 여겼기 때문이라고 밝혔다. 슾완 원장과 장찬텅 교수는 불교의 종교로서의 학문적 발전 측면으로 보면 이 같은 일본의 개조 운동은 불가피했으며 어느 정도는 대만불교에 긍정적인 영향을 끼쳤다고 설명한다.[16]

이렇게 일제시기를 통해 불교의 학술적 발전을 꾀하던 대만불교는 1949년 중국의 중화민국정부가 내전에서 패하며 대단으로 옮겨 오면서 함께 왔던 중국불교계의 법사들과 재가거사들이 대거 대만에 들어오면서 새로운 국면을 맞게 된다.

중국에서 온 이들 스님은 불교의 이념과 사상을 전파하면서 서서히 대만불교계에 막대한 영향을 끼쳤으며, 학원에서 종교인의 포교 활동이 금지됐던 시절 재가거사들은 고등교육의 장이었던 대학교를 통해 사회 지식인들에게 불교 사상을 전하게 된다. 슾완 원장은 특히 대

---

15. 江燦騰, 『日據時期台灣佛教文化發展史』 p. 594.
16. 슾완 교수 인터뷰에서 명나라 이후 중국불교는 점차 불교의 교리를 연구하는 사람이 사라지면서 개인적 수양을 강조하는 상황이었다. 일제 강점기에 대만의 불교계는 일본불교의 교리 연구 방법에 관심을 두게 됐으며 이로 말미암아 대만불교는 일본불교계의 학술 풍토의 영향을 받게 됐다고 언급했다.

만대학교에서 1958년 이후 천시사(晨曦社)라는 불학 연구 동아리가 생겨났으며, 이 같은 불교 동아리는 각 대학교에서 만들어졌고, 동아리에서 개최하는 각종 불교교리 강연 등으로 말미암아 지식인들이 불교를 학문으로서 관심을 두게 되는 계기가 됐다고 설명했다. 이같이 지식인들의 대거 참여는 불교의 사회적 지위를 향상시켰고, 그저 자신의 복을 비는 기복 신앙이 아닌 불학(佛學)으로서 점차 자리를 잡을 수 있게 되면서 그 뒤의 불학 연구의 흥성을 가져오게 되었다.

물론 중국의 대승불교가 본격적으로 대만에 정착하는 과정에서 기존에 대만에서 이루어졌던 대만불교의 맥이 끊어졌다고 주장하는 학자도 있지만,[17] 오늘날 대만 불교계의 흥성을 이룰 수 있었던 기초에 1949년 중국의 국민정부가 대만으로 옮겨 올 때 중국불교계의 장로 스님과 법사들이 대거 대만으로 입성한 사실을 부인할 수는 없을 것이다.

대만 4대 불교조직 중에서 포광산의 싱윈 스님, 파구산의 성옌 스님, 중타이찬사의 웨이쥐에 선사 등 세 분이 중국에서 건너왔고, 츠지정사의 정옌 스님만 대만에서 출생하였다. 대만불교의 학술적 면모를 발전시키며 『중국 선종사』를 썼던 푸옌불학원 초대 원장 인순 법사, 수린(樹林) 하이밍사(海明寺)의 우밍(悟明) 스님 등도 중국에서 건너오신 분이다.

이와 아울러 대만불교에 있어 중화민국 원년인 1911년에 중국 베이징에서 설립된 중화불교총회(中華佛敎總會)를 빼놓을 수 없다. 중화불교총회는 이후 1928년 중국불교협회로 개명했다가 1929년부터 현재의

---

17. 장찬텅(江燦騰)은 『日據時期台灣佛敎文化發展史』(p.599)에서 1945년 이후 중국불교회가 대만에 들어오면서 대만불교는 또 다른 변형을 맞이하게 되었다고 주장했다. 특히 중국불교회는 정치적 힘을 통해 불교계의 지도자적 권위를 누리며 오랫동안 대만 지역의 수계 의식의 특권을 누리고 신도들의 풍족한 공양을 받으며 사회적으로 헛된 명성을 누렸을 뿐 대만불교 교육이나 학술적 발전에 도움을 주지 않았다고 주장했다.

명칭인 중국불교회를 개명해 사용해 오고 있는데, 중국불교회는 1949년 중화민국 정부가 대만으로 옮겨오면서 대만에서 유일하게 정부의 지지를 받았던 불교 조직이었다.

과거 수십 년 동안 대만불교계에서 막강한 힘을 발휘했는데, 1953년 일본 불교의 육식대처(肉食帶妻) 유습을 폐지하며 정식 수계식을 거쳐 승려로 출가한 스님만 절에 머무를 수 있도록 제도화하였다. 그 후 30여 년 동안 영향력을 행사하던 중국불교회는 지나치게 정부와 밀착했던 정치적 입장과 대만불교는 일본의 영향을 받았다며 중국불교의 정통성만을 인정해 일부 부정적인 영향을 끼치기도 했다.

중국불교회의 부이사장이자 타이베이시 불교회 이사장을 맡고 있는 밍광(明光) 스님은 대만불교 흥성의 기초에 대해 아래와 같은 의견을 피력했다.

대만불교의 근대적 발전을 이야기하자면, 중국 고승들의 대만 이주를 꼽을 수 있습니다. 그전의 대만불교는 일제시대의 일본식 불교를 접하면서 문화적으로 맞지 않는 부분이 많이 존재했던 것이 사실입니다. 중국 스님들이 들어오면서 중국적 불교가 사회에 뿌리를 내리게 되었고, 신도들도 문화적 이질감을 느끼지 못하면서 불교를 받아들이게 됐습니다. 그렇게 불교가 사람들에게 받아들여졌고 마침 대만 사회도 경제적 부흥으로 사회적으로 편안한 삶을 누릴 수 있게 되었지요. 그러자 민중들은 더욱더 나은 삶을 위해 종교에 관심을 두게 됐고, 문화적 충돌이 적었던 불교가 그들의 삶에 침투할 수 있었던 것입니다. 또한, 경제적 안정은 불교의 사회적 봉사나 보시를 실천하는 데 부담을 덜어주면서 불교 조직은 크게 흥성하여 오늘날에 이르게 된 것입니다.

물론 중국불교회가 부정적인 측면의 영향도 있었지만, 1949년 이후 대만불교계에 큰 영향을 끼쳤던 것은 부인할 수 없는 사실이다. 지난 1981년 중국불교회가 내놓은 한 자료를 보면 그때 당시 승니(僧尼)는 약 5만 명, 불교 신도는 전체 인구의 70%에 달했다고 하는데, 중국불교회는 대만 전 지역에 1,568개의 지회를 가지고 있으며, 여기에 소속된 사묘(寺廟)는 3천여 개에 달했다고 한다.

이렇게 불교계의 막강한 세력이던 중국불교회는 대만의 계엄령이 해제되어 종교의 자율화의 바람이 불면서 그 세력을 점차 잃게 된다. 싱윈 스님은 그 세력이 커지면서 중국불교회를 탈퇴하며 새로운 불교 조직, 즉 포광산사를 세워 독립했다. 이를 기점으로 하여 많은 사찰이 불교 조직을 새로이 세우며 중국불교회를 이탈했고 현재 중국불교회는 각 지역의 사찰 연합회의 성격으로 변천했다. 대만불교계의 발전으로 본다면 대만불교가 다양화되고 각종 불교 형태를 포용할 수 있는 사회적 분위기가 형성될 수 있었다고 해석할 수 있다.

이렇듯 1949년 중국불교의 유입으로 발전하기 시작한 대만불교계는 대만 정부의 종교단체 관리 관련 법규들이 신설되고 변화되면서 싱윈 법사의 포광산사를 시작으로 조직화하며 독자적인 불교 단체가 설립되어 포광산사, 파구산, 츠지정사 및 중타이찬사 등 대만불교계의 4대 종단이 형성되면서 불교 포교, 자선, 불교 교육 등 각종 분야에서 많은 대만불교계에 영향을 끼치게 되었다. 물론 그 밖의 수천 개에 달하는 것으로 알려진 중소형 불교 단체들도 대만의 곳곳에서 적극적으로 자신들만의 영역을 개척하여 각종 사회봉사나 불교 관련 행사 등을 개최하며 명맥을 이어가고 있다. 이리하여 현재 불교는 대만을 대표하는 종교로 자리를 잡게 됐다.

현대 대만불교의 특징은 크게 두 가지로 설명할 수 있다. 바로 대만불교의 다양한 사회 봉사활동과 비구니 스님들의 활약을 들 수 있다.

슝완 원장은 현대 대만불교의 특징을 설명하면서 다음과 같이 말했다.

현재 대만불교계에서 활약하고 있는 4대 불교조직은 자신만의 고유의 불교적 뿌리를 강조하기보다는 불교의 모든 교리를 융합하는 형태로 발전해 왔다. 그래서 4대 종단의 예를 들어 보면 포광산사의 경우 종정인 싱윈 스님은 임제종의 법맥을 잇고 있다고 하지만 실제적으로 임제종의 교리가 그렇게 강하게 부각되지 않고 있다. 또한 파구산의 경우도 선종을 표방하고 있지만, 그들의 불학 연구 방법은 일본의 영향을 많이 받은 것을 알 수 있다. 이들은 모두 불교 사상을 포괄적으로 받아들이며 다양한 사회적 봉사 등을 통해 불교 교리를 전파하고 있다.

대만의 불교조직들은 종파를 초월한 사회에 대한 봉사와 자선 활동에 매우 적극적이다. 특히 정옌 스님의 츠지기금회는 현재 세계적으로 유명한 자선단체로서 인정받고 있음은 누구나 아는 사실이며, 이밖에 츠지기금회 외의 기타 4대 종단이나 대만 중소 불교단체 역시 대만이나 세계적으로 재난이 발생했을 때 다양한 자선 활동을 펼치고 있다.

두 번째 특징은 바로 비구니 스님들의 활약이다. 부산 불교방송의 자료에 의하면 '대만에서 승니(僧尼)의 비율은 매우 특이하여, 50,000명 승니 가운데 비구는 13,000명에 불과하고, 나머지 37,000명은 비구니다. 이들은 같은 사찰에서 공주(共住)하면서 교화와 사회봉사에 헌신하고 있다.'라고 설명하고 있는데, 푸엔불학원 출신의 루징(如淨) 스님도 같은 견해를 보였다. 루징 스님은 자오후이(昭慧) 스님과 정옌 스님의 예를 들며 중국의 큰 스님들이 대만에 오셔서 훌륭한 비구니 스님을 많이 배출하면서 불교가 대만 사회에 더욱더 밀착할 수 있었다고 밝혔다. 루징 스님은 정옌 스님의 가난한 이들을 위한 의료 사업, 자오후이 스님의 여성 운동 등을 예로 들면서 대만불교가 흥성하고 성공할 수 있었던 것은 학문적으로 불교를 승화시킨 것도 있지만, 여성만의 특유한 따뜻함과 온화함으로써 대만 사회 곳곳에서 도움이 필요한 작은 분야들을 파악해 소외될 수 있는 사회의 모든 면을 보살펴 줄 수 있었기 때문이라고 설명했다.

2. 대만불교의 미래와 법맥의 전승

현재 대만불교는 명실상부한 가장 성공적인 종교 모델로 인식되고 있다. 필자는 지난 수십 년간 대만에서 생활하면서 이렇게 흥성하고 있는 대만불교 조직들의 성공이 지속 여부에 대해 살펴보고자 한다.

1) 대만불교 4대 조직과 법맥의 전승

대만불교 4대 조직의 경우 불교의 교리를 이으며 자신들의 이념을 실천하기 위해 조직의 대표자인 방장 스님이나 주지 스님 등의 직책을 각 조직의 조직 조항에 명시된 바에 따라 매 임기년도의 대표를 선거로 뽑고 있는 것으로 파악되었다. 현재 정옌 스님을 제외하고는 초대 설립자들은 모두 방장이나 주지직에서 물러나 도사(導師)로서 포교에 힘쓰고 있는 경우가 대부분이었다.

성윈 스님의 포광산사는 대만 가오슝에 있는 불교 재단으로서, 세계적으로 가장 넓은 포교 조직망과 불교 신문, TV 방송국 등 불교를 전하고 불자들이 소통할 수 있도록 완벽한 시스템을 구축하고 있는 불교재단이다. 중국에서 건너온 성윈 스님은 비단 대만뿐만 아니라 미국 등지의 해외 포광산사 분원에도 자주 방문하며 해외 포교에도 힘을 쏟고 있어, 포광산사에는 외국인 스님을 심심치 않게 볼 수 있는데 '인간불교' 운동을 실천하고 있는, 한국에는 가장 잘 알려진 불교 조직이라고 할 수 있다.

포광산사의 경우는 지난 2005년에 임제정종 제49대 계승자이자 주지로 선출된 신페이(心培) 스님까지 모두 제7대 주지 스님이 배출됐다. 포광산사는 포광산종무위원회 강령을 1972년부터 제정한 뒤 종무위원을 선출하고 그 중에서 추천 형식으로 주지 스님을 선출해 왔다. 성윈 스님은 지난 1971년부터 1985년까지 포광산사의 1~3대 주지 스님을 역임한 뒤 종무위원회 조직 강령에 따라 주지직을 사임하고 도사(導師)로서 일선에서는 물러났다. 하지만 여전히 포광산사를 위해 활동하고 있다.[18]

다음은 성옌(聖嚴) 법사가 일으킨 파구산이다. 성옌 스님은 1930년 중국 장쑤성(江蘇省)에서 태어서 13세에 출가했다가 19세에 군대에 강제 입대하여 10년간 군에서 생활한 뒤 30세에 다시 출가했으며 1975년 일본의 릿쇼대학(立正大學)에서 6년 만에 문학 석·박사학위를 취득해 대만불교계의 제1호 박사로 기록되기도 했다. 1978년 임제종 법맥을 이어받은 성옌 스님은 18년 전 대만 타이베이현에 파구산재단을 창

---

18. 성윈 스님의 1990년 2월 12일 성윈 일기에 '포광산종무위원조직' 관련 조항이 1990년에 완성됐음을 알 수 있는데, 스님은 포광산사의 역사에 기틀이 될 수 있게 됐다며 매우 기뻐했다.

설한 후 신도들의 추앙을 받아왔다.

불교 내·외적으로 어려운 시절 일본에 유학하여 박사학위를 받는 등 그 당시 일반 사람도 받기 어려운 고등 교육을 받았던 성옌 스님은 일본 유학에서 돌아온 뒤 불교의 포교를 위해서는 정확한 불교에 대한 지식이 먼저 이뤄져야 한다 하여 스님들도 완벽한 교육을 받을 수 있도록 각종 불교의 교육 사업에 힘을 쏟았다. 그와 함께 매주 일요일 오전에 방영됐던 TV 프로그램 '점등(點燈)'을 통해 딱딱하지 않은 자애로운 스승의 모습으로 사회 정화를 위해 힘을 쏟던 성옌 스님의 진정한 스승의 모습은 대학교 및 사회 지식인들의 많은 호응을 이끌어 현재 파구산은 재가불자들이 참여하는 각종 크고 작은 불교 대학, 승려를 위한 승가 대학 등, 불교 교육에 크게 이바지하고 있으며 체계적인 불교학 연구 시설을 갖추며 대만불교의 학술화의 중추적 역할을 담당하고 있다.

파구산의 법맥 승계는 2006년에 이뤄졌다. 성옌 스님은 2005년 자신의 주요 제자들에게 전법한 뒤 2006년 9월에 궈둥(果東) 스님에게 파구산 2대 방장의 자리를 넘겨주었다. 그 뒤 2009년 2월 성옌 스님이 입적하신 뒤 파구산은 '파구산 조직 장정(法鼓山寺組織章程)'에 의거해 궈둥 스님의 연임안을 승단대회를 통해 의결하여 궈둥 스님은 3대 방장으로 2012년까지 연임하게 된다. 방장의 임기는 3년으로 최대 두 번까지 연임할 수 있으며, 또한 성옌 스님의 유언에 따라 파구산의 취지에 반하지 않고 그 뜻을 이어갈 수 있는 승려라면 비구나 비구니 할 것 없이 방장에 취임할 수 있도록 규정하고 있는 것이 특징이다.

세 번째로 중타이찬사다. 웨이줴 스님이 설립한 중타이찬사는 대만 중부인 난터우(南投)에 있는 도량이다. 1964년 지룽(基隆)의 스팡다줴사의 링위안(靈源) 스님에게 출가했다. 웨이줴 스님은 새로운 참선 수행을 제창하며 신도가 급격히 늘어났고 2001년에는 중타이찬사와 중타이불학원을 건립하기에 이르렀다. 웨이줴 스님은 자신의 법맥을 지난 2005년 스님을 오랫동안 모셔왔던 젠덩(見燈) 스님에게 넘겨주었고 현재 젠덩 스님은 제2대 주지로 선임돼 법맥을 이어가고 있다.

마지막으로 정옌 스님의 츠지정사다. 츠지정사는 종교 자유에 대해 소극적 태도로 일관했던 중국에서조차 중국에 큰 도움을 준 자선단체로 츠지재단을 칭찬했을 정도로 불교 사회봉사 부문에서 타의 추종을 불허한다. 사회적 봉사는 재활용품 분리수거부터 의학에 필요한 시신 기부 운동[19]까지 다양한 방면에서 실천되고 있다.

정옌 스님은 한국에서 불교에 관심이 있는 사람이라면 그리 낯설지는 않다. 북한의 기근에 식량을 공급하기도 했고, 전 세계 곳곳에 재해가 일어나면 항상 제일 먼저 도달해 재해를 입은 이들을 돕는, 파란 상의에 흰 바지를 입은 자원봉사자로 유명한 츠지기금회의 창설자로 올해 2011년에는 타임 지(誌)의 '세계에서 가장 영향력 있는 100인'에 선정되기도 했다.

정옌 스님은 1962년 스스로 삭발하며 승려가 된 뒤 1966년 난산으로 병원에 왔던 원주민 부녀자가 가난으로 치료를 받지 못하는 광경을 보고 불교의 교리에 집착하기보다는 민중의 고(苦)를 해결하고 도와주는 것이 진정한 실천이라 믿고 대대적인 사회적 운동보다는 가까운 곳에서 실천할 수 있는 30명의 주부들을 설득하여 불교극난츠지공덕회(佛教克難慈齊功德會)를 세워 사회 제도(濟度)에 힘쓰게 된다. 이 조직은 현재 츠지기금회의 전신으로 이 조직의 성립 과정을 통해 정옌 스님의 치

---

[19] 현재 사후 시신 기부를 신청한 대기자만도 3만 명이 넘는다. 《자유시보(自由時報)》, 2011년 9월 7일자.

밀하고 뛰어난 조직 구성 능력을 엿볼 수 있다.

하지만 츠지기금회는 포광산사, 파구산, 중타이찬사와 같은 법맥 전승의 방식이 지금까지 외부적으로 알려진 바가 거의 없다. 필자는 스님의 책을 번역한 인연으로 츠지정사와 츠지기금회 회원들과 알게 되어 이 같은 질문을 던졌지만 대부분 '스님은 지혜로운 분이니 곧 알게 되겠지요. 그리고 우리는 스님에 의지하기보다는 그 정신에 동의하고 그 정신을 실천하고 있기 때문에 법맥 전승은 계속될 거라 믿는다.'라는 대답이 돌아올 뿐이었다.

지금까지 대만불교 4대 조직의 법맥 전승에 대해 간단히 살펴보았다. 3개 조직은 현재 법맥 전승 방식을 명문화하여 한 차례에서 수차례 실천해 오고 있으며 현재까지는 기본적 교리나 그들만의 불교 사업적 영역을 계속 발전시켜 나가고 있으며 법맥 전승 체계의 확립과 실천을 통해 신도들은 더이상 초대 원로 스님에만 의지하지 않고 새로운 주지 스님이나 방장 스님으로 인한 종단 이탈의 상황이 벌어지고 있지는 않은 듯하다. 하지만 여전히 4대 종단 중 성옌 스님의 파구산을 제외하고는 아직 건재하시기 때문에 모든 조직이 스님의 뜻을 받들어 자신들의 색채를 유지하면서 운영되고 있지만, 이 스님들이 원적에 드셨을 때 과연 지금과 같은 발전과 성공을 유지할 수 있을까? 일부 불교 연구자들은 이에 대한 의문으로 4대 불교 조직의 미래에 대해 예의주시하고 있다.

이에 대해 고민하고 우려하는 시각도 적지 않지만, 필자의 소견으로는 성옌 스님이 입적하신 후의 파구산의 변화를 본다면 그렇게 우려할 만한 것은 아님을 알 수 있다. 왜냐하면, 이들 스님은 생전에 당신이 가신 후를 대비하여 충분히 신도들과 스님들에게 주지시키고 자신이 아닌 불교의 힘으로써 이들이 유지되고 있음을 강조하셨고 제자들과 신도들도 이를 실천하고 있기 때문이다.

파구산에서는 스님이 파구산을 세운 이념을 지키기 위해 불교대학 및 승가대학을 설립 운영하면서 여전히 불교계에서의 학술적 위상을 높여 하고 있다. 정옌 스님의 츠지불교회는 현재 스님의 뜻에 따라 츠지 승려들과 츠지기금회 및 다아이(大愛)방송국 등 각 조직의 운영을 분리하여 이들이 함께 공존하되 서로 간섭하지 않는 독자적 운영 형태로 탈바꿈하고 있다. 그리하여 츠지인문지업센터의 정사문화출판사에서 관리했던 정옌 스님의 저작들을 이제는 츠지정사의 츠지출판사에서 출판하기로 결정한 것도 어찌 보면 이도 법맥 전승과 불교 포교를 위한 여러 사업을 종교와 분리하려는 일련의 행동이라고 볼 수 있다.

결론적으로 위와 같이 4대 불교 조직은 현재 츠지정사의 정옌 스님을 제외하고는 각 불교회의 조직 강령이 정해져 이를 토대로 종단의 대표를 선임해 운영하고 있다. 이는 기존 불교의 선문답 형식의 법맥 전승 방법과는 사뭇 다르지만 대만 내의 조직에서 벗어나 세계적 규모로 운영되는 불교 조직으로써는 어찌 보면 더욱더 안정적인 발전을 이룩할 수 있는 발판이 되었다고 볼 수 있다.

2) 기타 사찰의 법맥 전승

4대 종단 외에 기타 사찰의 전법 과정은 외부로 알려진 것이 극히 드물다. 필자는 인순 법사가 세운 푸옌(福嚴)불학원에서 불학을 공부하고 출가하신 루징(如淨) 스님을 만나 기타 사찰의 법맥 전승 상황에 대해 일부 들을 수 있었다. 스님의 말씀을 정리하면 다음과 같다.

대부분의 중소 규모의 사찰을 세운 스님들의 법맥 전승 형태는 전적으로 그 사찰을 세운 스님의 의견이 중요합니다. 스님의 뜻을 잘 지켜갈 수 있는 출가 제자들에게 주지를 물려주는 것이 대부분인데, 간혹 능력이 뛰어난 외부 스님에게 자신의 사찰을 물려주는 경우도 볼 수 있습니다.

위의 설명을 보면 4대 종파의 조직 강령 수립을 통한 전법의 형태와는 다르게 기타 사찰의 경우는 전법의 중요한 결정자는 그 사찰을 세운 주지 스님의 의지에 좌우되는 것으로 보인다.

루징 스님은 이와 같은 이유를 대만의 사찰과 한국 사찰을 비교하며 설명하면서 한국의 상좌 제도와 같은 개념이 드물어 사찰을 물려주거나 혹은 불법의 법맥을 이어가는 것에 구애받지 않는 경우가 많다고 덧붙여 설명했다.

3. 대만불교의 포교 활동

대만불교계의 포교 활동에 대해서는 자오후이(昭慧) 스님이 대만 내정부(內政部) 사이트에서 소개한 대만 지역 불교의 간략 소개의 내용과 중국의 대만불교 연구 학자인 허진산(何錦山) 교수의 『대만불교(臺灣佛教)』를 참고로 하여 정리하였다. 포교 활동의 분류는 허멘산(何綿山) 교수를 인용했으며 자오후이 스님의 의견은 부연 설명으로 소개하였다. 허멘산 교수는 매우 상세히 대만불교의 포교 방법을 분류하였는데 아래와 같은 4가지 형태이다.

1. 각종 명목의 법회: 기념 법회, 정기 법회, 특별 법회, 삼귀 의례 법회
2. 참선 수행 행사: 성지 순례 및 사찰 방문, 팔관재계(八關齋戒) 행사, 참선 수행 프로그램, 각종 캠프
3. 각종 포교 방식: 외부 강연, 사회인을 위한 불학 강좌, 불교 단체 자원봉사자 양성 교육, 불교 보급화를 위한 각종 불교 주제 글짓기 대회 및 학술 세미나
4. 미디어를 이용한 포교 활동: 라디오 및 방송 매체 포교, 간행물 및 인터넷[20]

허멘산 교수는 위에서 언급했듯이 법회, 참선 수행 행사, 불교 강연이나 포교 인재 양성 등의 각종 포교 활동 및 매스 미디어를 통한 포교 방법을 제시했다. 필자는 허 교수의 분류에 따라 대만 4대 불교 조직 및 중소형 사찰의 포교 상황을 예를 들어 설명하고자 한다.

1) 각종 법회

법회는 대만 모든 불교 단체의 포교 활동 중에서 가장 보편적으로 시행하는 포교 방법이다. 이 같은 형태의 법회 포교 활동은 중소형 사찰에서는 주요 경제적 기반이 되기도 하는데, 기념 법회와 정기 법회 및 수계 의식 법회로 크게 나눌 수 있다.

기념 법회는 음력 1월부터 12월까지 불교 단체에서 거행되는 법회로 음력 1월 1일은 미륵불탄신일 법회를 시작으로 하여 12월 8일 성도

---

20. 何綿山, 「第4章 臺灣佛教的社會弘法」, 『臺灣佛教』, pp.133~206.

일 기념법회까지의 법회 행사를 말한다. 4대 불교 조직의 경우 이런 기념 법회 행사는 매우 대대적으로 치뤄진다. 정옌 스님의 츠지기금회의 경우 지난 2011년 우란분회 기념법회 때 타이베이의 중정기념당에서 행사를 대대적으로 개최했으며 사회 각계 인사들이 대거 참여하였다. 4대 불교 조직 외에 하이윈지멍(海雲繼夢) 스님의 다화옌사(大華嚴寺)[21]의 경우도 특색 있는 우란분회 행사를 매년 개최하는 것으로 유명하다.

2011년 1월 한국 불광연구원 현지답사단이 방문하기도 했던 다화옌사는 매년 음력 7월 15일 백중일에 개최되는 우란분회(盂蘭盆會) 행사 중에서 '재승(齋僧)' 행사로 유명하다. 이 행사는 재승(齋僧) 의식을 통해 신도들은 스님을 부모님처럼 섬기며 불교교리를 따를 것을 다시 한 번 되새기며, 스님들은 또한 재가 신도들의 공양을 받으며 민중과 함께할 수 있도록[同理大衆] 자신의 초심을 되새기는 자리를 마련하는 취지로 거행된다. 2011년 8월 13일부터 양일간 린커우(林口) 체육관에서 국·내외 고승과 비구, 비구니 스님 및 자원봉사자와 신도 등 약 1만여 명이 참여해 성대히 거행하였다. 행사에 마잉주(馬英九) 대만 총통 및 타오위안(桃園) 현장 등 정치인들도 대거 참석하였다.

두 번째는 일반 정기법회 형태다. 보통 매달 음력 초하루와 보름에 거행되는 법회로, 한국의 정기법회 형태와 같다. 스님이 불경을 독송한

---

21. 다화옌사는 하이윈지멍(海雲繼夢) 법사가 『화엄경』의 정신을 널리 세상에 알려 인류가 가장 조화롭게 살 수 있는 사회를 만들고자 일으킨 종단이다. 2008년 하이윈지멍 법사는 현수종 제41대 조사(祖師)의 법맥을 흠인(欽因) 장로에게서 이어받았다. '자살 방지, 생명 존중, 지구 보호'를 주장하며 생명 존중 사상을 포교의 핵심 내용으로 삼고 있다. 매년 우란분회 때 화엄공승 의식을 개최하고 있으며, 지난 2004년에 시작된 '세계불교청년승가회'에 제3회부터 참가하여 세계 불교조직과 연계를 강화하고 화엄 사상을 널리 알리고 있다. 대만 전국에 총 8개의 도량이 있으며, 불교 학습을 위한 공수회 장소 2곳, 미국, 캐나다, 뉴질랜드, 싱가포르 등 해외에는 총 10개의 도량이 있다. 본사는 타이완 신베이시 싼샤(三峽)에 있는 진화위안불법원(金華園佛法園)이다.

뒤 신도들이 뒤이어 예불을 한다. 그 이후 스님이 부처님 말씀을 통한 법문을 하고 의례가 끝난 뒤 다 같이 공양하는 것으로 모든 일정을 마친다.

세 번째는 삼귀의례 법회다. 이 법회는 비구계, 비구니계, 사미계, 보살계, 일반인의 귀의의례 등을 진행하는 법회 의식을 말한다. 허 교수의 설명을 따르면 이 같은 삼귀의례 법회의 특징은 사회의 각 계층이 다양하게 참여하며 법회 내용이 다양하고 많은 스님이 참석하여 매우 장엄한 의식을 치른다고 설명하고 있다.

필자가 직접 방문했던 타이베이시에 있는 스팡찬린(十方禪林)의 경우를 보자. 이 사찰은 타이베이시 신이(信義)구에 있는 절로, 주지는 서우위(首愚) 화상[22]이다. 최근 수년간 서우위 스님은 중국 우이산을 비롯해 여러 곳에서 수도하셨고 대만의 스팡찬린은 비구니 스님들이 절 살림을 맡아 하고 있었다. 이제는 재단법인 스팡찬린 둔교기금회(財團法人 十方禪林文敎基金會)로 그 조직이 확대되었으며 몇 년 전 신주현에 신도들의 참선과 수련을 위해 어메이(峨眉)도량을 열었고 지난 2010년에 증축완공 행사 법회를 성대히 열기도 했다.

필자는 스팡찬린의 준제법문 삼귀의례 법회에 참석한 적이 있다. 법회의 딱딱한 이미지를 벗어나 스님의 법문을 마친 뒤 저녁에는 중국에서 초청한 불교연주단의 공연이 마련되었다. 현금과 가수의 음색이 어우러진 수준 높은 공연은 일반 공연을 방불케 하였다. 또한 중국 석유회사 건물 내의 국제회의장을 빌려 개최한 삼귀의례 법회는 대만 각

---

22. 1971년 출가하여 법명은 홍산(宏善), 법호는 충즈(從智)였다. 훗날 자신의 호를 서우위로 바꾸었다. 1973년부터 77년까지 포관산 총림대학에서 유식학과를 수학했다. 1985년 400여 명의 신도를 두고 정식으로 '스팡찬린(十方禪林)'을 세웠다. 지난 1990년대부터 최근까지 중국의 각지를 방문하며 정진했고, 현재『대교왕경(大敎王經)』의 '준제법문(準提法門)' 사상의 전법에 힘쓰고 있다.

지와 대륙 여러 지역 및 각 나라에서 온 신도들에게 훌륭한 시설에서 스님의 법문을 들을 수 있도록 장소가 마련돼 그 규모에 놀라지 않을 수 없었다. 4대 불교 조직이 아니었지만 스팡찬린의 법회는 상당히 웅장하고 짜임새가 있게 느껴졌다.

이로써 첫 번째 포교 활동인 법회에 대해 알아보았다. 4대 불교 조직 대부분은 이미 하부 조직부터 중앙 조직까지 완벽한 조직으로 발전했기 때문에 각 재단의 분회와 중앙과의 연계는 매우 긴밀하다. 그렇기 때문에 기념 법회에 동원되는 신도들의 규모는 매우 엄청나고 법회 또한 다양한 프로그램을 마련한다. 중소형 사찰들은 불교계의 법회 일정에 따라 절 살림의 주요 원동력이 되는 법회를 규모에 맞춰 거행한다.

2) 순례 행사 및 참선 체험

이 행사는 산을 올라 부처님께 예불하고 향을 올려 자신의 업장을 소멸하거나 불심을 기르기 위한 포교 행사이다. 포광산사는 매주 토요일 오후 5시와 일요일 아침 5시 30분에 3보 1배로 산에 올라 부처님께 예불을 올리는 의식을 거행하고 있다. 포광산사는 순례 행상의 목적을 '심신 정화, 체력 증강, 불심 기르기, 믿음 향상, 업장 소멸, 불도의 정진, 좋은 인연 만들기 그리고 부처님의 나라에 바로 가는 법'의 8종을 제창하고 있다.

포광산과 파구산은 순례 행사를 비롯한 사찰 방문이 매우 많은 곳이다. 파구산의 경우는 산 위에 자리를 잡고 있으며 넓은 부지와 신선한 공기로 주말에 아이들과 함께 자연을 즐기기에 매우 적합한 곳이다. 포광산은 동시에 3천 명을 수용할 수 있는 식당을 구비할 만큼 시설이 완벽하다. 아울러 참선 수행 프로그램도 잘 갖춰져 있기 때문에 많은 이가 모인다. 이러한 환경에서 아이들은 어릴 때부터 자연스럽게 불교의 분위기를 느끼고 불교에 대해 거부감 없이 사찰을 드나들게 하고 대만불교가 성장하고 그 규모를 확립하는 데 중요한 역할을 하고 있다.

팔관재계는 재가 신도가 하루 낮 하루 밤 동안 출가승 체험을 하는 것으로 하루 동안 출가승처럼 팔계를 지키며 생활하는 것이다. 허 교수에 따르면 포광산사는 매월 한 번씩 이를 진행한다고 한다.[23]

이보다 더 긴 7일에서 9일 동안 출가승 체험을 하는 포교 행사도 있는데 이것이 바로 단기 출가이다. 허 교수는 보통 하안거 기간에 몇 기에 나눠 시행되는데, 기수마다 200~400여 명이 참가한다고 밝혔다. 절에서의 모든 행동은 출가승의 그것과 다름없이 체험하게 되며 재가 신도들은 이 7~9일 동안 출가승의 청정함을 몸으로 느낄 수 있다. 선칠(禪七)이라 하여 7일간 참선 프로그램에 참여하는 포교 활동도 있는데, 참선을 중시하는 중타이찬사의 경우 참가자가 1기에 2,000여 명에 이르기도 한다.

또한 각종 사회 계층을 위해 마련되는 불학 공부 캠프도 있다. 교사를 위한 불교 캠프, 대학생 및 청소년을 위한 캠프, 어린이 캠프 등 각기 다른 주제로 대상을 달리해 캠프 행사를 통해 하는 포교 행사이다. 파구산의 말사인 눙찬사는 상반기에만 총 7개 분야의 행사가 진행되는데, 그중 아동 불교 캠프가 이에 해당한다. 파구산 지부들의 여러 행사가 일목요연하게 출판되어 신도들에게 공급되기 때문에 이 행사 일정표를 통해 자신들이 원하는 행사에 자유로이 참여할 수 있다.

---

[23] 何綿山, 「第4章 臺灣佛教的社會弘法」, 『臺灣佛教』, p.146

링주산불교교단(靈鷲山佛教教團)의 경우도 예불 순례 행사나 참선 행사를 다양하게 개최하고 있는데, 특히 네팔 등 세계 여러 지역에 세계면벽수양센터 등을 설립해 화엄 신도들의 수행을 돕고 있다.[24]

위안광찬사(圓光禪寺)는 농선(農禪) 행사를 개최해 오전에는 참선 수행하고 오후에는 유기농 작물 재배를 직접 체험하며 대자연 속에서 불교의 '농선법문(農禪法門)'의 진리를 체득할 수 있는 행사를 마련하고 있으며 그 밖에 아동·청소년 여름 불교 캠프 및 마약 방지 운동에 참여하며 이와 관련한 캠페인 행사를 겸한 특별 법회 등도 열고 있다.

3) 각종 형태의 포교 방식

다음은 각종 형태의 포교 방식을 소개한다. 첫 번째로 외부 강연 형식의 포교 방식이다. 허 교수에 따르면 가장 대표적인 것이 불교 청년회의 강연으로 1996년부터 2001년까지 비구, 비구니 스님 59명이 전 대만 지역 각급 학교에서 '영혼의 정화'를 주제로 강연을 펼쳐 청중에게 생명에 대한 자비로움과 희사(喜捨)의 사회 공익을 위한 가치관의 중요성을 편안한 강연 방식으로 전했다고 한다.[25] 밍광 스님은 인터뷰에서, 신도들이 절에서 강연을 듣기에 협소한, 소규모 사찰의 스님들은 외부강연 방식으로 각 지역 문화 센터를 빌려 강연을 개최하기도 한다고 하였다.

다음은 사회인을 위한 불학 강좌이다. 슝완 원장이 매주 강연을 맡고 있는 위안광 휴일 불학반 강좌를 예로 들어 본다. 이는 위안광찬사

---

[24] 링주산불교교단 공식 사이트를 살펴보면 포교 활동의 내용은 크게 참선 프로그램인 '평안선수(平安禪修)', 예불 순례 행사인 '조성순례(朝聖巡禮)', 각종 법회(法會) 및 공익사업인 '이생관회(利生關懷)' 등의 활동을 소개하고 있다. 출처: http://www.093.org.tw/content/home/home01.asp
[25] 何綿山, 「第4章 臺灣佛教的社會弘法」, 『臺灣佛教』, p.155

(圓光禪寺)에서 주최하는 것으로 불법의 생활화를 통해 사회를 정화하고 문화의 질을 높이고자 위안광문교재단을 설립해 펼쳐온 각종 문화 교육 행사 중의 하나이다. 위안광문교재단은 각종 학술 세미나 강연회를 개최하며 대중에게 불교의 교리를 알리고 익힐 수 있는 자리를 마련했다. 신도들의 편의를 위해 이곳은 각 주말의 강연 내용을 MP3 형식으로 사이트에 올려놓아 누구든지 다운받아 공부할 수 있도록 하였다.

파구산 역시 불교계의 학술 진흥을 위해 힘쓰는 종단답게 많은 불교의 대중화 교육 프로그램, 즉 신도 교육 프로그램을 시행하고 있다. 파구산을 처음 입문하게 된 신도들은 우선 독서회나 다과회 등을 통해 파구산 정신을 배우게 되고 단기 과정의 간단한 불학 강의도 참가한다. 그리고 더 나아가며 기초반에 해당하는 성엔서원(聖嚴書院)에 참가하게 되는데 성엔서원은 크게 자원봉사자 교육의 복전반(福田班, 파구산과 성엔 스님에 관한 기본 불교 지식, 1년), 불학반(초, 중, 고급반 총 9년) 그리고 선학반(禪學班, 2011년 시작한 교육으로 성엔 스님의 선 경험을 소개하는데, 3년 과정)으로 나뉜다. 이밖에 매주 수요일 저녁 '파구 강당'이라 하여 온라인 강의도 시행하고 있다.

세 번째로 포교 요원 양성 프로그램을 통한 포교 활동이다. 각 불교 단체들은 더욱 효과적인 포교 활동을 위해 신도들어 대한 포교 요원 양성 프로그램을 시행하고 있는데, 대표적인 예로 정엔 스님의 츠지기금회를 들 수 있다. 정엔 스님의 저서인 『유리동심원(琉璃同心圓, 2004)』에서 언급했던 '점(點), 선(線), 면(面)'의 조직 체계 개념과 같이 츠지기금회는 4대 조직은 거대하고 치밀한 연락망을 통해 각종 포교 활동을 위한 신도들을 양성하고 있다. 일반회원 – 견습위원 – 츠지위원(慈齊委員) – 츠청두이(慈誠隊) 등으로 구분되는 츠지기금회의 회원들은 각 지역의 연락처(聯絡處) 혹은 분회(分會)를 통해 츠지기금회의 중심 사상 및 그 해

연중 캠페인 주제와 관련된 불교 노래나 불경 등을 함께 배우고 츠지기금회 회원들을 모집한다. 기타 불교 단체 또한 각 지역 지부를 통해 정기적으로 개개의 불문에서 주장하는 불경을 공부하며 포교 경험을 발표하는 모임을 열기도 한다.

네 번째는 각종 불교 관련 글짓기 대회를 열거나 불교학 관련 세미나를 열어 불교 연구를 통한 포교 방식이다. 츠지기금회의 경우 매년 가정 형편이 어려운 학생들을 대상으로 불교경전 독후감 대회를 열어 일정액의 장학금을 제공하고 있다. 또한, 많은 불교단체들이 크고 작은 규모로 불교학 연구논문 선발 행사를 개최하는데, 중화불학연구소는 대만 전 지역의 석사와 박사를 대상으로 불교 학술논문을 공모하여 시상하고 있다.[26]

이밖에 불교 말씀 공부이다. 대표적인 것이 바로 『정사어(靜思語)』를 통한 학습 형태이다. 『정사어』는 정옌 스님의 대표적인 어록으로 대만에서는 스테디셀러로 각광을 받고 있는 책이다. 주제마다 두세 줄의 짧은 글귀로 이루어져있는 『정사어』는 각급 학교에서 학생들의 가치관 교육을 위해 많은 선생님이 소개하고 있다.

마지막으로 특수 단체 방문 포교 활동이다. 감옥 포교와 마약 복용자 포교가 이에 속한다. 자오후이 스님은 대만 내정부(內政部) 인터넷 사이트에 대만불교를 소개하면서 대만의 각 사찰은 법회나 불학 강좌 외에 정부에 협력해 각종 감옥, 구치소, 청소년 감화원 등의 종교 감화 교육에 참여에 일반 민중의 교화에 노력하고 있다.

---

26. 何綿山, 「第4章 臺灣佛教的社會弘法」, 『臺灣佛教』, p.165.

4) 방송 미디어를 통한 포교 활동

1970년대 이후 텔레비전이 보급되고 1980년 이후 컴퓨터 및 인터넷 등이 급속히 발전하면서 더욱더 다양한 방송 미디어를 통한 포교 활동을 하고 있다.

자오후이 스님은 대만 내정부의 대만불교 소개문에서 불교의 홍보를 위해 각종 방송국에서 불교 프로그램을 방송하는 것 외에 TV 불교 포교 프로그램도 제작하고 있다고 설명하고 있다. 그밖에 불교 잡지의 경우 주간, 격주간, 월간, 계간 등 총 수십 종의 불교 잡지들이 발행되고 있다.

이 중 포광산사는 가장 먼저 방송국을 운영한 곳으로 TV를 통해 싱윈 스님의 법회를 방송하거나 불교계 소식을 신도들에게 전했다. 포광산사는 방송국 외에 《인간복보(人間福報)》 신문도 발행하며 국내외 불교 소식을 전한다.

츠지공덕회 다아이방송국 전면

다음으로, 츠지기금회의 다아이(大愛)방송국은 현재 방송 매체를 이용한 포교로써 가장 크게 성공한 예이다. 다아이방송국은 실로 방송 매체를 통한 포교의 패러다임을 바꾸었다고 해도 과언이 아니다. 다아이방송국의 불교 드라마는 불교 방송을 불자만이 아닌 일반 대중도 즐겨 보는 프로그램으로 자리를 잡았다. 제작하는 작품마다 대만 TV 드라마 시상식인 금종상에서 최우수 작품상을 비롯해 참여한 배우들이 최우수 연기상을 받는 것이 당연시될 정도로 작품성을 인정받고 있다. 특히 츠지의 신도들이 츠지에 귀의하게 된 실제 이야기를 드라마로 기획에 방영하는 '다아이 극장'은 시청자들에 많은 감동을 주었고, 대만의 많은 유명 연기자들도 앞을 다투어 다아이 드라마에 출연하고자 했으며 이런 열기 속에 다아이 극장은 더욱 높은 사회적 관심을 받았다. 폭력과 억지스러운 설정의 드라마에 실망했던 대만 사람들은 츠지회원들의 참 인생을 배우며 함께 울고 웃었다. 이는 실로 한국불교에서는 보기 어려운 상황이다. 필자가 정옌 스님의 말씀을 번역하는 과정에서 접해 본 정사출판사 관계자들 혹은 다아이방송국 드라마나 츠지 행사를 진행하는 연예인 봉사자들을 만나보면 한결같이 "사회에 봉사할 기회를 찾다가 츠지와 만나게 됐습니다. 츠지 일을 하면서 스님에 대해 더 알게 됐고, 츠지의 교리를 알게 되면서 더욱 그 정신에 감복하게 되었습니다."라는 대답을 한다.

4대 불교 조직보다는 그 규모가 작지만 다화옌사(大華嚴寺) 타이베이 분원에도 소규모지만 자체 프로그램을 제작할 수 있을 정도의 방송국 시스템을 갖추고 있었다.

방송 미디어 외에 4대 불교 조직 및 기타 불교 사찰은 방송 매체 외에 정기 간행물인 신문이나 잡지를 통해 포교하기도 하는데, 내용은 경

다화옌사 방송국 내부

전 해석, 종단 행사, 각종 지식, 스님 법문 등 다양한 내용을 싣고 있다. 호법회(護法會), 염불회(念佛會) 및 공수회(共修會)라 하여 불교 교리 공부 모임을 다련해 운영하고 있는 스팡찬린은 '준제 법문(準提 法門)' 관련 불경과 남회근 선사의 저서를 읽고 토론하는 독서회를 수시로 개최하고 있으며 한 달에 한 번 《스팡 잡지》를 발행해 스팡찬린의 소식을 전하고 또한 서우위 스님의 법문을 실어 스님의 말씀을 접할 수 있도록 하고 있다. 이 《스팡 잡지》는 국내뿐만 아니라 국외의 각 사찰이나 각 불교 단체들에게도 제공을 하는데, 구독 연락을 요청하면 그 달부터 구독할 수 있다.

또한, 현대 사회에 보조를 맞추기 위해 역시 인터넷 불교 포교 활동에도 매우 적극적이다. 다화옌사의 경우, 하이윈지밍(海雲繼夢) 스님의 법문뿐만 아니라 여러 스님들의 불학 강좌를 개최하고 인터넷에서 신도들이 쉽게 복습할 수 있도록 마련해 놓았고 사찰에서 거행된 행사들을 인터넷에 올려 신도들 및 일반 시민들에게 제공하고 있다.

5) 기타 불교 사찰의 포교 – 중국불교회

이로써 대규모의 4대 불교 조직은 모든 앞서 소개된 모든 포교 활동을 진행하며 그 규모 또한 크다. 종단보다는 규모가 작지만, 독자적으로 재단을 세워 운영 중인 사찰의 경우는 대부분 크고 작은 법회, 신도들의 공수회와 참선 수행 활동 그리고 온·오프라인의 불교 강좌 등을 통해 포교를 하는 것으로 나타났다. 그렇다면 앞선 4대 불교 조직 이외의 예와 다르게 독자적으로 간행물이나 방송국이나 인터넷 강좌 등을 운영하기 어려운 소규모 사찰의 포교 상황에 대해 좀 더 언급해 보고자 한다.

필자는 타이베이 불교회의 이사장님이신 밍광[明光] 스님을 만나 뵙고 간단하나마 일반 사찰들의 상황을 들을 수 있었다. 다음은 밍광 스님의 설명을 요약한 내용이다.

중국불교회가 대만에 온 이후 정부가 초기에는 모든 전국의 사찰이 중국불교회에 참여하도록 규정했다. 중국불교회는 대만 사찰을 관리 감독했는데, 밍광 스님의 설명을 따르면, 중국불교회는 타이베이시불교회, 가오슝(高雄)시 불교회 그리고 대만성(臺灣省)불교회의 3대 조직으로 나뉘었다가 대만성불교회 아래 각 현(縣)과 지방 시에 지부들이 있었다고 한다. 그러다가 대만성이 폐지되면서 대만성불교회는 폐지되고 각 지역의 불교회들이 중국불교회에 바로 예속되는 형태가 됐다. 현재 중국불교회는 24개의 각 지역 불교회가 예속되어 있다.

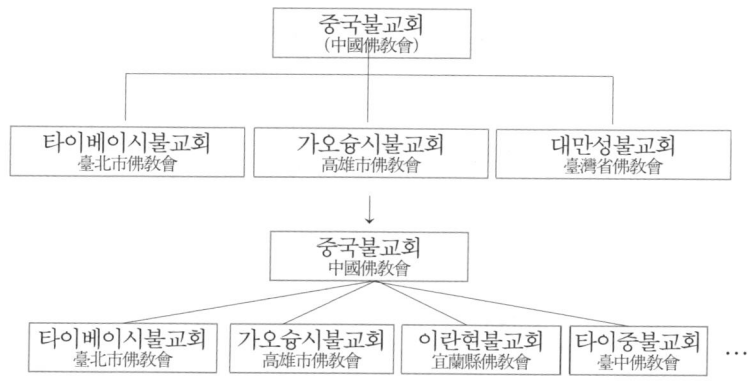

표 1. 중국불교회의 변천

아래의 표2는 200년 중국불교회에서 소개한 조직도이다. 중국불교회의 이사장의 선출은 일단 전국 불교회의 이사장 중에서 이사와 감사를 뽑고 이들 중에서 선거로 이사장을 선출하게 된다. 대부분 한 번의 임기는 4년으로 하며 재임까지 가능하다. 중국불교회는 현재까지 17회기까지 운영됐으며 현재 명예 이사장으로 징신(淨心) 장로와 랴오중(了中) 장로가 맡고 있으며 이사장에는 위안쭝(圓宗) 장로, 부이사장은 2명, 7명의 상무이사와 11명의 이사로 구성되어 있다.

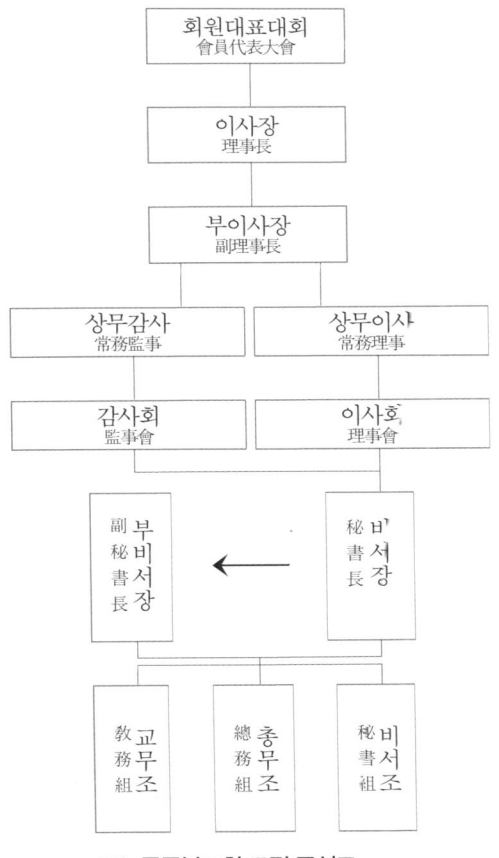

표2. 중국불교회 조직 구성도

중국불교회 조직은 기본적으로 전국 사찰들의 친목을 도모하며 관공서와의 연락, 협의, 혹은 법률 관련 업무를 보조하거나 혹은 여러 사찰들이 연합하여 불교 행사를 개최할 때 연락망을 구축하는 것이 그 역할이다. 타이베이 불교회의 경우 초기에는 약 200여 사찰들이 참여했다가 도중에 사찰이 규모가 커져 자신들의 만의 불교 단체를 만들어 불교회를 탈퇴하기도 하고, 혹은 사찰들의 정체성을 위해 새로운 조직을 만들어 나가면서[27] 현재 약 120곳의 사찰이 가입해 활동하고 있다고 한다.[28]

이들 소규모 사찰들은 물론 그들의 신도들로 운영은 가능하지만 좀 더 대규모의 법회 행사를 단독으로 거행하기가 쉽지 않다. 그래서 석가탄신일이나 우란분회 등 불교의 큰 기념일에는 각 지역 불교회와 중국불교회가 연계하여 대규모 특별 법회 행사를 개최하고 있다. 밍광 법사와 루징 스님 등은 모두 이들 소규모의 사찰 혹은 정사들의 운영은 스님들의 법회 개최나 외부 불학 강연이나 강좌 등으로 이루어진다고 한다. 자신의 도량이 없거나 협소한 스님은 외부의 강연 장소를 빌려 법회와 강연을 열기도 한다고 한다. 루징 스님은 물론 소규모의 사찰들이 경영이나 사회적 영향력에서는 4대 종단과는 비교할 수 없지만, 소규모 사찰이 좋은 점도 있음을 간과하지 말 것을 당부하였다. 그것은

---

[27] 기존의 대만 사찰들은 불교와 도교가 혼합된 형태여서, 불교와 도교가 점차 전문화되고 분화되면서 불교 사찰이지만 도교적 색채가 강했던 사찰들이 도교적 입장을 견지하면서 도교회를 만들어 나가기도 했다고 한다. 하지만 일부 도교 사원(타이베이시 무자 지역의 즈난궁(指南宮) 도교 사원)은 여전히 타이베이시 불교회에 참여하고 있다고 한다.
[28] 밍광 스님은 4대 종파는 이미 큰 조직으로 성장해 자체 조직을 구축하고 있지만, 4대 종파의 각 지역 말사들은 각 지역 불교회에 참가해 활동하고 있다고 덧붙여 설명하기도 했다. 이밖에 대만의 한국 불교 단체인 한국 조계종 홍법원(弘法院)도 1982년부터 1987년까지 약 5년간 타이베이 불교회에 가입하여 활동했다가 참여가 뜸해지면서 1992년 타이베이 불교회에서 제명되었다고 한다.

바로 신도와 스님 간의 교류가 매우 활발하다는 것이다. 신도들이 4대 종단의 주지 스님이나 큰 스님을 만나려면 많은 단계를 거쳐야 가능하지만, 소규모 사찰의 경우 주지 스님과 편안히 불교의 가르침과 가치관 등을 이야기할 수 있기 때문에 신도의 정신적 만족이 크다고 설명한다.

 필자는 청년 신자들과의 교류가 많았는데, 화판대학교에서 석사 때 불교학 연구를 한 셰징언(謝京恩) 씨를 통해 중국 티베트불교의 밀종 승려를 만난 적이 있다. 이 스님은 넓지 않은 방에 부처님을 모시며 있었는데, 대만의 신도들이 마련한 곳을 거처로 하고 신도들이 오면 항상 직접 티베트식 라차를 만들어 선사하며 그들과 친구처럼 지내고 있었다. 셰징언 씨와 스님의 신도들은 정기적으로 스님을 위해 대만 여행을 계획하거나 직접 차를 몰며 스님에게 자신의 친구들을 소개하고 스님과의 만남을 통해 자연스레 또 다른 불교를 접할 수 있는 환경을 만들어 주는 것에 기뻐하는 모습을 자주 목격할 수 있었다.

 한국 스님들과의 인연으로 대만의 크고 작은 사찰을 방문하거나 스님들을 만나 뵐 수 있었는데, 대부분 사찰의 주지 스님들은 수행이나 평소 행동으로 신도들을 감복시켜 신도들이 스님을 따르게 된 경우가 대부분이었다. 스님들은 신도들과 거리가 없이 항상 신도들의 고민과 인생을 이야기하곤 했는데, 신도가 느끼는 친밀감은 우리가 상상할 수 있는 이상이었다. 이런 포교 방식은 어찌 보면 중소 규모의 사찰들이 자신의 사찰을 이끌어가는 자연스러운 방식이라고 할 수 있다. 종교의 교리를 강조하기보다는 신도들의 마음의 안식처를 마련하고 편안함을 느낄 수 있도록 하는 방식으로 바로 불교가 개인의 삶에 녹아들어가는 것이라고 할 수 있겠다.

4. 자선과 봉사의 포교 활동

대만은 인구 70% 이상이 불교를 믿고 있으며 불교가 사회적으로 뿌리가 깊이 내린 곳이다. 이곳의 불교는 포광산사, 파구산, 중타이찬사, 츠지정사 등 4대 종단을 필두로 하여 많은 크고 작은 불교 조직들이 자신들의 불교적 목표 아래 '인간불교'를 실현하기 위해 노력하고 있다.

대만불교는 1949년 중국에서 설립된 중국불교회가 입성하면서 새로운 국면을 맞게 된다. 중국에서 활동하던 많은 스님들이 대만 곳곳에 정착하며 많은 승려를 배출했고 특히 정옌 스님, 자오후이 스님 등 훌륭한 비구니 스님들이 배출되면서 대만불교는 더욱더 사회와 긴밀히 결합하고 대중과 호흡하게 되었다.

대만의 경제발전과 계엄령 해제 이후 종교의 자유화에 힘입어 불교 조직은 많은 종파로 나뉘며 자유롭고 다양하게 성장할 수 있는 토대가 마련되었다. 4대 종단은 대중과의 대화를 시도하며 그들만의 독특한 체계와 특색을 조화시켜 나갔다. 아울러 탄탄한 조직 구성과 우수한 능력의 승려 배출과 신심 깊은 신도회의 열성으로 대만에 그치지 않는 세계적 불교 조직으로 성장할 수 있었다. 싱윈 법사의 포광산사는 '인간불교'를, 정옌 스님의 '자선, 의료, 문화, 교육' 등 4대 불사, 성옌 스님의 파구산의 불교 교육기관 건설 등은 모두 불교교리를 기본으로 두고 각자의 실천 강령을 통한 성장을 설명한다. 기타 불교교단 또한 이러한 방식으로 운영하고 있는데, 이들은 4대 종단의 폭넓은 사회사업에 반해 구체적인 주제를 통해 자신들의 위치를 확보하고 있다. 그 예로 자오후이 스님은 승가 교육과 팔경법 폐지 등 불교의 여성 평등을 강조하고 있고, 다화옌사의 경우 공승(供僧) 의식을 개최해 이를 통해 화엄의 정신을 널리 알리고 있다.

　대만불교 단체의 법맥 전승 과정을 살펴보면, 4대 종단의 경우 불교의 교리를 이으며 자신들의 이념을 실천하기 위해 조직의 대표자인 방장 스님이나 주지 스님 등의 직책을 각 조직의 조직 조항에 명시된 바에 따라 매 임기년도의 대표를 선거로 뽑고 있다. 현재 정옌 스님을 제외하고는 모두 초대 설립자들은 방장이나 주지직에서 물러나 도사(導師)로서 포교에 힘쓰고 있다.

　4대 종단 중 성옌 스님의 파구산을 제외하고는 아직 건재하기 때문에 모든 조직이 스님의 뜻을 받들어 자신만의 색채을 유지하면서 운영되고 있지만, 일부 불교계 인사들은 이 스님들이 원적에 드셨을 때 과연 대만의 불교가 지금과 같은 발전과 성공을 유지할 수 있을지에 대해 우려하는 시각도 있다. 성옌 스님이 입적하신 후 파구산의 변화를 본다면 그렇게 우려할 만한 것은 아님을 알 수 있다. 왜냐하면 이 스님들은 생전에 당신이 가신 후에 대비해 충분히 신도들과 그곳 스님들에게 주지시키고 자신의 힘이 아닌 불교의 힘으로써 이들이 유지되고 있음을 강조하였고 신도들도 이를 실천하고 있기 때문이다. 파구산에서는 스님이 파구산을 세운 이념을 지키기 위해 불교대학 및 승가대학을 설립 운영하면서 여전히 불교계에서의 학술적 위상을 높이고 있다. 정옌 스님의 츠지불교회는 현재 스님의 뜻에 따라 츠지 승려들과 츠지기금회 및 다아이(大愛)방송국 등 각 조직의 운영을 분리하여 이들이 함께 공존하되 서로 간섭하지 않는 독자적 운영 형태로 탈바꿈하고 있다.

　4대 종단 외에 기타 사찰의 전법 과정은 외부로 알려진 것이 극히 드물다. 대만의 사찰은 한국의 상좌 제도와 같은 개념이 드물어 사찰을 물려주거나 혹은 불법의 법통을 이어가는 것에 구애받지 않는 경우가 많은 것으로 보인다. 대부분의 사찰이 다음 주지 스님을 선발할 때 전임 주지 스님의 의견으로 선임되는데, 그 선임 기준이 모호할 경우도 있다고 한다. 그래서 일부 사찰들은 다음 세대로 이어지지 못하고 막을 내리는 경우도 있다고 한다.

　포교 활동 형태로는 크게 법회, 참선 수행 행사, 각종 불교 보급 교육과 방송 매체 및 인터넷 포교를 들 수 있다. 대만의 4대 종파를 비롯한 대만의 사찰은 대부분은 필자의 조사로는 비슷한 형태로 포교하는 것으로 드러났다. 물론 규모의 차이나 수량에 있어서는 중소 규모 사찰들이 대규모 조직의 종단과 비교할 수 없지만, 크게 나누어 불교 기념행사인 우란분회 혹은 관불의식, 석가탄신일 등에 개최되는 특별 기념법회나 수계의식인 삼귀(三歸) 의례 등 법회를 비롯하여 사찰들이 정기적으로 개최하는 정기 법회를 통해 불교 사상을 알리는 것이 주요 포교 활동이다. 그 밖에 신도들의 공수(共修) 행사 및 참선 프로그램, 염불회 등의 행사를 열거나 혹은 각종 자아 개발 프로그램을 다양하게 개발해 불자들이 사찰 행사에 부담 없이 흥미를 갖고 참여할 수 있도록 하고 있다.

　대만인들은 불교에 상당히 우호적이기 때문에 사찰들은 대부분 정부에 의지하지 않고 사찰을 운영할 수 있다. 대만의 종교 분포에서 알 수 있듯이 대만 사람들은 자신들이 민간 종교를 믿고 있다고 생각하는 사람이 매우 많다. 이는 민간 종교와 순수 불교의 경계가 대만은 그리 확연히 드러나지는 않기 때문이다. 학술계에서나 불교계에서는 순수 불교와 민간 신앙이 가미된 불교 종파에 대해 경계가 확연한 것에 반해 불교를 믿는 신도들에게 있어서는 그다지 중요한 것은 아닌 듯싶다. 그래서 불교에 대해 반감도 적을 뿐더러 어릴 때부터 접했던 문화로 받아들이는 경향이 많다.

4대 종파는 불교의 테두리 안에서 각기 불교를 접하게 된 독특한 인연을 통해 불교의 교리에 대한 해석에 접근했으며 아울러 이를 통한 깨달음으로 사회 대중과의 대화를 시도하며 자신들의 독특한 발전 영역을 설정하고 확대·발전시켜왔음을 알 수 있다. 그 밖에 기타 불교 단체들은 중국불교회에 참여하여 불교 행사를 공동 개최하거나 혹은 크고 작은 신도회 결성 혹은 다양한 공수 법회와 부가 문화 행사를 통해 신도들의 발길을 절로 향하게 하고 있다.

　대만불교의 성행은 사회적 기반이 매우 중요한 역할을 했음을 부인할 수 없다. 어릴 때부터 자연스레 접했던 문화가 성장하면서 쉽게 받아들여질 수 있다는 것은 누구나 알고 있는 현실이다. 대만불교는 물론 불교적 학습을 게을리 하지 않으면서도 사회적 관심이 필요한 분야를 세밀히 공략해 다양한 사회 참여 프로그램을 만들어 신도들과의 대화를 시도한다. 농촌 체험을 통한 인간 불교의 실현, 아동의 불교 정신 학습을 위한 아동 캠프, 마약 퇴치를 위한 가족 참여 프로그램 등 적극적이고 다양한 공익 행사를 개최해 대중들이 불교가 아닌 사회 실천 프로그램으로서 불교 단체의 행사에 참여하게 한다. 대규모이든 소규모이든 대만불교 조직은 자선과 봉사의 이미지로 대만인에게 기억되고 있으며 그렇게 불교를 접하다 보면 교리에 관심을 갖게 된다. 또한 쉽게 사회를 위해 이바지할 수 있는 장을 열어 준 셈이 되기 때문에 불교에 대해 우호적이게 될 것이다. 이것이 바로 졍옌 스님이 얘기한 '점, 선, 면'의 사고가 아닐까 싶다.

제6장

대만불교의
여성 활동

Translated and reprinted by permission from The Infinite Worlds of Taiwan's Buddhist Nuns by Elise Anne DeVido, the State University of New York Press © 2010, State University of New York. All rights reserved.

대만 비구니 스님들의 무궁무진한 세계

엘리스 앤 드비도*

이상엽 번역**

1980년대 중반 이래, 대만은 대규모의 종교 부흥을 경험해왔다. 이는 전통적 민간 신앙의 영역에서뿐만 아니라, 제도화된 불교나 도교 내에서도 발생한 현상이었다. 지금까지 대만의 경제적, 정치적 발전에 집중된 세계 학계와 언론의 관심으로 인해 잊혀졌던 이 심오한 문화적 현상은 그 자체만으로도 주목받아 마땅하다. 대만의 종교 성장에서 한 가지 놀라운 점은 비구니 스님의 수가 극적으로 증가한 것인데, 이는 세계사

---

* Elise Anne DeVido, "The Infinite Worlds of Taiwan's Buddhist Nuns," Buddhist Women and Social Justice - Ideals, Challenges, and Achievements, Karma Lekshe Tsomo, ed. (Albany: SUNY Press, 2004), pp.219~231.
** 서울대학교 철학과 석사

에 일찍이 없었던 일이다. 현재 구족계를 받은 비구니와 비구의 수는 대략 3만 명이며 이 중 비구니가 75퍼센트를 차지한다. 이 통계는 대만의 출가자 불교를 연구하는 학자들에 의해 자주 언급되는 것인데, 연간 수계 기록을 어림잡은 결과와 현장의 직접 관측에 기초하고 있다. 대만 출가승들의 단체와 활동에 대한 정확한 통계를 모으고 확인하는 일은 무척 어려운 작업으로서 특히 계엄령이 폐지된 1986년 이후부터 더욱 심해졌다.[1]

　　나는 대만이 대승불교 출가수행의 중심지로 자리매김하게 되었다는 소견을 가지고 있다. 이는 단지 교리와 수행 및 자율적인 출가자 공동체의 발전을 촉진하는 개방적 환경 때문만이 아니라, 무엇보다도 대만이 상좌부, 티베트, 선을 아우르는 다양한 불교 전통에 속한 아시아 및 전세계 여성 불교 수행자들이 교육을 받고 구족계를 받을 수 있는 중심지가 되었다는 사실 때문이다. 몇 세기에 걸친 남성 수행자들의 반대로 인해 인도를 포함한 세계 어디에도 이러한 곳은 존재하지 않는다. 가령 티베트불교 전통의 여성 출가자들(동양인이거나 서양인이거나)은 서양에서는 주로 '비구니(Buddhist nuns)'라고 알려져 있지만, 사실은 이들 대

---

1. 1986년 이전에는 대만의 모든 종교 단체가 내정부(內政部)에 합법적 조직으로서 등록해야 했으며, 매년 새로이 계를 받은 비구니와 비구들은 국민당의 공인 단체인 중국불교회(中國佛教會)에 등록되었다. 하지만 1986년 이후, 연례 수계식을 거행하는 사원들은 더 이상 중국불교회에 등록하지 않아도 되었고, 내정부의 통계는 불분명해졌다. 이들 통계는 수계한 승려의 수를 정확히 반영하지도 않을 뿐만 아니라, 제도화된 불교를 민간 신앙과 구분하지도 않는다. 더욱이 사원들도 관련된 통계를 공개하기 꺼려한다. 중국 본토의 경우 최근 정토수행 전통이 부활하였지만 사상적, 제도적으로 구속을 받고 있으며, 승가 교육의 기회도 제한되어 있다. 나는 아직 정토종 전통에서 구족계를 받은 여성 승려의 수를 알아내지 못했지만, 남녀를 합치면 총 8만 명의 승려가 있다고 한다. 하지만 이 수치는 아마도 행자, 사미, 사미니 및 재가신자인 자칭 승려들을 포함하고 있을 것이다. 한편 자신의 추정치가 확인될 때까지 익명을 요구한 한 학자는 중국 본토에는 1,500명의 비구니가 있고, 대만을 제외한 나라들에는 총 18,000명 가량의 비구니가 있을 것이라고 하였다.

부분이 구족계를 받지 못한 '사미니(novices)'이다. 그들의 라마가 중국, 한국 또는 베트남의 전통에 의거하여 구족계를 받는 것을 허락하지 않는 이상, 그들은 평생 사미니로서 수행한다. 15년이 넘도록 달라이라마가 티베트불교에 비구니 승단의 설립을 옹호하여 1997년 11월에는 대만의 시스템을 조사하도록 특사를 보내기도 하였지만, 구체적인 진전이 있는지는 아직 두고봐야 하는 상황이다.

따라서 대만의 불교 부흥, 특히 여성 출가자들에 의해 이루어진 기여의 함의는 풍부하다. 세계의 불교가 대만의 불교 승가에 의해 지속적으로 변화하고 활성화할 것임은 물론, 대만불교의 부흥은 '지상 정토'의 창달이라는 목표에 의해 고취되어 자선 운동, 세속적·종교적 교육, 출판, 매스미디어, 예술, 환경 운동, 반핵 운동, 동물보호 운동, 재난 구호에 대한 주목할 만한 기여를 통해 독재 체제 이후의 대만에서 시민사회를 형성하는 데 중대한 역할을 수행하고 있다. 또한 이와 같은 활동에서 나타난 여성 출가자와 여성 재가신자의 수적 우세는 대만의 1970년대부터 이루어진 전통적 성역할 해방의 결과물인 동시에 대만 여성에게 보다 다양한 삶의 기회와 선택을 제공하는 원동력이기도 하다. 다만 대만에서 비구니 스님의 사회참여 현상이 '페미니즘'의 범주와 이론적 틀로 설명될 수 있는지, 그리고 만약 가능하다면 어떻게 설명될 수 있을지는 복잡한 문제로서 뒤에서 다시금 논의하겠다.

비록 대만 및 여러 나라들에서 박사학위 논문의 주제로 비구니가 많이 다루어져 왔지만, 이상하게도 아직까지 중국어, 영어를 비롯한 어느 언어로도 대만 비구니에 대한 본격적인 학술서는 등장하지 않았다. 최근의 성과로서는 장찬텅(江燦騰), 딩민(丁敏), 루후이신(盧蕙馨), 천메이화(陳美華), 리위전(李玉珍), 장웨이안(張維安)과 같은 대만의 종교학자들이 비구니 학자인 스자오후이(釋昭慧) 스님, 스젠예(釋見曄) 스님과 함께 논문을 출판하는 것과 더불어 이 주제에 대한 불교 세미나가 조직한 학회들에 참여한 것을 들 수 있다. 또한 찰스 B. 존스의 선구적인 연구서인 『대만의 불교: 종교와 국가, 1660~1990』은 대만불교에 대한 훌륭한 개요를 제공하는데, 이 책에서 그는 비록 비구니에 대해 특별히 초점을 두지는 않지만 '1952년 이후 비구니 승가의 활력'에 대해서 언급한다.[2] 이하 이 글에서 이루어지는 논의는, 대만에서의 불교, 여성, 시민사회란 주제로 여섯 명의 비구니와 그들이 속한 사원 및 여성 재가신자에 대한 분석을 담은, 향후 출간될 책의 일부임을 밝힌다.[3]

I. 대만 비구니 스님들의 '무궁무진한 세계'

대만의 비구니들은 수기나 인터뷰에서 대만이 불교, 특히 비구니에게 있어 '톈쿵(天空)'임을 자주 언급한다. 나는 두 가지 이유에서 이 용어를 '무궁무진한 세계, 무한한 세계(infinite worlds)'로 번역하였다. 그것은 첫째로 대만이 비구니들의 성장과 발전에 자유로이 열려 있는 공간이기 때문이고, 둘째로 대만에는 하나로 요약될 수 없는 여러 가지 이상적인 비구니상이 존재하기 때문이다. 사원들 간의 차이는 말할 것도 없고, 하나의 출가공동체 내에서도 승려의 세대, 가족이나 교육의 배경, 재

---

2. Charles B. Jones, Buddhism in Taiwan: Religion and the State, 1660~1990 (Honolulu: University of Hawaii Press, 1999). 미국인 불교학자 Yu Junfang은 현재 샹광니승단(香光尼僧團)에 대한 연구를 수행하고 있다. 샹광니승단(香光尼僧團)은 남부 대만에 자리한 비구니 출가공동체이자 불교대학으로 높은 교학 수준과 엄격한 수행 과정으로 잘 알려져 있다.
3. 이 글의 원형이 Taipei Ricci Bulletin 3 (1999~2000): 79~89에 실려 있다.

능, 기질에 따라 큰 차이가 존재한다. 대만에는 비구니나 비구로만 이루어졌거나 둘이 공존하는 출가공동체가 있다.[4]

대만에서 가장 두드러지고 카리스마 있는 비구니인 정옌(證嚴) 스님에 대해 살펴보자. 정옌 스님은 재가신자 단체의 성격이 강한 거대한 국제적 비정부 기구, 츠지공덕회를 이끌고 있다. 지난 수십 년간 정옌 법사는 소규모의 비구니도 양성하였지만, 츠지공덕회 활동의 초점은 여성 출가수행자의 교육과 수련이 아닌 재가신자들에 의해 운영되는 자선사업에 맞춰져 있다. 따라서 나는 이 글에서는 츠지공덕회에 대해 다루지 않겠다.[5]

나는 이 글에서 여성출가자 및 대만불교 학자들과의 인터뷰, 타이베이의 모든 공식적 불교사원들에 대한 전화 설문, 중국어 원전 및 이차 자료, 대만불교에 대한 몇몇 영어 자료, 세계적인 시각에서 본 여성불교에 대한 자료들을 이용하였다.[6]

---

[4] 율장이 규정하고 있듯이 비구는 비구나 비구니를 제자로 삼을 수 있지만, 비구니는 비구니만 제자로 삼을 수 있다. 비구니로만 이루어진 공동체와 비구와 비구니로 이루어진 공동체를 비교해 보면 혼성 독신주의 공동체 특유의 문제점과 더불어 제도적 양식과 교육과 지도의 스타일 차이가 드러날 것이다.

[5] 츠지공덕회와 관련해서는 Chien-yu Julia Huang and Robert P. Weller, "Merit and Mothering: Women and Social Welfare in Taiwanese Buddhism," Journal of Asian Studies 57:2 (1998): 379~396 및, Robert Weller의 저서 Alternate Civilities: Democracy and Culture in China and Taiwan (Boulder, Colo.: Westview Press, 1999)를 참고.

[6] 나는 샹광니중불학원(香光尼眾佛學院)을 이끄는 우인(悟因) 스님과, 샹광사(香光寺)를 이끄는 밍자(明迦) 스님, 그리고 그들의 비구니 제자들, 국립타이완대학(國立臺灣大學) 철학과의 헝칭(恆清) 스님, 쉬안짱대학(玄奘大學) 교육학과의 젠쉰 스님, 샹광사(香光寺)의 산후이 스님, 링주산불교교단(靈鷲山佛教教團)의 광귀 스님과 센웨 스님, 국립칭화대학(國立清華大學)의 장찬텅(江燦騰) 교수 및 리위전(李玉珍) 교수와 인터뷰를 했다. 1999년 8월에 전화 설문조사를 조직하고 시행한 푸런대학(輔仁大學) 중국사회문화연구센터(中國社會文化研究中心)의 Dominique Tyl 교수에게 감사의 말씀을 드린다. 중국어 자료는 증가하고 있으며, 출가자나 재가자에 의한 학술적 논문 및 사원에서 자체적으로 발간하는 공식 출판물을 포함하고 있다. 불교 내 여성에 대한 많은 수의 영어 자료가 다양한 학문 분야로부터 나오고 있지만 대만의 비구니와 불교 부흥에 대해서 언급하는 것은 매우 적다. 세계여성불자협회(Sakyadhita: International Association of Buddhist Women) 및 Women Active in

2. 질문의 연속

세계에서 가장 큰 비구니 대중이 대만에 존재하게 된 것에는 많은 요인이 작용하였다. 비구니 스님과 대만불교 학자들과의 인터뷰를 통해 나는 역사적, 경제적, 교육적, 정치적, 사회적 요인 및 성역할의 변화 등, 이러한 현상을 설명할 수 있는 몇 가지 가능한 원인들을 제시할 수 있었다. 첫 번째 중요한 요인은 대만 내 일본 불교의 성장과 함께한 대만의 독특한 문화적 유산과 관련이 있다. 불교에 영향을 받은 민속신앙 종파인 '재교(齋敎)' 및 이 종파의 여성 수행자인 '자이구(齋姑)' 또는 '차이구(茶姑)'의 존재가 청대와 일본 식민지 시대에 걸쳐 확인된다. 이들은 대부분 재가자로서 구족계를 갖춘 비구니가 아니었으며, 청대 대만에서는 중국불교의 전통에서 수계를 한 비구니가 없었기 때문에 이들 중 수계를 한 사람도 일본 전통에 따랐을 것이다. 아무튼 대만에는 비록 삼보에 귀의하지는 않았더라도 불교와 동질감을 가지고 있던 큰 규모의 여성 집단이 존재했음을 알 수 있다. 이들 중 많은 여성들이 1952년 이후 중국의 전통에 따라 구족계를 갖추게 되었다.

두 번째 요인은 대만의 경우 다른 불교 전통에 속한 국가들에 비해 남녀평등 사상에 입각한 남녀공학 교육의 수준이 전반적으로 높다는 점이다. 일제 식민지 치하에서 공립학교가 보급되기 시작한 이후로부터, 특히 1949년 국부천대(國府遷臺) 이후 교육제도의 현대화 정책에 따라 9년간의 보통의무교육제도가 본격적으로 대만에 도입되었다. 이러한 교육제도는 대만 여성들에게 상대적으로 높은 수준의 보통교육을

Buddhism의 웹사이트는 대만 비구니에 대한 대략적인 정보를 제공하고 있다.

제공하였다.

세 번째로 본토 중국을 떠나 대만에 정착한 비구들이 현지의 비구니와 여성 재가신자와 관계를 구축하게 되었다는 점도 들 수 있다. 이 비구들은 수가 적었고 대만에서 연고가 없었기에 지원받을 방법이 없었다. 따라서 이들은 대만의 비구니들과 '연사(蓮社)'라고 불리는 여성 재가신도의 광범위한 네트워크에 의존해야 했다. 국민당이나 중국불교회와 정치적 끈이 닿지 않는 이상, 이들 승려는 사원 건립이나 제자 모집 등을 위해 여성 재가신자에게 의존해야 했다. 이는 비구와 재가신자 간의 지속적인 협동 관계를 촉발하게 되었다.

계엄령 및 백색테러가 지속되는 참혹한 조건하에서도 이 승려들은 비밀리에 포교 활동을 이어갔다. 국민당의 정치적 보호 아래 있지 않은 승려들은 체포되거나 침묵이 강요되기도 하였다. 불교를 대중화하기 위한 움직임 중에는 인순(印順) 스님의 인간불교의 광범위한 영향이 대승 정토불교를 현대화하고 부활시키기 위한 시도에서 두드러졌다. 또한 천주교와 개신교가 대만의 청년층을 대상으로 하였던 포교 방법을 도입하여, 1960년대부터 불교도들은 직업학교, 고등학교, 대학교에 스터디 그룹과 장학금을 설립하고, 대중적 출판물과 교육용 강의, 불경, 기도, 찬불가가 담긴 테이프를 발행하기 시작했다. 많은 잠재적인 비구니와 비구들이 이러한 경로를 통해 모집되었다.

1949년 국부천대 이후의 상황에서 중국의 대승불교 전통을 전파하기 위해 대만에 건너온 비구들에 의해 비구와 비구니를 위한 정식 계율이 전래되었다. 이로써 대만불교는 제도화의 과정을 시작하게 되었다. 1960년대와 1970년대에 대만의 영향력 있는 승려들은 비구니 승단의 발전을 장려하며 비구니의 교육과 수련을 강조하였다. 인순, 싱윈, 성엔 스님과 같은 대표적인 법사들은 역사적으로 비구니를 비구에게 종속적이며 열등한 위치에 두었던 이른바 팔경법(八敬法)을 특별히 강조하지 않았으며, 오히려 비구와 비구니의 평등한 관계를 주장하였다.

1970년대와 1980년대에 대만에는 극적인 사회 변화가 일어났다. 이는 대만의 놀랍고도 급속한 경제성장에 직접적으로 수반된 발전이었다. 이 기간 동안 대만의 시민들은 국가를 떠나 관광을 하거나 유학할 수 있는 자유를 어느 정도 얻게 되었다. 계엄령의 해제는 시민사회 발전을 가능케 하였고 내정부(內政部)와 중국불교회가 대만불교계를 감시하는 일을 어느 정도 제한하였다.

또 하나의 요인은 대만 사회와 유학파 비구니들에게 미친 페미니즘 사상의 영향이었다. 다만 페미니즘 사상의 영향은 입증하기 어렵다. 몇몇 남성 학자들은 페미니즘의 영향이 '명백한 주된 요인' 중 하나라고 말하지만, 내가 인터뷰한 비구니들은 뒤에 다시 설명하겠지만 이 문제에 대해 양면적이고 모순적인 입장을 가지고 있었다.

비구니들과 그들의 발전에 동조하는 비구 지도자들의 다년간에 걸친 집요한 노력에 의해, 1952년 비구니의 정식 수계가 시작된 이래 비구니들은 대만사회에서 높은 사회적 위치를 차지하게 되었다. 역사적으로 중국의 비구니가 처해 있던 상황과는 달리 대만의 비구니들은 교육, 자선, 출판, 매스미디어와 같은 사회 전반에 걸쳐 능동적인 역할을 수행하며 승단의 일과 관련하여 지도적인 위치를 누리고 있다. 또한 비구니들은 사원의 지원을 통해 대만 및 해외에서 대학원 공부를 이어갈 기회를 얻기도 한다.[7]

---

7. 청나라 말기에 비구니 사원은 대체로 고아, 버려진 아이와 아내, 집에서 도망쳐 나온 아내, 과부를 비롯하여 생계 수단이 막막한 여성들을 수용하는 곳이라는 낙인이 찍혀 있었다. 또한 신유학자들은 출

비구니들은 그들의 진전된 사회적 지위가 여성을 위한 교육 기회의 증가, 중국으로부터의 제도화된 불교 승단의 유입, 비구니를 위한 출가 수행자 교육을 대중화하려는 움직임 그리고 고된 노력에 의한 것이라고 생각한다. 이러한 생각은 그들이 정통 불교전통에서 1949년 이후에야 확립하게 된 지위의 정당함을 확인받으려는 비구니들의 희망을 반영하고 있는 것 같다. 그들은 긴 수련 기간과 고된 노력, 그리고 몇 백 년 된 대승불교의 정토신앙 전통이 대만의 이른바 이단적이고 미신적인 민간 종교를 추월하게 되기까지의 희생을 자랑스럽게 여긴다. 역사학자들과 사회학자들의 분석이 공통적으로 서구 페미니즘의 유입이나 계엄령 해제와 같은 정치적 진보를 대만 비구니 성공의 요인으로 거론하는 반면, 비구니들은 대체로 자신들의 노력 덕분이라고 여기는 것이다.

3. 왜 비구니가 되는가?

비록 비구니들이 자신은 어려서 '불교' 가정에서 자랐다고 말하는 경우가 종종 있지만, 근래까지 대만에서 우세했던 불교 신앙의 양상은 많은 경우 관세음보살에 대한 숭배를 중심으로 하는 '민간 신앙'으로서 보다 적절하게 정의될 수 있다. 많은 비구니들이 사실상 직업학교, 고등학교나 대학에서 정식의 불교 스터디 그룹에 참여하는 것을 통해 정통적인 불교의 세계로 입문하게 된다. 이들 학생 대부분은 무엇보다도 불교의

가인의 삶을 택하는 것은 가족(조상과 후사를 포함한)의 명예와 행복을 훼손하는 불효를 범하는 일이라고 여기고 있었다. 출가라는 표현 자체가 '가족을 떠나는 것[出家]'으로 혼인 관계와 자손들을 떠나 후손을 이어나갈 의무를 저버리는 행위이기에 불효로 여겨졌다. 또한 체발이나 두피에 수계한 흔적[戒疤]을 남기는 것도 부모에게 물려받은 육체를 훼손하는 불효라고 여겨졌다.

종교적이면서 이상주의적인 면에 매력을 느낀다. 인문과학, 경영학, 컴퓨터공학 또는 직업 훈련의 공부에 바쁜 젊은 여성들이 자기 계발의 수단으로서 보다 더 집중적인 불교 공부를, 그리고 해탈이라는 목표를 향하기를 희망하는 것이다.

이런 젊은 여성들이 대만의 가족 관계와 교육 체계라는 안전한 환경을 떠나 세상과 마주하게 됨에 따라 종종 그들은 정체성, 가족 관계에 관련된 개인적 위기와 분투하게 된다. 이러한 전기를 맞이하여 몇몇 여성들이 출가를 고려하게 되는 경우가 있지만, 이에 속하는 소수의 여성만이 사미니에 이르기까지에도 필수적인, 강도 높고 여러 단계에 걸친 규율의 준수, 시험, 평가의 과정을 통과하게 된다. 출가 생활에 끌리는 젊은 여성들은 이미 상담, 의학, 어린이 교육과 같은 영역에서 필요한 기술을 지니고 있는 경우가 있다. 또한 종래의 교수법의 의의와 효과가 한계에 다다랐다고 느껴, 오직 종교, 특히 불교를 통해 세속적 지식 너머의 탐색이 가능할 것이라고 결론을 내린 선생님들도 있다. 한편 다른 이들은 학술, 출판, 통신, 예술, 사회사업, 성인 교육이나 지역 공동체 교육, 적극적 사회봉사와 같은 영역에서의 경력을 염두에 두고 있는 경우가 있다. 각각의 전업을 도맡은 특정한 출가 공동체에 참여하는 것으로 이러한 다양한 영역에서의 활동이 가능해지기 때문이다.

젊은 여성들이 출가 생활에 이끌리는 또 다른 요인으로서 불교 사원들이 종종 소속 비구니들의 대만에서나 해외에서의 대학원 공부를 후원한다는 점이 있을 것이다. 경제적 수단이나 가족의 지지가 부족한 젊은 여성에게 있어 이는 고등의 학위를 받을 수 있는 유일한 기회로 다가올 수 있다. 가령 샹광사(香光寺)의 주지를 맡고 있는 밍자(明迦) 스님의 경우 미국에서 경영학으로 석사학위를 취득하였다. 하지만 개인의 경력을 쌓기 위해서라면 재가신자로 남아 있어도 무관하기 때문에 반드시 비구니가 되어야 하는 것은 아니다. 따라서 행자나 사미니를 선발하는 긴 과정의 목적은 평생 동안의 독신을 맹세한, 규율에 따른 공동생활의 환경에서 살고 일하는 데 적합한 사람을 걸러내는 것이다. 마찬가지로 중요한 것은 그 특정한 사원의 관심과 사업을 추진하는 데 헌신적인 사람을 찾아내는 일이다. 승려가 종사할 세속적 사업이 어떠한 것인지와 별도로 모든 사원의 중심적 목표는 무엇보다도 법을 전파하는 것에 있다.[8]

많은 사람들이 명망이 높고, 자원이 풍부하며, 사회적 참여가 활발한 비구니 사원들(이른바 인간불교의 '꼭대기[山頭]'라고 불리우는)을 보고는 대만의 비구니에 대해 섣부른 결론을 내린다. 하지만 이러한 사원들 외에도 젊은 여성은 대도시를 벗어나 중부나 남부 대만에 위치한 수많은 소규모 사원에 참여할 수도 있다. 쉰 살 이상의 비구니들이 많이 거주하는 이 사원들은 명상적인 삶을 강조한다. 이러한 사원의 비구니들은 장례식이나 애도 기간 중의 추모식과 같은 전통 불교의례를 거행해달라고 초청받지 않는 이상 거의 사회로 나가지 않는다. 대만의 비구니 사찰들 간의 차이점에 대한 보다 철저한 조사는 인간불교로 알려진 교리와 수행의 체계가 대만불교에서 어느 정도까지 주류가 되었는지, 또는 앞으

---

8. 비록 모든 사원이 큰 틀에서는 계율에 따라야 하지만, 일상 업무, 재정적 인사적 행정, 장기 사업과 같은 일의 세부사항은 개개인의 스승과 그 스승의 제자들에 의해서 정해진다. 출가자들의 교육과 훈련도 또한 계율에 근거하고 있지만, 학업의 구체적 과정, 사미니의 기간, 선별 과정 등등은 각각의 사원에 의해서 정해진다. 각 사원은 자율자경(自律自警)의 원칙에 따라 자율적 단체로 존재한다. 각 사원은 각자의 관습적 규칙들과 더불어 모법(母法)과 자법(子法)을 형성한다. 이는 대개 구성원들의 의견 일치에 의해 도출된다. 출가 생활의 이와 같은 면에 대해 보다 자세한 조사가 필요하다고 생각한다. 특히 현대 세계의 기본적 전제들이 계율에 대한 수정이나 자유로운 해석을 요구하고 있기 때문이다.

로 주류가 될 것인지를 판단하는 데 중요한 정보를 제공할 것이다.

4. 페미니즘의 문제

이 문제와 관련하여 고려해야 할 중요한 질문 중 하나로 대만의 비구니들이 세계적인 비구니 운동의 일환을 이루고 있는가 하는 것이다. 이 운동은 비구니 승단을 강화하려는 노력, 비구들과의 평등을 얻으려는 노력으로 정의될 수 있다. 또 다른 질문은 대만의 비구니들이 대만 내 페미니즘 운동과 동질감을 느끼는가이다. 페미니즘 운동은 여성들의 평등한 기회를 비롯하여 법적 지위, 삶의 질 향상 등을 위해 노력하는 운동으로 정의된다. 근년 모든 불교전통의 비구니들 사이에서 불교 승단 내에서의 비구와 비구니 간의 보다 평등한 관계를 요구하는 운동이 증가하였다. 어떤 사람들은 불경과 역사적 주석에 내재된 것으로 보이는 여성과 비구니의 지위, 본성에 대한 모순적 입장들을 중점적으로 논쟁하기도 하고, 다른 사람들은 비구니들을 위한 교육과 훈련을 강화하고 구축하는 것과 구족계 비구니가 존재하지 않는 전통의 여성 수행자들을 위해 구족계를 전하는 일에 초점을 두기도 한다.

불교경전은 "모든 사람이 깨달음에 도달할 수 있다."라고 주장한다. 또한 중국불교의 출가수행 전통에서는 비구나 비구니가 모두 비슷한 옷을 입고, 똑같이 체발을 하고, 수계와 함께 계파(戒疤)를 받는다. 비구나 비구니가 받는 법명 또한 성별에 따른 것이 아니다. 역사적 전례에 따라 '대장부'라는 별명이 비구나 비구니 모두에게 통용된다. 또한 천주교 교회와는 달리 비구와 비구니는 불교의식에 참가하고, 불교의

식을 수행하고, 제자를 받아들이고, 법사의 지위를 가지게 되고, 불교와 관련된 일에 투표를 하고, 교육을 이어나가고, 포교를 할 동등한 권리가 있다.

하지만 다른 한편, 여성혐오와 비구니에 대한 차별을 드러내는 예들을 들기도 어렵지 않다. 여성들의 '악업', 다양한 약점, 깨달음에 이르는 것을 방해하는 부도덕적 경향성 등 부정적 고정관념 외에도, 일상적인 사원 생활에서도 많은 구속이 존재한다. 비구들에게는 250개의 계율이 주어지는 한편 비구니들은 348개의 계율을 지켜야 한다. 남성 법사는 비구와 비구니를 모두 제자로 삼을 수 있지만, 여성 법사에게는 비구니만이 허용된다. 또한 가장 명백한 것으로서 팔경법은 비구니를 비구보다 열등한 위치에 놓는다.

대만에서는 하지만 앞서 말한 것과 같은 요인들에 의해 비구니 승단이 융성하게 되었다. 비구니들은 비구들보다 그 수가 많을 뿐 아니라, 대만의 시민 사회에서 지도적인 역할을 맡고 있다. 이 비구니들은 대만의 페미니즘 운동에 동질감을 느끼고 또 그 운동에 참가하는 사람들과 일치된 견해를 가지고 있을까? 자립적이고 비구니에 의해 직접 관리되는, 능력 있고 근면한 대만 비구니의 공동체들은 과연 그러한 인상을 줄지도 모른다. 가냘픈 대만 비구니들이 내리쬐는 태양 아래에서 공구를 사용하여 부엌에서 사용하기 위한 땔감을 쪼개는 일을 보는 것은 드문 광경이 아니다. 이러한 것을 보거나 또는 아침과 저녁의 종교의식 내내 북과 종을 울리는 데 드는 엄청난 힘과 지구력에 대해 생각해 본다면, 중국에서 유능하고 진취적인 '비전통적' 여성을 가리키는 '뉘창런(女强人)'이란 말이 절로 떠오른다.

인터뷰 도중에 비구니 법사들은 반복적으로 현대화와 자유화가 대만에 많은 기회와 선택 가능성을 열어주었다고 강조하였다. 결혼을 하여 가족을 꾸리는 전통적 경로 외에도 오늘날의 여성들은 고등 교육과 경력을 추구하는 자유를 누리고 있다. 밍자 스님의 말에 따르면 여성들은 이제 "부엌에서 나와 교육을 받고 자립할 수 있게 되었다. 더 이상 자신의 가족이나 남편에 의존할 필요가 없다."[9] 내가 새로이 수계한 비구니들에게 왜 출가승의 삶을 택했냐고 물었을 때 흔히 듣게 되는 대답은, "이렇게 해서 나의 시간과 에너지와 재능을 남편, 자식, 시가보다 더 많은 사람들과 사회 전반에 기여할 수 있다."[10]라는 것이었다.

하지만 내가 더 캐물었을 때 마흔을 넘긴 많은 비구니 법사들이 아직도 '중국식' 여성성[11]의 본질적 개념을 버리지 않았다는 것을 알게 되었다. 대만에 비구니가 많은 이유를 묻자 산후이 스님은 "여성들은 자비롭고 따뜻한 마음을 지니고 있다."라고 답하였다. 밍자 스님은 "여성들은 불교 공부와 수련의 힘든 길을 택하기에 특히 알맞다. 여성들은 침착함, 참을성, 세심함을 갖추고 있기 때문이다."라고 하였고, 또한 "대만 남성들의 경우 유교적 유산으로 인한 가정 및 사회와 관련된 기대가 있기 때문에 여성들에 비해 경력과 가정면에 있어서 성공해야 한다는 압박이 심하고, 따라서 남성은 출가를 선택할 수 있는 경우가 여성에 비해 적다."라는 대답을 하였다. 우인(悟因) 스님은 "여성들은 본성상 특히 간호사에 적합하고, 치료나 상담의 일에 뛰어나다."라고 주장

---

9. 나는 밍자 스님을 1999년 6월 27일부터 29일까지 샹꽝사에서 인터뷰했다.
10. 이러한 말이 비록 그들 스승의 영향을 받은 것이라 하더라도 그 핵심이 되는 생각만은 진정한 것임을 간과해서는 안 된다.
11. 이와 관련하여 또 다른 까다로운 문제가 제기될 수 있는데, 국부천대 이후에 양안이 처하게 된 상이한 사회정치적 맥락 때문에 '여성성'이나 '여성주의'의 정의를 대만과 중국 본토라는 각각의 맥락에서 분석해야 한다는 점이다.

하였다. 더 나아가 스님은 "여성은 남성에 비해 단체생활에 더 적합한데 이는 여성의 겸손하고 자기희생적인 본성 때문"이라며 "비구니들은 대만 여성의 꿋꿋함, 인내심, 근면과 같은 특징들을 지니그 있다."고 하였다. 헝칭(恆清) 스님은 "여성들은 본성상 문화, 고등 교육과 학문, 불교 교육, 성인/공동체 교육에 뛰어난 소질이 있다."라고 주장하였다. 『불교와 여성: 불교 내 남성 쇼비니즘 해체하기』에서 자오후이 스님은 "비구니들이 대만에서 불교 포교에 성공할 수 있었던 이유는 사람들에게 봄바람을 맞고 있는 것 같은 느낌을 주는 온화한 여성적 본성 때문이다."[12]라고 한다.

이 비구니 법사들은 양성평등주의적 이상을 주장하기보다는 비구니의 장점은 바로 남성과의 차이에 있다고 생각한다. 이들이 '여성성'으로 여기는 특징들로는 온화함, 자비, 조화와 평화에 대한 욕구, 침착함, 참을성, 불교의 이상을 따르는 희생 등이 있다. 이와 같은 특성이 있기 때문에 여성들은 본성상 직업적인 출가 생활에 남성들보다 뛰어나다는 것이다. 비구니들은 종종 서구 페미니즘의 양성평등에 대한 '자각', '투쟁'을 대만인의 경험에서 구분 짓는다.

인터뷰 대상이 되었던 비구니들은 성(性)에 대해 대만의 페미니즘 운동가들과는 다른 태도를 지니고 있다. 대부분의 비구니들은 자신을 대만 사회 전반의 공익을 위해 노력하고 있다고 여길 뿐 특별히 여성과 관련된 이슈를 강조하지 않는다. 비록 그들은 여성을 위한 고등교육과 여성들이 자신의 가능성을 자각하는 일을 중요시하지만, 이러한 일을 사회 전체적 후생의 관점에서 접근한다.

---

12. 釋昭慧,「佛敎與女性─解構佛門男性沙文主義」,『律學今詮』(台北: 法界, 1999), pp. 335~388.

앞으로는 1950년대와 1970년대 사이에 수계를 한 장로 비구니들의 사회적 활동이 줄어듦에 따라 더 젊은 세대의 비구니들이 대만의 페미니즘 운동과 보다 가까이 보조를 맞추게 될 가능성이 높다. 몇몇 젊은 비구니들과 사미니들은 여성학을 공부한 적이 있을 것이고 또한 해외유학을 다녀왔을 수도 있다. 하지만 다른 가능성도 간과할 수는 없다. 대만 사회의 자유화가 강화됨에 따라 자식의 여부와 관계없이 미혼 커리어우먼의 삶을 영위하는 일이 사회적으로 보다 허용될 것이고, 이 경우 굳이 출가 생활에 따르는 희생을 감수해야 할 이유가 없어질 수도 있다.

1980년대에 비구니 수가 급격히 증가한 것은 과도기적 현상에 불과할 수도 있다. 이 당시는 많은 젊은 여성들이 카리스마 있는 불교 지도자들과 대만의 불교 사회 운동에 앞장선 비구니들에 이끌렸다. 샹광사의 밍자 스님은 이에 관해, "미래의 젊은이들은 어떤 한 스님의 강한 존재감보다도 집단의 일원으로서 불교 공동체 내에서 살아가고 일하는 것에 매력을 느껴 출가하려 할 것이다. 현대의 '정보사회'에서는 세속적 세계로부터의 압박과 유혹이 갈수록 심해지고 있기에, 그들은 무엇보다도 우선 출가생활의 종교성에서 매력을 발견해야 할 것이다."라고 한다. 밍자 스님은 새로 수계한 비구니들이 계속 증가하고 있다고 말하였지만 또한 숫자보다도 중요한 것은 더욱 철저하고 통합적이고 전문적인 교육과 훈련을 통해 비구니의 수준을 꾸준히 향상시키는 것임을 느끼고 있었다. 불교 공동체들이 계속하여 해외로 진출하고 사회 참여적인 비정부기구가 되어감에 따라 그들이 이룩해낸 성과도 계속하여 젊은 사람들을 끌어당길 것이다.

대만의 불교는 앞으로 세계적인 불교 여성 운동의 고충과 비판에 호응할 것인가? 이미 오랫동안 보존되고 발달된 대만불교의 계맥(戒脈)

과 사원 규율, 비구니를 위한 구족계 의식, 그리고 뛰어난 비구니 공동체를 만들어낸 경험을 자산으로 삼아 대만불교는 세계 곳곳에서 비구니 승가가 발전하는 데 중심적 역할을 도맡고 있다. 자오후이 스님은 자신을 페미니즘 불교도로 정의하며('一箇佛教的女性主義者') 유명인으로서 대만 내에서 영향력 있는 목소리를 내고 있다. 스님의 동물 보호와 환경 보호를 위한 지치지 않는 노력은 대중의 이목을 불교 여성이라는 이슈로 집중시켰다. 2002년 6월 타이베이의 화판대학(華梵大學)에서 열린 제7차 세계여성불자대회에서 대만의 많은 비구니와 여성 재가신자들이 세계적 불교 여성 운동과 참여불교 운동과의 연계에 마찬가지로 관심을 가지고 있었음이 드러났다.

대만은 다음과 같은 몇 가지 이유로 세계 불교계에 영향을 끼칠 잠재력이 있다. 대만은 다른 국가와 전통에서 온 여성 수행자들에게 구족계 의식을 행하고 있으며, 대만의 비구니들은 잘 교육되었으며 높은 사회적 지위를 누리고 있어 다른 국가와 전통에 역할 모델을 제공할 수 있고, 대만의 사원들은 자원이 풍부하여 불교와 세계불교에 양성평등을 촉진하기 위해 많은 일을 할 수 있다. 중국불교회의 이사장을 맡은 징신(淨心) 스님은 "대만불교의 미래는 비구니들의 것이다."라고 선언하였다. 지금까지의 대만 비구니들의 활력과 헌신을 고려해 볼 때 이들이 앞으로 세계불교의 미래에 큰 공헌을 할 것임을 알 수 있다.

MERIT AND MOTHERING: Women and Social Welfare in Taiwanese Buddhism by Chien-Yu Julia Huang and Robert P. Weller, The Journal of Asian Studies, 57/2 (May, 1998), © The Association for Asian Studies, Inc., published by Cambridge University Press, translated with permission

공덕과 어머니의 보살핌

대만불교에서의 여성과 사회 복지

첸위 줄리아 황, 로버트 P. 웰러

이상엽 번역

---

* Chien-Yu Julia Huang and Robert P. Weller, "Merit and Mothering: Women and Social Welfare in Taiwanese Buddhism," The Journal of Asian Studies 57/2 (May, 1998), pp. 379~396.
** Chien-Yu Julia Huang은 보스턴대학교 인류학과의 대학원생이고, Robert P. Weller는 보스턴대학 인류학과의 조교수이며 동 대학교 Institute for the Study of Economic Culture의 Research Associate이다. 우리는 도움을 준 Lu Hwei-syin과, 참을성 있게 인터뷰에 응해 준 많은 츠지공덕회 회원들, 그리고 우리와 함께 대화를 나눈 정옌 스님께 감사의 말씀을 드린다. 이 논문의 앞선 형태가 American Anthropological Association의 연례 모임(1994년 12월), Institute for the Study of Economic Culture at Boston University (1995년 4월), Fairbank Center China Gender Studies Workshop at Harvard University (October 1995)에서 발표되었다. 이들 학회를 조직하신 분들과 이 논문이 발표된 세션에서 의견을 나눠준 참가자들에게 감사드린다. 마지막으로 Lu Hwei-syin, Rubie Watson, Bernard Faure, Horng-Luen Wang의 논평에서도 많은 도움을 받았음을 밝힌다.
*** 서울대학교 철학과 석사

30년 전 츠지공덕회(慈濟功德會)는 거의 알려지지 않은 단체였다.[13] 1966년 대만 동해안의 낙후된 벽지에서 비구니 스님 한 분, 다섯 명의 제자, 그리고 가난한 사람들의 의료비용을 충당하기 위해 매일 0.5NTD(당시 미화 1센트를 약간 넘기는 돈) 정도의 소액 기부금을 낸 30명의 주부들로부터 츠지공덕회는 시작되었다. 비구니들은 수입을 좀 더 늘리기 위해 어린이용 신발을 바느질했고, 자선 사업을 위한 1개월의 예산은 1,200NTD(당시 미화 30불 정도에 해당)에 못 미치는 수준이었다. 하지만 오늘날 츠지공덕회는 대만 인구의 20퍼센트가 속해 있는 대만 최대의 시민 단체로서, 1994년에는 전세계적으로 4백만 명의 회원이 모였다. 이 단체는 매년 미화 2천만 달러가 넘는 돈을 자선 활동에 사용하고 있고, 최고급 병원을 운영하고 있으며, 14개 국가에 지부를 두고 있다. 츠지공덕회는 중국의 홍수 피해자들을 비롯하여, 에티오피아의 기근 피해자, 나폴리의 가난한 사람들을 돕기도 하였다.[14] 츠지공덕회는 처음 20년간은 천천히 지속적으로 성장하여서, 1966년 30명의 여성으로 시작되었던 것이 20년 후에는 10만 명에 이르게 되었다. 그러나 그 후 회원은 급증하여 1990년에는 100만 명이 넘었고, 1992년에는 이 두 배가 되었으며, 1994년에는 또 다시 두 배가 되었다.

츠지공덕회의 지도층을 비롯하여 회원들의 80퍼센트 가량이 여성

---

13. 미국에서 츠지공덕회는 'Buddhist Compassion Relief Tzu-Chi Foundation'이라는 이름으로 공식 등록되어 있다.
14. 이 단체에 대한 몇 안 되는 영어 연구로 Lu의 연구가 있다(1991, 1997). Chang(1996)은 좀 더 자세하고 최신의 정보를 반영한 문헌 목록을 제공한다. 우리는 1992년 Weller가 화롄의 본산을 방문하여 정옌 스님을 인터뷰하고 츠지공덕회의 출판물들을 수집하면서 처음 연구를 시작하였다. 1993년 우리는 함께 정옌 스님을 다시 인터뷰하였고 대만 본부에서 대규모 집회를 참관하였다. 이후로 Huang은 츠지공덕회의 뉴욕과 보스턴 지부의 회원들에 대한 참여관찰 연구를 시작하여 이들 지부의 모든 핵심 회원들을 인터뷰하였다. Huang은 또한 1995년 화롄의 본산에서 안거에 참가하였다.

으로 구성되어 있는데, 대만에서 이 정도 규모의 조직에서는 매우 드문 일이다.[15] 츠지공덕회가 특히 여성에게 호소력이 있는 현상과, 1980년 후반 대만 사회의 경제 발전 및 민주주의적 정체로의 이행과 동시에 발생한 이 단체의 급속한 성장은 몇몇 질문을 제기한다. 왜 대만의 여성은 불교의 자선에 이와 같이 관심을 갖게 되었는가? 츠지공덕회는 다른 곳에서 발전한 종교 단체들과 어떠한 관련이 있는가? 왜 이러한 조직이 유독 최근 몇 십 년 사이 그 존재감을 떨치게 되었는가?

어떻게 보면 츠지공덕회는 중국 내 불교 대중화 운동의 긴 역사를 반영하고 있는 가장 최근의 실례이다. 다른 불교 대중화 운동들과 마찬가지로 츠지공덕회에는 세속적인 형태의 불교를 제시하여 사람들이 가족을 떠나 승단에 들어가지 않더라도 종교적 이상을 추구할 수 있게끔 만들어준 카리스마적인 지도자가 있다. 다른 한편 츠지공덕회는 보살의 이상을 폭넓은 자선으로 전환시켰다는 점(이는 전통적으로 자선의 대상이 되어온 것이 불교였다는 점과 반대이다)과 여성들에게 특히 인기가 있다는 점에서 새롭다. 1980년대에 일어난 츠지공덕회의 놀라울만한 성장 또한 설명이 필요하다. 왜 당시와 같은 급속한 경제 성장의 시대에 사람들은 소비문화에 반하며 자선을 통해 비시장주의적인 자원의 배분을 장려하는 조직을 지향하게 되었는가? 뒤에서 다시 논의되겠지만, 이 현상은 자선 사업을 통해 사회의 '관대한 여성들(ladies bountiful)'에게 공적인 종교 활동의 무대를 제공한 19세기 구미 사회의 수많은 기독교 여성 자선단체들 성장과 놀라울만한 유사성을 띠고 있다. 이 역시 시장

---

15. 츠지공덕회 내 여성 회원의 정확한 비율에 대한 수치는 아직 파악되지 않고 있다. Lin(1996, 1)은 츠지공덕회의 '위원'들로 이루어진 핵심 집단을 대상으로 설문을 행하였는데, 그녀의 표본이 된 500명 중에서, 157명이 응답을 하였고, 이 중 88.5퍼센트가 여성이었다. 응답의 여부가 성별에 따라 차이가 날 수도 있지만, 이 수치는 참여자에 대한 직접 관찰에서 Lin과 우리가 받은 인상과 일치한다.

의 성장과 더불어 일어난 현상이었다. 자본주의의 발전이 여성의 자선 단체의 성장을 촉진시키는가?

이 논문은 츠지공덕회의 급속한 성장, 여성에 대한 호소력, 자선의 강조와 같은 츠지공덕회의 특징들에 대한 가능한 설명들을 검토할 것이다. 어느 의미에서 츠지공덕회는 과연 한 세기 전 서구의 여성들이 경험하였던 것과 같은 곤경과 기회에 대해 일관적인 답을 제공한 단체였다. 두 시대 모두 새로이 성장한 자본이 여성들을 가사나 육아와 같은 종래의 책임에서 해방시켰지만, 한정된 노동 시장과 여성에게 요구되는 덕목들이 가정 외부의 선택을 한정하였다. 동시에 여성들은 시장 경제의 확대와 도시화로 인해 공동체의 가치들이 개인의 이기적인 행위에 잠식되고 있으며 자신의 배우자들이 사업과 술집의 신세계로 사라지게 되었다고 느끼게 되었다. 하지만 대만 사회가 서구의 시장 경제 발전을 그대로 되풀이한 것이 아니었듯이, 여성들의 자선 운동 또한 서구의 선례를 그대로 따른 것은 아니었다. 지난 한 세기 동안 세계는 경제 체계의 변화만큼이나 문화 체계의 변화를 겪어왔다. 가령 츠지공덕회는 19세기 서구에서는 존재하지 않았던 전문적 사회복지사업의 모델을 그대로 빌려올 수 있게 되었다. 또한 보다 중요한 것은 츠지공덕회가 대만 문화와 불교 문화에도 뿌리를 두고 있다는 사실일 것이다. 따라서 대만 사회에 있어서 이 단체가 지닌 장기적 함의는, 서구의 유사한 단체들이 여성 권익 신장 운동을 준비하였다는 함의와 상당히 차이를 나타낸다. 그와 같은 운동은 대만 사회에 이미 존재한다. 본론에서 다시금 주장하겠지만, 츠지공덕회의 의의는 오히려 대만불교를 부활시켰다는 점과 대만 사회의 독재 체제로부터의 이행에 있어 새로운 공론장(公論場: public sphere)을 형성하는 데 선구적인 역할을 맡게 되었다는 점에 있을 것이다.

I. 츠지공덕회에 대한 간략한 소개

1) 리더십

츠지공덕회는 이 조직의 설립자인 정옌(證嚴) 스님에 의해 창조되었다고 해도 과언이 아니다. 정옌 스님은 대만 중부의 도시 타이중(台中) 중산층 가정의 딸이었다. 츠지공덕회의 문헌은 그녀가 16세 때(1953년) 관세음보살에게 어머니가 중병에서 회복한다면 12년 동안 재가 불교 신자가 되겠다고 맹세했던 일을 전하고 있다(Faun 1991, Ciji n.d.). 관세음보살은 기도에 응하였다. 몇 년 후 스님이 24세가 되었을 때 아버지가 뇌졸중으로 돌아가시자 이에 대해 책임감을 느껴 어머니의 반대에도 불구하고 비구니 스님이 되기 위해 집을 떠났다. 하지만 어떠한 스님도 가족의 허락 없이는 출가 서원을 들어주려고 하지 않았기 때문에 스님의 어머니가 다시 집으로 데리고 돌아오게 되었다. 이듬해 그녀는 다시 집을 떠나 대만의 가난한 동부 지방에 위치한 고요한 화롄(花蓮)으로 향하였다. 몇 년간 여러 절을 떠돈 뒤에 결국 1953년 인간불교 개혁으로 유명한 인순(印順) 스님 밑에서 서원을 세우게 되었다.[16]

　이와 같은 정옌 스님의 이야기는 중국 문화의 주된 종교적 소재들을 답습하고 있다. 효성스러운 딸이 어머니의 건강을 위해서 자신을 희생하는 이야기는 중국의 어린이들이 이와 흡사한 희생 이야기를 비롯

---

[16] 인순 스님은 1950년 초반부터 종교의 개혁을 주장하였지만, 기성 불교가 그의 입장이 좌파적이라는 비판을 하여 침묵하게 되었다.

하여 효행의 극단적인 예를 배우게 되는 『이십사효(二十四孝)』란 책이 떠오른다. 가령 이 책에는 중병에 걸린 어머니에게 약으로 쓰기 위해 자신의 살점을 잘라내는 어린이의 이야기가 실려 있다. 또한 신의 도움에 대한 대가로 서원을 세우는 것은 효성을 표현하는 일반적인 예이다.

더욱이 정옌 스님의 이야기에서 스님이 어머니의 뜻을 거역한 것 또한 집을 떠나 부모의 뜻에 반하여 결혼을 하지 않거나 아이를 낳지 않은 많은 여신들의 이야기와 흡사하다. 가령 관세음보살의 화신인 묘선(妙善)의 이야기가 있다. 묘선이 구도의 길을 걷기 위해 결혼하기를 거부하자 아버지가 그녀가 사는 곳의 모든 비구니 스님들을 죽였다. 그럼에도 불구하고 훗날 아버지가 황달로 인해 죽게 되자 묘선은 아버지의 사랑에 보답하기 위해 자신의 팔과 눈을 잘라내어 만든 약으로 아버지를 치료했다(Dudbridge 1978, 28~34; Sangren 1996). 그런 후 묘선은 자신의 본모습인 천수천안 관세음보살의 모습을 드러냈다. 임수(臨水) 부인이나 마조(媽祖)와 같은 다른 여신에게도 유사한 이야기가 존재한다.

이러한 이야기들은 비록 하나같이 결혼 거부를 다루고 있지만 이는 단순한 효의 거역이 아니다. 주인공인 여신들은 그녀의 가족들, 특히 남성 구성원(묘선의 경우 아버지, 임수 부인의 경우 남편, 마조의 경우 형제들)의 목숨을 구하게 된다. 하지만 동시에 이들은 자신에게 여성으로서 주어진 유교의 가장 기본적인 책임인, 남편이나 부모님을 위한 자녀의 출산을 거부한다. 이들은 모든 존재를 평등하게 구원하겠다는 보편적 이상에 대한 보다 큰 헌신을 나타낸다. 비록 대만 사람들은 이들을 모두 관세음보살과 관련짓지만 엄밀하게 말해서 이 여신들은 불교적인 것이 아니다. 하지만 모든 중생을 구하기 위해 자신의 열반을 늦추는 보살의 이상과 잘 부합한다.

정옌 스님의 이야기도 어머니의 출가 반대와 정옌 스님의 효행을 함께 언급하는 등 위와 같은 여신들의 이야기와 흡사한 점이 많다. 또한 신도들은 때때로 츠지공덕회를 천수천안 관세음보살에 비유를 하기도 한다. 가령 어느 신도는 정옌 스님에 대해 "스님이 한 팔을 움직이면 천 개의 팔이 움직이고, 스님의 눈이 무언가를 바라보면 천 개의 눈이 바라본다"라고 하였다(Chang 1996, 14).

효와 보다 보편적 이상 사이의 이러한 갈등은 유고적 전통에서 오래 있어온 것이다. 가령 법가 사상가들은 국가가 효성 깊은 아들들로는 제대로 된 군대를 결코 만들 수 없을 것이란 점을 지적했다. 특히 여성들이 이러한 갈등을 심하게 겪게 되는데 자신의 가정에서 내부인이 동시에 외부인인 여성들에게 있어서는 당초 효라는 가치가 이중적인 의미를 지니기 때문이다. 여성들은 친부모를 떠나서 배우자의 조상만 섬기게 되어 있다. 아내로서 여성들은 자신의 친가에 대한 효심을 드러내는 것이 금지되어 있고 남편의 가정에는 잠재적인 위협으로 존재하게 된다. 여성들은 많은 경우 남편에 대한 순종을 두고 시어머니와 갈등을 겪게 되며 자신의 생가에 대한 감정적 유대를 버리지 못한다.

마저리 울프(Margery Wolf, 1972)가 지적하듯이 많은 여성들은 이른바 자신만의 '자궁가족(uterine family)'을 양육하는 것에서 이와 같은 갈등에 대한 해법을 얻게 된다. '자궁가족' 내에서 여성들은 온전한 내부자로 존재하게 되며, '자궁가족'의 양육은 또한 남편의 후손에 대한 요구를 충족시켜 준다. 여신들의 이야기와 정옌 스님의 이야기, 또 츠지공덕회의 성공에 대한 이야기는 같은 긴장을 해소할 수 있는 또 하나의 대안을 제시한다. 이 이야기에서는 보편적 복지라는 대의를 위한 헌신이 효행의 의무 또한 만족시키게 됨으로써 여성이 직면한 갈등이 해소된다.[17] 유교적 이데올로기에서 여성은 어머니가 되는 것, 아들을 낳아 배우자의 조상에 대한 의무를 다함으로서 존경을 받게 된다. 관세음보살 또한 비록 결혼하지 않았고 문자적 의미의 '어머니'였던 적이 없지만 종종 아기를 안고 있는 모습으로 묘사된다. 이는 단지 관세음보살을 순산을 돕는 존재로 묘사하는 것일 뿐만 아니라 이상화된 여성의 지위(모성으로 모든 존재의 구원에 헌신하는)가 이 하나의 도상에 압축되어 있는 것이다.

이 이야기의 뒤를 잇는 정옌 스님에 대한 두 일화는 왜 스님이 외지의 비구니에서 거대한 운동의 창시자가 되었는지를 설명한다. 첫 번째 사건은 병원 바닥에 남아 있는 핏자국을 목격한 일이다. 이는 가족이 낼 수 있는 보증금이 부족하다는 이유로 입원을 거부당한 의식불명의 원주민 여성이 유산을 해서 생긴 것이었다. 두 번째 사건은 전도 활동을 하는 가톨릭 수녀들이 방문했을 때, 수녀들은 불교가 개인적인 만족만을 추구하고 사회의 보다 중대한 문제들은 무시한다고 비판하였던 것이었다.

2) 츠지공덕회의 조직

이러한 사건들로 인하여 정옌 스님은 의료적 지원부터 시작해서 사회 문제의 해결을 시작해야겠다고 결심하게 되었다. 스님은 대만에서 가장 가난한 지방인 화롄에서 시작하여 특히 대만에서 가장 가난한 집단으로 남아 있는 원주민들의 문제에 주의를 기울였다. 스님은 생활비를

---

[17] 조사의 대상이 된 몇몇 회원들은 남편에게 말하지 않고 츠지공덕회에 가입하였다고 하였다. 이는 아직도 이러한 긴장이 존재하고 있음을 보여준다.

쪼개어 몇 푼 안 되는 돈을 매일 기부해왔던 30명의 지지자들과 함께 1966년 츠지공덕회를 창설하였다. 이들이 처음 터를 잡은 절이 아직까지 츠지공덕회 운동의 중심지로 남아 있어서 방문자들은 중년 여성들이 앉아서 담소를 나누며 자그마한 수공품을 만드는 것을 볼 수 있다. 츠지공덕회의 운동은 그 시작부터 현세를 향한 실질적인 참여를 강조하였다. 대만이나 중국의 여타 불교운동들과 다르게 츠지공덕회는 독경이나 염불에 시간을 많이 쏟지 않으며 출가 생활이 성불하기 위한 지름길이라고 홍보하지도 않는다. 대신에 츠지공덕회는 세속적인 활동을 통해 이 세상에 정토를 건립하는 일에 전적으로 주력한다.

오늘날 화롄에 위치한 츠지공덕회의 본산을 살펴보면 젊은 여성들이 모여 앉아 컴퓨터에 자료를 입력하고 있는 모습을 볼 수 있다. 츠지공덕회는 1986년 화롄에 750개의 침대를 갖춘 근대적 병원을 열었고 최근에는 의과대학도 설립하였다. 의료 서비스는 빈민 구제, 재난 구호와 더불어 지속적으로 츠지공덕회 활동의 핵심을 이루고 있다. 1991년에는 츠지공덕회가 매달 가난한 가정에 지급하는 보조금이 거의 미화 2백만 달러에 이르러서, 타이베이의 복지 예산을 초과했다. 츠지공덕회가 몇몇의 지지자에서 시작하여 다국적 자선단체로 변모한 것은, 특히 대만의 발전하는 경제가 이 섬을 수치상으로 어느 면에 있어서도 '선진국'의 반열에 올려놓은 1980년대 말에 일어난 일이었다.

현재 츠지공덕회는 크게 츠지공덕회 자체와 봉사자 단체로 나누어져 있다. 정옌 스님이 위원회의 회장으로 있는 츠지공덕회 자체는 대만에 등록된 비영리 단체로서, 신탁 이사회와 여러 행정적 기능을 담당하는 부서들로 나누어진 전형적인 행정 조직으로 이루어져 있다. 조직의 중심은 '자선', '의료'(병원, 어린이 갱생 시설, 의학 연구소), '교육'(현재 간호사 학교와 의과대학을 갖추고 있고 대학교도 계획 중에 있다), '인문'이라는 츠지공덕회의 네 가지 주요 사업[四大志業]을 각각 맡고 있는 위원회로 구성되어 있다.

하지만 경제적 지원과 활력의 주된 원천은 츠지공덕회의 행정 조직에서 어떠한 공식적 자리도 맡고 있지 않지만 조직의 활동에 시간과 돈을 내는 수백만 명의 회원들이다. 이 가운데 많은 수가 지난 십 년 사이 운동에 참가하기 시작하여 매달 기부금을 내는 것 외에 다른 활동은 하지 않는 회원들이다. 하지만 정옌 스님은 항상 활동에 참여할 것을 강조하고 있고, 츠지공덕회 활동에 많은 시간을 들여 헌신하면서 다른 사람들을 끌어들이는 열성적 회원들이 단체의 큰 핵심을 이루고 있다. 츠지공덕회의 문헌들은 재정적 지원보다도 실질적 활동으로 참여해줄 것을 반복적으로 촉구한다. 이러한 활동은 보다 건전한 생활 방식을 받아들이는 것(회원들은 술을 마시거나 담배를 피우면 안 되고, 안전벨트를 착용해야 한다)에서부터 가난한 사람들에게 음식을 나눠주거나 재활용 쓰레기를 분리하는 것에 이르기까지 다양하다. 꽤 부유한 환경에 있는 사람들을 포함하여 많은 여성들이 잠시 동안의 간호 봉사를 맡을 기회를 얻기 위해 오랜 대기 기간을 감수한다.

자선 활동의 의무 외에도 츠지공덕회의 지역 단체들은 주기적으로 회합을 가진다. 핵심 회원들은 함께 독경을 하거나 정옌 스님의 글들(특히 인기가 있는 것은 정옌 스님의 격언을 모은 『정사어(靜思語)』이다)이 일상생활에 어떻게 적용될 수 있는지 토론하는 스터디 그룹에 참가한다. 츠지공덕회의 본산에서 비구니들과 봉사자들은 대만의 다른 불교 승려들과 마찬가지로 새벽마다 아침 예불[早課]를 행한다. 하지만 가장 중심이 되는 하루 행사는 정옌 스님의 강연과 더불어, '공동 수행[公修]' 세션들 도중에 이루어지는 회원들의 증언이다(Chang 1996, 11도 참고할 것). 정옌 스님은 때대로 불교 경전에 대해서 이야기를 하지만 이는 오로지 경전의 내용이 회원의 실제 경험과 구체적인 관계가 있을 때에 한한다. 스님이 가장 자주 인용하는 경전은 『법화경』으로, 다른 이들이 깨달음을 얻도록 돕는 보살의 역할을 강조하는 문헌이다. 하지만 강연은 언제나 불교 사상, 의식, 문헌보다는 구체적인 활동에 대한 내용으로 돌아온다. 공동 수행 세션의 증언에서는 대개 츠지공덕회 참여를 통해 불행을 행복으로 바꾼 개인적 경험이 이야기되거나 계속되는 자신의 부족함에 대한 고백이 이루어진다. 이러한 증언들을 일관하는 주제는 자선 활동을 통한 개개인 삶의 개선 경험과 결코 실현될 수 없는 궁극적 이상에 다다르기 위한 사람들의 분투이다.

지역 지부들은 현과 시 단위로 조직되어 있고 지부마다 주로 연공에 따라 지도자가 임명된다. 가장 하위의 조그마한 지부들이 지역 공동체 내에서의 활동을 조직하여, 이들의 활동이 곧 츠지공덕회의 자선 사업으로 연결된다. 가령 지역의 회원들은 자신들 지역 내에 츠지공덕회의 도움을 필요로 하는 가난한 사람들을 찾아내거나, 직접 가난한 가정들에게 도움을 전달한다. 또 다른 사람들은 재활용 캠페인을 조직하거나 다른 환경보호 활동을 수행한다(Chang 1996). 이들 지역 단체들은 상위의 조직이 설정한 가이드라인 내에서 독자적으로 목표를 설정하고 추구할 자유가 있다. 외국 지부들도 이와 거의 비슷한 방식으로 운영된다.

몇천 명에 이르는 핵심적 회원들이 (이들 역시 70에서 80퍼센트가 여성) 주요 책무를 맡아, 큰 기부금을 내고 새로운 회원을 끌어들이고 도움을 필요로 하는 가정들을 찾아낸다. 이들은 또한 요양원 방문, 재활용 홍보, 거리 청소와 같은 다른 사업들을 수행하기도 한다. 이들 '츠지 어머니[慈齊媽媽]'들은 짙은 남색의 전통적인 치파오에 선박 모양의 핀을 단

제복을 입고 봉사하는 츠지 어머니들.

일종의 제복을 입는다.[18] 이 중에서 특히 헌신적인 사람들은 '츠지위원(慈濟委員)'으로 임명된다. 아주 작은 기부금으로도 회원이 될 수 있지만 '츠지 어머니'들 중에는 부유한 사람들이 많고, 많은 지지자들이 중산층에 속한다. 큰 규모의 기부로 회원들은 일종의 직책명을 얻을 수 있게 되는데 이 중에서도 가장 높은 것은 1,000,000NTD(미화 약 4만 달러)를 기부해야 얻을 수 있는 '츠지 명예이사[慈濟榮譽董事]'란 칭호이다. '츠지 명예이사'들과 '츠지위원'들의 집단은 꽤 중복되는데 이는 아주 큰 기부금을 낸 여성들도 여전히 봉사활동에 계속 참여하고 있음을 나타낸다(Lin 1996, 6).

핵심 회원들에게는 상대적으로 금욕적인 생활 방식을 지킬 것이 기대되는데 이는 종종 이 부유한 여성들이 익숙해졌던 사치스러운 생활과 반대되는 것이다. 가령 한 회원은 자신의 증언에서 집안일을 하녀에게 도맡기고 행복한 가정에서 살았던 시절을 이야기한다. 그녀는 날마다 옷을 쇼핑하거나 에어로빅, 꽃꽂이, 영어 교실에 다니면서 시간을 보내고 있었다. 매일 아침 그녀는 친구들과 수다를 떨었고 오후에는 어느 레스토랑에서 저녁을 먹을지, 무엇을 입을지, 어떤 장신구를 착용할

---

18. '법선(法船)'이라고 불리는 이 배는 열반의 피안으로 그들을 태워 보내 모든 존재를 구제하겠다는 불교의 보편적 이상을 상징한다. 요즈음은 '팔정도(八正道)'라고 불리는 또 다른 종류의 제복이 존재하는데 이는 여덟 개의 주름이 진 치마이다. 이는 봉사 활동을 할 때에 입게 된다.

지 고민했다. 이 여성은 시아버지가 돌아가시고 난 후 정옌 스님을 찾아갔는데 스님은 세상물정 모르는 젊은 여성에게 해줄만한 평범하고 간결한 충고를 건네주었다. "가난한 사람들을 만나러 가보세요." 이 여성은 자신의 첫 방문을 다음과 같이 설명했다.

저는 딱 붙는 치마와 하이힐을 신고 츠지위원님과 제 팀의 팀장님을 따라 어느 가난한 가정을 방문하러 갔습니다. 그런데 이 방문 후에 집으로 돌아오는 길에서 저는 내내 울었습니다. 제 평생 그렇게 비참한 가난은 본 적도 상상해본 적도 없었기 때문입니다. 제가 그때까지 신경 쓰고 있었던 것은 제 사치스러운 생활을 즐기는 일뿐이었습니다. 저는 다른 사람들에 대해, 사회에서 어떤 일이 일어나고 있는가에 대해 걱정해본 적이 없었습니다.

또 다른 멤버는 경험담에서 이렇게 말했다. "저는 옷으로 가득한 옷장을 몇 개나 가지고 있었습니다. 하지만 그중 어떤 것도 만족스러울 정도로 예쁘지 못했습니다. 이제 저는 제가 찾던 가장 예쁜 옷을 찾았습니다. 제가 지금 입고 있는 저의 '부드러움과 참을성의 옷[柔和忍辱衣: 츠지공덕회의 남색 제복]'입니다."

츠지공덕회는 또한 환경보호 활동을 자연에 대한 사랑의 표현이 아닌 츠지와 절약의 실현이라는 측면에서 접근한다. 낭비를 하지 않는 것 그 자체가 목적으로서, 재활용이 권장되지만, 반핵운동이나 토지보호와 같은 이슈와는 거리를 둔다. 모든 회원에게 과시적인 소비를 줄이는 일이 기대된다. 남자들은 특히 금주가 요청되는데 이는 많은 경우 사업에서 손실을 의미한다.

3) 회원의 모집과 츠지공덕회의 매력

츠지공덕회의 회원 모집은 대개 기존의 회원을 통해 이루어지지만, 헌신적인 '츠지 어머니'들의 정체성 확립에 중요한 역할을 한 것은 물론 정옌 스님이란 인물이다. 이 글에서는 이미 정옌 스님과 많은 여성 신격들의 이야기가 흡사하며 그런 이야기들이 많은 여성들의 경험을 반영하고 있다는 점을 지적했다. 종종 사람들은 그저 자기 친구들의 열성에 끌려 들어오게 된다. 하지만 보다 중요한 것은 정옌 스님이라는 인물의 카리스마적인 매력이다. 정옌 스님은 가냘프고 키가 작은, 때때로 과묵한 분이다. 하지만 스님을 만나거나 단지 보는 것만으로도 많은 사람들은 전율을 느낀다. 많은 지지자들이 정옌 스님을 처음 만나자마자 알 수 없는 눈물이 터져 나온 일이 믿음의 계기가 되었다고 증언한다. 또 다른 사람들은 개인적이거나 일반적인 문제에 대한 그녀의 실용적인 충고가 정말로 문제를 해결하는 데 도움을 주었던 일을 언급한다. 이러한 믿음의 계기는 다른 불교도들의 보다 사색적인 태도와 대조를 이룬다. 정옌 스님을 뵙고 싶어 하는 탄원자들은 대개 먼저 정옌 스님의 열성적 신자들과 스님 문하의 비구니 스님들의 심사를 거친다. 만남이 허용되면 대부분 스님 앞에서 무릎을 꿇는데 이는 근대 대만에서는 주로 주요 명절을 맞이하여 돌아가신 조상에게만 행하는 예법으로 순종의 제스처이다.[19]

1993년 7월에 있었던 정옌 스님과의 면담은 이를 이해하는 데 도움을 주었다. 스님은 남색 유니폼을 입은 여성들로 북적이는 거대한 빌딩인 타이베이 지부 사원에 정기 방문을 하여 강연에 앞서 사람들을 만

---

[19] 이러한 계층 의식은 새롭게 생겨난 것으로 보인다. 정옌 스님과 초기 지지자들은 자매와 같이 매우 친근하다.

나고 있었다. 우리가 들어갈 때 스님은 자신을 예방한 연예인 야구팀과 대만 주요 방송국들의 스태프들과의 면담을 정리하고 있었다. 우리와 말을 나눈 것은 스님뿐이었지만 수십 명의 측근들이 옆에서 우리의 인터뷰를 경청했다. 스님이 우리에게 건넨 말들은 대개 간략하고 일반적인 것이었는데 그 요지는 어떠한 사회적 변화도 그 시작은 사람들 마음의 변화에서 유래된 것이었으며 구호보다도 실천이 중요하다는 점에 있었다. 우리가 떠날 준비를 하고 정옌 스님도 강연을 위해 강당을 향하려 할 때 어느 가족이 들어와 붉은색 봉투에 넣은 거액의 기부금을 떨리는 손으로 공양하였다. 이들은 모두 그녀 앞에서 바닥에 엎드렸고 거의 아무 말도 하지 않았다.

많은 사람들이 정옌 스님과의 만남에서 느낀 압도감에 대해 말한다. 리 부인은 3년간 기부금만 내오다가 츠지공덕회의 정신적 구심점인 화롄의 정사[靜思精舍]를 방문하였다. 그녀는 자신이 불행한 중산층의 주부로서 항상 재산이 부족하다고 느끼고 있었고 남편의 과도한 음주와 시어머니의 꾸중에 시달리고 있었다. 리 부인은 정사에 들어서자마자 발작적으로 울음이 터져 나와 거의 기절할 뻔했다. 이 경험으로 인해 리 부인은 평생 불교, 절제, 자선에 헌신하기로 맹세하게 되었다고 한다.

다른 이들은 츠지공덕회의 현실적인 관심에 대해 매력을 느낀다. 뉴욕 지부의 팀장으로 있는 캉 부인은 오랜 기간 독실한 불교도로서 절에 다니면서 때때로 며칠 동안 선 수행에 참여하기도 하였지만 항상 무언가가 부족하다고 느꼈다고 한다.

아시다시피 절이라는 게 우리와 우리 가족이 사는 집, 우리의 삶이 진짜로 일어나는 공간과 항상 떨어져 있습니다. 사람들은 절에서 수행하는 동안은 자신을 괴롭히는 모든 일을 내려놓을 수 있습니다. 그 순간만은 마음의 평화를 느낍니다. 하지만 집에 돌아오자마자, 사원에서 벗어나 실생활로 돌아오자마자, 문제가 다시 시작됩니다. 어느 날 저는 정옌 스님의 강연이 담긴 테이프를 얻었습니다. 저는 그녀의 말씀을 들으며 너무나 감동하여 부엌에서 울고 말았습니다. 저는 드디어 제가 정말로 헌신하고 싶은 스님을 만났던 것입니다.

캉 부인 역시 가정 내 불화를 직면하고 있었다. 그녀는 넷째 아이를 임신하고 있었지만 남편은 일 때문에 항상 밖에 있었다. 많은 여성들에게 그러했듯이 츠지공덕회는 현실과 대면할 수 있는 방법을 그녀에게 제안하였다. 많은 신자들이 술에 빠진 남편, 잔소리 많은 시어머니, 실망스러운 자식들에 대해 이야기한다. 츠지공덕회는 이러한 문제를 수용하라고 가르치고 여성을 지지하는 친구 집단을 제공하며 그들이 보람과 성취감을 느낄 수 있는 새로운 흥밋거리를 준다. 이처럼 가정 밖에서의 영향력을 줌으로써 여성들이 느끼고 있는 무력감을 제거시킨다. 동시에 중국 가정에 고질적인 고부 갈등의 문제 역시 업(業)이나 운(運)의 문제라고 설명하여 해소시킨다.

카리스마 있는 지도자의 역할이 강조되는 것이나 사찰에서 수행하는 것으로부터 재가자 중심의 활동으로 참여 양상이 변하는 것은, 아미타불 염불을 통해 자신을 완성시킬 수 있다는 정토종의 교리나 천년왕국에 대한 백련교의 믿음과 같은 중국불교 내 대중화 운동의 오랜 전통과 특성을 공유한다(Overmyer 1976). 이들 종파는 종종 불교를 사원에서 길거리로 끌어내리려고 했고, 복잡한 철학을 버리고 누구나 행할 수 있는 활동으로 변화시키려고 하였다. 츠지공덕회도 마찬가지로 사상적 난해

함을 경시하는 경향이 있고 사람들의 출가를 권하지 않는다. 다른 한편 아주 명확하게 자선을 통해 업을 개선할 수 있다는 믿음을 선전한다는 점에서 앞선 불교 대중화 운동들과 차이를 보인다. 츠지공덕회는 현세의 활동에 주력하여 모든 사람이 보살로 행동할 수 있다고 본다. 본질적으로 츠지공덕회 운동은 중산층 여성들이 가정적인 가치와 역할을 보다 큰 사회로 확장시키고, 세상의 어머니라는 새로운 정체성을 지닐 수 있게 한다. 한 회원은 다음과 같이 말한다.

저는 제가 너무 좁은 사랑을 하고 있었음을 깨달았습니다. 저는 두 명의 아이들이 있는데 저의 집착과 같은 사랑으로 아이들을 숨 막히게 하고 있었습니다. 그리고 저는 이런 고통스러운 사랑 때문에 결코 행복하지 못했습니다. 하지만 이제 저에게는 수많은 아이들이 있습니다. 저는 제가 돕는 모든 사람이 제 자식이라고 생각합니다. 어머니로서의 우리의 사랑을 세상에 대한 사랑으로 만들어야 한다는 것을 배웠습니다. 이렇게 우리는 실천하는 삶을 매일 살아갈 것입니다! 그리고 우리는 매일 행복할 것입니다!

또 어떤 명예이사도 이와 매우 흡사한 감정을 표현한다.

제 인생은 너무나 좁았습니다. 저는 마치 온실 속 화초와 같이, 우물 안 개구리와 같이 살았습니다. 바깥세상이 어떠한 곳인지 전혀 몰랐습니다. 비록 저는 집에서는 여왕과 같았지만 아무런 소용이 없었습니다. 저는 자신에게 이 자그마한 세상에서 나가야 한다고 말했습니다.

어느 의미에서 이러한 이야기들은 아이를 안고 있는 관세음보살의 이미지에서 확인한 것과 같은, 불교적 구제라는 보편적인 가치와 효와 모성이라는 특수한 가치의 조화를 떠올린다. 철학보다는 실천의 강조, 모성애의 대상이 되는 영역의 확장, 가정 문제 해결법의 제시와 지원이라는 세 가지 요소의 조합이 츠지공덕회가 특히 여성들에게 호소력을 지닐 수 있었던 일의 핵심적인 요인이다. 또한 츠지공덕회가 1980년에 이르러야 성공할 수 있었던 것은 이때부터 많은 여성들이 이와 같은 활동에 투자할 시간과 경제적 여유를 얻게 되었으며 또한 급속히 성장하는 근대적 경제가 여성들이 처한 문제들을 악화시켰던 사실과 관련이 있다.

2. 여성의 종교적 선택

츠지공덕회가 여성들에게 가진 특별한 호소력은 대만에서 여성에게 주어진 다른 종교적 선택과 비교해 보면 더욱 명확해진다. 대만에서 여성들은 종교적 영역에서 항상 주된 역할을 맡아왔다. 대만의 여성들은 가신(家神)이나 조상을 대상으로 한 일상적인 제사의 대부분을 행하고 있다. 남성은 장례식이나 지역 공동체의 도교 제전[醮典], 도교 사원의 중수 축제(이 경우 대개 여성은 사원에 입장하는 일이 금지된다), 큰 가문의 중요한 행사와 같은 가장 공적이고 중요한 종교 의식에 한정하여 주도적인 역할을 맡게 된다. 비록 조상에게 올리는 일상적인 제사를 비롯하여 대부분의 크고 작은 집안 내 의식들을 관리하는 것은 여성이지만, 이 역시 남편의 조상을 대상으로 한 것이다. 여성이 결혼식 날 남편의 조상에게 예배하는 것은 아마도 자신이 더 이상 자신의 생가(生家)에 속한 사람이 아님을 받아들인다는 상징적 의의가 있을 것이다.

　이와 같은 일상적인 제사 의식들은 다른 평범한 집안일과 마찬가지로 일을 잘 해냈을 때의 기쁨, 가족들의 행복을 위해 기여하였다는 성취감 정도 밖에는 제공하지 못한다. 대만 민간의 제사 문화는 보다 큰 사회 조직에서 역할을 맡게 될 기회를 거의 제공하지 않는다. 사람들은 지역 사원의 경영에 참가하거나 지역 공동체 제전을 조직하는 역할을 맡아볼 수 있지만, 이와 같은 임무들은 남성이 거의 독점하고 있으며 지역 공동체의 범위 안에 갇혀 있는 활동이다. 이처럼 민간의 제례적 종교는 가정 내 자신의 역할에 대해 불만족스러워하고 있는 여성들에게 별다른 대안을 제시하지 못 한다.

　한편 불교의 경우 츠지공덕회가 생기기 오래 전부터 여성에게 몇 가지의 가능성을 제공하고 있었다. 불교에서 여성들은 '가정을 떠나는', 즉 '출가'한 비구니 스님이 되어 속세와 속세의 갖은 거추장스러움을 버리고 불교의 이상을 추구하는 삶을 선택하게 될 기회가 언제나 주어져 있었다. 하지만 이 역시 여성들에게 항상 문제를 야기하는 선택이었다(따라서 츠지공덕회는 여성들에게 출가를 권장하지 않는다). '가정을 떠난다[出家]'라는 말 자체가 효라는 가치(단순히 부모를 봉양하는 것에서 그치지 않고 아들을 낳을 의무도 부과하는)를 근본적인 차원에서 부정하는 것으로 이는 중국에서 불교 수행 문화에 대한 가장 심각한 비판을 야기해왔다. 이와 같이 여성에게 부과된 가정적 의무는 출가 수행 생활의 엄격함만큼이나 비구니의 길을 택하겠다는 결심을 힘들게 하는 원인이었다. 현대 대만 사회에서는 출가를 하는 것이 실질적인 문제에서 도피하는 것이라는 비판까지도 받는다. 여성이 살고 있는 이 세상과는 관련이 없다는 것이다. 따라서 츠지공덕회가 제시하는 매우 현세적인 방향의 종교 활동은 츠지공덕회의 가장 큰 매력 중 하나이다. 츠지공덕회는 여성들이 자신의 가정과 보다 큰 세상에 동시에 공헌할 수 있게 하는 것이다.

　　대부분의 대만 여성들에게 비구니가 되는 것은 고려할만한 선택이 아니었으나, 독경 활동을 중심으로 하는 재가불자들의 단체에 참가하는 것은 불교가 제공할 수 있는 보다 현실적인 대안이었다. 이러한 여성들은 지역의 절이나 그들만의 '재교 회당[齋堂]'에서 만난다(Weller 1987, 45~46). 이러한 공간에서 여성은 주도적인 역할을 맡을 수 있고 출가를 감수하지 않더라도 불교적 신심을 표현할 수 있다. 때때로 이들은 경전의 내용을 제대로 이해하지 못하면서도 함께 모여서 독송을 한다. 몇몇 단체는 종종 장례식과 같은 의식에 고용되어 독경을 하기도 한다.

　　이러한 단체들은 여성에게 출가에 따르는 윤리적, 개인적 문제를 피하여 자기 계발을 위한 공간을 제공한다. 장례식이나 다른 행사를 도우면서 자그마한 수입도 얻게 한다. 그리고 대부분의 여성에게 더욱 중요한 것은 평소에 접근이 쉽지 않았던 공적인 영역의 성취감을 맛보게 한다는 사실이다. 하지만 여전히 이와 같은 모임들은 아주 소규모이다. 어디까지나 지역의 사원에 딸려 있는 단체에 불과하며, 모임을 통솔할 중심적인 조직이 없기에 국지적인 활동밖에는 가능하지 않기 때문이다.

　　츠지공덕회는 지방에 산재한 이러한 모임들을 토대로 삼고 있다고 볼 수 있다. 다만 이러한 모임들과 츠지공덕회는 다음과 같은 두 가지 차이점을 가지고 있다. 우선 츠지공덕회는 거대한 자본을 운영하는 국제적인 조직이다. 이는 많은 여성들에게 전통적인 불교가 일찍이 흉내도 낼 수 없었던 차원의 활동 영역을 제공한다. 둘째로 츠지공덕회는 종래의 불교 신앙에 수반되었던, 가정 생활과 효와 같은 전통적 가치를 포기하라고 하지 않는다. 가정 문제를 해결하기 위한 방법으로 출가가 권장되는 일도 없고, 여성들은 수행의 고요한 세계로 도피하는(독경 모임도 일정 부분 이와 같은 경험을 제공하는 것이다) 대신 자신의 가정을 향한 관심과 가정적인 기술들을 더 넓은 세상에까지 적용시킬 수 있게 되는 것이다.

한편 어떤 여성들은 자신의 종교적 관심을 지난 20년 간 급속히 대중화된 여러 민간 종파들에 기울이기도 한다(Jordan and Overmyer 1986). 이들 종교는 '강필(降筆)'이라고 하는 일종의 강신술이 중심이 된다. 영매는 신이 전하는 말을 모래에 쓰는데 이를 통해 여러 신들이 신자들과 소통을 할 수 있게 된다. 이렇게 쓰인 글들은 기록되고 때때로 출판되기도 한다. 이러한 성격의 종교 단체들은 역사적으로 백련교에 뿌리를 두고 있는 것으로서 때때로 반체제적 성향을 띄기도 하였는데, 대만의 경우는 보다 보수적인 윤리를 선전하는 경우가 많다. '강필'된 내용은 주로 유교 경전과 종교적 문헌들에 대한 주석이거나 충효와 같은 관습적 가치의 엄수를 당부하는 말들이다.

이러한 종파들은 '우성라오무(無生老母)'라는 창조주 여신을 섬기는 경우가 많다. 이 여신은 온 세상의 순결한 어머니로서 아기를 안고 있는 관세음보살의 이미지가 극단까지 강조된 경우라고 볼 수 있다. 우성라오무는 말 그대로 우리 모두의 어머니[老母]이면서 실질적 성행위나 출산으로 오염되지 않은[無生] 여신이다. 이 여신은 여신의 존재를 망각하고 올바른 가치를 더 이상 따르지 않게 된 자녀들에게 실망하고 있는 것으로 자주 묘사된다. 어느 신자는 다음과 같이 말한다.

우성라오무께서는 자신의 자식들을 걱정하는 마음에서 선선한 지복의 고향으로부터 자식들을 위해 여러 불사의 존재들과 부처님을 보내주셨습니다. 부질없는 꿈[黃粱夢] 속에서 자식들이 길을 잃었음을 걱정하시고 이를 불쌍히 여겨 인간으로 화하여 세상을 구하기 위해 내려와 자신의 피로 쓰인 고귀한 책을 내려주셨습니다.[20]

동일한 계통의 종교의 보다 반체제적인 유형에서 이와 같은 생각은 전복적 변화의 도래에 대한 신앙의 맹아가 되기도 하였다. 하지만 대만의 경우 그 대신 도덕적 각성을 촉구하는 것에 중점을 두게 되었다. 말세에 도래할 미륵불도 이러한 유형의 종파들 중에서 중요한 존재이다. 미륵불 또한 우성라오무와 흡사하게 새로운 시대의 도래를 가져올 것으로 믿어지기도 하였다. 하지만 이 역시 대만에서는 강조되지 않는다.

어떤 면에서 대만의 민간 종교들은 19세기에 시작되어 세계대전 후 일본 사회에서 점차 주목받기 시작한 '신흥 종교'들을 연상시킨다. 이들은 모두 중앙집권적 조직이 있고 무속적이며 많은 경우 불교에 연원을 두고 있다. 대안적 존중과 지위를 얻을 수 있는 기회를 제공하여 인생의 좌절을 경험한 사람들을 끌어들인다는 점도 비슷하다(Jordan and Overmyer, 1986, Davis, 1980). 또한 츠지공덕회와 마찬가지로 대만의 민간 종교나 일본의 신흥 종교 모두 여성에게 특히 인기가 있다. 창시자가 여성인 경우도 가끔 있고 여성들이 단체 내에서 지도적인 역할을 맡고 있다. 하지만 일본의 신흥 종교와 대만의 민간 종교의 경우 지도층 가운데에서도 핵심적 지위들은 여전히 남성의 전유물이다. 츠지공덕회는 이와는 다르게 창시자인 정옌 스님뿐만 아니라 핵심적인 지도 인사들이 모두 여성으로 (비록 정옌 스님의 형제가 재정 관리에 많이 관여한다고 하지만) 여성들이 지도층을 이루고 있다. 또한 이 종교들 모두 여성 회원의 수가 압도적이지만 부유

---

[20]. Jordan and Overmyer, 1986, pp.262~263.

한 주부들을 끌어들이고 있는 것은 츠지공덕회뿐이다. 또 데이비스는 그의 연구의 대상이 된 일본의 신흥 종교들이 "여성의 가정적 정체성을 향상시키는 상징적 과정을 제공한다. 이들 종교는 과부를 부인으로, 불임 여성을 어머니로 변화시킨다"고 하는데(Davis 1980, 200), 츠지공덕회는 다른 누구보다도 이미 결혼을 하여 자식이 있고 상대적으로 안락한 경제적 삶을 누리고 있는 사람들에게 호소력이 있다.

한편 츠지공덕회와 마찬가지로 이 종교들도 신자들에게 출가를 요구하지 않으며 대신 일상적인 직업의 세계에서 보다 나은 삶을 사는 것을 통해 자아의 완성을 추구할 것을 촉구한다. 이 중 특히 영향력 있는 '일관도(一貫道)'라는 종교는 신자들에게 사업의 성공을 약속한다. 대만뿐만 아니라 전세계에서도 손꼽히는 부자인 장룽파(張榮發) 씨는 '일관도'에 대한 믿음이 자신의 물류 수송 사업을 성공하게 했다고 말한다.

츠지공덕회와 여타의 민간 신앙의 대두는 근대화에 따른 공동체적 가치의 상실에 대한 반발로 이해될 수 있다. 우성라오무 신앙에서 확인한 것과 같은 황폐화된 현상태에 대한 탄식을 비롯하여 민간 종교는 줄곧 이기적 개인주의에 의한 공동체적 가치(충효, 인과 같은 유교적 이념에 기반을 둔 것들)의 상실을 개탄한다. 이들이 사용하는 언어는 츠지공덕회의 그것과 꽤 차이를 보이지만 공통적으로 현세의 도덕 상실이 위험한 수준에 이르렀다고 진단하고, 사람들에게 고차원적인 가치에 순응하여 살아가는 방법을 제시한다. 공공 윤리가 무너지고 사람들이 탐욕적이고 이기적이 되었음을 두려워하는 근대 사회 특유의 가치의 위기는 곳곳에서 발견된다. 사람들은 갈수록 관료화되는 세상에서 소외감을 느끼게 되며, 전통적 사회 제도의 쇠망에 대해 절망하며, 일상적 삶과 가치들이 다원화해 가는 상황에서 방황한다(Berger et al. 1973, 181~200). 근대성에 대한 콜롬비아 종교의 반응을 연구한 타우시그가 지적하듯이, "개인적인 이익행위가, 사람이 아닌 재물이, 공동체적 일치감과 연대감을 대신하여 사회적 존재를 특징짓게 되었다(Taussig 1980, 26)."

한편 츠지공덕회가 유난히 부유한 계층의 여성들을 끌어들이고 있다는 사실은 민간 종교와 츠지공덕회 사이의 차이점에 기반하고 있는 것이다. 여타의 종파들은 자선이나 세상 전반에 대한 보살핌에 대해서는 별다른 입장이 없다.[21] 그 대신 이들의 윤리는 보다 유교 전통적으로서 사람들에게 효에 충실한 자녀가 되고 다른 사람들과의 교류에서 모범을 보이기를 장려한다. 따라서 이들 민간 종교는 유교의 남성중심적 이념을 답습할 뿐이고 여성적 보살핌의 대상을 세계적 차원으로 밀고 나아가는 츠지공덕회를 따라가지 못한다. 나아가 민간 종교들은 츠지공덕회에 비해 훨씬 의식적으로 철학적이 되려고 한다. 반면 츠지공덕회는 결국 중요한 것은 실천뿐이라고 한다. 만약에 츠지공덕회에 소의경전이라는 게 있다면 이는 주로 실질적인 행동에 대한 이야기들이다. 민간 종교는 반면 여러 신들이 영매를 통해 저술하였다고 하는 유교경전의 주석서를 소의경전으로 삼는다. 일정 부분 이러한 이유 때문에 츠지공덕회 내의 여성 신도 비율이 다른 종교에 비해 높게 된 것이라고 본다.

츠지공덕회가 유독 대만 여성에게 인기가 높은 것은 여성이 가진 가정적 관심의 보편적 적용을 꾀하고 있다는 점에서 기인한다.[22] 전근

---

21. 일본의 신흥 종교 중 하나인 立正佼成会 정도가 예외이다. 이 단체는 츠지공덕회의 경험담 고백과 비슷한 집단 상담 세션들을 운영하고 있고, 사회 복지 사업 그 중에서도 공공장소 미화를 강조한다 (Thomson 1963, 125). 이 단체는 비록 상대적으로 규모가 작고 회원들 또한 비록 부유하지는 않지만 회원의 대부분은 여성들이다.
22. Sered(1994)는 전세계의 '여성 종교'가 보편적으로 공유하는 유일한 특성은 가정적 삶에 대한 배려, 그 중에서도 어머니로서의 역할을 중요시하고 인정하며 사회에서 그러한 역할을 경험할 수 있게 해주는 것이라고 주장하였다. 츠지공덕회는 이러한 모델에 잘 부합하는 것으로 보인다.

대 중국 사회에서는 이론적으로 여성의 역할이 가정 내부에 한정되어 있었다. 여성이 생산 활동에 참여하더라도 그 생산물을 사회에 유통시키는 것은 어디까지나 남성의 몫이었다. 이들 '내인(內人)'의 외부와의 접촉은 친가의 가족들이나 마을의 다른 여성들에 한정되어 있었다. 남성들에게 있어 여성은 가계를 잇기 위해 필수적인 존재였다. 오로지 아들을 낳는 것이 배우자의 집안에서 여성의 지위를 확고하게 하는 일이었고 순종적으로 아들을 키우는 것으로 미래의 안정적인 삶을 약속받을 수 있었다. 남성과의 관계에서 여성은 어머니(가문의 계승에 중대한 역할을 맡은 양육자)와 아내(시가에 대한 확고하지 못한 충성심과 성적인 유혹으로 남편의 효성을 위협할 수 있는 사람이자, 월경으로 가족들의 위생을 위협하는 자)로서 상징되었다고 요약될 수 있다. 많은 여신들이 이중에서 자식을 기르는 모성의 이미지에 기초하여 성립되었다. 이러한 여신들은 고난에 처한 사람을 구원하고 아들을 낳게 하는 존재였다. 결혼을 거부한 동정의 여신들도 같은 상징을 활용하였다. 한편 다른 여신들은, 북부 중국에 보편적인 여우 귀신 이야기나 대만에서 전형적인 귀신 이야기처럼, 성적으로 유혹하여 남성에게 위험을 초래하는 여성의 이미지에 기초하고 있는 경우도 있다.

 츠지공덕회는 여성에 대한 부정적 이미지의 망령을 상기시키지 않으면서 가정의 테두리를 넘어선 전세계로 여성성의 긍정적인 이미지를 확대 적용함으로써 돌파구를 찾아냈다. 츠지공덕회는 여성의 가정 내 역할을 긍정하는 동시에 이러한 여성성을 가정 외부에까지 확장시켰다. 낯선 사람과의 부적절한 교류를 감수해야 하는 다른 직업이나 공적인 지위와 달리 츠지공덕회는 여성성에 대한 매우 전통적인 생각을 매우 근대적인 사회 활동의 영역과 접목시키는 데 성공하였다. 핵심 회원을 구성하는 부유한 여성들은 많은 경우 자신의 가정 내 삶에서 만족하지 못하고 있었다. 가정부가 아이들을 돌봐주고, 남편은 사업에 항상 바쁘다. 하지만 여성들은 자신의 가정 내 역할을 포기하면서까지 경제활동에 직접 참여하고 싶어 하지는 않는다. 아직도 많은 대만 여성들은 복잡한 사업의 세계에서는 결여되어 있는 '단순함'의 중요성에 대해 생각한다. 츠지공덕회는 이와 같은 여러 문제들에 대한 일관된 해결책을 제공한다.

3. 츠지공덕회, 중국의 자선사업 전통, 그리고 국가

물론 츠지공덕회가 중국 최초의 자선단체는 아니다. 전근대부터 국가는 공공 곡식창고 제도를 비롯하여 다양한 복지 사업을 지원해왔고 송대부터는 가문 차원에서 구성원들을 보살피는 일이 보편적이 되었다. 명대 말기에 일어난 몇몇 활동은 츠지공덕회를 연상시키기도 한다. 가령 불교적 가치를 추구하는 대중 조직인 '방생회(放生會)'의 등장이나 지역 엘리트층에 의해 운영되는 사설 자선단체의 유행과 같은 일을 들 수 있다(Brook 1993, 104~107, 185~223; Smith 1987).

츠지공덕회가 이러한 조직들을 직접적으로 계승하고 있다고 볼 수 있는 근거는 적다. 츠지공덕회 자신이 이들과의 관계를 말하고 있지 않고 이와 같은 자선사업은 청대를 넘어 지속되지 않았다. 중화민국의 성립 이후 이들 조직은 선교 활동과 1930년대 이래의 신생활운동(新生活運動)의 영향으로 서양에서 수입된 형태의 자선단체로 대체되었다. 이러한 서구식 자선단체들은 20세기 이전까지 전적으로 남성으로 구성되어 있었다. 여성들에게는 이와 같은 공적인 역할을 맡을 기회가 주어지지 않았다. 다른 한편 화폐 경제의 활성화와 더불어 지방의 엘리트주의적 유교 행정 조직의 영향력이 감소되었던 명대 후기를 보면, 경제 성장이라는 유사한 역사적 맥락 아래 등장하였으며 츠지공덕회가 파생된 것과 마찬가지의 문화적 바탕에 기초를 두고 있는 것으로 보이는 몇몇 자선사업체들이 존재한다.

스미스는 명대 후기 자선단체들의 등장이 스페인산 은의 막대한 유입과 관련이 있다고 주장한다(Smith 1987). 지역 공동체에 기반을 둔 자선단체들을 통해 향촌의 유교 사대부층과 상인 계층은 서로 협력하여 새롭게 유통되는 자본을 사회적 문제를 해결하기 의해 사용할 수 있게 되었다. 이러한 과정에서 상인들이 점점 조직의 정책을 좌우하게 되었고 이는 단체를 보다 대중적인 성격으로 변화시켰다. 이와 흡사하게 츠지공덕회도 전례 없는 경제적 성장을 배경으로 시작되었다. 이러한 경제적 성장은 가계 내 과다한 부와 더불어 시장 경제의 발전에 수반되기 마련인 공동체적 가치의 붕괴에 대한 두려움을 불러일으킨다. 자선사업은 본질적으로 사회에 부를 배분하는 비(非)-시장적인 대안이다. 금욕적인 생활 방식의 강조는 경제적 성공의 경시를 내포하는데, 이는 자선단체의 생존에 후한 기부가 필수적이라는 점과 맞물려 작용한다.

명대 후반에는 브룩이 '사대부의 사회(gentry society)'라고 묘사하는 새로운 공론장이 등장하였는데 이는 향촌의 지식인들이 명조의 가부장주의적 국가 행정제도의 체계를 벗어나 부분적으로나마 자율적인 활동의 영역을 얻게 되었음을 의미했다. 그런데 이러한 현상은 불교적이거나 세속적인 성격을 가진 각종 자선단체의 등장에 빚진 면이 있다. 브룩은 또한 새로이 상업화된 경제가 국가의 영역 외에 있지만 지식인

층의 관심과 부합하는 사안들을 만들어내고, 또 그러한 사안을 수행하기에 충분한 자본을 형성시켜, 이러한 단체들의 등장을 초래하게 된 과정을 이야기한다. 사대부층에게 "불교는 종교적 신념의 영역에서뿐만 아니라 사회 활동의 영역에서도 대안적인 세계를 제시하였다. 조직사업의 세계에서 사대부들은 국가로부터 공식적인 호칭을 내려 받지 않더라도 자신의 지도적 지위를 고상한 말로 포장할 수 있었다(Brook 1993, 316)." 이는 적절한 변용을 거쳐 수 세기 후 츠지공덕회에서도 반복되는 양상이다.

츠지공덕회는 현재 대만에서 가장 큰 시민 단체이며 1950년 이래 불교 단체로서는 최초로 법인으로 인가를 받은 조직이다. 1980년대 츠지공덕회의 극적인 성장은 이 기간 내내, 특히 1987년 계엄령이 해제된 후부터 본격적으로 각종 시민 단체들의 출범을 자극하였다. 명대 후기의 조직들과 흡사하게 츠지공덕회는 국가 체제에 반대하지 않는다. 단지 대안을 제시할 뿐이다. 대만 정부는 기실 정부의 손이 미치지 않는 곳에서 자선 사업을 하는 츠지공덕회에 대해 호의적이다. 장징궈(蔣經國) 전 대통령은 1980년에 이미 츠지공덕회의 본산을 방문하였고 츠지공덕회의 병원과 의과대학에 지원하기도 하였으며 외무부의 고위 공무원들도 자주 정옌 스님을 방문한다. 대만의 민주화가 진전함에 따라 츠지공덕회의 두터운 지지층도 정치인들에게 필수적인 유세의 대상이 되었다.

하지만 정옌 스님과 츠지공덕회는 공개적인 정치 활동이나 정당의 지지를 단호하게 거절한다. 츠청두이(慈誠隊: 남성 '츠지위원'들로 구성된 보조적 조직)에 속한 남성들은 금주와 같은 기타 금기 사항의 고수와 더불어 정치에 참여하지 않을 것을 맹세해야 한다. 1996년의 대선 이전까지는 모든 회원이 선거 캠페인에 참가하는 것이 금지되었다. 츠지공덕회가 직접적으로 정부 정책에 반대를 표한 적은 없지만 자체적인 노선을 고수하기에 많은 정치인을 실망시켰다. 정옌 스님은 대만 정부가 정한 표준어인 만다린[國語]으로 말할 수 있지만 거의 민난어만 사용한다. 정부는 공인의 민난어 사용을 최근까지 못마땅하게 여겼는데, 이는 대만의 독립을 주장하는 것으로 비춰질 수 있는 일이었다. 정옌 스님이 휠체어를 탄 탄원자를 만다린을 사용한다는 이유로 나무랐다는 이야기도 있다. 현재 대만에서 만다린을 사용하는 것은 중국과의 통일을 지지하는 것으로 여겨진다. 또 다른 한편 대만의 독립운동 진영은 츠지공덕회가 본토 중국의 재난 피해자에게 구호품을 보내거나 구호활동을 하는 것을 비판한다. 대만의 거의 모든 사회단체가 지난 10년 대만의 독립을 지지하는가 중국과의 통일을 지지하는가의 문제를 맞닥뜨렸고 이러한 문제와 관련하여 언어는 어느 정책을 지지하는가를 나타내는 신호였다. 이 문제에 대한 츠지공덕회의 애매한 태도는 정치 관여를 거부한다는 기본적 입장과 일관된 것이지만, 동시에 츠지공덕회의 행보가 정치에 끼치는 영향의 복잡함을 잘 드러내주고 있다.

츠지공덕회는 사회 조직과 국가 조직을 명확히 구분하는 법체계 내에 존재하는, 봉사자들로 이루어진, 사적 영역과 국가 간의 중재자라는 점에서 민간 단체의 사전적 정의에 부합한다. 츠지공덕회는 명대의 선구적 단체들보다 더욱 분명하게 민간 단체로서 존재한다. 이는 이제 국가와 사회가 다른 것이라고 일반적으로 인식되고 있기 때문이기도 하다. 한편 의식적으로 정치와의 연관을 거부하지만 자아와 윤리의 재정의가 이루어지는 영역이기에 정치적 중요성을 지닌다는 점에서 이 둘은 흡사하다.

4. 여성과 자선 : 서양과의 비교

여성의 자선사업에 대한 대규모 참여는 19세기 유럽과 미국을 휩쓴 현상이었다. 1800년과 1860년 사이 미국에는 150개 이상의 여성 자선조직이 있었고(Berg 1978, 147), 1893년 영국에는 84,129명의 여성 자선활동가가 존재했다(Summers 1979, 34). '츠지 어머니'들과 마찬가지로 풍족한 삶을 누리고 있던 여성들이 시간과 돈을 자선 활동에 공헌한 것이다. 이들은 소책자, 돈, 음식, 옷, 친근한 충고를 가난한 사람들에게 주었다. 이들은 오늘날의 '츠지 어머니'들이 그러하듯이 개인적인 기부금을 모으고, 바자회를 개최하고, 가내 수공업품을 판매하여 이러한 노력을 뒷받침했다. 여성기독교절제운동연합(Women's Christian Temperance Union)과 같은 단체는 츠지공덕회처럼 음주에 대한 반대 운동을 펼쳤다. 이들 단체의 주역은 새로이 등장한 중산층에서 자라난 여성들이었다.

19세기 말의 도시 지역은 여성 모임이 성장할 수 있는 이상적인 공간이었다. 늘어난 여가 시간에 가정 내외의 세상을 향상시키고 정화하는 일을 자신의 의무로 받아들인 여성들이 크고 작은 사회 문제들의 해결에 나섰다. 도덕적인 여성들이 도덕이 결여된 사회를 직면하기로 한 것이다(Rothman 1978, 69).

오늘날 대만에서와 마찬가지로 19세기 서구의 여성들은 종래의 도덕성을 잃은 것으로 보이는 급변하는 사회를 대면하고 있었다. 이들 모두 급속한 도시화와 시장 친화적인 사회 윤리의 확산에 따르는 문제들을 마주하였고, 이러한 문제들을 여성으로서의 지위에 기반을 둔 채로 해결하고자 하였다.

츠지공덕회와 서구의 단체들은 모두 종교를 중심으로 조직되었으나 세속적인 참여의 가치에 대해 전적인 믿음을 가지고 있었다는 점에서 동일하다. "이들은 유용한 사람이 되겠다는 결심으로 그리스도의 부름에 응했다. 세상에 대한 주의 계획을 진행시켜 신의 뜻을 행하겠다는 것이었다. 유용함이란 봉사를 의미했고, 여성 개혁자들은 봉사에 일생을 바쳤다(de Swarte Gifford 1981, 297)." 19세기 초기에는 대부분의 여성들이 교회를 통해 자선단체에 가입하였다(McCarthy 1990, 4). 이 시기 여성 자선단체의 목표는 "종교적 용어들로 구체화된 것이었다. … 여성 자선활동가의 원형인 이들은 한 손에는 음식과 옷을, 다른 한 손에는 성경을 들고 가난한 여성들을 방문하였다(Scott 1990, 37)."

이러한 운동의 구심점을 이루고 있었던 것은 대만에서와 마찬가지로 상대적으로 부유한 여성들이었다. 이러한 운동들은 일면 19세기 증가한 중산층의 여가 시간과 관련이 있고(Summers 1979, 37~38, Pope 1977, 296), 계급적 도덕의식을 재고하려는 시도이기도 했다. 따라서 뉴욕에서 1797년 설립된 미망인 협회(Widows' Society)는 오로지 미혼모가 아니며, 절제를 지키는 여성들만 도왔고(Berg 1978, 147~148), 프랑스의 자선 탁아소들은 '여성에게 나태와 악덕을 조장하는 것과 마찬가지'이라는 이유에서 사생아는 받지 않았다(Smith 1981, 143; 드한 Pope 1977, 299~313).

19세기 북부 프랑스의 부르주아 여성들이 조직한 자선단체들은 신의 사랑의 연장선이자 가정적 삶의 산물로 기획된 것이었다. 스미스는 여성 자선활동이란 현상은 '친족과 종족을 연결하는 혈통의 개념에 상당하는, 정신적 개념'인 카리타스(Lat. caritas: 둔자적으로 사랑, 자선)라는 통합적 활력의 보편화였다고 한다(Smith 1981, 127). 프랑스 노르(Nord) 지방의 여성들은 방문 활동을 통해 카리타스를 하나의 가정에서 사회적 영역으로 확장시켰다. 이러한 보편화의 여성적 함의는 명백하다. 사람들은 자선을 '어머니처럼 온화하고, 페티코트처럼 부드러우며, 한 조각의 레이스처럼 박약한 것'이라고 여겼다(Smith 1981, 133). 1870년대 노르 지방에서 이들 부르주아 여성들은 자선단체를 운영하면서 자신의 영향력을 행사하였다. 이들은 '카리타스에 대한 확고한 믿음과 더불어 종래의 권위, 질서, 가정적 삶의 윤리에 대한 믿음도 가지고 있었다(Smith 1981, 137).' 비슷한 시기 미국의 서부 지역에서는 경건과 순결과 같은 프로테스탄트적 여성 윤리의 원칙을 추구하는 여러 유사한 단체들이 있었다(Pascoe 1990, 32~69). 가정적 여성상에 대한 이념에 의거하여, 가정에서 이루어지는 활동의 연장으로서, 여성 자선단체의 활동이 사회적 승인을 얻게 된 것이다. 여성이 공적 영역에서 배제되었던 시절 자선단체는 여성들에게 '투명한 경력'을 만들어주어, 가정적 가치에 기초하여 모종의 사회적인 영향력을 누릴 기회를 제공하였던 것이다(Daniels 1987; 또한 Berg 1978, Scott 1990, McCarthy 1990, Prochaska 1980, Summers 1979를 볼 것).

이처럼 츠지공덕회와 서양의 자선단체 모두 급속한 경제성장을 배경으로 등장하였고, 둘 다 여성이 지닌 가정적 전문성의 발휘를 통해 공론장에서 존경을 얻게 하는 역할을 제공하는 것으로 여성 회원들을 끌어들였다. 시간적, 공간적 거리에도 불구하고 이와 같은 유사성이 발견되는 것을 어떻게 설명할 수 있을까? 츠지공덕회가 설립되기 훨씬 이전의 서양의 자선단체들은 이미 사라졌거나 사라져가는 상태에 있었기 때문에 이 둘 간의 직접적인 연관성은 가능성이 없다.

이보다 나은 설명은 일종의 부분적 근사 현상(partial convergence)이, 사회경제적 환경의 유사한 변화에 따른 유사한 진화가 일어났다는 것이다. 츠지공덕회와 서양의 자선단체 모두 자본주의적 경제가 급속하게 성장하던 시기에 발생한 것으로, 여성들은 가정 영역과 밀접히 연결되어 있었고 국가에 의한 복지적 지원은 거의 전무한 상황이었다. 아울러 두 환경 모두 시장주의 경제의 성장에 수반되기 쉬운 공동체적 윤리의 쇠퇴를 겪고 있었다. 두 경우 모두 갈수록 이기주의와 탐욕이 횡행하고 모든 것이 재화가 되는 세계에서 공동체적 도덕의 마지막 보루로서 가정과 종교가 제시되었다.

여성의 종교 자선단체들은 이러한 여러 문제에 대한 일관된 접근법을 제공한다. 이들 단체는 종교와 가정의 도덕을 재확인하며 실질적 사회 문제를 해결하려고 한다. 동시에 여성이 전통적인 맥락에서 오는 존경을 포기하지 않고도 국가나 범국가적 차원에서 사회적 활동을 할 수 있게 한다. 세계가 모두 자신의 가족이라고 선언함으로써 여성들은 기성 사회 질서의 근간에 도전하지 않고도 자신들의 영향력을 확장시킬 수 있게 되었던 것이다.

한 세기라는 시간적 차이와 지구 반 바퀴란 거리를 두고 발생한 츠지공덕회와 19세기 자선단체의 유사성은 비록 놀랍지만, 동시에 이들 간의 중대한 차이점에도 주목해야 한다. 먼저 츠지공덕회는 결코 여성들에게만 허용된 단체가 아니다. 비록 츠지공덕회를 처음 시작한 30명의 회원들도 모두 여성이었고, 처음으로 도움을 받은 사람도 한 할머니였으며, 현재도 여성들에 의해 주도되고 있지만, 츠지공덕회는 남성과 여성을 가리지 않고 회원을 모집하고 있다. 여성에 비해 적지만 남성도 여전히 회원 중 상당수에 달하고 있고 증언을 들려주는 일에 참여하는 이도 많다. 반면 서구의 자선단체들은 대다수가 여성으로만 이루어져 있었다(남성이 단체를 관리하는 일은 종종 있었지만). 둘째로 츠지공덕회의 보다 온건한 운영 테크닉이나 민주화라는 시대적 배경은 츠지공덕회가 서구의 자선단체들이 도달할 수 없었던 규모의 운동으로까지 발전하는 일을 가능하게 했다. 셋째로 츠지공덕회는 중국 문화와 불교의 전통에 의존하고 있다. 츠지공덕회 회원들은 가난한 사람들을 도울 때, 열반보다 다른 사람들의 구제를 앞서 행하는 보살의 이상, 보살핌과 보편성이라는 (관료적이고 국지적인 남신의 이미지에 반대되는) 중국 여신의 전형적 이미지에 의해 영감을 받는다. 츠지공덕회가 여성이나 남성 모두에게 개방되어 있다는 점도 보편적 이상을 표방하는 불교에서는 19세기 자선단체가 지녔던 성(性)에 따른 엄격한 구분이 받아들여지기 힘들다는 사실과 연관이 있을 것이다.

마지막으로, 츠지공덕회는 19세기 자선단체들과는 매우 상이한 사회적, 법적 맥락에서 존재한다. 오늘날 대만의 여성들에게는 한 세기 전 서구의 여성들에게는 없었던 법적 권리, 투표권, 직업 선택의 자유가 있다. 20세기의 자선단체들이 위치한 세계사적 맥락과 문화적 맥락 역시 19세기 서구와 무척 다르다. 아마도 이에 따른 결과로 츠지공덕회는 서양의 자선단체들보다 훨씬 덜 투쟁적인 태도를 갖게 되었을 것이다. 영국, 프랑스, 미국의 여성 자선운동가들이 복지 기관이나 다른 법적 기구들의 억압을 맞이했을 때 이들은 때때로 직접적인 시위를 통해 이들과 대립했다. 츠지공덕회는 이러한 대립을 조직적으로 피한다. 가령 츠지공덕회의 환경보호주의도 정부 또한 홍보하고 있는 재활용 운동에 그치는 것으로서, 원자력이나 공장에 의한 환경오염에 대해서는 어떠한 반대 운동도 하지 않는다(Chang 1996, 7~8).

츠지공덕회와 서구 여성 자선단체의 놀라운 유사성은 매우 다른 공간과 시간에서 일어났음에도 불구하고 근대화의 중대한 결과물을 드러내 보인다는 점에서 중요하다. 시장 경제의 발전에 따른 종래의 공동체주의적 사회 구조의 약화는 여성에게 가정의 영역을 넘어선 새로운 사회활동을 시작할 수 있는 기회와 여성들이 자신의 것이라고 주장할 수 있는 가정적 가치를 보강할 필요를 초래한다. 한편 이들 단체 간의 차이점 또한 대만의 '근대적' 문화의 발전이 단순히 서구의 그것을 되풀이하지 않는다는 점을 보이고 있기에 역시 중요한 의미가 있다.

유럽과 미국의 여성 자선단체들은 종종 여성 참정권 운동과 같이 뒤이어 등장한 여성주의 운동이나 사회 개혁 운동의 선구자였던 것으로 평가받는다(McCarthy 1990, Scott 1990). 이 자선단체들은 여성이 조직을 구성하고 사업을 수행하는 것에 자신감을 기를 수 있는 기회를 제공하였던 것이다(Berg 1978, Ryan 1992). 여성들은 자신이 '관습에서 벗어난', 남성에 상대하는 여성이라는 정체성을 가지게 되었다(Berg 1978). 이러한 변화의 와중에 이 단체들이 원래 가지고 있었던 자선사업 수행이라는 기능은 사회복지사업의 전문화가 진행됨에 따라 스실되어 버렸다(Smith 1981, Summers 1979, Lindenmeyr 1993).

이 지점에서 대만과 19세기 구미의 차이점이 매우 분명해진다. 전문적인 사회복지사업은 대만에 이미 존재하고 있는 것이며, 여성주의 또한 서구에서 수입되어 있다. 19세기 미국과 유럽의 여성들이 겪어야 했던 법적 권리를 쟁취하기 위한 투쟁들은 대만에서는 불필요한 것이었다. 지난 세기 동안 세계는 변하였고, 이는 근대적 자선 사업의 개념을 새로운 맥락에 위치시켰다. 따라서 츠지공덕회의 의의는 여성주의의 등장에 길을 터주는 역할보다도, 이 단체가 창출하고 있는 불교의 부흥과 현세참여적 불교의 가능성, 가정 밖에서의 여성의 역할을 실질적으로 변화시키고 있다는 점, 그리고 대만에서 성장하고 있는 시민단체들에게 미치는 긍정적 기여에 존재할 것이다. 이 중에서도, 1987년 계엄령이 마침내 해제될 때까지 독재 정권에 의해 시민단체의 성장이 강력하게 억압받았던 대만 사회에서, 츠지공덕회가 공론장의 동량과도 같은 존재로 성공하였다는 점이 특히 중요하다. 이는 많은 학자들에 의해 시민사회를 건설하기 위한 어떠한 문화적 자원도 없다고 여겨졌던 (Chamberlain 1993, Redding 1996 참고) 대만인들이 일구어낸 놀라운 성취이다.

[참고문헌]

Baptandier, Brigitte. 1996. "The Lady Linshui: How a Woman Became a Goddess." In Unruly Gods: Divinity and Society in China, edited by Meir Shahar and Robert P. Weller. Honolulu: University of Hawaii Press.

Berg, Barbara. 1978. The Remembered Gate: Origins of American Feminism: The Woman and the City, 1800~1860. Oxford: Oxford University Press.

Berger, Peter, Brigitte Berger, and Hansfried Kellner. 1973. The Homeless Mind: Modernization and Consciousness. New York: Vintage.

Brook, Timothy. 1993. Praying for Power: Buddhism and the Formation of Gentry Society in Late-Ming China. Cambridge, Mass.: Harvard-Yenching Institute.

Chamberlain, Heath B. 1993. "On the Search for Civil Society in China." Modern China 19(2):199~215.

Chang Wei-An. 1996. "Fuojiao Ciji Gongde Hui Yu Ziyuan Huishou" (The Buddhist Compassion Merit Society and Recycling). Paper Presented at the Workshop on Culture, Media and Society in Contemporary Taiwan, Harvard University.

Ciji Gongdehui. n.d. "Wuyuan Daci Tongti Dabei" (Great Beneficence to Known and Unknown, and Boundless Compassion for All). Brochure. n.p.

Daniels, Arlene Kaplan. 1987. Invisible Careers: Women Civil Leaders from the Volunteer World. Chicago: University of Chicago Press.

Davis, Winston. 1980. Dojo: Magic and Exorcism in Modern Japan. Stanford: Stanford University Press.

De Swarte Gifford, Carolyn. 1981. "Women in Social Reform Movements." In *Women and Religion in America*, Vol. 1, edited by Rosemary Radford Ruether and Rosemary Skinner Keller. New York: Harper and Row.

Dudbridge, Glen. 1978. *The Legend of Miao-shan*. Oxford Oriental Monographs, no. 1. London: Ithaca Press.

Faun, Peter. 1991. *The Miracle World of Compassion*. Taipei: Tzu-Chi Cultural and Volitional Center.

Jordan, David K., and Daniel L. Overmyer. 1986. *The Flying Phoenix: Aspects of Chinese Sectarianism in Taiwan*. Princeton: Princeton University Press.

Lindenmeyr, Adele. 1993. "Public Life, Private Virtue: Women in Russian Charity, 1762~1914." *Signs: Journal of Women in Culture and Society* 18(3):562~591.

Lin Benxuan. 1996. "Zongjiao Yundong de Shehui Jichu—Yi Ciji Gongdehui Wei Lie" (The Social Base of a Religious Movement the Example of the Compassion Merit Society). Paper Presented to the Conference on the Study of Taiwanese Buddhism, National Taiwan University.

Lu Hwei-Syin. 1991. "Women's Self-Growth Groups and Empowerment of the 'Uterine Family' in Taiwan." *Bulletin of the Institute of Ethnology, Academia Sinica* 71:29~62.

―――――. 1997. "Gender and Buddhism in Taiwan." Paper presented to the Conference on State and Society in Transition: Taiwan, University of Illinois at Urbana-Champaign.

McCarthy, Kathleen D. 1990. "Parallel Power Structures: Women and the Voluntary Sphere." In *Lady Bountiful Revisited: Women, Philanthropy, and Power*, edited by Kathleen D. McCarthy. New Brunswick: Rutgers University Press.

Overmyer, Daniel L. 1976. *Folk Buddhist Religion: Dissenting Sects in Late Traditional China*. Cambridge: Harvard University Press.

Pascoe, Peggy. 1990. Relations of Rescue: The Search for Female Moral Authority in the American West, 1874~1939. New York: Oxford University Press.

Pope, Barbara Corrado. 1977. "Angels in the Devil's Workshop: Leisure and Charitable Women in 19th century England and France." In Becoming Visible: Women in European History, edited by Renate Bridenthal and Claudia Koontz. Boston: Houghton Mifflin.

Prochaska, F. K. 1980. Women and Philanthropy in Nineteenth-Century England. Oxford: Oxford University Press.

Redding, Gordon. 1996. "'Thickening' Civil Society: The Impact of Multinationals in China." Development and Democracy 11:21~28.

Rothman, Sheila M. 1978. Woman's Proper Place: A History of Changing Ideals and Practices, 1870 to the Present. New York: Basic.

Ryan, Barbara. 1992. Feminism and the Women's Movement: Dynamics of Change in Social Movement, Ideology and Activism. New York: Routledge.

Sangren, P. Steven. 1996. "Myths, Gods and Family Relations." In Unruly Gods: Divinity and Society in China, edited by Meir Shahar and Robert P. Weller. Honolulu: University of Hawaii Press.

Scott, Anne Firor. 1990. "Women's Voluntary Associations: From Charity to Reform." In Lady Bountiful Revisited: Women, Philanthropy, and Power, edited by Kathleen D. McCarthy. New Brunswick: Rutgers University Press.

Sered, Susan Starr. 1994. Priestess, Mother, Sacred Sister: Religions Dominated by Women. New York: Oxford University Press.

Smith, Bonnie G. 1981. Ladies of the Leisure Class: The Bourgeoises of North France in the 19th Century. Princeton: Princeton University Press.

Smith, Joanna F. Handlin. 1987. "Benevolent Societies: The Reshaping of Charity During the Late Ming and Early Ch'ing." Journal of Asian Studies 46(2):309~37.

Summers, Anne. 1979. "A Home from Home-Women's Philanthropic Work in the Nineteenth Century." In Fit Work for Women, edited by Sandra Burnman. New York: St. Martin's Press.

Taussig, Michael T. 1980. The Devil and Commodity Fetishism in South America. Chapel Hill: University of North Carolina Press.

Thomsen, Harry. 1963. The New Religions of Japan. Rutland, Vt.: Charles E. Tuttle.

Watson, James L. 1985. "Standardizing the Gods: The Promotion of T'ien Hou ('Empress of Heaven') Along the South China Coast, 960~1960." In Popular Culture in Late Imperial China, edited by David Johnson, Andrew J. Nathan, and Evelyn S. Rawski. Berkeley: University of California Press.

Weller, Robert P. 1987. Unities and Diversities in Chinese Religion. Seattle: University of Washington.

Wolf, Margery. 1972. Women and the Family in Rural Taiwan. Stanford, Calif.: Stanford University Press.

제7장

대만불교의 성공 요인과 한국불교의 성찰

/ 김호성* /

대만 비구니 지도자의 리더십에 대한 고찰
츠지공덕회
정옌(證嚴) 상인의 경우

I. '대만불교의 르네상스', 그 원동력은?

근 1,700년이 가까워 오는 역사를 지닌 한국불교는 한국 사회에서 우위를, 훨씬 짧은 역사를 지닌 기독교(= 신교 + 구교)에, 내주고서 앙앙불락하고 있는 처지다. 그런 우리에게 대만에서 불교가 차지하는 사회적 위상은 말 그대로 충격이 아닐 수 없었다. 대만의 불교는 괄목상대(刮目相對)해야 할 일이었다. 벌어진 입을 다물지 못하고, 놀라고, 감탄하고, 부러워했다. 그러한 우리의 자화상은, 그 동안 우리 불교계의 신문 잡지

---
* 동국대학교 교수

등에 게재된 기자들의 탐방기 내지 견문기를 통해서도 쉽사리 찾아볼 수 있다.

　1980년대 중반 불과 10년 만에 80만 명에 불과하던 신도수를 500만 명으로 끌어올렸으며 지금도 대만에서는 가장 성장하는 종교로 단연 불교가 손꼽힌다. 대만의 종교학자 양후이난(楊惠南)이 이를 일컬어 '불교의 르네상스'라고 말했듯이, 그 어느 나라보다 현세구복적인 성향이 강한 중국에서는 일대혁명이라 일컬어진다.[1]

　이렇게 일취월장한 대만불교를 바라보면서, 본격적으로 그 성장원인을 찾아보면서 우리 불교가 본받아야 할 점이 무엇인지를 묻는 것은 매우 의미 깊은 일임은 두말 할 나위없다. 특히 그 벤치마킹의 초점은 토진(土眞) 스님의 다음과 같은 감상(感想)에서 잘 드러나 있는 것으로 나는 생각하고 있다.

　제가 정말 부러운 것은 많은 기부금이 아니라 그곳 스님들이 어떻게 대중들의 마음을 사로잡을 수 있었을까 하는 점이었습니다.[2]

　과연 대만의 스님들, 대만불교의 르네상스를 이끈 지도자들은 어떻게 대중들의 마음을 사로잡았을까? 이 질문을 제기한 토진스님은 이미 그 해답 역시 잘 인식하고 있었으리라 본다. "궁금하다"는 말 대신에 "부럽다"라고 말하는 데서 그러한 점을 엿볼 수 있는 것이다. 하

---

1. 이재형, 「대만불교탐방③」,《법보신문》, 900호.(2007. 5. 8)
2. 이재형, 「대만불교의 힘은 대중의 신심, 원력」,《법보신문》, 898호(2007. 4. 23)

여튼 이 질문에 대한 답을 찾는 것은 바로 대만불교 지도자의 리더십(leadership, 지도력)을 찾는 일에 다름 아니다.

문제를 제기한 토진 스님이 이미 알고 있었으리라 생각되는, 그 문제의 해답을 나는 나름대로 「대만불교의 겉과 속」을 통해서 정리해 본 일이 있다. 비전의 제시, 계율의 준수, 그리고 수행을 통한 자연스러운 교화 등이었다. 특히 우리가 경계해야 할 것으로, 대만불교의 성취가 우리 눈앞에 보일 때 그것이 비록 사판(事判)적으로 보인다고 하더라도, 그 리더십의 핵심을 사판적으로만 파악해서는 안 된다고 하였다. 다시 되새겨 보기로 하자.

우리가 배울 것은 사판승이 불사를 하는 것이 아니라는 점입니다. 먼저 그들은 고도의 역량을 갖춘 수행승이자 이판승입니다. 그러한 힘으로 불사의 방향성을 깊이 제시한 것입니다. 그리고는 사람들을 이끌고 가르쳤습니다. 혹시 우리에게 불사는 사판승이 하고, 불사를 하는 데는 사판적인 접근법이 따로 있다고 생각하는 것은 아닌지 살펴보아야 할 것 같다는 생각을 하였습니다. 진정으로 중요한 것은 사판적인 접근이나 방법론이 아니라 이판적인 역량 갖추기, 이판적인 비전의 제시라는 점입니다. 그렇게 될 때, 불사의 현장에서는 이판과 사판이 둘이 아니게 될 것입니다.[3]

그런데 이러한 덕목들은 - 비전의 제시, 계율의 준수, 수행을 통한 교화 - 대만불교 지도자들 모두에게서 볼 수 있는 공통의 덕목들이다.

---
3. 김호성, 「대만불교의 겉과 속」, 《불교평론》 제41호(2009년 12월) p.291.

즉 동상(同相)의 리더십이라 할 수 있다. 이에 대해서 다시 상론(詳論)을 한다는 것은 새삼스러운 일이기도 하거니와, 이미 다른 논자들도 여러 번 말한 것을 중언(重言)하고 부언(復言)하는 일에 지나지 않으리라 생각된다. 그리하여 대만불교 지도자들 서로 상호간에 다른 지도자들에게서는 보이지 않는, 차별적인 덕목을 찾아보기로 하였다.

우선 싱윈 대사의 경우에는 자본주의라고 하는 시대의 흐름에 부합시켜 가는 방향에서 불교를 재해석, 재조직하였다는 점에서 '인간불교' 그 자체가 곧 지도력의 핵심이라고 생각된다. 이에 대해서는 이미 나 자신 살펴본 바 있으므로 여기서 중복을 피하고자 한다. 또한 성옌 법사의 경우 비교적 늦게 활동하기 시작하였지만, 그 스스로 "그 당시 일반사람들도 받기 어려운 고등 교육을 받았다"[4]라는 점과 냉전적 사회 속에서 군대생활을 오래 하였다는 점 등 사회적/세속적 위상의 높음 자체가 리더십에 적지 않은 영향을 미친 것으로 보인다. 대만사회의 입장에서 보더라도 최고수준을 갖춘 지식인이자 군대생활을 오래 했다는 경력 등이 대만사회에서 성옌 법사를 인식하는 데 어떤 영향을 미쳤고, 또 그것이 파구산의 창설 등에 어떤 영향을 미쳤는가에 대해서는 사회과학적 연구가 뒤따라야 할 것으로 본다. 철학이 전공인 필자의 역량을 넘는다.

이러한 이유로 나는 싱윈 대사와 성옌 법사의 리더십에 대해서는 여기서는 논외[5]로 하고, 정옌 상인의 리더십만을 살펴보고자 한다. 정옌

---

4. 이상미, 「대만불교의 전법과 포교활동」, 『대만불교의 조직체계와 리더십』(서울 : 불광연구원, 2011), p.37. 그의 자서전에 보면 "나는 귀국학자였다"라고 하는 항목이 있다. 釋聖嚴 著, 葛唐英 外 譯, 『聖嚴博士自傳』

5. '인간불교'에 대해서는 그들 사이에 이상(異相)이 있다 하더라도, 보다 큰 맥락에서 볼 때는 '인간불교'라는 동상(同相)이 있었다. 그러므로 그 동이관계를 주제와 변주라는 측면에서 살펴보기 위해서

상인6의 리더십은 '자비의 어머니, 관세음보살'의 이미지와 관련하는 것이어서, 관음신앙과 관련해서 몇 편의 글을 쓴 바 있는 나 자신 좀더 깊이 들여다보고자 하는 욕망이 일었다.

다만 관음신앙과 관련하여 정옌 상인의 리더십을 상론하기 전에 예비적으로 리더십 이론을 개괄하면서, 그러한 맥락에서는 정옌 상인의 리더십을 어떻게 평가해 볼 수 있는지 살펴보기로 하자.

2. 리더십 이론의 관점에서 본 평가

정치 경제 사회 문화의 모든 영역의 지도자에게는 그에 걸맞는 리더십이 요구된다. 하지만 "종교영역은 다른 영역에 비하여 고차원적인 지도력과 추종력이 요구되고 형성된다."7 그도 그럴 것이 종교적 지도자는 강제적 권력이나 경제적 재화를 통해서 추종자(follower)의 마음을 살 수가 없기 때문이다. '종교적 지도자에게 주어지는 추종자들의 추종은 어디까지나 신뢰와 존중심에서 우러나오는 것이며 자발성에 기초한 것일 터이다. 그런 점에서 리더십의 본질은 신뢰와 존중심에 기반한 '영향력'8이 아닐까 생각되지만, 이러한 '영향력'에도 좀더 구체적인 방향성과 상호작용성이 있어야 함은 두말 할 나위없으리라. 보가더스(E. S.

세 분[三大師]을 함께 살펴보는 것이 필연적으로 요청되었다. 김호성 「대만불교의 실천이념에 대한 고찰 - 인간불교의 주제와 변주를 중심으로 -」, 『대만불교의 실천이념과 운영시스템』(서울 : 불광연구원, 2011), pp. 33~63. 참조.

6. '상인(上人)'이라는 존칭은 츠지공덕회 회원들이 스님께 올리는 존칭이자 경칭인데, 이 글에서도 그에 따라서 '정옌 상인'이라 호칭키로 한다.
7. 김웅철, 「불교지도력의 일반이론」 ; 김웅철 외, 『불교지도자론 Ⅰ』(서울 : 솔바람, 2002), p.11.
8. 위의 책, p.25.

Bogardus)의 말을 들어보자.

리더는 여러 사람에게 특별한 영향력을 미칠 수 있는 사람이다. 모든 사람이 적어도 몇몇 사람들에게는 특별한 영향을 행사하기는 하지만, 그러한 행위를 리더십이라고 말할 수는 없다. 거기에는 반드시 특별한 영향력과 함께 그 대상이 되는 다수의 사람이 있어야 한다. 리더십은 집단상황 하에서 행동에 나타나는 성격이다. 그것은 한 사람의 지배적 성격 특성과 많은 사람의 수용적 성격 특성을 포함한다. 리더십은 한 사람의 특별한 특성과 많은 사람의 다른 특성 사이에서 많은 사람들의 행동방향이 한 사람에 의해서 변화되는 것과 같은 상호작용이다.[9]

집단상황 하에서 비로소 리더십은 문제가 된다는 것이다. 정옌 상인이 조직한 츠지공덕회(慈濟功德會)는 "2010년 말 현재 그 회원은 전 세계에 1천만 명으로 확대되었고, 매년 소액의 후원금을 내는 사람이 약 700만 명 정도 되는 것으로 알려져 있다."[10] 한 비구니 스님이 전 세계에 걸쳐서 약 1천만 명에 이르는 추종자의 마음을 지배하고 있으며, 전 세계의 1천만 명의 추종자들이 한 비구니 스님의 지도력을 수용하고 있는 것이다. 이러한 상호작용 속에서 츠지공덕회의 실천이 전 세계적으로 행해지고 있다고 말해서 좋으리라.

그렇다고 한다면 지도자인 정옌 상인은 어떻게 추종자 집단에 영향을 미치고 있는 것일까? 나름의 어떤 타고난 능력/특성이 있어서일

---

[9]. 위의 책, pp.25~26. 재인용.
[10]. 김응철, 「대만사찰의 재정운영체계 및 불사 추진양태」, 『대만불교의 실천이념과 운영시스템』, pp.100~101. 참조.

까? 리더십 이론에서, 한 지도자에게는 뭔가 다른 비범한 특성이 선천적으로 갖추어져 있다고 보는 것이 이른바 특성이론(特性理論, traits theory)이다. 지도자는 '위대한 영웅'이기에 가능한 지도력을 미리 갖추고 태어난다는 것이다.[11] 과연 정옌 상인은 그러한 비범한 재능을 타고난 것일까? 그렇지 않다. 그분에게 어떤 비범한 능력이 있어서, 비로소 "아파하는 모든 중생을 다 제도하겠다. 치료비가 없어서 치료받지 못하는 중생이 없게 하겠다. 가난한 중생들을 다 제도하겠다"라는 원을 세운 것이라 말할 수는 없기 때문이다. 오히려 그 반대라 해야 할 것이다. 1966년 시작 당시만 해도 별로 힘이 없었다. 겨우 30명 정도의 추종자와 함께 자선구제의 길로 뛰어들었을 뿐이다. 그렇지만 그러한 원을 세우자 힘이 따랐다. 정옌 상인의 간절한 원력과 자비, 그리고 중단없는 실천 앞에서 많은 사람들이 감명을 받고서, 정옌 상인의 실천사업에 – 자제인간(慈濟人間)의 길 – 동참케 되었던 것이다. 그리하여 상인의 힘 역시 점차적으로 거대한 힘으로 자라났던 것이다.

물론 정옌 상인은 "추종자 집단이 추구해야 할 목표와 그 목표를 달성할 수 있는 방법을 최종적으로 결정하고, 나아가 그 집단의 규범인 특정한 사회적 규범을 창출할 수 있는 활동"[12]을 솔선수범하였다. 여기서 목표라 함은 고통받는 중생, 고뇌하는 중생의 제도였고, 그 방법은 자선, 의료, 환경보호, 교육과 같은 츠지공덕회의 사업(志業)영역이었으며, 사회적 규범은 '츠지십계(慈濟十戒)'[13]를 비롯한 여러 가지 규범을 말한다. 이 규범에는 '츠지십계'와 같은 대강령 외에도 조직활동을 위한

---

11. 김응철, 「불교지도력의 일반이론」, 앞의 책, p.40. 참조.
12. 위의 책, p.26.
13. 김호성, 「대만불교의 겉과 속」, 앞의 책, pp.294~295. 참조.

소소한 약속들이 다 포함되리라 본다. 그러니까 정옌 상인에게도 리더십 이론을 충분히 적용하여, 그 리더십을 평가하는 것이 가능하다는 말이다. 이에 대해서는 내 자신이 전문적인 연구자가 아니기에, 사회과학자들의 리더십 이론에 의지하여 평가해 보기로 한다.

첫째 리더의 태도유형을 독재형, 민주형, 자유방임형으로 나눌 수 있는데[14], 그 중에 정옌 상인의 태도유형은 민주형이라 할 수 있다. 조직을 통해서 그 사업을 엄격히 관리하고 있는 점에서 보면 관료적인 측면이 없지 않으나, 기본적으로 각 지회 조직의 자율적 결정으로 사업이 운영되고 있는 점[15]을 생각하면, '믿고 맡기는' 민주형이라 평가해도 좋을 것이다.

둘째, 리더십 유형[16]으로는 과업지향형과 관계지향형이 있는데, 정옌 상인의 리더십은 양자의 절충형으로 판단된다. 지향해야 할 과업을 분명히 제시하고 있다는 점에서는 과업지향형이지만, 먼저 참여자(= 추종자)의 문제를 해결시켜 준 뒤에, - 이 점에서 정옌 상인은 '심리상담사' 내지 '시무외자(施無畏者)'라고 하는 면목 역시 볼 수 있다 - 참여자로 하여금 그 동안 갇혀 있었던 스스로의 문제라고 하는 좁은 한계(나, 가정)를 벗어던지고 보다 넓은 세계의 문제해결을 위하여 동참하는 '대아(大我)'로 새롭게 태어나도록 하는 관계지향형이기도 하다.[17] 이런 점에서 볼 때, 선(先)관계지향, 후(後)과업지향의 절충형이라 해야 하지 않을까 싶다.

---

14. 김응철, 「불교지도력의 일반이론」, 앞의 책, p.35.
15. 포광산사는 중앙집권적 운영임에 비하여, 츠지공덕회는 지역분권화 정책을 채택하고 있다 한다. 김응철, 「대만 사찰의 재정 운영체계 및 불사 추진양태」, 앞의 책, p.98. 참조.
16. 김응철, 「불교지도력의 일반이론」, 앞의 책, p.45. 참조.
17. 이에 대한 실례는 뒤의 3장 1절에서 제시하게 될 것이다.

셋째 불교지도자의 리더십 유형은 크게 수좌형 리더십과 보살형 리더십이 있는 데, 정옌 상인은 보살형 리더십이라 할 수 있다. 특히 보살형 리더십의 하위 유형 중에서는 사회적 역할확대형 리더십에 해당한다. 유승무는 이 사회적 역할확대형 리더십에 대해서 다음과 같이 말하고 있다.

사회적 역할확대형 리더십은 그의 직분이 종단내적 역할이 아니라 대사회적 역할에 놓여 있다는 점에서 현실안주형 리더십과 차이가 난다. 그리고 이렇듯 종단내적 역할이 아닌 사회적 역할을 수행함에도 불구하고 사회적 역할확대형 리더십의 영향력을 행사할 수 있는 기반은, 원효스님의 사례가 잘 보여주듯이, 그것이 종교의 사회적 정당성을 뒷받침해 주기 때문이기도 하거니와 불교 내적으로는 중생구제의 이념이나 대승불교의 전통에 부합하기 때문인 것으로 판단된다.[18]

비록 유승무가 츠지공덕회의 정옌 상인까지 염두에 두고 내린 정의는 아니겠지만, 이러한 정의는 정옌 상인 역시 원효스님과 마찬가지로 사회적 역할확대형 리더십에 정히 부합하는 것임을 잘 보여주는 것으로 생각된다.

넷째, 전통적 지배, 법률-합리적 지배, 그리고 카리스마적 지배라고 하는 막스 베버(Max Weber)의 지배 유형에 비추어 볼 때, 정옌 상인의 리더십은 과연 어느 유형의 지배와 유관한 것일까? 가장 가능성이 높아 보이는 것이 카리스마적 지배이다. 그러나 카리스마적 지도자는

---

[18]. 유승무, 「출가자 리더십의 제유형과 그 특성」, 김응철 외, 앞의 책, pp.86~87. 현실안주형 리더십 역시 보살형 리더십의 하위범주에 속한다.

"초인적 자질을 소유하고 사회의 전통이나 신념 그리고 법률 등과는 무관하게 사회의 격동기나 위기가 발생하는 시기에 등장하는 인물"[19]이라는 정의에 비추어 볼 때는 일치하지 않는 것으로 판단된다. 앞서 말한 바와 같이, 정옌 상인은 초인적 자질을 소유하고 태어난 사람이 아니기 때문이다. 그렇기에 베버가 말한 카리스마의 정의와 정옌 상인은 일치하지 않는다 할 수 있다.

다만 근래 리더십 이론의 연구자들 사이에서는 카리스마를 재해석하는 사람들이 있어서 재검토를 요구한다. 1980년대부터 하우스(House) 등 일군의 학자들은 "카리스마를 전통적인 해석과는 달리 추종자들과의 상호작용과정을 통해 후천적으로 형성되는 그 무엇"[20]으로 본다. 그렇게 본다면 정옌 상인의 추종자들은 - 츠지공덕회의 회원들 - 그들이 정옌 상인으로부터 받은 영향력의 결과로 인하여, 정옌 상인에게 카리스마를 부여한 것으로 평가할 수 있을 것이다. 초창기와 달리, 이제 사람들은 정옌 상인을 만나면 절을 하고, 종교적으로 구원자를 대하는 느낌을 갖는다고 한다. 이렇게 볼 때, 정옌 상인은 추종자와의 민주적이고 자율적인 상호작용에 의해서 '새로운 카리스마적 지배'를 하고 있는 것으로 판단된다. 특히 정옌 상인이 소유하게 된 새로운 카리스마의 형성에는 관세음보살의 이미지가 큰 작용을 한 것으로 나는 판단하거니와, 이에 대해서는 다음 장에서 보다 구체적으로 살펴보고자 한다.

---

19. 김응철, 「불교지도력의 일반이론」, 앞의 책, p.37.
20. 유승무, 앞의 책, p.70.

3. 불교사상의 관점에서 본 평가

불교지도자의 리더십 유형을 구분해 온 유승무는 오늘날 종교지도자의 리더십 형성에 대해서 다음과 같이 말하고 있다.

> 오늘날 성직자의 리더십은 더 이상 성직자 개인의 비범한 자질에 의해서나 성직자라는 직분에 의해서 형성되는 것이 아니다. 심지어 오늘날 성직자는 직분에 따른 합법적 지배만으로는 충분한 리더십을 발휘할 수 없고, 오히려 성직자 스스로가 신도들에게 다가가 적극적으로 봉사할 때 형성된다는 것을 암시하고 있다.[21]

대만불교의 지도자들 중에서, 이러한 요구에 가장 잘 부합하는 분이 정옌 상인이라는 점에 이의를 제기할 사람은 아마 없을 것이다. '신도'만이 아니라 종교를 초월해서 '인간사랑[人愛]', 혹은 '위대한 사랑[大愛]'을 실천하고 있기 때문이다. 스스로 양초와 미숫가루를 만들어서 자선의 기금을 마련하고, 가난한 이웃과 병든 이웃을 찾아다니면서 구제하지 않았던가.

그런데 앞에서도 살펴본 것처럼, 리더십은 실천현장에서 만나는 피구제자와 구제자 사이에서 찾아지는 것이 아니라 그 실천현장에 투입되어서 피구제자를 구제하는 동참자와 지도자 사이에 문제되는 것이다. 구제자의 대표로서 지도자의 자리에 있는 것은 정옌 상인이고, 동참자로서 구제자의 무리에 합류(合流)하는 사람은 츠지공덕회의 회원

---

21. 위의 책, p.66.

들이다. 소액의 재정적 기부자로만 존재하는 것이 아니라, 적극적으로 투신하여 츠지공덕회의 조직체계 안에서 츠지위원이나 명예이사 등의 지위를 점하면서, 또 그보다 하위의 멤버들을 이끌면서 자제인간(慈濟人間)의 실천행을 행하는 '자제인' 사이에서 리더십은 문제된다.

이러한 적극적 '자제인'과 정옌 상인 사이에 형성된 새로운 카리스마에 '자비의 어머니, 관세음보살'이라는 이미지가 투영(投影)되어 있다[22]는 것은 이미 지적되어 왔다. 그러나 이를 관음신앙의 본질과 관련하여 좀더 구체적으로 살펴봄으로써, 정옌 상인의 실천행을 관음신앙의 역사 안에서 자리매김해 보기로 하자.

1) '자비의 어머니, 관음'의 이미지

관세음보살은 성(性, sex)을 초월해 있으며 제도할 중생의 형편[機]에 맞추어서 33응신(應身)을 나툰다는 수기시현(隨機示現)을 행하므로, 애시당초 관음을 여성으로만 고정화할 수는 없다. 그러나 석가모니 부처님을 '자부(慈父)'라 해왔음에 반하여, 관세음보살은 '자모(慈母)'라고 해왔던 전통이 있음도 외면할 수는 없다. 자비의 어머니, 관세음보살의 이미지로 중생들은 관세음보살을 생각해 왔고, 의지해 왔다. 그렇기에 고난에 처해 있는 중생들을 적극적으로 구제하고 있는 비구니 정옌 상인의 모습에서, 중생들은 '자비의 어머니 관세음보살'의 이미지를 상인에게 투영함도 자연스러운 일이었으리라 생각된다.

그러나 여기에는 중국문화사 특유의 뒷배경이 자리하고 있음 역시

---

[22]. Chien-Yu Julia Huang & Robert P. Weller, "Merit and Mothering : Women and Social Welfare in Taiwanese Buddhism", The Journal of Asian Studies 57/2(May, 1998), pp.379~396.

주목해야 할 것 같다. 도교적인 여신의 이미지가 중첩되었으며, 그러한 문화사적 배경이 있으므로 정옌 상인과 같은 여성(비구니) 지도자를 구제자로 쉽게 받아들일 수 있었다는 것이다. 물론 우리에게도 선도산(仙桃山) 성모(聖母)와 같이 불교 이외의 여신의 - 여성 구재자 - 존재와 그 이미지가 없었던 것은 아니지만, 아무래도 도교를 갖고 있는 중국문화와는 견줄 수 없을 것 같다. 물론 도교 자체에 관세음보살이 그대로 수용되어 있거나 그러한 역할을 담당한 도교의 신이 존재한다.[23] 요컨대 정옌 상인의 관음 이미지에는 중국의 도교로부터 이어져온 '여신 이미지'가 한몫하고 있다는 점이 주목을 끈다.

정옌 스님의 이야기에서 스님이 어머니의 뜻을 거역한 것 또한 집을 떠나 부모의 뜻에 반하여 결혼을 하지 않거나 아이를 낳지 않은 많은 여신들의 이야기와 흡사하다. 가령 관세음보살의 화신인 묘선(妙善)의 이야기가 있다. 묘선이 구도의 길을 걷기 위해 결혼하기를 거부하자 아버지가 그녀가 사는 곳의 모든 비구니 스님들을 죽였다. 그럼에도 불구하고 훗날 아버지가 황달로 인해 죽게 되자 묘선은 아버지의 사랑에 보답하기 위하여 자신의 팔과 눈을 잘라내어 만든 약으로 아버지를 치료했다. 그런 후 묘선은 자신의 본모습인 천수천안 관세음보살의 모습을 드러냈다. 임수(臨水) 부인이나 마조(媽祖)와 같은 다른 여신에게도 유

---

[23]. "상청궁(上淸宮) 들어서기 전 왼편에는 '慈航殿'이라는 이름의 전각이 있다. 관세음보살을 수용해서 모신 전각임은 그 주련의 내용에서나 상(像)을 통해서나 쉽게 알 수 있었다. 더 나아가서 불교의 관세음보살 그대로는 아니지만 그 이념과 역할(소리를 듣고서 중생을 구제한다는)을 받아들인 도교의 신 역시 존재함을 이 청성산에서는 볼 수 있었다." 2001. 7. 20. 중국 쓰촨성 청성산을 답사하고 쓴 나의 일기 중 한 토막.

사한 이야기가 존재한다.²⁴

묘선 이야기는 스스로를 희생하여 아버지(가족)을 구원하는 희생자의 성스러운 이미지가 들어있다. 묘선, 임수 부인, 마조와 같은 여성의 구원자들에 - 여신 이미지 - 대한 믿음 안에는 그 자체 속에 이미 관세음보살 이야기가 습합(襲合)되어 있지만, 이러한 이야기들을 듣고 자라고 믿어온 중국의 여성들에게 정옌 상인은 또 하나의 '관세음보살'로 받아들여진 것이 아닌가 싶다. 실제로 정옌 상인 스스로 관음신앙과 깊은 인연을 갖고 있기도 하였다. "16살 때(1953년) 관세음보살에게 어머니가 중병으로부터 회복한다면 12년 동안 재가불교 신자가 되겠다고 맹서했다." 그리고 "관세음보살은 기도에 응하였다."²⁵ 그리하여 관세음보살에 대한 깊은 믿음을 지니셨던 정옌 상인은 그 스스로를 '한 집안의 구제자'로서의 어머니에서 '온 지상의 구제자'라는 - 더 큰 어머니 - 이미지로 변신해 간다. 이는 결혼을 하지 않음으로써 가능한 것으로 생각되어져 왔다.

관세음보살 또한 비록 결혼을 하지 않았고 문자적 의미의 '어머니'였던 적이 없지만, 종종 아기를 앉고 있는 모습으로 묘사된다. 이는 단지 관세음보살을 순산을 돕는 존재로 묘사하는 것일 뿐만 아니라 이상화된 여성의 지위가 - 모성으로 모든 존재의 구원에 헌신하는 - 하나의 도상에 압축되어 있는 것이다.²⁶

결혼하지 않음으로써 온 중생의 어머니가 된다는 관념은 도교적인

---

24. Chien-Yu Julia Huang and Robert P. Weller, 앞의 책, p.381.
25. Chien-Yu Julia Huang and Robert P. Weller, 앞의 책, p.381.
26. Chien-Yu Julia Huang and Robert P. Weller, 앞의 책, p.382.

'무생노모(無生老母)'에 투영되어 있다.

이러한 종파들(백련교에 뿌리를 둔 종파들 - 인용자)은 '우성라오무(無生老母)'라는 창조주 여신을 섬기는 경우가 많다. 이 여신은 온 세상의 동정녀 어머니로서 아기를 안고 있는 관세음보살의 이미지가 극단까지 강조된 경우라고 볼 수 있다. 무생노모는 말 그대로 우리 모두의 어머니이면서[老母] 실질적 성행위나 출산으로 오염되지 않은[無生] 여신이다.[27]

화렌(花蓮)에 있는 츠지공덕회의 본부 건물, 징쓰당(靜思堂)에는 북한 사람들이 감사의 뜻에서 만들어 준 큰 걸개그림이 걸려 있다. 마치 괘불(掛佛)같기도 하고 벽화 같기도 한데, 오른손으로 지구를 들고 있는 부처님을 그린 것이라 한다. 그러나 중국 승려들의 평상복(외출복?) 차림을 한 이 부처님은 마치 비구니 스님 같은 이미지를 풍긴다. 정옌 상인을 그린 것은 아닐까 싶은 생각이 들었던 것은 나만은 아니었을 것이다.

화렌 징쓰정사 걸개그림

결혼하지 않고 아이를 낳지 않음으로써 만중생의 어머니가 될 수

---

27. Chien-Yu Julia Huang and Robert P. Weller, 앞의 책, p.388.

있었고, 마침내 구제행의 실천자로서 관세음보살의 이미지까지 얻게
된 정옌 상인은 '집안의 천사(angel in the house)'로 살기를 강요받아 온, 유
교문화권 속의 대만여성에게는 해방의 아이콘(icon)이 되었다. 회원들의
말을 직접 들어보자.

저는 제가 너무 좁은 사랑을 하고 있었음을 깨달았습니다. 저는 두
명의 아이들이 있는데 저의 집착적인 사랑으로 아이들을 숨 막히게 하
고 있었습니다. 그리고 저는 이런 고통스러운 사랑 때문에 결코 행복하
지 못했습니다. 하지만 이제 저에게는 수많은 아이들이 있습니다. 저는
제가 돕는 모든 사람이 저의 자식이라고 생각합니다. 어머니로서의 우
리의 사랑을 세상에 대한 사랑으로 만들어야 한다는 것을 배운 것입니
다. 이렇게 우리는 실천적인 삶을 매일 살아갈 것입니다! 그리고 우리
는 매일 행복할 것입니다! [28]

'자비의 어머니, 관세음보살'의 이미지는 정옌 상인에게서만 끝나는
것이 아니다. 추종자들 중 대다수에 이르는 여성 참여자들에게 전이(轉
移)되어 갔음을 위의 인용문은 잘 보여주고 있다. 관세음보살의 응화신
들의 집단, 그러한 이미지가 츠지공덕회에 부여되기 시작했던 것이다.

2) 관음신앙의 새로운 전범

앞에서 나는 특히 대만의 여성들에게서 정옌 상인의 '관세음보살' 이미

---

[28]. Chien-Yu Julia Huang and Robert P. Weller, 앞의 책, p.386.

지가 정옌 상인에게 새로운 카리스마를 부여할 수 있었다고 하였다. 그러한 기제(mechanism)를 종교문화사적 배경을 드러내면서 밝혀보고자 한 것이다. 그런데 그 같은 측면은 어디까지나 '수신자' 입장에서 살펴보았을 때의 이야기일 뿐이었다. 여전히 문제가 되는 것은 '발신자' 입장에 놓여 있었던 정옌 상인 역시 관세음보살의 이미지를 적극적으로 강화해 갔던가 하는 점이다. 이 물음에 대하여 나는 "그렇다"라는 긍정적 대답을 제시할 수 있다. 정옌 상인 역시 추종자들에게 츠지공덕회의 일이 곧 관세음보살의 일임을 강조하면서, 츠지공덕회의 일에 동참하는 것은 곧 관세음보살이 되어서 관세음보살의 일을 돕는 일이 됨을 말하고 있기 때문이다. 이재형은 정옌 상인의 말을 다음과 같이 전하고 있다.

1000개의 손과 1000개의 눈을 가진 관세음보살님이 동시에 여러 곳에서 고통과 재난을 구해주시듯이 만약 관세음보살님의 자비심을 가진 500명이 각처에 흩어져 천개의 눈과 천개의 손으로 중생의 아픔을 구제한다면 이는 경전 속의 관세음보살님을 중생의 모습으로 살려내는 것이다.[29]

이제 관세음보살은 경전 속의 존재로만 머물지 않는다. 경전 밖의 세계, 중생들의 고난의 현장으로 들어가야 한다. 정옌 상인은 물론 츠지공덕회의 회원들 역시 경전 밖으로 나온 관세음보살이다. 실제로 츠지공덕회의 "신도들은 때때로 츠지공덕회를 천수천안 관세음보살에 비유하기도 한다. 가령 어느 신도는 정옌 스님에 대해 '스님이 한 팔을

---

29. 이재형, 「대만불교 저력 분석」, 《법보신문》 900호. (2007년 5월 8일.)

움직이면 천 개의 팔이 움직이고, 스님의 눈이 무언가를 바라보면 천 개의 눈이 바라본다'"[30]고 한다. 그만큼 추종자들은 정옌 상인의 리더십에 일거수 일투족 함께함을 말하고 있는 것이다.

여기까지의 이야기는 이미 츠지공덕회의 내부참여자들이나 외부관찰자[31] 모두에게서 확인가능한 이야기이다. 그것만을 반복한다고 해서 새로움(apūrvatā)이 얻어지는 것도 아니다. 내가 여기서 '정옌 상인 = 관세음보살' 이미지/이야기에 새롭게 덧보태고자 하는 것은 불교의 신앙사(信仰史)에서 바라볼 때의 평가이다. 즉 정옌 상인이 펼쳐 보이는 자선구제행, 즉 관음의 자비실천행이야말로 대승불교의 오랜 신앙사, 구체적으로는 관음신앙의 역사에서 하나의 획을 긋는 사건으로 평가할 수 있다는 것이다.

왜냐하면 우리는 너무나 오랜 동안 관음신앙이라 하면, 『법화경』 「관세음보살보문품」(= 『관음경』)의 가르침에 따라서 내가 고난에 처했을 때 '관세음보살'의 이름을 부르면, 관세음보살이 즉시에 모든 소원을 다 들어주신다고만 배워왔기 때문이다. 우리가 보고 배운 것이 그러한 모습이 전부였다 해도 과언이 아닐 것이다. 이를 나는 '도와주소서'의 관음신앙(= 제1류의 관음신앙)이라 부른다. 그러나 이는 우리가 관세음보살로부터 구제되는 피구제자의 입장의 - 칠난(七難)과 같은 고난에 처했을 때 - 일이고, 그것만이 관음신앙의 전부는 아니다. 또 다른 유형의 관음신앙을 불교의 역사는 또 소유하고 있다. 우리 스스로 관세음보살이 '되겠습니다'라고 하는 관음신앙(= 제2류의 관음신앙)과 우리 스스로

---

[30]. Chien-Yu Julia Huang & Robert P. Weller, 앞의 책, p.382.
[31]. 예컨대 이상미는 정옌 상인을 "살아 있는 관세음보살의 화현"이라 평가한다. 이상미, 「책으로 바라본 쩡옌 스님의 인간불교 사상과 그 실천」, 《불교평론》 제28호(2006년 겨울).

구제자인 관세음보살의 입장이 되어서 관세음보살의 자비를 행하는, 그래서 관세음보살의 일(＝자비행)을 도와드리는 '돕겠습니다'의 관음신앙(＝제3류의 관음신앙) 역시 존재하는 것이다.[32] 제2류와 제3류의 관음신앙을 가장 분명히 잘 드러내고 있는 문헌이 바로 우리의 관음행자 의상 스님의(義相, 625~702) 발원문인「백화도량발원문(白華道場發願文)」이다. 이 글의 논리전개상 필요한 제3류의 관음신앙을 가리키는 부분만 읽어 보기로 한다.

> 몸을 얻는 이 세상과 새 몸 얻는 저 세상에서
> 머무는 곳곳마다 그림자가 물체를 따르듯이
> 언제나 설법하심을 듣고 교화를 돕겠습니다.[33]

'교화를 돕겠습니다'라는 것은 관세음보살님의 교화, 즉 자비실천행을 이 발원문의 발원자(＝발원제자)가 돕겠다는 것이다. 관세음보살님께 '도와주소서'라고 말하는 신앙(＝제1류)이 아니라, 관세음보살님께 '도와드리겠습니다'라고 말하는 신앙의 모습(＝제3류)이 여기에 분명히 드러나 있는 것이다. 이러한 차원의 관음신앙에서 신자(信者)는 관세음보살의 입장에 서서 관세음보살의 일을 대행(代行)함으로써,『법화경』「관세음보살보문품」에서 말해지는 관세음보살의 행을 자비실천의 전범(典範)으로써 내면화시킨다. 제1류의 관음신앙을 제3류의 관음신앙 속으로 당겨서 포섭하고 회통(會通)하는 것이다.

---

[32] 세 가지 유형의 관음신앙에 대해서는 김호성,「관음신앙의 유형에 대한 고찰」,『천수경의 새로운 연구』(서울 : 민족사, 2006), pp.100~120 참조.
[33] 체원(體元),『백화도량발원문약해』, 韓佛 6~574a.「백화도량발원문」전문을 알기 쉽게 해설한 것은 졸저,『천수경과 관음신앙』(서울 : 동국대 출판부, 2010), pp.273~314 참조.

그런데 이렇게 '돕겠습니다'의 관음신앙은, 이론적인 측면에서는 이미 우리의 의상 스님이나 체원(體元) 스님[34]에게서 정점(climax)에 이른 것으로 나는 생각하고 있다. 그러나 오래도록 우리의 불교사 안에서는 바로 그러한 생각으로, 즉 "관세음보살의 구제행을 우리가 대신한다"라는 자부심을 갖고서 실천한 불교의 조직적인 움직임은 없었다 해도 과언이 아닐 것이다. 바로 그런 점에서 츠지공덕회의 정엔 상인의 실천행은 새로운 관음신앙(= 제3류의 관음신앙)의 전범을 잘 보여준 것으로 나는 평가하고자 한다. 이는 앞으로 많은 관음신앙의 행자들에게 영향력을 미치리라 생각되거니와, 관세음보살의 구제행을 현실 사회 속에서 실천해 감으로써 새로운 – 실은 이미 이론적으로는 정립되어 있었지만 – 유형(= 제3류의 관음신앙)의 관음신앙의 현실화(現實化)를 가능케 한 것이야말로 '정엔 상인 = 관세음보살'이라는 관음의 이미지가 낳은 리더십, 즉 자모(慈母)의 리더십이 아닌가 한다.

4. 관음적 리더십의 전범

대만불교 부흥의 역사는 그렇게 길다고 할 수 없다. 1949년 대륙의 공산화라는 태풍을 피해 '섬'으로 피난 온 대륙 출신의 스님들에 의해서 대만불교는 새롭게 재조직되기 시작한다. 그 이전의 미신화된 불교의 모습을 완전히 탈피하고, 승가의 청정성과 권위를 되찾는 일들이 여기

---

[34]. 생몰연대 미상. 고려 충숙~충혜왕대(1313~1344)에 해인사를 중심으로 활약한 화엄종의 고승이다. 의상의 「백화도량발원문」을 간략히 집해(集解)한 『백화도량발원문약해』를 남김으로써 우리에게 의상의 「백화도량발원문」을 전해준 공덕주(功德主)이다. 『백화도량발원문약해』의 우리말 번역은 졸저, 『천수경과 관음신앙』, pp.322~370 참조.

저기에서, 여러 분의 스님들에 의해서 추진된다. 많은 불교지도자들이 계셨다. 본론에서는 언급하지 못했으나, 바이성(白聖) 스님과 같이 계단(戒壇)을 통해서 '지계(持戒)의 대만불교'를 정초(定礎)한 경우가 기억되어야 할 것이다. 뿐만 아니라, 대만불교 4대산문 중에서 파구산(法鼓山)을 창건한 성옌 법사는 『나의 법문사우(法門師友)』(臺北 : 法鼓文化, 2002)라는 책을 통해서, 대만불교 부흥기의 많은 스님들을 기록하고 있다.

그런 점을 생각하면, 방법론적으로 포광산, 츠지공덕회, 중타이찬사, 파구산이라는 4대산문만을 중심으로 해서 대만불교를 이해하려는 시도가 완벽할 수 없는 측면이 있음도 사실이다. 하지만 외국의 불교학자로서는 우선 현저하게 눈에 띄는 4대산문의 이해로부터 출발할 수밖에 없다는 불가피성 역시 어느 정도는 어쩔 수 없는 것 아닌가 한다.

4대산문 중에서 정보공개를 꺼려온 중타이찬사의 경우를 제외하면, 3대산문은 설립시기를 따라서 살핀다면 싱윈 대사의 포광산, 정옌 상인의 츠지공덕회, 그리고 성옌 법사의 파구산의 순서가 된다. 싱윈 대사의 경우는 포광산의 창건연대는 1967년으로서, 츠지공덕회의 1966년보다 늦지만 실제로는 그 뿌리가 된 포교활동은 이미 1953년 이란(宜蘭)에서부터 시작했던 것이다.

과연 이 세 분의 개산(開山) 종장(宗匠)들은 도대체 어떠한 리더십으로 사람들을 이끌고, 그 거대한 불사를 성공적으로 완수할 수 있었던 것일까? 여기에 리더십의 문제를 살펴보아야 하는 까닭이 있다. 그러나 이 글을 준비하는 과정에서, 나는 리더십의 관점에서 볼 때 싱윈 대사와 성옌 법사의 리더십을 특징적으로 추출해내는 데 실패하였다. 이는 리더십이라는 주제가 사회과학자들의 – 우리의 경우에도 김응철과 유승무가 선구적이데, 각기 행정학과 사회학 전공의 사회과학자이다 –

탐구영역이 되어왔다는 학문적 성격과 무관하지 않은 것으로 보인다. 철학과 불교교학을 전공으로 하는 나로서는 그러한 리더십 안에서, 뭔가 불교교학이나 철학적 담론으로 연결할 수 있는 부분을 찾아내야 했던 것이다.

싱윈 대사의 경우에는 다소 언급할 부분이 없지 않았다. 대만사회의 고도성장이라는 사회적 변화와 맞물리면서, 대중들의 자본에 대한 욕망을 긍정적으로 고취하는 맥락에서 불교교리를 재해석해 갔다는 점이야말로 리더십 발휘의 핵심적 요인으로 보이는 것이다. 그런데 나는 바로 그 이야기를 '인간불교'와 관련하여 지난 세미나(불광연구원 제8차 학술연찬회 자료집, 참조. 2011. 4. 30.)에서 이미 다루었던 것이다. 바로 계기(契機)를 계리(契理)보다도 더욱 중시하는, 싱윈 대사의 인간불교 이념이야말로 더 이상 없는 지도력의 본질을 구성하는 것으로서 평가했던 것이다. 그분에게 인간불교의 이념과 리더십의 문제는 표리(表裏)의 관계를 이루고 있는 것이었다.

한편 파구산 성옌 법사의 경우에는 그조차도 실패하였다. 인간불교를 다룰 때 살펴본 것처럼, 그분은 중국불교의 전통적인 맥락을 매우 중시하고 있었는데, 그 점에서는 싱윈 대사와 달랐다. 3대산문 중에서 파구산의 창건(1997)은 가장 늦었으며, 개산 종장들 중에서는 가장 빨리 입적(2009)하고 말았다. 어떻게 보면 그 분의 출가수도의 삶에서 가장 오래도록 중점을 둔 분야는 스스로의 공부가 아닌가 한다. 폐관(閉關)과 유학, 그리고 수선(修禪) 등이었다. 전기적(傳記的) 사실을 통해서 리더십과 관련하여 하나 언급할 만한 것은 그분의 이력이 갖고 있는 세속적 측면이다. 정보장교 생활 10년과 일본에 유학한 '귀국학자(歸國學者)'라는 점이었다. 이는 "학교 졸업장을 하나도 갖고 있지 않다"는 싱윈 대사와도 대조되는 측면이다. 이런 세속적 측면이 대만사회에서 성옌 법사를 수용하고 그분의 활동을 지원하는 데 어떤 영향력을 미쳤는가 하는 점은 리더십의 관점에서도 살펴보아야 할 점이라고 본다. 하지만 문제는 그러한 주제는 사회과학자들의 면밀한 고찰을 요구한다고 생각된다. 역량있는 사회과학 연구자들에게 미룰 수밖에 없었다. 이러한 측면은, 비록 공동연구의 한 테마를 담당하고 있으나 불교교학 내지 철학적 연구가 전공인 나의 영역은 아니라고 판단하여 제외하였다.

다행히 정옌 상인의 경우, 불교교학이나 철학을 자신의 영역으로 삼아온 나로서도 평가할 수 있는 부분이 없지 않았다. 그러나 그 이야기를 바로 드러내기 전에, 최소한의 성의로나마 사회과학자들의 리더십 이론에 비추어 볼 필요는 있었다.

리더십 이론에서 리더십의 정의는 '영향력'이라 할 수 있다. 그러나 그것이 지도자가 추종자(follower)에게 미치는 일방적인 것이 아니라, 지도자와 추종자 사이에서 형성되는 상호작용이라 말하고 있었다. 그럼 영향력의 원천은 어디서 찾을 수 있을까? 지도자가 선천적으로 타고나는 어떤 특성들(traits)일까? 그렇지는 않다. 정옌 상인은 선천적 특성에 의해서가 아니라, 후천적으로 자비와 원력에 기반한 실천으로 대중들의 마음을 사로잡았으며 동참을 이끌어 냈던 것이다. 이러한 사회과학의 리더십 이론에 비추어 볼 때, 정옌 상인의 리더십은 민주형이고, 과업지향형과 관계지향형의 절충이며, 보살형 리더십으로 평가할 수 있었다. 보다 구체적으로 말하면, 보살형 리더십 중에서도 사회적 역할확대형 리더십이라 할 수 있다. 또 막스 베버(Max Weber)가 말한 지배의 세 가지 유형 중에서는 딱 맞아떨어지는 것이 없었다. 다만 그가 말한 카리스마적 지배를 새롭게 해석하는 현대의 이론에 비추어 볼 때에만 '새로운 카리스마적 지배'로 볼 수 있는 것으로 판단되었다. 그것은 추종자가 일방적으로 지도자로부터 영향만을 받는 것이 아니라, 지도자들에게 추종자들이 카리스마를 부여하게 된다는 관점이다.

정옌 상인은 정히 새로운 의미의 카리스마적 지배를 가능케 한 지도자인데, 그 근원에는 대만사회의 전통문화 안에서 '여성의 구제자'에게 기대되는 신앙의 역사가 있었음을 알 수 있었다. 그것은 바로 '자비의 어머니, 관세음보살'의 이미지인데, 이는 민중들이 정옌 상인을 그렇게 관음의 화현으로 보는 데서만 그친 것은 아니었다. 정옌 상인이나 츠지공덕회 회원들 스스로가 "관세음보살의 자비실천을 대행(代行)한다"는 자각을 갖고 있었던 것이다. 여기까지는 기존의 논문이나 보고서들에서 이미 지적하고 있는 사항이었다.

그러나 '정옌 상인 = 관음의 화현'이고, '츠지공덕회의 사업[志業] = 관음 대비행의 실천'이라는 등식이 갖는 불교 교학적 내지 불교 신행적 의미에 대해서는 종래의 연구들이 언급하지 못해 왔다. 이 글에서 나는 정옌 상인이 이끄는 츠지공덕회의 신행운동이 관음신앙의 역사에서 갖는 위상이 무엇인지를 자리매김하고자 하였다. 이는 관음신앙에 대한 우리의 이해를 보다 확충함으로써 가능하게 될 것이다. 그것은 우리의 의상(義相)이 일찍이 「백화도량발원문(白華道場發願文)」에서 관세음보살의 "교화를 돕겠습니다[助揚眞化]"라고 함으로써, "도와주소서"의 관음신앙(= 제1류의 관음신앙)을 탈피하여, 오히려 이제는 관세음보살(의 자비실천행을) "돕겠습니다"라고 하는 관음신앙(= 제3류의 관음신앙)을 이론적으로는 정립한 바 있었다. 그러나 그 현실적 실천, 그것도 전세계적 범위에 걸쳐서 조직적으로 실천한 사례는 찾기 어려웠다. 바로 그렇게 "돕겠습니다"의 관음신앙을 실제 현실 속에서, 그것도 전세계적 범위에서 조직적으로 실천한 사례로 정옌 상인의 실천을 평가할 수 있다는 것이다. 이런 점에서 정옌 상인의 관음적(觀音的) 리더십은 '자비의 어머니, 관세음보살'의 신앙사에 새로운 획을 그은 사건이자, 관음신앙의 새로운 전범(典範)으로 평가하였다. 이는 앞으로 대만만이 아니라 전세계의 불교권에 많은 영향력을 미칠 것으로 기대한다.

김응철

대만불교의
성공요인과
한국불교의 성찰*

외형적으로 보면 대만은 종교적으로 매우 다원화된 사회이다. 대만 국민들은 동서양을 아우르는 다양한 종교활동과 신앙생활을 하고 있다. 일반적으로 대만의 종교적 신앙행태는 크게 세 가지 유형으로 구분하고 있다. 즉, 고산족(高山族)을 중심으로 하는 원시신앙, 사회 저변에 널리 확산되어 있는 민간 통속신앙, 그리고 제도화된 각종 정식 종교 등이다. 정식 종교란 대만 정부가 승인하여 법인으로 등록한 법인격을 부

---

* 이 논문은 『전법학 연구』 창간호(2012. 1. 30. 불광연구원) 307쪽에서 349쪽까지 발표된 것이다. 이번에 단행본으로 다시 엮으면서 책의 편집 체제에 맞추기 위하여, 인명·지명 등의 중국어 표기를 비롯하여 몇 가지 수정하였음을 밝힌다.
** 중앙승가대학교 포교사회학과 교수

여받은 종교단체를 의미한다.

고산족은 아미족(阿美族), 조족(曺族), 포의족(布衣族), 비남족(卑南族) 등 다수가 현재 대만 산악지역에 산재하고 있으며, 이들은 각종 애니미즘이나 토테미즘 형태의 신앙 행태를 유지하고 있다. 민간 통속신앙은 대만 사람들 사이에 가장 보편화된 신앙행태로 신앙의 대상은 천지(天地), 신불(神佛), 조선(祖先) 등으로 다양하다. 최근 서양 종교 선교사들이 고산족을 대상으로 적극적으로 선교활동을 펼쳐서 일부가 개신교로 개종한 사례가 많아졌다고 한다.

민간 신앙 중에서 가장 중요한 위치를 차지하고 있는 대상은 마조 신앙이다. 마조(媽祖)에 대해서는 여러 가지 설화가 전해지고 있는데 마조는 960년 송 태조 건륭원년에 태어나 27년을 살다간 '임묵(任默)'이라는 여인에서 비롯되었다는 설이 유력하다. 본래 무녀(巫女)였던 마조는 관세음보살의 제도를 받아 바다를 항해하는 사람들을 구제하다가 죽었고, 송나라의 휘종이 '미주신녀'라는 봉호를 하사하였다. 임묵낭, 용녀, 마조 등 여러 가지로 불리는 마조에 대한 신앙은 해양 도서국인 대만에서도 크게 유행하고 있다.

대만에 정식으로 등록된 종교는 불교, 도교, 회교, 기독교, 천주교, 대동교, 천리교, 일관도 등을 비롯하여 총 14개 단체에 달한다. 이렇게 다양한 종교단체들은 크게 세 가지 유형으로 구분하는데 첫째 불교와 도교 등과 같은 중국 전통종교 계열, 둘째 기독교와 천주교 등 서양종교 계열, 셋째 천제교와 천덕교 등과 같이 대만에서 창립된 종교 계열 등이 있다.

대만의 불교 또한 매우 다양한 전통을 형성하고 있기 때문에 그 분포나 활동을 일의적으로 개념화하기 어려운 측면이 있다. 중화민국 내정부의 종교통계 자료를 보면 불교계의 신앙 대상은 석가모니불을 비롯하여 약 30여 불보살이 망라되어 있는 것으로 나타났다. 1946년 일본 강점기에서 벗어난 후 대만에서는 고산파(敲山派), 일본파(日本派), 그리고 용화파(龍華派) 등 세 가지의 불교 전통이 계승되고 있었다.[35]

구파(舊派)로 분류되는 고산파는 불교 일반의 보수적인 민중 신앙을 두루 포괄하고 있다. 특히 관법과 염불로 구경의 경지에 도달하는 것을 중심으로 수행하고 있다. 고산파라는 명칭은 이 파에 속한 사찰의 스님들이 주로 푸젠성 고산(敲山) 용취안사에서 수계를 받았기 때문에 붙여진 것에서 유래하였다. 이들은 대만의 보수적인 전통불교를 대표하는데 식육(食肉)과 대처(帶妻)를 금하는 계율을 엄격하게 지키고 있다.

신파(新派)로 분류되는 일본파는 염불로 청정한 마음을 닦는 것을 목적으로 하고 있는데 일본 강점기에 상륙하여 중상류 지식 계층에서 환영을 받았다. 한때 대만 사회 전반에 두루 확산되었으나 일본이 패망한 후 교세가 급속하게 약화되었고 상당수의 신도들이 재교(齋敎)나 용화파 등으로 분산 흡수되었다. 신파는 출가주의를 선택하고 있으나 일본불교의 영향을 받아서 출가승의 식육과 대처를 모두 수용하고 있다.

속파(俗派)로 분류되는 용화파는 수선(修仙)으로 소재(消災, 재액의 소멸)와 연수(延壽, 수명장수)를 목적으로 신행활동을 한다. 용화파는 향촌(鄕村)의 농민들 사이에서 확산되었다. 속파는 용화파를 비롯하여 선천파, 금당파 등을 모두 포괄하는 개념이다. 선천파는 식육과 대처를 모두 금했지만 재가주의를 선택하였다. 반면에 용화파는 출가주의를 선택하면서도 결혼은 허용하고 육식은 금하는 계율을 지켰다.

---

35. 臺灣 內政部 全國宗敎資訊系統(http://religion.moi.gov.tw) 자료 참조

이와 같은 대만불교의 전통에 변화가 발생한 것은 중국 대륙에서 스님들이 건너오면서 일차적인 변화를 겪게 된다. 대륙의 전통불교는 일본파로 지칭되는 신파 불교와 용화파로 분류할 수 있는 속파 불교를 정화시키기 위한 노력을 전개하였다. 중국불교회의 중심인물이라고 할 수 있는 타이쉬 대사와 둥추 노인, 츠항 대사 등과 같은 고승들이 대만으로 건너옴으로써 대만불교의 새로운 변화를 초래하였다.

독립 후 대만불교의 또 다른 변화는 포광산사와 츠지정사 등과 같은 새로운 종교단체의 결성과 관련이 있다. 1966년 츠지정사가 개산하고 1967년 포광산사가 개산하면서부터 새로운 불교전통이 형성되었다. 인간불교(人間佛敎)를 표방하는 대만불교의 새로운 이념이 사회적 역할을 직접 실천하는 단계로 변모한 것이다.

대만은 매우 다양한 종교 다원화 사회라고 규정할 수 있다. 이러한 전통은 대만정부 수립 이후 종교의 자유를 보장하였기 때문에 나타난 결과로 볼 수 있다. 대만불교는 400여 년의 역사를 계승하고 있지만 외부적 환경 변화에 능동적으로 대처하였고 내부적으로 끊임없는 변화를 추구함으로써 발전을 도모할 수 있었다.

이 글에서는 대만불교의 현재 위상을 점검하는 동시에 성공요인을 분석하여 한국불교의 발전을 위한 성찰의 계기를 조성하는 데 중점을 두었다.

Ⅰ. 대만불교의 현재 위상

1) 정량적 지표를 통한 위상 평가

대만불교의 위상을 평가하기 위해서 정확한 실태와 지표를 확인하는 것은 어려운 일이다. 그것은 대만인들의 종교가 복합적일 뿐만 아니라 특정 종교에 대한 정체성이 확고하지 않은 경우가 많기 때문이다. 대다수의 대만인들은 불교뿐만 아니라 전통종교에 대하여 긍정적 호감을 갖고 있다. 그 결과 특정 종교만 의지하는 것이 아니라 여러 종교를 섭렵하는 성향을 보이는 경우가 많다. 즉, 이중종교적 태도를 보여주고 있다.

2000년대 이후부터 중화민국 내정부에서는 종교활동 실태와 분포도를 조사하여 발표하고 있다.

2000년도 대만에서 가장 최대 종교의 지위는 도교가 차지하고 있었다. 도교는 1968년 '중화민국도교회'를 설립하고 타이베이와 가오슝 등에 각각 3개 분회를 설치하는 등 전국에 시분회를 조직하였다. 2000년 현재 대만내의 도교 사묘는 총 8,604개소, 도사(道士) 8,604명, 신도 약 455만 명을 확보한 것으로 나타났다.

불교는 대만에서 400여 년의 전통을 갖고 있으며, 1949년 국민당 정부 하에서 중국불교회를 재건하였고, 1950년 법적 등기를 마쳤다. 2000년 대만불교 교세를 보면 사찰 4,010개, 스님 9,304명, 신도 367만 5천여 명 등으로 나타났다. 1966년 이후 포광산사와 츠지공덕회 등 사대 신흥 종문이 활동하면서 불교인구가 급속하게 증가하는 포교 성과를 거두고 있다.

서양에서 전파된 종교로는 개신교에 해당하는 기독교와 가톨릭 등의 활동이 비교적 활발하다. 기독교는 교회가 3,587개, 목사를 포함한 성직자 약 3,000명, 신도 수 약 59만 3천여 명으로 나타났다. 기독교는 신학원 29개소, 각급 학교 62개교를 건립하였으며, 의료시설 29개소를 비롯하여 출판사 78개소도 운영 중이다. 그리고 천주교는 성당 1,193개소, 신부 693명, 신도 수 30만 4천여 명 등으로 조사되었다. 천주교는 241개소에 달하는 각급 학교를 건립하였고 22개 의료시설 및 9개 출판사를 운영 중이다.

대만의 제4의 종교는 일관도(一貫道)이다. 일관도는 중국의 전통적인 민간종교에 해당하는데 대만 광복 후 대만에 전파되었다. 한때 대만에서는 일관도가 '미신을 숭배하고 대만 치안에 방해가 된다'는 명목으로 불법화하였다. 이때부터 지하활동으로 전환하였으나 1980년대 대만의 개방정책에 힘입어 1987년 합법화되었다. 일관도에는 일반 민중은 물론이고 상공인과 정계인사들이 속속 가입함으로써 빠르게 발전하였다. 일관도는 도량 3,124개 소, 교직자 2,281명, 신도 84만5천여 명 등의 교세를 확보하였다. 또한 34개의 학교를 건립하고, 29개의 의료시설과 30여 개 출판사를 운영 중이다.

대만 사묘망[36]에 나타나 있는 사묘 분포 중에서 수도인 타이베이시만 통계로 살펴본 결과 총 269개의 사묘가 등록되어 있다(2011년 현재). 이 숫자가 타이베이시 전체의 모든 사묘를 포함하고 있는 것은 아니지만 현재 활발하게 활동하고 있는 종교시설은 총망라하고 있는 것으로 볼 수 있다. 이중에서 불교 사찰의 수는 94개로 약 35% 수준이다. 이것

---

[36] 대만 사묘망(臺灣寺廟網, http://www.twgod.com/CwP/P/P40.html)은 대만 내의 각 종교시설의 대부분을 인터넷으로 소개하는 매체이다. 이 사이트에서는 구글을 이용하여 대만 전역의 사묘의 위치를 지도로 표시하고 있으며, 주소와 신앙의 대상 등의 자료를 간략하게 소개하고 있다.

은 불교 사찰보다는 다른 종교를 전파하는 시설이 더 많다는 것을 의미한다. 그럼에도 불구하고 대만에서 불교의 위상은 결코 과소평가할 수 없는 위치를 차지하고 있다.

대만의 전체 인구는 약 2,300만 명(2010년 현재)으로 집계되고 있다. 이 중에서 불교인구가 몇 %인지는 정확하게 알려져 있지 않다. 다만 위키디피아에서 수집한 2005년도 대만 종교인구 분포[37]를 살펴보면 대만 인구 중 불교는 인구의 약 35.1%로 나타났다. 다음으로 도교가 33.0%, 일관도 3.5%, 기독교 2.6%, 가톨릭 1.3% 등의 순으로 나타났다. 최근 대만에서는 기독교와 가톨릭 인구가 감소하고 있는 반면에 불교와 도교 인구는 계속 증가 추세로 나타났다.

대만 내정부에서는 2010년 종교별 교세를 다시 조사하여 발표한 바 있다. 이 자료에 따르면, 2010년 말 현재 도교 사원·불교 사찰·교회·성당 등 등록된 전체 종교시설 수는 총 1만 5,211개로 나타났다.[38] 내정부의 발표 자료를 보면 대만에서 등기된 종교는 총 27종이며, 교세가 가장 큰 순으로는 도교, 불교, 기독교, 천주교, 회교 순이다. 도교사원과 불교사찰은 2010년 현재 등기된 것이 1만1,875개로 지난 10년간 2,438개가 늘었다. 이중 도교 사원이 78.3%, 불교 사찰이 19.6%의 분포로 나타났다. 기독교의 교회와 성당은 총 3,336개로 과거 10년간 240개 증가했으며, 이중 교회가 76.5%, 성당이 22.2%를 차지하고 있다.

이와 같은 종교 분포를 보면 대만사회는 종교다원주의화가 빠른 속도로 진행된 것으로 볼 수 있다. 다만 종교시설의 수가 종교인구와 비례하는 것은 아니다. 도교 사원과 불교 사찰의 수를 비교하면 도교가

---

[37] http://en.wikipedia.org/wiki/Religion_in_Taiwan
[38] 차이나브리프, 2011년 6월 18일자 참조.

약 4배 가까이 많은 것으로 나타났다. 그러나 종교인구 비율은 도교와 불교가 거의 유사한 분포를 보이고 있다. 이러한 현상은 도교는 대만의 민간 신앙과 깊은 연관을 갖고 있는 반면에 불교는 1950년대 이후 독자적인 길을 걷고 있기 때문에 나타난 것으로 볼 수 있다. 대만의 전통 불교는 민간 신앙을 섭수하고는 있지만 사대종문을 중심으로 한 현대 불교는 민간신앙과는 독립적인 불교 정체성을 강화하고 있다.

2) 정성적 지표를 통한 위상 평가

대만은 전통신앙과 세계종교가 혼합되어 여러 가지 고유한 특징을 보여주고 있다. 그중에서도 전통 종교의 마조신앙과 도교는 대만 종교계의 중요한 특징들이다. 불교를 비롯한 다른 종교를 믿는 사람들도 심리적으로는 전통신앙에 대한 친근감 혹은 유대성을 가지고 있다. 그 결과 대만사회의 구성원들은 자연스럽게 종교다원주의적 사고를 수용하게 되었다.

  대만 국민들 중 다수는 자신이 신봉하는 종교에 대한 정체성을 가지고 있으나 다른 종교에 대하여 배타적이지 않다. 또한 여러 종교 문화를 그대로 수용하는 이중종교적 태도를 보여주는 경향도 나타나고 있다. 불자들이 도교 사원에 가서 기도를 하거나 불교 사찰에 전통 종교의 문화적 유습들이 함께 유지되고 있는 것이 그런 사례를 보여준다.

  대만 포광산사와 츠지공덕회, 파구산사와 중타이찬사와 같은 신흥 사대종문의 경우는 각 사찰의 정체성이 매우 뚜렷하게 제시되고 있으며, 신도들도 그것을 수용하고 추종하고 있다. 그러나 다른 전통불교 사찰의 경우 정도의 차이는 있지만 불교와 관련이 없는 중국 사회의 전통을 그대로 수용하는 사례들이 적지 않다. 불자들 또한 특정 사찰에 대한 소속감이 있어도 다른 사찰의 행사에 적극 참여하는 행태를 보이고 있다.

　이런 상황에서도 대만의 불교계가 주목할 만한 성장과 사회적 위상을 확보하게 된 것은 적극적인 변화를 추구한 때문이다. 즉, 전통불교만을 고집하지 않고 사회와 소통하려는 노력을 전개한 결과로 볼 수 있다. 사회와 소통하려는 노력의 대표적인 사례는 불교계에서 운영하는 방송매체, 신문, 잡지 등이다. 츠지공덕회가 다아이'방송국을 비롯하여 케이블 방송국을 2개 운영하는 등 각 사찰에서 인터넷을 활용한 방송도 매우 활발하다.

　또한 위성방송 채널을 확보하여 전세계로 불교방송을 송출하고 있다. 정보 매체를 활용한 최신 불교방송 시스템은 불교를 사회적으로 확

츠지공덕회 다아이방송국

산시키는 데 크게 기여하고 있다. 또한 일간지 형태로 발간되는 포광산사의 《인간복보》와 츠지공덕회의 신문 등은 중요한 포교 매체로서 기능하고 있다.

대만 사회에서 불교의 발전은 대만인들의 기부 문화 정착과 연관되어 있다. 무주상 보시를 잘 실천하고 있는 대만 사람들은 익명의 기부를 중시하고 있다. 따라서 각 사찰에서는 기부자 명단을 기부금액 순으로 새겨 놓은 공덕비를 찾기 어렵다. 그러나 최근 들어 포광산사와 파구산사를 비롯한 일부 사찰에서는 시주자의 공덕을 기록하여 보여주는 상징물을 세우는 문화가 확산되고 있다.

대만 불자들이 무주상 보시를 실천함으로써 불교의 사회적 위상은 더욱 높아지고 있다. 대만 전역에 규모화된 사찰들이 속속 들어서고 대도시에는 도심포교 및 문화공간의 기능을 담당하는 사찰들이 많아지고 있다.

대만불교의 사회적 위상을 제고시킬 수 있는 요인 중에 하나는 불자들의 자원봉사 활동이다. 불자 자원봉사 활동의 대표적인 사례는 츠지공덕회이다. 츠지공덕회의 신도들이 자원봉사 활동은 국내에만 머물지 않고 세계로 확산되고 있다. 불교 사찰의 대부분은 불자들의 자원봉사로 운영된다고 해도 과언이 아니다. 또한 불교 내 봉사에만 국한하지 않고 사회봉사 활동에도 매우 적극적이다. 이것은 대만 불자들의 종교적 헌신과 확고한 신심을 반영하는 지표로 볼 수 있다.

대만불교의 사회적 위상은 불교계 신문, 방송국, 잡지 등 각종 출판물 등에 의지하는 바가 매우 크다. 이러한 대중 매체는 대만 사회에 직간접적으로 미치는 영향력이 매우 크고 이로 인한 포교 효과도 상당한 것으로 평가할 수 있다.

대만의 스님들은 계율을 잘 지키는 것으로 알려져 있다. 대만의 채식 전문점의 발달은 계율을 잘 지키려는 불교의 스님과 불자들에 의하여 확산된 것이라고 한다. 계율을 어기는 스님은 대만 사회에서 발붙일 수 없는 문화도 청정지계에 대한 불자들의 의식에서 비롯되었다.

대만불교는 국제사회에서도 괄목할만한 위상을 보여주고 있다. 그 배경에는 포광산사의 국제포광회와 츠지공덕회의 국제구호활동이 자리 잡고 있다. 세계 각국에서 활동하는 국제포광회는 다양한 학술행사와 수행프로그램을 통해서 결집력을 형성하고 있다. 츠지공덕회의 국제구호활동은 노벨평화상 수상 후보에 이름이 오를 정도로 국제적인 평가를 받고 있다. 이와 같은 국제적 위상은 대만불교의 사회적 위상과 역할 강화로 이어지고 있다. 세계를 관통하는 거시적 안목과 지역사회를 아우르는 적극적인 포교활동이 대만불교의 쇄신을 가져오는 원동력이 되고 있다.

2. 대만불교의 성공요인

1) 불교외적 요인

(1) 역사적 요인

현대 대만사회에서 불교가 주류 종교의 지위를 확고하게 차지할 수 있었던 성공 요인은 여러 가지가 있다. 그 중에서도 대만사회의 전환기에 불교가 경험했던 역사적 사건들과 그와 같은 환경을 잘 활용한 불교계의 노력이 지속된 것이 발전의 동인(動因)으로 작용하고 있다.

대만의 불교 전래는 명청 교체기에 이루어졌다. 정치적 박해를 피해 대만으로 이주한 사람들에 의하여 불교가 전래된 것은 대만불교 발전의 초석이 되었다. 중국 대륙의 역사적 변화는 대만불교에 직접적으로 영향을 주었다.

대만을 강점했던 일본이 일본불교를 대만사회에 정착시키려고 노력했던 것도 대만불교에 변증법적 충격을 주었다. 일본불교는 대만의 전통불교와 충돌을 일으켰다. 이에 대한 반작용으로 대만불교는 전통불교를 고수하면서 계율을 중시하는 불교 전통을 만들었다. 일본파 불교는 승려의 결혼을 용인하고, 식육(食肉)을 허용하였다. 그러나 고산파 불교는 청정 비구승 제도와 채식을 중심으로 하는 불교문화를 고수하였다. 그 결과 광복 이후 이와 같은 대만불교의 전통은 사회적 지지 세력을 확보하고 정신적 지도력을 확립하는 데 크게 기여하였다.

일본파 불교는 대만 독립 후 대만사회에서 소멸하였다. 그러나 일본인들이 운영하다가 남겨 놓은 사찰과 경전 및 각종 문화자료 등은 대만불교의 자산이 되었다. 또한 일본파 불교를 신봉했던 불자들은 흩어지지 않고 운재교 등 신흥불교 단체로 편입되는 양상을 보였다. 결과적으로 대만의 전통불교는 일본파 불교의 물질적 자산과 신도를 그대로 계승하면서도 동시에 계율을 정비함으로써 일본불교의 악습을 타파할 수 있었다.

국민당 정부가 패퇴하여 대만에 중화민국을 건립한 것도 불교 발전에 밑바탕이 되었다. 중국 대륙의 공산당 정권이 종교를 탄압하자 대륙불교의 주요 인사들이 대만으로 넘어왔다. 바이성 스님, 츠항 스님 등을 비롯한 고승대덕 스님들이 유입되면서 대만불교는 고산파 전통 불교에 국한되지 않았고 다양한 종파가 형성되는 계기를 만들어 주었다.

대만이 50년간 일본 강점기를 경험하였던 것에 비하면 대한민국은 36년간으로 다소 짧은 기간을 경험하였다. 그러나 한국불교는 광복 후 약 30여 년을 비구승과 대처승 사이의 갈등과 정화 과정에서 포교역량을 스스로 약화시켰다. 반면에 대만불교는 한국불교와 같은 심각한 갈등을 경험하지 않았다. 즉, 대만불교는 내부적으로 극단적 대립을 피하는 동시에 일본과 불교의 인적 물적 자산을 쉽게 확보할 수 있었다. 이것이 대만 근대사에서 불교에게 유리하게 작용한 역사적 요인이라고 할 수 있다.

(2) 사회 경제적 요인

대만 인구는 1900년에 약 290만 명에서 1970년에는 약 1,400만 명, 1980년 약 1,700만 명, 그리고 2010년에 약 2,300만 명으로 증가하였다. 대만의 인구 증가는 대륙에서 이주한 사람들에 의한 요인도 매우 크다. 중국의 문화혁명 과정에서 많은 중국의 대륙인들이 대만으로 건너왔다. 대만의 급격한 인구증가는 불교인구의 증가에도 영향을 미쳤다. 기독교의 경우 1970년대 큰 폭의 증가세를 나타낸 경우가 있으나 대만 토착화에는 실패하였다. 때문에 증가된 인구는 자연스럽게 불교나 도교로 유입되는 효과를 보여주었다. 단시간에 빠른 속도로 인구가 증가할 때 그 증가한 인구는 이미 토착화된 종교로 유입되는 현상을 보여준다.

대만불교는 토착 민간신앙이나 전통종교와 대립각을 세우지 않았다. 그 결과 이들 종교를 믿는 대만인들이 자연스럽게 불교로 유입되는 효과를 거두었다. 이러한 불교계의 자세는 다종교 사회에서 불교의 포교적 성과를 확대시키는 결과로 나타났다.

대만 경제의 급속한 발전도 종교 활동을 촉진시키는 결과로 나타났다. 소규모 가내공업과 중소기업의 발전은 대만인들의 경제 수준을 향상시켰고 그 결과가 종교활동의 활성화로 나타났다. 많은 사람들이 종교적 시주나 헌금을 쉽게 할 수 있게 되었으며 그것이 종교적 성장과 연계되었다. 대만의 사묘는 총 13,123개(2010년말 현재)에 달한다. 이들 사묘들의 건립 방식을 보면 공공 기금으로 건립한 공건(公建) 14개, 개인이 건립한 사건(私建) 403개, 모금을 통하여 건립한 모건(募建) 12,048개 등으로 나타났다. 대다수의 사묘들이 많은 사람들의 모금을 통해서 건립되었는데 이것은 대만인들의 경제수준 향상과 관련이 있다. 신흥 4대 종문이라고 할 수 있는 포광산사와 츠지정사, 파구산사, 중타이찬사 등도 모두 모금을 통해서 사격을 확대시켰다.

　대만불교 성장에 큰 영향을 준 집단은 전 세계에 산재하고 있는 화교(華僑)와 화상(華商)들이다. 이들은 세계 각지에서 근면과 성실로 정착하면서 많은 부를 축적하였다. 이들이 중국 대륙과의 관계를 형성하지 못할 때 대만의 주요 사찰과 법연이 맺어지면서 큰 기부자 역할을 하였다. 중국 화교의 영향력은 대만불교가 세계로 진출하는 교두보의 기능을 담당하였다. 대만불교가 적극적으로 해외 포교에 투자할 수 있었던 것도 화교세력의 지원이 있었기 때문에 가능했던 일이다. 포광산사에서 국제포광회를 조직할 수 있었던 원동력이 바로 세계 각지의 화교세력의 지원에 힘입은 바 크다. 츠지공덕회의 세계 각국 조직도 대부분 화교 사회의 발전과 상관성이 높다.

　대만은 종교단체의 법인화를 적극 유도하고 있다. 대만의 사묘(寺廟)관리 방법은 정식등기 사묘, 재단법인 사묘, 보관등기 사묘, 미등기 사묘 등 네 가지가 있다. 대만 정부는 전국의 사묘들을 등록하여 구성원의 권리와 의무를 분명하게 규정하고 이를 지키도록 우도하고 있다. 불교 사찰의 경우 2010년 말 현재 정식 등기사찰이 2,379개, 재단법인 사찰 137개, 보판등기 사찰 852개,[39] 미등기 사찰 135개 등으로 분포하고 있다. 사찰을 공공 자산으로 등기하도록 하는 것은 사찰 운영의 투명화를 유도하고 불자들의 신뢰를 이끌어 내는 중요한 방법이다.

또한 대부분의 사찰이나 종교시설이 공공모금으로 건립되기 때문에 공적인 관리와 감독을 받는다. 대만의 사찰들 중에서 신흥 사대종문의 사찰들은 일찍부터 이와 같은 제도 변화를 수용하고 적응하면서 현대적인 운영방법을 모색하였다. 그 결과 현대적이고 투명한 운영체계를 갖춘 사찰이 증가하였고 그것이 결과적으로 불교 발전에도 기여한 것으로 볼 수 있다.

(3) 정치적 요인

대만불교 발전 과정에서 영향을 미친 요인에 몇 가지가 있다. 대만 국민당 정부의 핵심인사들은 기독교도였다. 그러나 당시 기독교는 소수 종교의 위치에서 벗어나지 못한 상태였다. 이것을 타개해 보고자 대만 정부는 종교자유와 종교에 대한 정부의 불개입 등의 정책을 추진하였다. 국민당 정부의 핵심인사들은 기독교 발전을 위해 적극 노력하였지만 종교화합을 깨뜨리지는 않았다. 불교계는 섭수력을 발휘하여 이와 같은 정치적 상황 변화에 잘 대처함으로써 불교 발전의 토대를 만들 수 있었다.

예를 들면 1970년대 대만 사찰에서 설립한 불학원은 정식 대학으

---

[39] 보판등기(補辦登記)는 행정관리의 편의를 위하여 명의 등록을 하도록 권리를 인정한 등기 방법이다.

로 인정받지 못하였다. 대만 정부는 대학설립 기준을 강화함으로써 대학 난립을 막았다. 이에 대하여 불교계는 대학설립 기준에 부합하는 불교대학 건립을 위해 총력을 기울였다. 그 결과 포광산사는 포광대학, 난화대학을 설립하였고 해외에도 미국 시라이대학, 호주 난텐대학 등을 설립하였다. 파구산사의 파구대학도 불교를 가르치는 정규대학으로 인가를 받았다. 이러한 사례는 한국불교계가 지방 강원을 정규대학으로 만들지 않은 것과는 대조되는 모습이다.

정치적으로 대만불교 발전에 영향을 미친 사건은 중국 대륙의 문화혁명이다. 문화혁명 기간 중에 대륙의 상당수 사찰이 파괴되고 훼불을 당하였다. 이때 대륙의 스님 중 일부가 문화혁명의 전위세력인 홍위병의 핍박을 피하여 대만으로 넘어왔다. 이것은 대륙의 전통불교가 대만에 전파되는 긍정적 효과로 나타났다.

또한 대만과 중국대륙과의 긴장관계를 완화시키는 데 불교계는 큰 기여를 하였다. 포광산사가 대륙 사찰의 복원에 앞장섰고, 츠지공덕회는 국제구호팀을 구성하고 츠지옥 건립 운동을 통해서 중국 대륙과 민간 교류를 확대하였다. 이러한 노력들이 축적되어 양안 간의 긴장완화와 교류 증진에 크게 기여하게 된 것이다.

대만의 정치, 경제, 사회적 환경이 불교계에 대하여 특별히 우호적이거나 긍정적이었던 것은 아니다. 다만 이미 400년 이상 토착화 과정을 거친 불교는 여러 가지 환경 변화에 적극적으로 대응함으로써 발전의 전기를 마련할 수 있었다.

2) 불교내적 요인

(1) 승가의 지도력

대만불교 발전에 가장 원동력은 승가의 지도력이다. 승가의 지도력은 여러 가지 형태로 발휘될 수 있다. 그 중에서도 특히 지계행과 수행력, 교학과 교육 교역자의 자질, 변화를 예측하는 안목과 혜안, 신도 조직화 등이 승가 지도력을 발휘할 수 있는 요인이다.

대만불교에서 승가의 지도력은 전통불교 사찰과 신흥종문 사찰에 속한 스님들 사이에 차이가 있다. 대륙에서 온 스님들은 주로 전통불교 사찰에 속해 있는데 인순 대사, 츠항 법사, 바이성 스님 등이 대표적이다. 이들은 주로 철저한 계행과 수행력을 바탕으로 전통불교의 지도력을 발휘하였다.

신흥종문 사찰에 속한 스님들의 경우에는 주로 불교의 사회적 실천을 통한 지도력을 발휘하였다. 포광산사의 싱윈 스님은 국제포광회를 통한 국제포교, 츠지정사의 정옌 스님은 츠지공덕회를 통한 국제구호, 파구산사의 성옌 스님은 교육포교, 중타이찬사의 웨이줴 스님은 수행포교 등 특정 분야의 전문성을 발휘하는 능력을 보여주고 있다.

고산파를 중심으로 하는 전통불교에 속한 스님들은 사찰 내에서의 지도력 발휘에 치중한 반면에 신흥종문의 스님들은 대사회적인 역할 수행에 많은 관심을 기울였다. 현재 대만불교가 전통종문과 신흥종문 사이에 역할 분담이 되고 있는 것은 이와 같은 지도력의 차이에도 불구하고 상호 조화를 이루고 있음을 보여준다.

(2) 승가교육과 신도교육 : 불학원

　대만불교는 한국불교와 유사한 역사적 환경을 갖고 있었다. 그럼에도 불구하고 대만불교가 성공적인 포교성과를 거둔 요인 중에 하나는 승가교육과 신도교육에서 찾을 수 있다. 대만의 모든 사찰이 스님들을 교육시킨 것은 아니다. 제도화된 승가교육에 가장 먼저 관심을 기울인 사찰은 포광산사이다. 포광산사에서는 사찰 운영이 어려운 환경에서도 일본과 미국 등지로 스님들을 유학시켰다. 그리고 대만 내에도 승가교육기관을 설립하여 스님들을 적극적으로 교육시켰다.

　승가교육기관은 전통 불학원과 현대 대학 교육이 있다. 포광산사는 불학원과 대학을 함께 운영하면서 스님들에게 전통과 현대를 함께 교육시켰다. 비구 및 비구니 불학원을 운영하면서 여기에 재가불자들을 입학시켜 출재가가 공주(共住)하는 문화를 정착시켰다. 출재가의 공주(共住)와 비구 및 비구니의 동학(同學)은 여러 가지 우려에도 불구하고 출재가의 질적 수준을 향상시키는 데 기여하였다. 특히 재가불자가 스님들과 함께 수학하고 일정 기간 출가를 경험한 후 사회로 돌아갈 수 있도록 길을 열어 놓은 것은 재가불자의 신심 고양과 포교력 강화에 매우 긍정적인 영향을 미쳤다.

　츠지정사에서는 종합대학인 츠지대학을 설립하고 의사를 비롯하여 불교 분야의 전문 인력을 육성하고 있다. 불교 이념을 바탕으로 성숙된 전문 인력을 양성함으로써 일반 불자들의 사회적 위상을 강화시키는 결과를 가져왔다. 파구산사의 승가교육과 중타이찬사의 수행결사는 출재가의 수행과 교학적 지도력 발휘에 기여하였다.

(3) 인간불교의 이념

대만불교의 주요 사찰에서 스님들이 제시하는 포교이념은 인간불교이다. 인간불교는 생활불교와 실천불교로 구체화하면서 대만사회의 구성원들에게 편하게 다가설 수 있는 계기를 만들어 주었다. 타이쉬 대사의 인생불교, 성옌 법사의 인간정토, 정옌 스님의 자제인간, 그리고 싱윈 스님의 인간불교 모두 대만불교의 실천이념으로 자리 잡고 있다.

오늘날 대만불교가 "인재양성, 교육, 문화 등 사회 속에서 불법의 실천을 강조하는 것은 인간불교의 정신에 근거한다"는 것이 일반적인 평가이다.[40] 그 결과 대만불교는 신도들의 신심과 신행활동을 변화시켰다.

(4) 불교의 조직화

대만불교는 1950년대부터 전국적인 연합조직을 갖추기 시작하였다. 대만성불교회와 국민당정부 수립 후 중국불교회 재건 등 전국의 사찰을 관리할 수 있는 중앙조직이 만들어졌다. 대만성불교회와 중국불교회는 국민당정부 수립 이후 대만의 불교 사찰을 실질적으로 관리할 수 있는 법적 기반을 갖춘 조직이 되었다. 이로 인하여 일본파 불교가 남긴 자산들을 수용할 수 있었으며, 유사 불교단체를 배격하고 승가의 계율정신을 고양시킬 수 있었다.

일본은 대만을 강점하여 50년간 지배하였다. 1945년 독립 직후 대만성불교회가 조직되었다. 대만성불교회는 크게 세 가지 업적을 남겼는데 요약하면 다음과 같다.[41]

---

[40]. 양정연(2011), 『인간불교의 경영과 실천』 동국대학교출판부, p.187.
[41]. 釋東初 編著, 『東初老人全集5』 東初出版社, 中華民國 99年, pp.19~21.

첫째, 일본인들이 만들었던 대만 내의 불교사원과 포교소 등의 건축물의 소유권 문제를 정부와 협의하였다. 다른 일본인 소유의 건물들은 적산가옥으로 분류되어 국가 소유로 귀속되었으나 사찰 건축물 등은 역사성과 기진한 신도들의 권익을 고려하여 반공항전(反共抗戰) 기간만 정부가 사용하고 그 이후에는 불교계로 이양할 것을 공식화했다. 그 결과 일본인 소유의 사원과 포교소가 훼손되지 않고 불교계 자산으로 확보되었다.

둘째, 대만성불교회는 일본인들이 놓고 간 경전과 각종 도서 및 문물들이 유실되지 않고 보존될 수 있도록 노력하였다. 각 지방자치단체별로 조례를 제정하여 경전과 도서문물의 관리 방안을 모색하였다. 지역별로 불교도서관을 건립하여 모든 도서와 문화재를 집중관리하고 필요시 연구자들이 열람할 수 있도록 하였다.

셋째, 대만 전역에 시방총림(十方叢林) 사원을 건립하는 계획을 수립하였다. 총림사원을 지정하고 백장청규에 의지하여 의식주 등의 문제를 규율하는 동주규약(同住規約)을 제정하였다. 총림사원은 산세가 수려하고 사격을 갖춘 주요 사찰을 중심으로 환경을 고려하여 선정하였다. 총림에는 50명 이상 최대 100명 정도의 스님들이 6개월간 수행할 수 있는 체계를 갖추었다.

넷째, 대만성불교회는 민중중심의 신앙체계를 건립하는 데 기여하였다. 독립 당시 대만의 각 사찰들은 불교를 신봉하면서도 다양한 신앙체계를 갖고 있었다. 대만성불교회는 사찰 내의 일체 외도의 상징들을 모두 철거하였다. 사찰 내의 각종 제당과 신상들을 철거하고 통일된 경전을 제작하여 보급함으로써 불자들이 통일된 신행활동이 가능하도록 노력하였다.

신흥사대 종문 중에서 의미 있는 신도조직 체계를 갖춘 곳은 포광산사와 츠지공덕회이다. 포광산사의 국제포광회는 대만불교를 세계화하는 데 크게 기여한 국제조직이다. 또한 츠지정사의 츠지공덕회는 세계적인 국제구호 단체로서 명성과 위상을 갖고 있다. 츠지공덕회의 신도조직은 소규모의 단위조직에서 대규모의 전국적인 조직으로 확산되는 다단계적인 조직체를 구성하고 있다.

　　포광산사와 츠지정사의 조직화 성공사례는 다른 일반 사찰의 신도조직 활성화에도 긍정적인 영향을 미쳤다. 지역포교에 성공하려면 지역주민을 결속시키고, 신심을 고양시키며, 독자적인 신행활동이 가능할 때까지 이끌어 주는 조직을 갖추고 있어야 한다. 두 종문의 현대적인 신도조직체계는 포교 성과를 이끌어내는 데 매우 효과적이었다.

(5) 불교혁신운동

　　대만불교의 포교 성과는 불교계의 지속적인 혁신운동의 결과에 힘입은 바 크다. 혁신운동이란 대만불교의 기본 구조를 바꿀 정도의 변화를 추구하는 운동을 말한다. 대만불교의 혁신운동의 사례는 크게 세 가지 분야에서 찾을 수 있다.

　　첫째, 중국불교회의 혁신운동이 있다. 중국불교회는 승가의 계율 준수와 지도력 확보를 위한 혁신운동을 전개하였다. 1950년대부터 시작된 이 운동은 우리나라의 불교정화운동과 유사한 측면이 있다. 그러나 다른 점이 있다면 대만불교는 외부적으로 갈등의 모습을 보이지 않았다는 점이다. 1953년 바이성 스님이 주도한 다셴사 수계식에서는 철저한 계율정신의 실천을 수행의 근본으로 제시하였다. 그리고 칠조규정을 통해서 일본불교의 잔재를 일소하고자 노력하였다.

둘째, 단위 사찰의 불교 혁신운동이 있다. 이것은 신도 중심으로 사찰을 운영하는 혁신운동이다. 이 운동은 사찰 내에 신도들이 중심이 되는 운영위원회를 결성하고 이 위원회에서 사찰의 의사결정을 담당하도록 하는 방향 설정이다. 그 결과 신도들이 자율적으로 사찰 운영에 참여하여 기여할 수 있게 되었다. 또한 스님들이 재정운영에 관여하지 않음으로써 사찰 운영의 투명성과 효과성을 기할 수 있었다. 이러한 운동의 결과는 매우 큰 포교효과로 나타났다.

　　셋째, 포교 혁신운동의 사례가 있다. 이것은 최근 수 년 동안 대만불교가 추진해온 사업들과 관련이 있다. 포광산사의 각 분원들이나 츠지공덕회의 전국 분원들은 대부분 문화포교를 전담할 수 있는 시설을 갖추고 있다. 그 결과 사찰의 문화포교 활성화에 기여한 바 크다. 포광산사의 도심사찰은 대부분 대규모 문화행사를 추진할 수 있을 정도의 시설을 갖추고 있다. 츠지정사의 각 지역 사찰들도 대부분 문화 공간의 장으로 활용할 수 있는 시설로 구축되어 있다.

3. 한국불교의 성찰과 시사점

외부에서 볼 때 대만불교는 여러 가지 환경적 요인들 때문에 매우 괄목할 만한 성과를 거두고 있는 것으로 보인다. 그러나 대만 내부에서는 끊임없는 노력과 정진을 통해서 새로운 불교발전의 모델을 만들기 위해 힘쓰고 있다. 실제로 대만불교가 사회적으로 확고한 주도권을 잡고 있다고 말하기는 어렵다. 사찰의 분포나 신도 수에 있어서도 대만불교는 다수 종교의 위치를 확고하게 점하고 있는 것은 아니기 때문이다.

또한 신흥불교단체들의 포교 성과들이 부각됨으로써 실제보다 과도하게 큰 모습으로 보이는 측면이 있다.

그렇다고 해서 지난 60여 년간 대만불교의 성장과 성과들은 결코 과소평가할 만한 일은 아니다. 대만불교는 현실에 안주하지 않고 중국 대륙으로 확산되고 있으며, 세계적인 포교 성과를 거두고 있다. 미국에는 미국불교회를 조직하여 포교활동을 적극적으로 지원하고 있으며 유럽 각국으로 중국불교를 확산시키는 데 기여하고 있다. 이와 같은 대만불교의 성공적 포교활동은 향후 한국불교의 발전 전략을 수립하는 데 중요한 시사점을 제공해 줄 수 있다.

한국불교도 지난 100년 동안 여러 가지 어려움을 극복하면서 현재에 이르렀다. 개별 사찰이나 일부 종단들 중에서는 대간불교에서 찾아볼 수 있는 성과를 거둔 사례들도 있다. 다만 한국불교 전체적으로 볼 때 대만불교에 미치지 못하는 문제점들도 있는 것이 사실이다. 대만불교와 비교해 볼 때 한국불교의 문제점은 분명하게 드러난다. 한국불교가 대만불교와 다른 점을 요약하면 다음과 같다.

1) 대중공의와 원융화합의 지도력 회복

대만불교와 한국불교는 조직화된 리더십의 차이이다. 대만의 각 사찰과 스님들의 지도력은 개인적 차원이 아니라 사찰이나 종단적 결속력에서 나오고 있다. 반면에 한국 사찰의 스님들은 개인의 자질과 역량에 의존하는 지도력을 발휘하고 있다.

포광산사에는 약 2,000여 명의 스님이 정진하고 있다. 중타이찬사와 파구산사에도 약 1,000여 명의 스님이 함께 수행하는 것으로 알려져 있다. 한국불교계에는 단위 사찰에서 그렇게 많은 스님이 함께 생활하는 사례를 찾아보기 어렵다. 총림을 갖춘 본사라고 해도 사중에서 많은 스님이 함께 생활하지 않는다. 대한불교천태종의 경우도 약 400명의 스님이 함께 생활하고 있을 뿐이다. 이와 같이 대만 사찰들에 많은 스님이 집단으로 거주하고 있기 때문에 그에 부합하는 조직화된 지도력이 강화되는 현상이 나타났다. 반면에 대부분의 한국 사찰은 1인 혹은 소수가 생활하기 때문에 대규모의 조직화된 지도력을 발휘하지 못하고 개인의 역량에 위임되는 현상이 나타나고 있다.

한국불교의 이와 같은 단점을 극복하기 위해서는 공찰의 경우 종단에서 단위사찰의 관리 방법을 변화시켜야 한다. 단위사찰이 개별 스님의 원력에 의해 운영되도록 방치하지 말고 대중공의를 모아 함께 운영할 수 있는 시스템의 개발이 필요하다. 대만은 포광산사와 같은 완전 공의제가 있고, 츠지공덕회와 같은 완전 분권화 속의 공의제가 있다.

포광산사는 중앙에서 모든 것을 결정하고 관장하면서 세계 각국의 분원에 그와 연관된 범위의 자율성과 의사결정권을 부여하고 있다. 포교정책과 거시적인 운영체계는 종단에서 지도력과 감독권을 행사하면서 동시에 해당 분원의 상황과 특징에 부합하는 포교전략을 수립하도록 이끌어 주는 것이 포광산사의 운영 방식이다.

반면에 츠지공덕회는 스님들의 수가 절대적으로 부족한 반면에 신도나 회원, 후원자, 봉사자의 수가 많기 때문에 지역의 다단계 조직으로 분원을 운영하고 있다. 해당 분원의 의사결정은 해당 지역의 츠지공덕회 조직들의 참여하에 자율적으로 이루어진다.

대만의 전통사찰은 해당 사찰 내에 운영위원회가 결성되어 있고, 스님과 신도들이 참여하여 합의제 형태로 운영한다. 이 과정에서 공통점은 신도들의 조직적 참여가 스님과 사찰 전체의 지도력과 포교력으로 나타나고 포교역량이 강화되는 특징을 보여준다.

이와 같은 대만불교의 특징을 고려한다면 한국의 사찰들도 운영방식의 변화를 통해서 포교역량을 강화시킬 필요가 있다. 공찰의 경우는 종단과의 연계성 강화를 통해서, 사설사암의 경우는 신도들의 조직화와 참여를 통해서 대중공의와 원융산림의 형태를 강화하는 방법의 지도력을 확보하고, 포교역량 강화를 도모할 수 있다.

2) 계행을 바탕으로 한 정화 역량 강화

한국불교와 대만불교의 두 번째 차이는 계행의 실천에서 발생한다. 각국의 승가에서 실천하는 계행은 해당 국가 불교의 오랜 역사와 종지종풍, 그리고 문화와 관련이 있다. 따라서 어느 쪽이 옳다거나 그르다는 평가를 내릴 수 없다. 다만 계행을 통해서 옥석을 구분하고 행위에 문제가 있는 구성원을 정화시키는 효과가 있을 뿐이다. 그리고 그러한 자체 정화 기능이 제대로 작동하느냐의 차이가 있다.

대만불교는 계행의 실천을 통해서 승가의 자체 정화 기능이 잘 작동하고 있는 편이다. 그러나 대만불교도 1960년대의 상당한 혼란기를 경험하였다. 특히 일본불교의 잔재로 인하여 승풍이 흐트러지고 사회적으로 존경을 받지 못하는 상황도 경험한 바 있다. 그렇지만 현재의 대만불교는 상당한 수준으로 정화되었으며 그것이 승가에 대한 사회적 신뢰로 나타나고 있다.

반면에 한국불교는 이 종단에서 문제를 일으킨 사람들이 저 종단으로 옮겨가서 활동하는 사례들이 있다. 정화기제가 작동하지 않는 군소 종단도 많을 뿐만 아니라 개인적 필요에 따라서 종단이나 불교단체를 마구잡이로 만드는 경우도 있다. 불교종단의 난립이 승가의 자질을 저하시키고 사회적 평판도 악화시키는 현상이 한국불교의 병폐라고 할 수 있다. 일부 종단의 스님들이 계행을 잘 지킨다고 해도 한국불교 전체를 정화시키지기 못한다는 것이 문제이다.

이 문제는 종단내의 자정기구, 범종단적 자정기구, 신도들이 평가하는 자정기구 등을 발족시켜서 해결해야 한다. 특정 종단의 문제는 종단 내의 자율적 자정 과정을 통해서 문제발생을 미연에 방지하여야 한다. 그러나 해당 종단이 스스로 하지 못할 경우에는 범종단적 기구를 통해서 분석하고 평가하는 시스템을 갖추어야 한다. 또한 불자들도 각 사찰의 활동들이 정법을 호지하고 중도의 가르침을 실천하고 있는지 감시하는 단체를 만들어 활동해야 한다. 계율의 호지(護持) 없이 불교교단이나 단위 사찰의 발전을 도모할 수 없는 것이 현실임을 출재가가 모두 직시해야 한다.

3) 사찰 운영방식의 변화 모색

한국과 대만의 세 번째 차이는 사찰 운영 방식에서 찾을 수 있다. 대만의 사찰 중 다수는 공익법인 수준으로 운영되고 있다. 또한 사찰운영에 있어서 사부대중, 특히 재가불자의 참여가 매우 활발하다. 대부분의 사찰에 운영위원회가 있고 이 위원회에는 출재가가 함께 참여한다. 츠지정사의 경우는 대부분의 의사결정이 재가불자 조직에서 이루어진다. 대만 포광산사의 경우는 의사결정의 주체와 집행 및 평가의 주체가 다르다. 따라서 사찰운영에 필요한 의사결정이 합리적이고 진취적이다.

반면에 한국불교 사찰들의 운영방식은 주지스님 1인의 의사결정에 의하여 운영되는 사례가 많다. 일부 현대화된 도심포교 사찰을 제외한 대부분의 사찰들은 소수의 스님들에 의하여 주요 의사결정이 이루어지는 반면에 재가불자의 참여는 극히 제한적이다.

한국불교 발전을 위해서는 단위사찰의 의사결정에서 신도들이 배제되어서는 안 된다. 신도들이 사찰의 의사결정에 참여하기 위해서는 주어진 역할과 의무를 잘 이행하여야 한다. 의무는 이행하지 않고 간섭만 하려는 신도도 문제가 있고, 신도들의 참여를 배제하는 사찰도 문제가 있기는 매일반이다. 조직화된 신도의 참여 없이 포교활성화는 더더욱 기대할 수 없다.

4) 공익법인 수준의 운영원리 활용

한국과 대만 사찰의 중요한 차이는 법인화의 수준에서 나타난다. 대만 불교 사찰들의 다수는 법인체 조직으로 운영된다. 특히 재단법인체로 등록되어 있어서 사회적 신뢰를 받고 있다. 아주 오래된 전통사찰이나 군소 사찰을 제외하고 활동 역량을 갖춘 대만 사찰의 다수는 재단법인으로 등록되어 있다. 또한 재정을 담당하는 기금회가 별도로 조직되어 있다. 즉 사찰의 일반적 운영과 재정 운영이 분리되어 있는 것이다. 신흥 사대종문을 비롯하여 규모가 큰 사찰들은 대부분 재단법인과 기금회 조직을 함께 등록하여 운영하고 있다.

반면에 한국은 하나의 법인 아래에 다수의 사찰이 운영되는 형태이다. 조계종단의 경우 대한불교조계종유지재단이라는 단일법인 아래에 3,000여 개의 사찰이 운집하고 있다. 대부분의 종단이 이와 같다. 그러나 실질적인 종단 운영은 단위 사찰에 완전히 위임된 상태로 유지재단은 법적 요건을 갖추기 위한 형식적 조직이다. 대부분의 한국 종단이 법인 따로 종단 따로의 구조이기 때문에 법인화가 종단이나 사찰 운영의 공식성과 제도화의 수준을 높이지 못하고 있는 현실이다.

한국불교 발전을 위해서는 종단의 제도화 수준을 높이고, 합리적 운영체계를 갖추는 것이 필요하다. 조계종단을 비롯하여 거대 종단들은 비교적 제도화 수준이 높은 반면에 난립하고 있는 군소종단들은 그렇지 못한 것이 현실이다. 불교계의 당면과제는 체계를 갖추지 않은 군소종단의 난립을 막고, 자질을 갖추지 않은 스님에 대하여 제동을 걸 수 있는 내부 통제 기구를 만드는 것이다.

또한 한국불교는 대만불교와 같이 사찰에서 시주금으로 형성된 재원에 대하여 투명한 관리 운영방법을 찾아야 한다. 사찰의 재정운영 원칙을 정하고 이를 스스로 지켜나가고 있는지를 점검하는 장치가 필요하다. 법인화와 감사기구 활성화는 이와 관련이 있는 것이다. 투명한 운영으로 사회적 평가를 받는 것이 종교조직 발전의 초석이다. 이미 사회는 많이 투명화 되고 있고, 각종 정보가 자유롭게 공유되고 있기 때문에 불합리한 부분이 있다면 언제든 드러나게 되어 있다.

5) 승가교육의 개선과 질적 강화

대만불교는 1945년 이후 전통 승가교육을 담당하는 불학원을 설립하였다. 그러나 이는 사회적으로 인정받는 정규 교육제도가 아니었다. 그 결과 불학원에서 공부한 스님들이 사회적으로 학력을 인정받지 못하는 불합리에 직면하게 되었다. 이 문제를 해결하기 위해서 제시된 대안이 정규 대학을 건립하는 방법이었다.

신흥사대 종문 중에서 포광산사와 파구산사, 츠지공덕회가 정규대학을 설립, 운영하고 있다. 특히 포광산사는 대만의 포광대학, 난화대학, 미국의 시라이대학, 호주의 난텐대학 등 4개 종합대학과 다수의 불학원을 운영하고 있다. 파구산사에서 설립한 파구불교대학은 스님들만 공부하는 정규대학으로 승가교육의 질적 수준을 향상시켰다. 대만의 각 사찰들은 승가교육만을 전담하는 교육기관을 만들어 운영하였으나 최근에는 출재가를 함께 교육시키는 불학원으로 운영하는 경향이 많아졌다. 이것은 출가자의 감소 때문에 선택한 교육방법이다. 출재가가 함께 공부할 경우 재가자의 출가 비율이 높아지기 때문이다.

6) 도심포교의 새로운 전략 준비

대만은 좁은 국토에 많은 인구가 거주하기 때문에 불가피하게 도시국가적 특성을 띠게 되었다. 국토 동부에 위치한 고산준령 지역을 제외하고 대부분의 국토는 인구밀도가 매우 높을 뿐만 아니라 도시화율도 빠른 속도로 진행되었다. 대만불교는 이와 같은 사회변화에 대응하여 도심포교 전략을 수립하고 신속하게 대응하였으며, 그 결과 상당한 포교 성과를 거두었다.

대표적으로 대만 포광산사의 경우 전국의 주요 도시에 도심포교 공간을 확보하였다. 도심포교의 핵심은 포광산인간대학을 중심으로 전개되고 있다. 인간대학은 연령, 종족, 성별, 종교적 신앙에 관계없이 공부할 수 있는 평생학습기관을 지향하고 있다. 또한 미술관과 전시실 등을 비롯하여 도심포교당에서 지역주민을 유입시킬 수 있는 다양한 프로그램을 개발·운영하고 있다.

　우리나라의 도심포교 사찰들도 보다 적극적인 포교활동을 필요로 한다. 도심포교는 적절한 공간과 포교 프로그램, 그리고 이를 지도할 전문가가 갖추어져야 한다. 대만의 경우 불교문화원 형태의 도심포교 공간 확보, 다양한 교육 프로그램 개발, 출재가 전문가 육성 및 적극 활용 등의 측면에서 비교적 성공적인 성과를 거두었다.

　츠지공덕회는 자원봉사자 및 후원자 발굴을 통해서 여러 가지 사업을 전개하고 있다. 지역의 노인들과 비교적 시간 여유가 있는 젊은이들을 자원봉사에 끌어들이고 그들이 자연스럽게 츠지공덕회의 이념에 동조하도록 이끌고 있다. 그리고 매우 체계적인 신도조직화를 통해서 포교 성과로 연계시키고 있다. 일반 도심포교 사찰들 중에서는 인터넷과 같은 최신 정보통신 매체를 활용한 포교활동에 많은 투자를 하고 있다.

　중타이찬사의 선칠법회는 년 1회 실시하는데 매년 정초에 7일간 용맹정진하는 프로그램에 신도들의 동참을 유도하고 있다. 선칠법회는 신도나 일반인이 7일간 밤낮으로 용맹정진을 경험하면서 신심을 고양시키는 프로그램이다. 우리나라에서는 천태종이 단양 구인사에서 이와 유사한 프로그램을 운영하고 있다. 7일간의 단기출가와 같은 개념으로 정진하는 이 프로그램은 중타이찬사의 상징이 되고 있다.

　한국불교가 도심포교 활동에서 성과를 거두기 위해서는 포광산사의 전략을 참고할 필요가 있다. 포광산사는 주요 거점 지역에 도심 문화공간을 대체할 수 있는 분원을 설립하면서 지역주민을 유입시키고 있다. 문화공간은 대부분 자원봉사자에 의하여 운영되며, 강의를 담당하는 강사진이나 전문가들도 자원봉사로 참여하는 사례가 매우 많다는 점도 참고해야 한다. 도심포교의 가장 핵심적인 과제는 체계적인 법회 운영과 창의적인 설법을 통해서 지속적인 교화활동을 실천하는 길이다. 그렇게 하려면 먼저 많은 사람들이 도심포교 공간으로 운집하여야 한다. 많은 대중의 운집은 대중 매체를 통한 간접적 홍보와 조직화를 통한 직접적 동원 방식이 서로 조화를 이루어야 한다. 지역 주민들이 자발적으로 신행활동에 동참할 수 있도록 여러 가지 프로그램이 개발되어야 한다. 대만의 포광산사는 문화프로그램을 통한 간접 포교방식을 주로 실천하는 반면에 츠지정사는 조직화를 통한 직접 포교방식을 선호하는 편이다.

도심포교의 성공은 조직화된 신도의 헌신적인 노력과 상관성이 높다. 신도의 결속과 헌신적 봉사, 자발적 참여의 촉진 등이 도심포교 성공의 비결임을 대만 사례를 통해서 알 수 있다.

● 대만불교사 연표

연대(AD)	대만의 불교사
200	한족(漢族), 대만섬 발견,『임해수토지(臨海水土志)』의 기록
600	초엽, 수(隋), 대만 정찰정략(偵察征略) 시도
⋮	
1300	1360 원(元), 팽호도(澎湖島)에 행정기관인 순검사(巡檢司) 설치
	1368 주원장, 명(明) 건국
	원(元) 멸망. 북원(北元) 성립
⋮	
1600	1623 네덜란드, 팽호도(澎湖島) 점령
	1624 네덜란드, 대만 남부 점령
	1636 후금(後金), 국호를 청(淸)으로 고침
	1644 명(明) 멸망
	복왕 유숭(由崧), 남경에서 즉위. 남명(南明) 성립
	1646 명의 정지룡(鄭芝龍), 청에 항복
	정성공(鄭成功, 정지룡의 아들), 항전 일으킴
	1657 남명(南明) 정성공(鄭成功), 대주부(臺州府)를 공격함
	1662 남명 멸망
	남명 정성공, 대만에서 네덜란드 축출
	대만 최초 사원 소서천사(小西天寺, 후에 竹溪寺로 개명) 건립
	정성공, 대만에서 사망
	1664 남명 정경(鄭經, 정성공의 아들), 대만에 근거함
	1681 정극(鄭克, 정경의 아들) 즉위
	1683 청, 시랑(施琅), 대만 정벌, 정씨 왕국 멸망
	1684 청, 대만 팽호도에 진수병(鎭守兵)을 둠
	대만, 행정구역상 복건성에 소속됨
1700	1732 청, 대만의 대갑(大甲) 번란(藩亂)을 평정함
	1786 대만, 임상문(林爽文) 등이 반란을 일으킴
	1787 청, 복강안(福康安), 대만 반란을 평정함
1800	1826 대만, 황문윤(黃文閏)의 반란 발발. 11월에 진압됨
	1832 복건과 대만에서 비적의 반란 일어남

1800	1833 대만의 반란 평정됨
	1895 청일전쟁 패배로 대만이 일본에 할양됨
1900	1908 대만 웨메이산(月眉山)에 링취안찬사(靈泉禪寺) 건립
	1909 대만 관인산(觀音山)에 링윈찬사(凌雲禪寺) 건립
	1910 대만 다후(大湖)에 파윈찬사(法雲禪寺) 건립
	1913 중국, 중화불교총회(中華佛敎總會) 발족
	1915 대만에 시라이암(西來庵) 사건 발생
	1916 대만불교중학림(臺灣佛敎中學林) 창립
	1919 월간 불교잡지 《하이차오인(海潮音)》 창간
	1920 대만불교룽화회(臺灣佛敎龍華會) 설립
	1921 대만에 난잉불교회(南瀛佛敎會) 설립
	1922 승려의 교육기관인 우창불학원(武昌佛學院) 건립
	1946 대만성불교회(臺灣省佛敎會) 설립
	1947 2·28사건 발생. 국민당 무력 진압
	1949 국민당정부 대만으로 이전. 계엄령 실시
	중국불교회 대만사무처[臺灣辦事處] 성립
1950	1951 일본 백련사(白蓮社) 요청으로 중국불교회의 위안밍(圓明) 등 3명 파견
	1952 중국불교회, 장자(章嘉) 이사장으로 선임
	1953 중국불교협회 결성
	1953 타이난(臺南) 다셴사(大仙寺)에서 대만 최초로 삼단대계(三壇大戒) 거행
	1954 다셴사(大仙寺)에서 중국불교회 대만성분회(臺灣省分會) 제5회 제1차 회원대표대회 거행
	1956 베이징 파위안사에 중국불학원 설립
	1956 대만 타이베이의 산다오사(善導寺)에서 중화대장경(中華大藏經) 수정위원회(修訂委員會) 성립대회 거행
	1957 중국불교회 이사장 장자 원적
	중국불교삼장학원 성립
	바이성(白聖) 원장 취임
	신주여중불학원(新竹女衆佛學院) 성립
	인순(印順) 원장 취임
	1958 타이중(臺中)불교회관 불학연구사(佛學硏究社) 성립
	1959 타이베이에서 중국종교연의회(中國宗敎聯誼會) 개최
1960	1960 대만대학 츠광학사(慈光學社), 사범대학 중다오학사(中道學社) 조직
	1961 월간 《후이쥐(慧炬)》 창간
	1962 『중화대장경(中華大藏經)』 제1집 출판
	가오슝(高雄) 다강산(大崗山) 차오펑사(超峰寺)에서 삼단대계 전수

1960	1963 위안산(圓山) 린지찬사(臨濟禪寺) 천불대계(千佛大戒) 전수
	1964 가오슘(高雄) 서우산사(壽山寺) 낙성
	1965 양밍산(陽明山) 중국문화학원에 최초의 불학연구소 성립
	대만 제1회 중국승려대표대회[華僧代表大會] 타이베이에서 개최
	1966 중국불학원 활동 정지
	1966 정옌(證嚴), 불교극난츠지공덕회(佛教克難慈齊功德會) 설립
	1967 싱윈(星雲), 포광산(佛光山) 개산
	1968 지룽(基隆) 다줴찬사(大覺禪寺) 삼단대계 전수
	1969 중화불교거사회(中華佛教居士會) 성립
	지룽(基隆) 하이후이사(海會寺) 삼단대계 전수
	『중화대장경(中華大藏經)』제2집 출판
1970	1970 타이중연사(臺中蓮社)에 밍룬사(明倫社) 설립
	국립역사박물관, UNESCO와 함께 불교예술 국제연구 장기계획 협력 결정
	1971 중국불교회 문헌연구회 성립
	1972 일본불교방문단 방문
	1973 일본에서 설립된 '일·중불교관계촉진회'에 불교대표단 참여
	신문풍출판사[新文豐出版公司],『대정본대장경(大正本大藏經)』영인
	1974 중국불교회, 한국·일본 방문
	중국불교회, 음력 12월 8일 부처님성도일로 제정
	1975 장제스 총통 사망
	신문풍출판사,『만속장경(卍續藏經)』재판
	1976 싼충(三重) 츠윈강사(慈雲講寺) 중국내학원(中國內學院) 설립, 정공(淨空) 원장 취임
	1977 중국불교회 대만성분회, 정부의 사묘(寺廟)지도안 반대 집회 개최
	둥추(東初) 원적
	포광산 삼단대계 전수
	1978『불교대장경(佛教大藏經)』출판.
	성옌(聖嚴), 중화학술원 불학연구소 소장 취임
	1979 중화문화 부흥운동 추진위원회와《후이쥐(慧炬)》연합으로 문화강좌 개최
	행정원, 사묘(寺廟)·교당(教堂) 수정조례안(修正條例案) 통과
1980	1980 중국불교협회 회장 자오푸추(趙朴初), 중국불학원을 재개
	교육부, 종교교리연구를 정규과정으로 인정
	샹광니중불학원(香光尼眾佛學院) 설립
	포광산, 중국불교회 텔레비전 홍법활동 전개
	1981 민정청(民政廳), 종교과(宗教科) 개설
	1982 사립학교법 수정초안 통과로 대학에 종교학과 및 대학원 설립 가능
	1983 원수(文殊)불교문화센터 성립

1980	1984 불교츠지종합의원(慈齊綜合醫院) 개공
	1985 성옌(聖嚴), 베이터우(北投)에 중화불학연구소 설립
	불교밀장원기금회(佛敎密藏院基金會) 낙성
	타이베이에서 중화한장문화협회(中華漢藏文化協會) 성립대회 거행
	중국불교회, 불교대학촉진위원회 설립
	1986 리빙난(李炳南) 사망
	신문풍출판사, 『송판적사장』, 『명판가흥장』 재판 영인
	1987 7월, 계엄 해제
	1988 중국불교회 청년위원회, '호교조(護敎組)' 성립
	화롄(花蓮) 불교츠지기금회(佛敎慈齊基金會), 츠지간호전문학교[慈齊護理專科學校] 성립
	포광산, 단기출가수도회 거행
	1989 세계불교승가회 회장 바이성(白聖) 원적
	타이베이 파고산(法鼓山) 기공
1990	1990 중화민국 불교청년회와 말레이시아 불교청년총회 자매결연
	1991 석가탄신일 공휴일 지정 서명 운동
	중화민국 종교교육협회 성립
	1992 중화불교승가회(中華佛敎僧伽會) 성립
	1993 국제포광회 포광산에서 제1차 탄장스(檀講士) 강습회 개최
	1994 난터우(南投) 중타이찬사(中臺禪寺) 착공
	츠지의학원 개교
	1995 츠지기금회 정옌, 행정원 문화상 수상
	1997 달라이라마, 포광산 방문
	포광산 봉산(封山)
	1998 성옌, 파구인문사회학원 설립
	1999 『중화불교이천년(中華佛敎二千年)』 출판
2000	2000 포광산 재개방
	2001 중화민국 불교청년회, 제1회 세계불교청년논단 주최
	웨이쥐(惟覺), 중타이찬사 낙성
	2003 국제포광회 세계총회 UN NGO 가입
	2004 정부와 종교계(불교, 기독교, 도교, 거사회 등),
	'중화문화 부흥운동 총회(中華文化復興運動總會)'에서 종교법 입법 논의
	2005 인순(印順) 원적
	2009 성옌 원적

대만불교의
5가지 성공 코드

2012년 7월 5일 초판 인쇄
2012년 7월 10일 초판 발행

편찬 _ 불광연구원
사진 _ 하지권
펴낸이 _ 박상근(至弘)
주간 _ 류지호
책임편집 _ 정선경
편집 _ 이상근, 정선경, 오재현, 이기선, 천은희
디자인 _ 김소현
제작 _ 김명환
홍보마케팅 _ 김대현, 김영수
관리 _ 윤애경, 하정혜

펴낸 곳 _ 불광출판사
110-140 서울시 종로구 수송동 46-21, 3층
대표전화 02) 420-3200
편집부 02) 420-3300
팩시밀리 02) 420-3400
출판등록 제1-183호(1979. 10. 10)
ⓒ 불광연구원, 2012

ISBN 978-89-7479-032-5. 93220
값 23,000원

www.bulkwang.co.kr